LOEL ZWECKER

Was bisher geschah

GOLDMANN
Lesen erleben

Buch

Loel Zwecker nimmt uns mit auf eine rasante Reise durch die Menschheits-
geschichte – von den ersten Schriftkulturen in Ägypten, Mesopotamien und
Palästina über die europäische Antike, die Hochkulturen Asiens, das Mittelalter
bis in die Welt unserer Tage. Er erzählt von bahnbrechenden Erfindungen, vom
Aufstieg und Fall riesiger Reiche, von brutalen Kriegen und beeindruckenden
Kunstwerken.

Durch Vergleiche mit unserem Leben heute gelingt es Loel Zwecker, Geschichte
gegenwärtig und verständlich zu machen. So widmet er sich unter anderem dem
Siegeszug des jüdischen Monotheismus (nur ein Gott, keine Bilder, dafür eine
tolle Story), erklärt, wie das Neue Testament zum Bestseller werden konnte, wie
Basisdemokratie bei den Indianern Nordamerikas funktionierte und wie Maria
Theresia die Doppelbelastung als Mutter von 16 Kindern und Herrscherin eines
Vielvölkerstaats meisterte.

Loel Zweckers Buch ist nicht nur überaus lehrreich, es katapultiert uns auch
direkt in eine manchmal bekannte, manchmal völlig fremde, faszinierende
Vergangenheit.

Es gibt viel zu entdecken!

Autor

Loel Zwecker, geboren 1968, ist Autor und Übersetzer. Er hat über das Thema
»Kunst und Politik« promoviert und war Dozent für Kunstgeschichte an der
Ludwig-Maximilians-Universität in München. Er schrieb u.a. für die Süddeut-
sche Zeitung, Le Monde und die Neue Zürcher Zeitung und veröffentlichte
2006 das Buch »Picassos Purpur-Periode«.

Loel Zwecker

Was bisher geschah

Eine kleine Weltgeschichte

GOLDMANN

Verlagsgruppe Random House FSC-DEU-0100
Das FSC®-zertifizierte Papier *München Super* für dieses Buch
liefert Arctic Paper Mochenwangen GmbH.

2. Auflage
Taschenbuchausgabe Januar 2012
Wilhelm Goldmann Verlag, München,
in der Verlagsgruppe Random House GmbH
Copyright © der Originalausgabe 2010
by Pantheon Verlag, München
in der Verlagsgruppe Random House GmbH
Satz: Ditta Ahmadi, Berlin
Grafik: Peter Palm
Reproduktionen: Mega-Satz-Service, Berlin
Bildredaktion: Dietlinde Orendi
Umschlaggestaltung: UNO Werbeagentur, München
Umschlagabbildung © by FinePic, München
JS · Herstellung: Str.
Druck und Einband: GGP Media GmbH, Pößneck
Printed in Germany
ISBN: 978-3-442-15708-2

www.goldmann-verlag.de

Für Hajo Banzhaf
(1949 – 2009)

»HE DIED LEARNING«
Inschrift auf dem Grab
des britischen Historikers
John Richard Green
(1837 – 1883)

Inhalt

11 **Ein Vorwort inklusive 2,5 Millionen Jahren Vorgeschichte**

21 KAPITEL EINS
Vom Alphamann zum Alphabet
Ägypten, Mesopotamien und Palästina –
die frühen Hochkulturen im Nahen Osten:
Schrift ist Macht

45 KAPITEL ZWEI
Think different
Das antike Griechenland: die Geburt der
Innovationskultur und des Körperkultes

67 KAPITEL DREI
Die Vereinigten Staaten der Antike
Das Römische Reich: äußere Stärke,
innere Konflikte – und die Fusion mit dem
Christentum

89 KAPITEL VIER
**Staatlicher Vegetarismus und
machtgierige Weisheitslehrer**
Asien von der Antike bis zum Mittelalter:
globale Pioniere religiöser Politik

112   KAPITEL FÜNF

Der Zusammenprall der Kulturen

Die Zeit der Völkerwanderung –
Germanen, Papsttum, Byzanz, Islam, Briten

131   KAPITEL SECHS

Heiliger Slapstick

Das europäische Mittelalter: der Kampf zwischen
weltlicher und geistlicher Macht

157   KAPITEL SIEBEN

Reformpädagogik und Realsozialismus

Das nicht-europäische Mittelalter – Varianten des
Fortschritts von Amerika bis Australien

176   KAPITEL ACHT

Im Laboratorium der Moderne

Die frühe Neuzeit: Kunst- und Medienrevolution,
Renaissance und Reformation

197   KAPITEL NEUN

**Frühe Global Player und die Geburt
der Dritten Welt**

Das 16. Jahrhundert: religiöse Spaltung, nationale
Einheit, Kapitalismus und Kolonialismus

216   KAPITEL ZEHN

**Die Kunst des Staates und das
Buch der Welt**

Das 17. Jahrhundert: Absolutismus,
Dreißigjähriger Krieg, Verfassungsavantgarde
und Wissenschaft

240   KAPITEL ELF

**Freiheitskämpfer, Sklavenhalter
und Denkerhelden**

Das 18. Jahrhundert: Aufklärung, Revolutionen
und die Geburt der öffentlichen Meinung

266   KAPITEL ZWÖLF

Die globale Pubertät

Das 19. Jahrhundert: Industrialisierung,
Imperialismus und Romantik – Wachstum und
Verwandlung

293   KAPITEL DREIZEHN

Ideologien und Abgründe

Weltkriege, Russische Revolution, Nationalsozialismus – und die Etablierung der Trash-Kultur

327   KAPITEL VIERZEHN

Von der geteilten Welt zur Weltinnenpolitik

Kalter Krieg, Entkolonialisierung, 68er,
Nahost-Konflikt – Popkultur und Kulturkämpfe

360   KAPITEL FÜNFZEHN

**Die totale Ökonomisierung und die Suche
nach neuen Werten**

Die Dominanz der Wirtschaft, Wachstumsgrenzen,
Utopien und Alternativen

374   Dank
374   Bildnachweis
375   Register

Ein Vorwort inklusive
2,5 Millionen Jahren Vorgeschichte

Rund 200 Kilometer westlich von Windhuk in Namibia steht ein Berg namens Spitzkoppe in der Wüste, der wegen seiner markanten Form bekannt ist. In der Nähe war ich vor einigen Jahren mit ein paar Freunden zelten. Gegen Abend setzte ich mich etwas abseits von den anderen auf einen Felsen. Als die Sonne hinter dem Berg verschwand, herrschten auf einen Schlag absolute Finsternis, Stille und die Kälte der nächtlichen Wüste.

Ich stellte mir vor, wie hier, wo ich jetzt saß, vor langer Zeit Buschmänner als Jäger und Sammler gelebt haben. Wie sie vielleicht tags in der Hitze nach Wurzeln suchten und abends mit dürren Sträuchern Feuer machten, zusammenrückten, um einander zu wärmen. Nach einer Weile fühlte ich die Einsamkeit der Wüstennacht und war zugleich begeistert über die Weite, Intensität und Klarheit der Eindrücke. Ich konnte nachvollziehen, warum die Entstehung der monotheistischen Religionen immer wieder – unwissenschaftlicherweise – mit der Wüstenlandschaft in Verbindung gebracht wurde. Ist man dem Nichts, der Einsamkeit dieser kargen Natur ausgesetzt, sucht man nach Orientierung, einem großen Gegenüber und möchte es vielleicht im göttlichen Sternenhimmel finden, der in der Wüste besonders klar leuchtet. So entstanden womöglich auch Geschichten wie jene aus dem Alten Testament, der zufolge der biblische Gott Jahwe Moses im Sinai auf dem Gottesberg Horeb als brennender Dornbusch erschien (Exodus 3,2-4,17).

Zwar gibt es an der Spitzkoppe keine brennenden Dornbüsche, doch gilt das Massiv als eine Art heiliger Berg der Buschmänner. Tagsüber hatte ich in der Nähe Felsmalereien gesehen, vermutlich jahrtausendealte Zeugnisse magisch-kultischen Denkens. Als ich dann abends auf dem Felsen saß, fühlte ich mich als Teil einer längeren Geschichte und meinte, ihre Gegenwart zu spüren.

Als ich Ende 2008 die Idee hatte, eine kleine Weltgeschichte zu schreiben, die einen Überblick bietet und zugleich lebendige Eindrücke und verschiedene Perspektiven vermittelt, erinnerte ich mich an mein Erlebnis. Ich fragte mich, welche Momente persönlich erlebter Geschichte wohl für andere wichtig sind. Ich machte eine kleine Privatumfrage. Bei Treffen, Abendessen und auf Partys wollte ich von insgesamt rund 60 Freunden und Bekannten wissen: »Wann hast du dich zum ersten Mal als Teil der Geschichte gefühlt?« Ich erklärte, dass es kein historisches Ereignis wie der Fall der Berliner Mauer im Jahr 1989 sein müsse, das man in Geschichtsbüchern findet. Es dürfe auch ein persönlicher Moment sein, in dem man sich vergegenwärtigen konnte, wie Menschen früher gelebt haben oder in dem man schlicht historische Bedeutung gespürt habe.

Der Mauerfall am 9. November 1989 wurde tatsächlich am häufigsten genannt. Am zweithäufigsten wurden die Terroranschläge der Roten Armee Fraktion (RAF) in den siebziger Jahren angeführt. Insgesamt war die Bandbreite der Antworten aber groß. Ein Freund nannte den Moment, als er Mitte der achtziger Jahre Mitglied bei Greenpeace geworden war, in der Hoffnung, mal bei einer Schlauchboot-

Aktion gegen die Meeresverschmutzung mitmachen zu können. Für einen Chemiker war der Tag historisch, an dem er im Rahmen seiner Doktorarbeit eine Verbindung mischte, die es vorher nicht gegeben hatte. Für eine 40-Jährige war es die Geburt ihres ersten Kindes. Eine andere dachte an ihre Jugendlektüre *Das kurze Leben der Sophie Scholl*. Einige Befragte, die bereits über 70 waren, sprachen über ihre Kindheitserlebnisse im Zweiten Weltkrieg. Ein 60-Jähriger erinnerte sich an den Moment, in dem er im Radio eines Linienbusses die Nachricht von der Ermordung John F. Kennedys am 22. November 1963 hörte. Ein Ereignis, bei dem alle wissen, wo sie zum Zeitpunkt des Geschehens waren, die Anschläge vom 11. September 2001, nannten vor allem Leute in ihren Zwanzigern.

Manche sahen sich in Sachen Geschichtsträchtigkeit eher als Beobachter, andere als aktiv an der Gestaltung der Geschichte beteiligt. Einige jüngere Befragte hatten allerdings gar keinen historischen Moment parat. Und eine Engländerin wunderte sich über sich selbst, weil ihr als Erstes der dramatische Sieg mit zwei Toren in der Nachspielzeit von Manchester United gegen den FC Bayern München im Champions-League-Finale von 1999 einfiel. Die Antwort ist insofern bezeichnend, als sie zeigt, dass meine Generation im Allgemeinen nicht durch schwerwiegende historische Ereignisse geprägt ist, die das eigene Leben fortan in andere Bahnen gelenkt oder es gar gefährdet hätten. Die Ausnahme war eine Vietnamesin, die in den USA aufgewachsen ist: Sie nannte die Flucht ihrer Familie vor den Kommunisten aus Vietnam im Jahr 1979. Bei der Bootsfahrt über das Chinesische Meer verdurstete ihr dreijähriger Bruder.

Natürlich sind noch heute historisch bedeutende Momente für viele Menschen direkt mit Krieg, Flucht und

Armut verknüpft. Eine Milliarde Menschen – jeder siebte – hungern zu Beginn des 21. Jahrhunderts. Für sie, die täglich neu ums Überleben kämpfen, scheinen selbst weltweit wahrgenommene historische Ereignisse wie die Wahl Barack Obamas zum ersten schwarzen US-Präsidenten im November 2008 weniger wichtig.

Meine Umfrage ist natürlich nicht repräsentativ, und schon in unserem Nachbarland Frankreich hätte es wohl weder der Mauerfall noch die RAF auf die ersten Plätze geschafft. Doch zeigt sie beispielhaft, an welch unterschiedlichen Punkten für verschiedene Menschen Geschichte anfängt, wo die Geschichte aus den Geschichtsbüchern im Alltag auf das eigene Leben trifft.

Derartige Überlegungen sind in das vorliegende Buch mit eingeflossen. Es enthält in 15 Kapiteln die wichtigsten Fakten, Ereignisse, Personen und Theorien vom alten Ägypten bis heute. Doch erst wenn man zwischendurch auf persönliche Augenblicke bekannter und weniger bekannter Personen zoomt und damit auf ihre jeweils zeitgenössische Sicht auf unterschiedlichste Themen wie Religion, Terror, Krieg, Sport, Kinderkriegen oder Heldentum, wird die Geschichte lebendig und gegenwärtig. So kann man die Geschichte großer Ereignisse mit der Geschichte des Alltags verbinden, der Kultur, der Mentalitäten und Weltbilder. Der alte, seit der Antike gültige Anspruch der Geschichtsschreibung, *magistra vitae* (Cicero), eine »Lehrerin fürs Leben«, zu sein, lässt sich immer wieder neu umsetzen. Dabei kann auch ein vergleichender Blick auf andere Weltregionen erstaunliche Ergebnisse liefern – zum Beispiel ein Blick auf das mittelalterliche Amerika, Afrika und Australien *vor* der Entdeckung durch Europäer im 16. Jahrhundert.

Natürlich kann man, wenn man die Weltgeschichte in

einem vergleichsweise schmalen Buch darstellen will, nicht auf alles gleichermaßen ausführlich eingehen, sondern muss gelegentlich etwas bündeln, verkürzen oder auch Beispielhaftes herausstellen. Ist man gezwungen, Schwerpunkte zu setzen, kann das aber, so hoffe ich, auch hilfreich sein, weil man immer wieder die größeren Entwicklungen und Zusammenhänge im Blick hat. So kann man Vergleiche ziehen, sich zum Beispiel bewusst machen, auf welche je unterschiedliche Weise Systeme wie der Kommunismus und Kapitalismus, Katholizismus und Konfuzianismus zu verschiedenen Zeiten Vorstellungen über Individualismus und beruflichen Erfolg verändert haben.

Allerdings ist der Teil der Geschichte, in dem solche Vorstellungen überhaupt eine Rolle spielen, extrem kurz im Vergleich zur sogenannten Vorgeschichte des Menschen. Diese wiederum reicht von den Anfängen des Werkzeuggebrauchs vor etwa 2,5 Millionen Jahren bis zur Frühgeschichte, die man mit der Erfindung der Schrift um 3000 v. Chr. beginnen lässt. Aus der Vorgeschichte und der noch viel längeren Erdgeschichte kann man sich in einer kleinen Weltgeschichte in groben Zügen die Dinge vergegenwärtigen, die für das Verständnis der späteren und aktuellen Menschheitsgeschichte besonders hilfreich sind.

Von der Entstehung der Erde zur Sesshaftwerdung des Menschen – die erste Weltrevolution

Im August 1856 stößt der Lehrer und Hobbyforscher Johann Carl Fuhlrott im Neandertal bei Düsseldorf auf ungewöhnlich geformte Knochen. Er sieht in ihnen die Überreste eines Urmenschen – später Neandertaler genannt – und zweifelt damit die herrschende Lehrmeinung an, wonach die Erschaffung des Menschen durch Gott ungefähr ins Jahr 4004 v. Chr. zu datieren ist und alle Lebewesen seither unverändert geblieben sind. Tatsächlich dachte man bis ins 19. Jahrhundert, der Mensch – und mit ihm Tiere und Pflanzen – sei nicht älter als 6000 Jahre. Auf die Zahl kam man, indem man die Lebenszeit der im Alten Testament genannten Urahnen der Menschheit von Adam über Set, Enosch bis Kenan usw. zusammenzählte (Genesis 5). Erst nach zähem Ringen, Vorstößen wie jenem von Fuhlrott und nachdem Charles Darwin ab 1859 die These von einer Evolution aller Lebewesen verbreitet, wird die alte Meinung über die Weltentstehung revidiert. Seither ist das Datum um ein paar Jahre korrigiert worden: Heute geht man davon aus, dass die Welt nicht vor 6000, sondern vor 4,5 *Milliarden* Jahren entstanden ist.

Diese Änderung ist ein drastisches Beispiel dafür, wie sehr die Geschichtsschreibung selbst in Bewegung bleibt und insbesondere wie sehr die Angaben zur Vorgeschichte variieren müssen, weil ihre Erforschung mangels schriftlicher Quellen auf immer wieder neuen archäologischen Funden basiert, auf aktualisierten Hochrechnungen, Theorien und Technologien. Wissenschaftler sind heute der Ansicht, dass die Sonne vor rund 5,5 Milliarden Jahren in einem Kosmos mit Hundert Milliarden Galaxien entstanden ist. Eine Milliarde Jahre später haben sich die Erde und andere Planeten durch verdichtete und verklumpte Materie herausgebildet. Das erste Leben manifestiert sich wiederum vor rund 3,5 Milliarden Jahren – in Form von sogenannten Blaualgen, genau genommen Cyanobakterien. In gewisser Weise ist das, was als übelriechender schleimiger Film noch heute manchen Besitzer eines Aquariums nervt, Sieger der Evolution: Stellt man sich die gesamte Erdgeschichte als den Zeitraum eines

Jahres vor, existieren von Januar bis weit in den November hinein nur Mikroorganismen.

Erst nach Milliarden von Jahren Erdgeschichte kommen vor 700 bis 550 Millionen Jahren mehrzellige Tiere dazu: wirbellose Wasserwesen. Von nun an entstehen alle paar Millionen bis *hundert* Millionen Jahre neue Gattungen, die neue Lebensbereiche erschließen: erst Fische, dann Landpflanzen und Land bewohnende Tiere, Insekten, Dinosaurier. Vor 170 bis 130 Millionen Jahren lernen ein paar Tiere fliegen und werden Vögel.

Nochmals Zigmillionen Jahre später entwickelt sich die Gattung der Primaten (Herrentiere) – und vor mindestens fünf Millionen Jahren erblickt ein affenartiger Typ das Licht der Welt: der sogenannte Vormensch. Dazu gehören Australopithecinen, die noch kleine Schädel und ein affenartiges Gebiss haben, aber teils schon aufrecht gehen – wie der *Homo erectus*. Dessen Auftreten ist wohl vor fast zwei Millionen Jahren anzusetzen. Er verdoppelt sein Gehirnvolumen im Vergleich zu seinen Vorläufern, benützt verstärkt Werkzeuge und Waffen und ist so nicht länger Beute für Großkatzen und Raubvögel, sondern wird selbst zum Jäger. Das bedeutet einen solchen Fortschritt und Unterschied zu anderen Lebewesen, dass man damit im Allgemeinen die Menschwerdung verbindet. Da der Mensch seit dem *Homo rudolfensis* geschlagene 2,5 Millionen Jahre vor allem mit Steinwerkzeugen hantiert, ist die Steinzeit die mit Abstand längste Epoche seiner Geschichte. Von etwa 300 000 bis 40 000 v. Chr. entwickelt sich eine Frühform des heutigen Menschen: der *Homo sapiens* (lat. »weiser, kluger, verständiger Mensch«). Auch dank seines nochmals vergrößerten Gehirns breitet er sich zunächst in Afrika und Ostasien, dann in Europa aus, wo er den Neandertaler verdrängt.

Der Steinzeitmensch lebt in Gruppen von bis zu ungefähr 50 Mitgliedern. Man nächtigt zunächst in Höhlen, dann auch in Lauben aus Ästen, in zeltartigen Konstruktionen aus Mammutknochen, später in Pfostenbauten mit Fellen von mehreren Metern Durchmesser. Der Frühmensch lernt Feuer zu machen. Da er sich beim Jagen zunehmend geschickt anstellt, hat er ab ungefähr 40 000 v. Chr. Zeit, Schmuck aus Muscheln zu fertigen, Flöten aus Mammutzähnen, Plastiken aus Knochen und Stein und schließlich Höhlenmalereien. Bis heute weiß man nicht genau, ob man die abgebildeten Tiere in Vorbereitung auf die Jagd bildhaft-magisch einfangen wollte oder nur zum Spaß malte. Auch ist fraglich, inwiefern Gestalten, deren Darstellungen aus heutiger Sicht visionär anmuten, von religiösem Denken zeugen.

Insofern lässt sich auch kaum sagen, ob es sich etwa bei der Kalksteinskulptur *Venus von Willendorf* von rund 25 000 v. Chr. um ein kultisches Fruchtbarkeitssymbol der Großen Mutter handelt, in dem vielleicht anklingt, dass die Kultur damals stärker matriarchalisch geprägt ist, oder schlicht um eine übertriebene Darstellung von Schwangerschaft. Beliebt könnte die gewichtige Venus schon deshalb gewesen sein, weil sie in Zeiten des Mangels, in denen man noch keine richtige Vorratshaltung kennt, Reichtum, Fülle und Nahrungsreserven symbolisiert.

Die Voraussetzung für Reichtum und letztlich für unseren heutigen Lebensstil ist jedenfalls die Sesshaftwerdung des Menschen, die man aufgrund ihrer immensen historischen Bedeutung als »Neolithische Revolution« bezeichnet: In dieser jungsteinzeitlichen Revolution ab rund 10 000 v. Chr. fangen Menschen an, Ackerbau zu betreiben und Vorräte anzulegen. Warum genau sie das tun, wird bis heute von Historikern diskutiert. Mal heißt es, die Menschen hätten es sich

gegen Ende der letzten großen Kältephase um 10 000 v. Chr.
unter milder werdenden Klimabedingungen sozusagen gemütlich gemacht. Oder es wird, umgekehrt, argumentiert,
dass die Menschen durch die Verknappung des Wildes und
damit der Jagdbeute dazu gezwungen gewesen seien, mühsam zu haushalten und Getreide zu kultivieren. Dann wieder
vermutet man, hinter der Sesshaftwerdung stecke schlicht
der Wunsch der Menschen, in größeren Gruppen zusammenzuleben, ein Streben nach kultureller und sexueller Vielfalt.

Manche Wissenschaftler meinen sogar, dass nicht die
Suche nach Nahrungsmitteln, Sozial- und Sexualkontakten

ausschlaggebend für die Sesshaftwerdung gewesen sei, sondern die Entdeckung von Rauschmitteln: Da man etwa die Pflanzen zur Haschisch- und Alkoholgewinnung sorgsam anbauen, verarbeiten und die Produkte lagern muss, bleibt man dieser Theorie zufolge, wo man ist. So führt man ein solides Leben auf einem klar umrissenen Gebiet mit Nachbarn, die man jeden Morgen grüßt, gegen die man zuweilen aber auch Kriege um Land und Besitz vom Zaun bricht.

Hatte der Mensch schon vor der Sesshaftwerdung den Wolf zum Haushund gezähmt, züchtet er nun Schweine und Rinder aus wilden Tieren. Die Haustiere geben zwar immer mehr Fleisch her, sind aber weniger fit als die durchtrainierten Wildtiere. Letzteres gilt auch für die sesshaften Menschen. Zudem bringt der Getreideanbau zunächst eine weniger vielfältige Ernährung und damit Mangelerkrankungen und Karies mit sich, wegen der verstärkten Aufnahme von Kohlenhydraten. Immerhin tragen frühe Start-up-Unternehmer wie Bergleute und Schmiede dazu bei, dass neben dem Stein auch Gold und Kupfer verwendet – und gehandelt – werden. Im 3. Jahrtausend v. Chr. kommt Bronze dazu, die härter ist und zugleich leichter schmelzbar.

Die Sesshaftwerdung ist insofern ein ungeheurer Einschnitt in Sachen Lebensstil, als es nun nach Millionen Jahren weitgehender Besitzlosigkeit verstärkt Privateigentum gibt, immer größere Hütten, zunehmend prunkvolle Kleidung, Schmuck, Waffen – Statussymbole im heutigen Sinn. Mit der Vorratshaltung, der Vergrößerung menschlicher Gemeinschaften und dem entsprechend gesteigerten Konfliktpotential einher geht der Wunsch nach Ordnung und Organisation. Es entwickeln sich ausgeklügelte hierarchische Strukturen und Herrschaftssysteme.

KAPITEL EINS

Vom Alphamann zum Alphabet
Ägypten, Mesopotamien und Palästina – die frühen
Hochkulturen im Nahen Osten: Schrift ist Macht

Bildungsexperten schlagen Alarm: Nur noch etwa eine
Stunde täglich verbringen wir zu Beginn des 21. Jahrhunderts
im Durchschnitt mit Lesen. Was noch schlimmer scheint:
Davon entfallen gerade mal 15 Minuten auf ein Buch, die
restlichen 45 auf das unkonzentrierte Querlesen von Zeitungen, Werbung und Internetseiten. Von den 16- bis 29-Jähri-
gen bezieht sogar schon ein größerer Teil »Bildung und Wissen« eher aus dem Fernsehen als aus Büchern. Vom Ende
der Lesekultur ist die Rede, einer verstärkten Hinwendung
zu Bildern (»iconic turn«) und dem gesprochenen Wort. Be-
sorgniserregend ist das insofern, als zahlreiche Studien zeigen: Wer längere Texte richtig liest, kann auch besser denken,
kann Probleme erkennen, analysieren und lösen.

Andererseits ist der Mensch gar kein Lesewesen. Er ist
nicht dafür gemacht, stundenlang mit geknicktem Nacken
vor Kleingedrucktem zu sitzen. Das verursacht Haltungs-
schäden, Verdauungsprobleme und ist schlecht für die
Augen. Lesen lässt nichtige Probleme unnötig groß erscheinen. »Wer viel studiert, wird ein Phantast!«, heißt es schon
in einem der erfolgreichsten Bücher der Weltgeschichte, Sebastian Brants *Narrenschiff* (1494), im Kapitel »Von unnüt-
zen Büchern«. Und im 4. Jahrhundert v. Chr. warnt Platon,
einer der ersten Philosophen des Abendlandes, deren Ideen
umfassend durch Schriften verbreitet wurden, vor der Lese-
fixierung: In seinem Werk *Phaidros* betont er, dass das Ge-

schriebene nur ein »Nachbild« vom »lebendigen« und »beseelten Wort« sei. Bei der Lektüre fehle die Möglichkeit zur Klärung von Missverständnissen zwischen Autor und Leser, zum echten Austausch und zu anregenden Diskussionen.

Vielleicht ist die Tatsache, dass die Menschen immer weniger lesen, also nur halb so wild. Jedenfalls hat die Art des Lesens, die wir heute kennen, noch keine lange Karriere hinter sich. Erst seit der Erfindung des Buchdrucks mit beweglichen Lettern um 1450 und der Reformation zu Beginn des 16. Jahrhunderts, im Zuge derer die individuelle Bibellektüre an Bedeutung gewann, fingen immer mehr Menschen an, sich stumm in Bücher zu vergraben; erst ab dem 17. Jahrhundert in Zeitungen, im 18. Jahrhundert verstärkt in Romane. Davor ist über Jahrhunderte lautes Vorlesen und Aufsagen von Texten üblich. In Kirchen zelebrieren Priester ihre Messen, auf Marktplätzen, in Kneipen und bei Hofe tragen Spielleute Epen, Balladen und Neuigkeiten vor wie lebende Fernseher, auf die das Publikum direkt reagiert. Im Mittelalter lesen, schreiben und kopieren nur ein paar verschrobene Mönche in den Skriptorien ihrer Klöster stundenlang schweigend religiöse, wissenschaftliche und literarische Texte. Als Hüter exklusiven Wissens gewinnen sie allerdings an Einfluss, indem sie Könige und Kaiser beraten, die des Lesens oft kaum mächtig sind.

Doch wann und wie hat der Siegeszug der Bücherwürmer begonnen? Das war vor rund 5000 Jahren. Noch gar nicht so lange her, wenn man bedenkt, dass es eine Art Ursprache wohl seit 200 000 Jahren oder mehr gibt und Bilder seit über 35 000 Jahren. Doch erst um 3000 v. Chr. kommt das Lesen ins Spiel, und zwar mit den zwei ersten Schriftkulturen der Welt: den Hochkulturen in Ägypten und Mesopotamien. Als dritte Kraft des Nahen Ostens, welche die westliche Welt kulturell prägt, ist das alte Israel zu nennen.

Gemeinsam haben diese Kulturen die geografische Lage im »Fruchtbaren Halbmond« im heutigen Nahen Osten, wo die Menschheit ab dem 10. Jahrtausend v. Chr. sesshaft wird, und die große Bedeutung der Schrift. Allgemein verändert sich mit der Etablierung der Schriftkultur die Art der gesellschaftlichen Machtverteilung. Ist in steinzeitlichen Jäger- und Sammlerkulturen derjenige Anführer und Alphamann, der die stärksten Muskeln hat und am meisten Mut beim Jagen beweist, gewinnt nun zunehmend derjenige an Macht, der die gewagtesten Behauptungen aufstellt und ein komplexes Zeichensystem beherrscht: Zum einen sind es Schamanen und Priester, die verkünden, sie hätten den Überblick über Wetterlage und Seelenheil, könnten göttliche Spuren und Zeichen lesen und sie in Symbole übersetzen, zum anderen Beamte und Händler, die Gemeinwesen und Waren verwalten.

Am Informationsfluss: die Pharaonen und der frühe Beamtenstaat in Ägypten

Je komplexer die Gesellschaften, desto wichtiger die Schrift, die Planung und Kontrolle ermöglicht. Der erste Großstaat der Weltgeschichte ist denn auch der erste, der maßgeblich durch Schriftlichkeit geprägt ist: Ägypten. Nachdem Jäger und Sammler etwa um 5000 v. Chr. in immer größeren Stammesverbänden am Nil sesshaft werden und dank der jährlichen Überschwemmung des Flusses mit fruchtbarem Schlamm ihre Felder bestellen können, ermöglichen dort ab ungefähr 3000 v. Chr. die Hieroglyphen, eine Bilderschrift, neuartige effiziente Organisationsformen. Aus heutiger Sicht ist das alte Ägypten auch deshalb faszinierend, weil es mit 2000 Jahren als im Wesentlichen einheitliches Reich länger Bestand hatte als später das antike Athen oder das Römische Reich. Wie hat Ägypten das geschafft?

Zugespitzt lautet die Antwort: Statik. Es geht um Konservativismus, eine Kultur der Haltbarkeit. Die Qualität hängt maßgeblich mit drei Dingen zusammen: Geografie, Hieroglyphen, Pyramiden. Geografisch betrachtet ist Ägypten kein Großreich, sondern ein Langreich. Das Land erstreckt sich entlang dem Nil von Norden nach Süden über rund 1000 Kilometer, ist aber meist nur auf zehn bis zwanzig Kilometern Breite bewohnt. Die Wüste drum herum hält mögliche Eroberer ab.

Ab 2982 v. Chr. regiert König Aha, der die Einigung der zwei Reiche Unterägypten (Norden, Nildelta) und Oberägypten (Süden) durch den Aufbau eines Zentralstaates zum Abschluss bringt. Der Pharao ist göttlich, gilt als Sohn und amtliche Vertretung Gottes auf Erden. Entsprechend fließend sind die Übergänge zwischen Beamtentum und Priesterschaft. Der höchste Beamte mit den Machtbefugnissen eines Kanzlers ist der Wesir, der höchste Priester der Hohepriester. Das Militär spielt erst nach 2000 v. Chr. ein wichtigere Rolle.

Zwar wird der Beamtenapparat zeitweise schwerfällig und belastet die Staatsfinanzen durch Gehälter und Korruption. Doch über dynastische Machtkämpfe und kurze Phasen der Wirren hinweg funktioniert die Verwaltung, bleiben die politischen Strukturen und kulturellen Vorstellungen bestehen. Das gilt für das Alte Reich im 3. Jahrtausend v. Chr. und das Mittlere und Neue Reich im 2. Jahrtausend v. Chr. Selbst in späteren Zeiten der Fremdherrschaften halten sich die alten Kulte.

Zur Einheit Ägyptens trägt der Nil als Hauptverkehrsader und früher *information highway* bei. Auf dem Strom verkehren Schiffe mit Waren und auf Papyrus geschriebenen Botschaften. Die zugleich himmlische und praktische Bedeutung der Hieroglyphen (»heilige Schriftzeichen«) zeigt sich darin, dass man aus der Beobachtung der Gestirne einen Kalender zum Sonnenjahr ableitet und niederschreibt, der im Prinzip weltweit bis heute gilt: Er gibt Aufschluss über den Termin der Nilüberflutung – ungefähr alle 365 Tage, bis Ende September. Entsprechend der Bedeutung heißt die dritte Jahreszeit neben »Winter« und »Sommer« auch »Überschwemmung«. Kann man sich mit Hilfe von Kalendern beim Anbau von Getreide und anderen Pflanzen auf die Überschwemmungen einstellen, ist das eine der wichtigsten Grundlagen fürs Überleben und Wohlergehen.

Die Schreiber, Beamte, die das für Landwirtschaft und Gemeinwohl so zentrale Wissen verwalten, haben einen hohen Stand. »Werde Schreiber«, heißt es in Lehrtexten, »es rettet dich vor harter Arbeit und jeder Art von Mühe!« Als Kanalvorsteher und Gauleiter überwachen die Schreiber die Bewässerung, den Bau von Auffangbecken, Schöpfrädern und Hebevorrichtungen; gemäß einer zweijährlichen Viehzählung treiben sie Steuern in Form von Korn und Vieh ein in einem Staat, der zeitweise rund eine Million Einwohner hat. Besonderes Ansehen genießen Nekropolenschreiber, die mit Grabinschriften ein Vermögen machen.

Allgemein definiert die Schrift Hierarchien und dient der Disziplinierung. Etwa wenn Schreiber akribisch Buch führen über Arbeiter, die unentschuldigt fehlen, also weder vom Skorpion gestochen wurden noch einen Verwandten begraben müssen, und denen deshalb Stockhiebe drohen. Auch wird schriftlich vor den Gefahren des exzessiven Bier-

Hieroglyphe	Umschrift	Darstellung	etwaige Aussprache
	ꜣ	Greifvogel	a (Aleph)
	j	Schilfblatt	i oder j
	y	2 Schilfblätter	i
	ꜥ	Arm	a (Ajin)
	w	Wachtelküken	w, u, o
	w	aufgerolltes Seil	w, u, o
	b	Bein	b
	p	Hocker	p
	f	Viper	f
	m	Eule	m
	m	(?)	m
	n	Wasser	n
	n	Rote Krone	n
	r	Mund	r

Die Hieroglyphen haben im Lauf der Geschichte des alten Ägypten drei Bedeutungsebenen bekommen. Als Ideogramm symbolisiert das Bild zunächst einfach das, was man sieht: Ein Mann etwa ist ein Mann, ein Arm mit einer Waffe ist ein Arm mit einer Waffe. Die Zeichen können aber auch (als Determinativ) die Bedeutung anderer Zeichen erläutern – ein Arm mit einer Waffe weist dann beispielsweise darauf hin, dass etwas stark und mächtig ist.

konsums gewarnt: »Das Bier lässt deine Seele Schaden nehmen. Du bist wie ein zerbrochenes Schiffsruder, das nicht mehr gesteuert werden kann.«

Andererseits könnte das Bier neben der geografischen Lage, der Schrift und den Pyramiden der vierte Erfolgsfaktor Ägyptens sein: Wie Vieh und Getreide beziehungsweise Brot

Hieroglyphe	Umschrift	Darstellung	etwaige Aussprache
	h	Hof(-grundriß)	h
	$ḥ$	Docht/Strick (?)	h, stark gehaucht
	$ḫ$	Korb von oben (?)	ch, wie in »lachen«
	$ẖ$	Tierleib mit Zitzen	ch, wie in »ich«
	z/s	Türriegel	s, stimmhaft
	s	gefalteter Stoff	s, stimmlos
	$š$	Teich(-grundriss)	sch
	$ḳ$	Abhang	q
	k	Henkelkorb	k
	g	Krugständer	g
	t	Brotlaib	t
	$ṯ$	Seil	tsch
	d	Hand	d
	$ḏ$	Schlange	dsch

Die dritte grundsätzliche Bedeutungsebene einer Hieroglyphe ist jene des Phonogramms, eines Zeichens, das einem bestimmten Laut entspricht, so wie bei anderen Schriften die Buchstaben. Beim Lesen und Schreiben muss man fast wie bei einem Bilderrätsel verschiedene mögliche Bedeutungen bedenken beziehungsweise kombinieren. So wurden die Hieroglyphen, nachdem ihre Bedeutung über Jahrhunderte in Vergessenheit geraten war, auch erst im 19. Jahrhundert (wieder) entschlüsselt.

ist es in dem münzlosen Gemeinwesen ein Zahlungsmittel. Bei der größten der drei berühmten Pyramiden von Gizeh, die der Pharao Cheops (ägypt. Chufu, gest. um 2531 v. Chr.) erbauen lässt – und die eines der sieben Weltwunder werden –, gehört zur täglichen Verpflegungsration der Arbeiter literweise Bier. Die Bedeutung des Bieres lässt sich auch mit

Blick in ein ägyptisches Traumdeutungsbuch nachvollziehen: »Wenn sich ein Mann im Traum sieht, wie er einen alten Mann beerdigt – gut; es bedeutet Wohlstand. Wenn sich ein Mann im Traum sieht, wie er warmes Bier trinkt – schlecht; es bedeutet, dass Leid über ihn kommt.«

Anders als lange vermutet, sind die Pyramidenarbeiter wohl in der Mehrzahl keine Sklaven. Neben einigen ständigen Arbeitern sind es Bauern, die während der Überschwemmung der Felder vorübergehend arbeitslos werden und die man, sozusagen staatssozialistisch, zu Tausenden zum Pyramidenbau abkommandiert. Etwas Bierseligkeit mag helfen, wenn man in der Wüstenhitze Pyramiden aufschichten muss, in die ganze Kathedralen passen würden – wären sie nicht mit Millionen von mühsam herbeigeschafften tonnenschweren Steinen gefüllt.

Die Bauzeit von Pyramiden beträgt rund 15 Jahre (in Ausnahmefällen bis zu 30), etwa die Hälfte der Lebenserwartung eines einfachen Arbeiters oder Bauern, die über 80 Prozent der Bevölkerung ausmachen. Tief drinnen in beziehungsweise unter den Pyramiden liegen gut versteckt und gesichert kleine Grabkammern. Sie sind deshalb so schützenswert, weil in ihnen mumifizierte Pharaonen und hohe Beamte ein unbeschwertes Leben nach dem Tod weiterführen können – sofern sie Grabbeigaben bei sich haben: Ochsen etwa, Gänse, Brot, Bier, Leinenkleidung, Sandalen, auf deren Sohlen das Bild des Feindes eingraviert ist, Einrichtungsgegenstände und das Abführmittel Natriumsulfat, später als Glaubersalz bekannt. So vielversprechend das Leben im Jenseits sein mag, so muss man aus dem Diesseits mitbringen, was man im jenseitigen Alltag braucht. Das Jenseits wurde im Verlauf der ägyptischen Geschichte in der westlichen Wüste vermutet, aber auch in der Unterwelt des Osiris, des obersten Richters des Totengerichts, und im Himmel. Dorthin können die Seelen der verstorbenen Pharaonen von den Grabkammern der Pyramiden aus durch steil nach oben führende Luken wie über Raketenabschussrampen aufsteigen.

Wie wichtig das Leben nach dem Tod – auch zur Ruhigstellung der lebenden Untertanen – ist, zeigt der Aufwand, der neben dem Pyramidenbau beim Jenseitskult betrieben wird. Haltbar gemacht werden die Leichen durch Balsamierung mit Ölen und Harzen und durch eine Art Pökelverfahren. Das Gehirn zieht man, damit der Schädel unverletzt bleibt, minimalinvasiv durch die Nase heraus und bewahrt es ebenso wie die anderen inneren Organe in Krügen auf. Offenbar sind die Ägypter nicht nur Meister der Mumifizierung, sondern auch Erfinder des massentouristischen Reliquienkultes, den man sonst eher aus dem europäischen Mittelalter kennt: Bei den Ägyptern umfasst der Totenkult auch Tiere; so werden tote heilige Tiere wie Ibis, Falke und Katze – aber auch andere weniger heilige Tiere – zu Tausenden einbalsamiert, in Tonkrüge gepackt, sorgfältig gestapelt und an Pilger verkauft.

Haltbar wie die Pyramiden und die heiligen Konserven ist auch das Kulturverständnis, das über dynastische Machtkämpfe hinweg Stabilität garantiert. Besonders deutlich wird dies mit Blick auf die eine große Ausnahme von der Regel: Es geht um Pharao Amenophis IV., der um 1350 v. Chr. an die Macht kommt und sich in Echnaton umbenennt (etwa: »dem Aton wohlgefällig«). Er sorgt für Unruhe, als er die Vielgötterei mit göttlichem Pharao, göttlichem Nil, göttlicher Sonne, Katze, Stier usw. abschaffen und den ganzen Kult auf den Sonnengott Aton beschränken will. Als Sonnenscheibe dargestellt, soll Aton ältere Götter ablösen – etwa den Gott Re und den Gott der Morgensonne Chepre, der sich im Skarabäus manifestiert, weil der golden schimmernde Käfer wie die Sonne scheinbar direkt der Erde entschlüpft. Vor allem soll Aton aber Amun (ägypt. »der Verborgene«) verdrängen, der seit Beginn des 2. Jahrtausends v. Chr. eine Art Hauptgott der Ägypter ist. Amuns Kultbild in Menschengestalt wird nur an Feiertagen aus dem Verborgenen im Tempel geholt, für Prozessionen geschminkt, mit kostbaren Gewändern und Schmuck angetan und von Priestern in einer Barke an einer durch Alkohol eingestimmten Menge vorbeigetragen, von Musikern und Tänzerinnen begleitet.

Mit dem weltweit wohl ersten Versuch in Sachen Monotheismus – der erst später vom Judentum populär gemacht wird – will Echnaton auch eine lebensnahe, realistische Kunst einführen. Vielleicht soll sie dem Wesen des hellen, für alle sonnig strahlenden Aton entsprechen und Echnatons Religion der Liebe – samt ihrem universellen Anspruch. Jedenfalls ist die neue Darstellungsweise weniger starr als die typisch ägyptische mit den schematisch im Profil gemalten Nasen. Echnaton lässt seine Familie und sich selbst auch mal weniger vorteilhaft abbilden, etwa mit Bäuchlein. Betrachtet man allerdings Büsten seiner attraktiven Gattin Nofretete (ägypt. »die Schöne ist gekommen«), begreift man, warum der avantgardistische Pharao statt einer schematischen eine realistische Darstellung bevorzugt – unabhängig davon, wie seine Frau wirklich aussah.

Ein politisches Problem werden die Ausstattung der schönen Nofretete mit einer Machtfülle, die für eine Königin ungewöhnlich ist, und die Besetzung wichtiger Positionen mit Ausländern, denen man in Ägypten im Allgemeinen mit Misstrauen begegnet. So ist Echnaton auf Betreiben von Priestern der entmachteten Gottheiten, denen nun Arbeitslosigkeit droht, bald als »Ketzerkönig« verschrien. Nach Echnatons Tod kehrt schon Tutanchamun, der nächste berühmte Pharao der 18. Dynastie, zur alten Ordnung zurück. Zwar erlebt Ägypten unter Ramses II. aus der 19. Dynastie ab 1279 v. Chr. eine Phase des Friedens und der kulturellen Blüte, etwa mit den zwei aus dem Fels geschlagenen Tempeln von Abu Simbel. Doch zwei Generationen später wird das Land von Unruhen erschüttert, weil sich Beamte und Aufsteiger um die Macht streiten. Außerdem dringen im Rahmen einer Völkerwanderung Tausende von Menschen vom Balkan, der Ägäis und Kleinasien in Ägypten ein. Das führt zu Versorgungsengpässen und wirtschaftlichen Schwierigkeiten – und im 12. Jahrhundert v. Chr. zu den wohl ersten Streiks der Weltgeschichte. Ab Beginn des 1. Jahrtausends v. Chr. muss Ägypten nacheinander die Fremdherrschaft von libyschen, nubischen und persischen Königen hinnehmen. Dann folgen auch noch Alexander der Große (332 v. Chr.) und schließlich die Römer (ab 30 v. Chr.).

Ihnen hat Kleopatra (69 – 30 v. Chr.), die väterlicherseits wie Alexander der Große griechisch-makedonischer Herkunft ist, nur noch symbolischen Widerstand entgegenzusetzen. Zwar ist bis heute nicht ganz klar, ob sie – auf Münzen etwa mit einer Hakennase dargestellt – auf die Art und Weise schön war, wie man sich das später vorstellt. Doch hat sie offenbar noch mit anderen Qualitäten beeindruckt: erstens Originalität – sie lässt sich manchen Quellen zufolge eingerollt in einen Teppich zu Julius Caesar tragen und dann effektvoll vor ihm ausrollen; zweitens eine ausgezeichnete Körperpflege – sie benützt Schminke, Nagellack, Parfüme aus Weihrauch, Rosen- und Zimtöl. Ihrem exotischen Charme, den sie politisch geschickt einsetzt, erliegen nacheinander Julius Caesar, dem sie einen Knaben gebiert, und

Dieses Porträt der Königin Nofretete ist zwar weniger berühmt als die Büste aus dem Ägyptischen Museum in Berlin, aber mindestens so schön. Brauner Quarzit, 14. Jahrhundert v. Chr.

Marcus Antonius, dem sie drei Kinder schenkt. Gewähren ihr ihre Liebhaber eine relative Unabhängigkeit, gliedert Octavian, der spätere Kaiser Augustus, der ein Jahr nach der Seeschlacht bei Actium im Sommer 30 v. Chr. als Sieger gegen Antonius in Alexandria einzieht, das an Schätzen reiche Ägypten in das Imperium Romanum ein. Als Antonius sich tötet, begeht auch die stolze Kleopatra Selbstmord: der Legende nach durch den Biss der Ägyptischen Kobra (Uräusschlange), dem Pharaonensymbol, wahrscheinlicher aber durch ein selbst verabreichtes Gift.

Grundgesetz, Nationalepos – und Alphabet:
Die Völker Mesopotamiens und die Phönizier

Die zweite Großmacht neben Ägypten, die mit Schrift brilliert, ist damals nicht etwa ein fernes Land in Asien oder Europa; dort tummeln sich um 3000 v. Chr. noch analphabetische Stammesverbände oder Kleinreiche. Es ist vielmehr ein Nachbar: Mesopotamien, das Zweistromland an Euphrat und Tigris, im heutigen Irak und Syrien, mit Völkern wie den Sumerern, Akkadern, Babyloniern und Assyrern, verschiedenen Stadtstaaten und Reichen, die in den drei Jahrtausenden vor Christi Geburt abwechselnd die Vormacht erlangen und die man eher nach Sprachen als nach ethnischer Zugehörigkeit unterscheiden kann. Ist Ägypten der erste langfristig einheitliche Großstaat, der auf Schriftlichkeit beruht, geht der Preis für die eigentliche Erfindung der Schrift zwischen 3400 und 3000 v. Chr. wohl an die Sumerer mit ihrer Keilschrift.

Entstanden ist die Schrift aus keramischen *Token*, sozusagen gegenständlichen Zeichen und Zählkugeln, die Händlern die Verwaltung ihrer Waren erleichtern. Sie stehen zunächst symbolisch für eine bestimmte Art von Ware beziehungsweise Warenmenge und werden in Tongefäßen aufbewahrt. Der Schritt zur Schrift besteht darin, diese eher unpraktischen »Zeichen« durch solche zu ersetzen, die man mit Schreibgriffeln in Tafeln aus weichem Ton drückt. Zum Vergleich: Die erste chinesische Schrift wird wohl erst um 1500 v. Chr. während der Shang-Dynastie mit bildhaften Schriftzeichen auf Orakelknochen und Schildkrötenpanzern entwickelt; die früheste europäische ist um 2000 v. Chr. die Bilderschrift der ersten europäischen Hochkultur auf Kreta. Und in Japan ist die Schrift erst im 5. Jahrhundert n. Chr. nachweisbar, also noch später als bei den eher einfach gestrickten Germanen mit ihren Runen ab dem 2. Jahrhundert n. Chr.

Im Zweistromland entstehen auch die ersten Stadtstaaten beziehungsweise Großstädte wie Ur, Lagasch, Kisch und Uruk mit Lehmziegelhäusern, Handwerksbetrieben, Schulen, Großplastiken und – dank der Erfindung des Rades – Wagenverkehr. Derartige Gemeinwesen werden von Königen und Stadtherren regiert, die Steuern erheben. Schließlich sind die Städte mit bis zu 50 000 Einwohnern die größten der Welt und wollen durch staatlich finanzierte Befestigungen und Priester geschützt und mit Vorratshäusern ausgestattet sein. Im Vergleich zum globalen Standard von Dörfern mit bis zu 50 Holzhütten ist das ein enormer Organisationsaufwand.

Unter den semitischen Stämmen wie den Kanaanäern, Aramäern und Akkadern sind zunächst die Akkader mit Sargon dem Großen hervorzuheben, der um 2300 v. Chr. ein Großreich gründet. In Mesopotamien betet man wie in Ägypten Sonnen- und Mondgötter an und gibt bestimmten Sternenkonstellationen Namen. Wer Bedeutungen und Gesetzmäßigkeiten in sie hineinliest, hat Macht. Die Astrologie, die damals untrennbar zur Astronomie gehört, wird zur wesentlichen Orientierungshilfe – was sich heute auch in der Benennung von Wochentagen spiegelt: etwa des Sonntags und Mon(d)tags, des französischen Mittwochs, *mercredi* (Merkur-Tag), und des englischen Samstags, *Saturday* (Saturn-Tag).

Über die Jahrhunderte und Jahrtausende wird die Astrologie von Mesopotamien bis Griechenland verschiedene Einflüsse aufnehmen und in ganz Europa bis ins Mittelalter zu den Leitwissenschaften zählen. In gewisser Weise ist sie auch eine frühe Form der Science-Fiction und des Starkultes. Nach und nach werden Mythenfiguren als Sternbilder in den Himmel projiziert, etwa die Plejaden, die sieben Töchter des Atlas, die Zeus zum Siebengestirn macht und mit dem Sternzeichen verbindet. Dazu kommen Superhelden wie Herkules, Theseus und Jupiter, aber auch mythische Tiere wie die Ziege Amaltheia, der Nemëische Löwe, Große und Kleine Bären. Die Helden werden buchstäblich zu Stars erhöht. Was später als Aberglaube erscheint, ist damals Deutungsgrundlage und Ratgeber bei schwierigen Fragen. Da wohl weniger in Kategorien des Ausschlusses, des Entweder-Oder gedacht wird, sondern eher addierend, anhäufend, ist die Verbindung zwischen Himmel und Erde in vieler Hinsicht enger als zu späteren Zeiten – und auch jene zwischen Abenteuerliteratur und Philosophie.

In der Literatur der Sumerer ist beispielhaft für diese Verbindung das Gilgamesch-Epos über den gleichnamigen König, das etwa ab 1850 v. Chr. entsteht. Als zusammenhängende Zwölftafel-Fassung existiert es ab etwa 1200 v. Chr. Im Rahmen einer Abenteuergeschichte machen der halbgöttliche Held Gilgamesch und sein wilder Freund Enkidu eine Entwicklung hin zur »Menschwerdung« durch, indem sie sich mit Tod und Vergänglichkeit auseinandersetzen und dagegen ankämpfen. Auf politischer Ebene schlägt sich die Vermenschlichung der Götter – die erst die Griechen perfektionieren werden – in einer der ersten Gesetzessammlungen nieder: dem in Stein gemeißelten Codex Hammurapi (Hammurabi), verfasst vom gleichnamigen König und Gründer des Altbabylonischen Reiches. So wie die Aufklärung in Europa im 18. Jahrhundert *nach* Christus grundlegende Menschenrechte durchsetzt, enthält der Codex Hammurapi im 18. Jahrhundert *vor* Christus für damalige Verhältnisse ein paar neue Vorstellungen zum Rechtsverständnis.

In den Worten Hammurapis gibt es den Codex, »damit der Starke dem Schwachen kein Unrecht tue«. Unklar bleibt allerdings, ob Hammurapis Sammlung von Rechtsfällen im Alltag überhaupt angewendet wurde oder eher der theoretischen Auseinandersetzung diente sowie der Selbstdarstellung des Königs. Zwar wird das alte Gottesurteil – das auch in Europa noch bis ins Mittelalter Bestand haben wird – beibehalten; so müssen zumindest bei unklarer Beweislage Angeklagte und manchmal auch die Kläger, mit Steinen beschwert, einen Fluss durchschwimmen, um zu zeigen, dass sie im Recht sind, weil sie nicht untergehen. Doch immerhin wird wohl wenig gefoltert und verstärkt auf Aussagen unter Eid vertraut. Der Codex bietet Fallbeispiele: »Wenn ein Mann einem (anderen) Mann ein Auge geblendet hat, soll man ihm ein Auge blenden« (§ 196). Die Anleitung illustriert direkt den Grundsatz »Auge um Auge«. Was heute antiquiert erscheint, wird damals immerhin als eine Art maßvolle Strafe definiert.

Nachdem das Altbabylonische Reich unter Hammurapi zur Vormacht in Mesopotamien wird und lange relativ friedlich neben anderen Großreichen wie Ägypten und Assyrien existiert, zerstören es im 16. Jahrhundert v. Chr. die Hethiter aus Kleinasien. Im 7. Jahrhundert wird Babylon von den kriegerischen Assyrern unterworfen, die sich ab 1230 zur Großmacht entwickelt haben. Passend zur Expansionslust der Assyrer trägt ihr König den Titel »Herrscher der vier Weltteile«. Dieser aus heutiger Sicht merkwürdige Anspruch steht beispielhaft für die damalige Weltperspektive: So reicht die Macht Assyriens im Norden zeitweilig nach Armenien, im Osten nach Persien, im Süden nach Ägypten und im Westen nach Zypern.

Eine langfristig größere Durchschlagskraft als die Assyrer hat allerdings ein Volk, das bescheidener auftritt, aber eine Kommunikationsrevolution anzettelt: das Seefahrer- und Handelsvolk der Phönizier. Sie sind in kleinen Stadtstaaten im heutigen Israel, Libanon und Syrien organisiert, handeln mit Schmiedeerzeugnissen, Edelsteinen, Edelhölzern, Textilien, Purpur und Sklaven. Mit ihren neuartig wendigen und zugleich hochseetauglichen Schiffen, die auch kleine Besatzungen steuern können, segeln sie bis nach Sardinien und Sizilien; um 800 v. Chr. gründen sie in Nordafrika Karthago. Weil sie sich beim Navigieren so gut an Sternen orientieren können, nennen noch die Römer den Stern Kochab im Kleinen Wagen *Stella Phoenicia*. Bei den Griechen haben die Phönizier den Ruf, schlau und gewieft zu sein, aber eben auch nicht besonders vertrauenswürdig. Immerhin verliebt sich Zeus in eine phönizische Prinzessin namens Europa, die er als Stier nach Kreta entführt, womit er ganz nebenbei den Mythos über die kulturellen Wurzeln eines Kontinents liefert.

Dazu und zu ihrer Beweglichkeit passt auch der langfristig erfolgreichste Exportartikel der Phönizier: Um 1200 v. Chr. oder früher entwickeln sie die erste Buchstabenschrift mit einem anwenderfreundlichen, leicht erlernbaren Alphabet statt Unmengen von Bilderzeichen, Hieroglyphen oder den Strichen und Kerben der Keilschrift. Aus der phönizischen Schrift bauen die Griechen im 9. Jahrhundert, rechtzeitig zur Entstehung von Homers *Ilias* und *Odyssee*, die erste Alphabetschrift Europas zusammen. Die griechische und phönizische Schrift bilden die Grundlage für die lateinische Schrift, die hebräische, kyrillische und arabische.

Insgesamt ist das Zweistromland viel weniger stabil als Ägypten, die Situation der Völkerschaften verwirrend. Nicht nur werden viele Sprachen nebeneinander gesprochen, auch der Bierkonsum wird lockerer gehandhabt. Dazu passt, dass im Alten Testament der Turmbau zu Babel »mit einer Spitze bis zum Himmel« als Bild für die menschliche Anmaßung dient (Genesis 11, 1-9). Die Sprachverwirrung kommt über die Menschen als göttliche Strafe für ihre Hybris. Auch ist unsere Vorstellung vom Neubabylonischen Reich durch den biblischen Begriff der »Hure Babylon« geprägt – »Babylon, die Große, die Mutter der Huren und aller Abscheulichkeiten der Erde« (Offenbarung des Johannes, 17). Dass Babylon in der Bibel, sowohl im Alten als auch im Neuen Testament, so schlecht wegkommt, hat vor allem mit Nebukadnezar II. zu tun, dem Nachfolger von Nabopolassar, der 625 v. Chr. als »Sohn eines Niemand«, wie er sich selbst nennt, das Neubabylonische Reich gründet. König Nebukadnezar II. wird, obwohl er neben dem Turm zu Babel nützliche Kanalsysteme bauen lässt, im Alten Testament auch deshalb nicht so positiv gesehen, weil er nach der Zerstörung Jerusalems 587 v. Chr. zigtausend Juden in sein Land deportieren lässt.

Das Alte Testament – Gesetz, Bestseller und Hoffnungsspender Israels

Im Alten Testament steht allerdings auch, wie sich die Juden mit Hilfe ihres besonderen Wissens um die Schrift unter Fremdherrschaften zur Wehr setzen. Als sich etwa der babylonische Herrscher Belsazar, laut Altem Testament ein Nachkomme von Nebukadnezar (genau genommen Sohn von König Nabonid), welcher die Juden verschleppt, bei einem Gastmahl mal wieder gottlos benimmt, erscheint eine geheimnisvolle Hand und schreibt rätselhafte Worte an die Wand (Buch Daniel 5, 25). Belsazar erschrickt in Anbetracht der unverständlichen Schrift. Er verspricht demjenigen, der sie für ihn entziffern und deuten kann, dass er als Belohnung in seinem Reich mitregieren darf. Nachdem babylonische Gelehrte versagen, wird Daniel, einer der verschleppten Juden im Land, für seine Weisheit bekannt, zum König gebracht. Er liest »Mene mene tekel u-parsin« und erklärt Belsazar die Worte: Sie sind, so Daniel, eine Mahnung (Menetekel), ein Hinweis auf die Korruption des Königs und den baldigen Untergang von Belsazars Babylon.

Durch diese Episode des Alten Testaments wird nicht nur der Begriff Menetekel geprägt, sie markiert auch eine wichtige Etappe in der Geschichte des Graffiti. Zwar kann man neben prähistorischen Höhlenbildern schon in Inschriften ägyptischer Schreiber Graffiti sehen (von griech. *graphein* = schreiben und ital. *graffiare* = kratzen); in der zweiten Hälfte des 13. Jahrhunderts v. Chr. etwa kratzt der Schreiber Kenherchepeschef seinen Namen in Steinwände, um seinen Einflussbereich zu markieren. Doch das Menetekel-Graffiti aus dem Buch Daniel ist insofern besonders, als mit ihm ein symbolischer Machtanspruch von an sich Unterprivilegierten geltend gemacht wird. Das Bedrohliche klingt noch heute in der englischen Wendung »writing on the wall« an, die – wie Menetekel – eine Warnung bedeutet. Eine regelrechte Graffiti-Bewegung entwickelt sich allerdings erst Jahrtausende später, als Ende der sechziger Jahre des 20. Jahrhunderts *writer* zunächst in Problemvierteln, Ghettos wie der Bronx und Harlem in New York Botschaften an Wände und U-Bahn-waggons sprühen, die für Außenstehende schwer entzifferbar sind. Schließlich verhelfen Journalisten und Künstler wie Keith Haring und Jean-Michel Basquiat den Graffiti zum Sprung von der Undergroundkunst zur »Hochkunst«, die nun auch in Galerien, Museen und Bildbände passt. Das alttestamentarische Graffiti hat seinen Weg in die Kunstgeschichtsschreibung bereits im 17. Jahrhundert über Rembrandts *Das Gastmahl des Belsazar* (1635) genommen.

Der historische Hintergrund zur biblischen Legende über Daniel und seine Warnung ist allerdings prosaischer: Als letzter König des Neubabylonischen Reiches unterliegt Nabonid 539 v. Chr. dem Perserkönig Kyros II. Der zerstört das Neubabylonische Reich, und ihm verdanken die Juden ihre Heimkehr aus der sogenannten Babylonischen Gefangenschaft in ihr Land. Deshalb wird Kyros, obwohl er Nicht-Jude ist, im Alten Testament als Retter gefeiert – ja sogar als »Hirte« und »Gesalbter« (Jesaja 44,28; 45,1).

Die Ägypter bestechen mit einer straffen, textbasierten Organisation und die Völker Mesopotamiens mit lebendiger Stadtkultur, Gesetzen und dem vielleicht ersten Nationalepos. Die halbnomadischen Völker Palästinas drücken als weitere historische Macht des Nahen Ostens der westlichen Welt mit dem Alten Testament, das ab dem 10. Jahrhundert v. Chr. entsteht, langfristig ihren Stempel auf: nur ein Gott, Zehn Gebote (Exodus 20, 1-17), keine Bilder, dafür tolle Storys. Und auf all das hält das »auserwählte Volk Gottes« die Exklusivrechte (Genesis 12, 1-3).

Dass das Alte Testament mit seiner Mischung aus Fakten und Fantasie bis heute die Hauptquelle zur Geschichte des alten Israel darstellt, erschwert eine historisch genaue Darstellung erheblich. Historisch bedeutend ist die Bibel schon deshalb, weil es die zwölf Stämme Israels, die mal von den Ägyptern, mal von Babyloniern unterjocht werden und obendrein miteinander streiten, mit Hilfe der identitätsstiftenden Heiligen Schrift schaffen, an der Ostküste des Mittelmeeres eine Einheit herzustellen – und politisch-militärische Stärke. Vor allem aber entwerfen sie die langfristig dominante Religion des Abendlandes. Bis heute ist nicht klar, ob überhaupt und wenn ja, wo und wie lange Moses – wie es im Buch Exodus des Alten Testaments heißt – nach dem Auszug aus Ägypten mit den Israeliten durch die Wüste geirrt ist, um dem Volk schließlich am Berg Sinai die Zehn Gebote zu überbringen.

Nachdem Moses das Goldene Kalb, um das sein Volk, während er auf den Berg klettert, heimlich tanzt, zerstört, sind die Stämme durch den bildlosen Kult ihres Gottes Jahwe vereint. Sie besiegen die einheimischen Kanaanäer und Philister, nach denen das Land Palästina benannt ist. Die Philister sind im Alten Testament die Erzfeinde der Israeliten – und meist die Verlierer. Etwa in der Geschichte über Simson (Samson). Zwar überwältigen die Philister ihn mit Hilfe der schönen Deleila, in die sich der impulsive Simson verguckt, zunächst auf hinterlistige Weise; die Philisterin stutzt dem schlafenden Simson sein langes Haar und raubt ihm damit seine Kraft. Doch erschlägt Simson am Ende ganz allein Tausende von Philistern (Buch der Richter, 13-16).

Heute haben die Palästinenser die traurige Rolle der Philister übernommen, und bis heute gründet sich der Anspruch Israels auf die von ihnen bewohnten Gebiete auch auf die Tora, in der Gott ihnen ihr Land zuteilt (Genesis 13, 14-18). Im 11. Jahrhundert v. Chr. lässt sich Saul zum ersten König Israels salben. Doch erst sein Schwiegersohn David aus dem Stamm Juda erobert Jerusalem von den Jebusitern und vereint Juda und Israel um 1000 v. Chr. zu einem jüdischen Staat. Obwohl David einen ganzen Harem hat, verführt er laut Altem Testament (2 Samuel 11, 2-4) Batseba, die schöne Frau seines Feldhauptmanns. Um Davids Nachfolge entbrennen Kämpfe und Intrigen, unter anderem vonseiten seines Sohnes Absalom; am Ende gewinnt sein Sohn Salomo die Oberhand. Sein Name bedeutet so viel wie Friedensmann. Nachdem er bei Regierungsantritt Säuberungsaktionen in den Reihen seiner zahlreichen Brüder und Davids altem Hofstaat durchgeführt hat, erlebt das Reich tatsächlich eine Zeit der kulturellen Blüte. Salomo baut einen großen Tempel auf dem Berg Zion, der, in Psalmen gepriesen, bald sinnbildlich für ganz Jerusalem steht und letztlich für den Ort des jüdischen Heils.

Insgesamt zeigen die alttestamentarischen Episoden über Sex, Verrat und Machtpolitik allerdings beispielhaft, dass es beim Volk Gottes und selbst bei Weisen wie Salomo auch nicht viel sanfter zugeht als bei den sündigen Babyloniern und den kriegerischen Assyrern. Letztere bringen zwischen dem 12. und 7. Jahrhundert v. Chr. Mesopotamien, Syrien, Ägypten und die Juden unter ihre Herrschaft. Schon nach Salomos Tod um 930 v. Chr. war das jüdische Reich in das südliche Juda und das nördliche Israel zerfallen. Erst Josia, König von Juda, stellt in der 2. Hälfte des 7. Jahrhunderts v. Chr. die Unabhängigkeit gegenüber Assyrien wieder her. Vor allem aber stärkt er den Kult Jahwes und damit den Monotheismus, der später über Fremdherrschaften wie jene Roms, der Araber und der Osmanen hinweg weiterwirken wird. Das unterscheidet die Juden zum Beispiel von den Assyrern, die keine derart populären Texte produziert haben und nach dem Untergang ihres Reiches im Jahr 612 v. Chr. in Vergessenheit geraten. Jeder in der westlichen Welt kennt dagegen irgendwie eine der Geschichten aus dem Alten Testament. Sei es dank berühmter Gemälde oder aber durch Hollywoodfilme, die zu Klassikern wurden. Zum Beispiel der Streifen *Die Zehn Gebote* (1956) mit Anne Baxter, Charlton Heston und Yul Brynner, in dem die Macht von fantastischen Geschichten und Bildern in Trickszenen wie jener mit dem geteilten Roten Meer nachvollziehbar wird, oder auch in dem Schäferidyll mit tanzenden Schönheiten in der Wüste.

Viele verrückte Geschichten des Alten Testaments hatten eine nachhaltige Wirkung – etwa jene über Lot, mit der über Jahrtausende der verunglimpfende Begriff der Sodomie für Homosexualität geprägt wurde. So bizarr und teils in sich widersprüchlich sind die Geschichten auch deshalb, weil man mit dem Niederschreiben der Texte wohl unter König Salomo im 10. Jahrhundert v. Chr. beginnt, weitere Teile in den folgenden Jahrhunderten von verschiedenen Autoren verfasst und auch ältere abgewandelt und redigiert werden. Dazu kommen apokryphe (griech. »verborgene«), nicht zum biblischen Kanon gehörende Geschichten. In jener über Tobit und seinen Sohn Tobias etwa lügt der Engel Rafael zur Not auch mal und treibt undercover Schulden ein; währenddessen sieht Tobias seiner Hochzeitsnacht mit Sara mit gemischten Gefühlen entgegen, weil vor ihm sieben Ehemänner in eben jener Nacht von einem eifersüchtigen Dämon erwürgt wurden. Tobias allerdings gelingt es schließlich mit des Erzengels Hilfe, den Dämon nach Ägypten zu vertreiben.

Zusätzlich zu den Wirren der Überlieferung werden die biblischen Geschichten im 3. Jahrhundert v. Chr. vom Hebräischen ins Griechische übersetzt (die griechische Bibel nennt man Septuaginta), später ins Lateinische (die lateinische Bibel heißt Vulgata). Da gibt es – wie später beim Übertragen mittelalterlicher Balladen – einige Fehlerquellen. Ein Bestseller im heutigen Sinn ist das Alte Testament, das die Kirche erst im 4. Jahrhundert n. Chr. kanonisiert, natürlich nicht. Doch über die Vermittlung durch Priester und Gelehrte finden die Geschichten auch davor Verbreitung. Und über die Jahrhunderte wird die Bibel zu einem der meist gelesenen Bücher weltweit.

Für die Juden selbst stärkt das Alte Testament das Zusammengehörigkeitsgefühl in der Diaspora, ihrer »Zerstreuung« in alle Welt, die zunächst mit der Zwangsumsiedlung nach Babylon und später mit der Zerstörung des Tempels in Jerusalem im Jahr 70 n. Chr. zusammenhängt, aber auch mit der Gründung jüdischer Handelskolonien. Trotz oder gerade wegen seines Mangels an historischer Verlässlichkeit, an deren Stelle oft starke Bilder und spannende Heldengeschichten treten, wird das Alte Testament ähnlich wie Homers *Ilias* und *Odyssee* und später das Neue Testament über Jahrtausende und teils bis heute wie ein Geschichtsbuch gelesen. In mancher Hinsicht haben diese Texte unser Geschichtsbild stärker beeinflusst als jene von Herodot oder Thukydides, die unserem heutigen Verständnis nach Historiker sind und im 5. Jahrhundert v. Chr. in Griechenland leben. Dort steht die zweite, ebenfalls textlastige, aber gewissermaßen körperfreundlichere Wiege der westlichen Kultur.

KAPITEL ZWEI

Think different
Das antike Griechenland: die Geburt der
Innovationskultur und des Körperkultes

»Der Verführte aber hat im Anfang nur Schmerzen und
Tränen, und wenn dann allmählich der Schmerz nachlässt,
magst du ihm wohl, wie man sagt, etwas weniger Ungemach
bereiten, aber Lustgefühl hat er nicht das allermindeste.«
So argumentiert ein gewisser Charikles in Lukians Dialog
Erotes (auch *Amores*) gegen die sogenannte Knabenliebe –
dagegen, dass ältere Männer Sex mit minderjährigen Jungen
haben. Der Gesprächspartner Kallikratidas gibt zu bedenken, dass es da gar nicht so sehr um Sex gehe, sondern um
echte Freundschaft. Die sei nur unter Männern möglich.
Denn Frauen nerven bloß, indem sie zu lange Bäder nehmen
und Zeit mit der Pflege ihrer Haare vergeuden. Die Liebe
zwischen Männern sei demgegenüber spiritueller Natur.
Eben diese Liebe diene nicht dem banalen Zweck der Fort-
pflanzung und unterscheide, so Kallikratidas, den Menschen
vom Tier. Im Lauf des Gesprächs wird auch die Frage lei-
denschaftlich diskutiert, welcher Natur das Verhältnis zwischen Sokrates und seinem Schüler Alkibiades genau gewesen sei.

Zwar stammt der Dialog aus dem 2. Jahrhundert n. Chr.
und ist satirisch gemeint. Doch bezieht er sich auf eine Praxis, wie sie in den vorchristlichen Jahrhunderten in Griechenland üblich ist. Tatsächlich haben erwachsene Männer beziehungsweise Lehrer Sex mit Schülern. Was inzwischen
strafbar ist, war damals sogar Teil des Erziehungsprogramms:

Über die Erfahrung des Sinnlichen sollen Schüler zur ver-
geistigten Liebe, der Erkenntnis des Schönen und Göttlichen
gelangen. Aus heutiger Sicht ist die Behauptung, Sex mit
älteren Herren wecke bei Knaben göttliche Gefühle und sei
pädagogisch zu motivieren, natürlich grotesk; und schon in
der Antike wird der »pädagogische Eros« zur unkörperlichen
Verbindung zwischen Lehrer und Schüler sublimiert. Umso
kurioser ist es, dass das deutsche Wort Gymnasium an die
Tradition erinnert. Denn es kommt vom griechischen *gymnós*
(»nackt«) beziehungsweise vom *gymnásion*. Das ist der Ort,
wo man im alten Griechenland nackt oder spärlich bekleidet
Sport treibt und den Geist in Diskussionen schult.

Als praktischer Grund für das intime Lehrer-Schüler-
Verhältnis bei den alten Griechen ließe sich aus damaliger
Sicht die fachkundige Einführung in die wichtigen Dinge des
Lebens, also auch die körperliche Liebe, nennen. Die jungen
Männer bauen auf diese Weise aber auch Netzwerke, dauer-
hafte Verbindungen mit den tonangebenden Lehrern der
Zeit auf, die ihnen im Lauf ihres Lebens nützlich sein werden. Tatsächlich nutzen die älteren, einflussreichen Lehrer
die Abhängigkeit der jungen Leute auch ganz bewusst aus.
Der »pädagogische Eros« hatte auch damals schon vielfach
eher mit Macht als mit Erotik zu tun. Doch das sexuelle
Verhältnis und vor allem die Diskussionen darüber passen
mit all ihren aus heutiger Sicht absurden Seiten in einem
weiteren Sinn zum Kulturverständnis der Griechen: Typisch griechisch ist damals, geistige Auseinandersetzungen
relativ offen mit starken, auch intimen körperlichen Empfin-
dungen zu verbinden, sozusagen mit gemischten Gefühlen
von Lust bis Schmerz. Die Mischung passt zur Natur des
Eros, des als geflügelter Jüngling dargestellten Liebesgottes
(Amor, Cupido). Der Sohn des Kriegsgottes Ares und der

Liebesgöttin Aphrodite wird besonders im *gymnásion* geehrt – und steht theoretisch als Mittlerfigur zwischen Mann und Jüngling, Weisheit und Torheit, dem Göttlichen und Menschlichen.

Der Streit – Motor für Kulturleistungen

Immer wieder werden Theorien in ein Verhältnis zum echten Leben und zu weniger Wägbarem wie Sexualität und Leidenschaften gesetzt. So kann die Verbindung von Sinnenwelt und Geistesleben ein Motor für das sein, was seit den Griechen als wichtige Kulturtechnik gilt: die Dialektik. Im hitzigen Hin und Her, der Abfolge von Rede und Gegenrede beleuchtet man die Dinge samt ihren Widersprüchen von verschiedenen Seiten und lässt auch extremere Argumente zu. Dabei kommt man auf neue Ideen, oft sogar zur Synthese, der Verschmelzung der Standpunkte auf höherer Ebene.

Die Dialektik ist einer der wesentlichen Beiträge der Griechen zur Weltkultur – und eine Voraussetzung für einige ihrer Errungenschaften von globaler Bedeutung: etwa Sport, Theater, Pädagogik, Demokratie, Philosophie, Ökonomie, Medizin und Kritik. Allgemeiner gesagt, schenken die Griechen der Welt die Kultur des offenen Meinungsaustausches, der Freiheit, des Wettbewerbs und der Innovation. Wegen der Dialektik sind noch heute in Europa Gespräche eher durch Satzanfänge geprägt wie »Ja, aber …«, asiatische eher durch »Ja genau, und außerdem …«

Auf welch merkwürdige Art und Weise sich die Streit- und Innovationskultur entwickelt, kommt beispielhaft in zwei griechischen Schlüsseltexten des 8. Jahrhunderts v. Chr. zum Ausdruck: Homers Epen *Ilias* und *Odyssee*. Das ist zum einen die Geschichte vom Raub der schönen Helena durch die Trojaner und der folgenden Eroberung der Stadt Troja durch die Griechen; zum anderen ist es der Bericht der Abenteuer des Heerführers Odysseus auf dem Heimweg von Troja zu seiner Frau Penelope. Hier geht es zunächst ähnlich blutrünstig zu wie im Alten Testament, das für das Abendland ebenfalls zu einem Schlüsseltext wird; es entsteht auch im östlichen Mittelmeerraum und etwa zur selben Zeit. Bei Homer wird allerdings detaillierter und seitenlang geschildert, welcher Kämpfer welchem Gegner aus welchem niedrigen Beweggrund heraus die Lanze durch die Schulter bohrt oder den Arm abschlägt. Odysseus' Gefährten werden gar vom Riesen Polyphem gefressen: »blutig entspritzt' ihr Gehirn und netzte den Boden« (*Odyssee*, IX. Gesang).

Zu den entscheidenden Unterschieden zum Alten Testament gehört allerdings, dass Homer experimenteller ist und witziger als die Autoren der Bibel. Da erläutert Odysseus ein paar übermütigen Jugendlichen, die ihn herausfordern, ausführlich, warum er, sozusagen altersreif, des ewigen Konkurrenzgebarens und Imponiergehabes müde ist – um dann am Ende doch alle mit einem unglaublich weiten Diskuswurf zu verblüffen. Wenn es bei Homer vor offensichtlich eitlem und albernem menschlichen Verhalten wimmelt, ist das aus heutiger Sicht komisch. Damals bedeutet es einen historischen Durchbruch. Sind die Helden und sogar Götter betont neidisch, eifersüchtig und schadenfroh, also menschlich, erinnert dies – dialektisch – daran, dass man im Alltag auch mal ein Auge zudrücken darf. Und wenn sich die Trojaner durch das Trojanische Pferd täuschen lassen, weil sie es als Weihgeschenk an die Göttin Athene akzeptieren, wird angedeutet, dass Götter trügerische Konstruktionen sein können.

Ein Läufer aus Rhodos auf einer Vase aus der archaischen Zeit um 540 v. Chr.

Wie das Alte Testament spiegeln auch Homers fiktive Texte wirkliche Zustände. Troja gibt es tatsächlich in Kleinasien, der heutigen Türkei, und es ist ein Beispiel für die Kolonialisierung vor allem des östlichen Mittelmeerraumes durch die Griechen zwischen ungefähr 750 und 500 v. Chr. Die Kolonien erstrecken sich vom Schwarzen Meer bis zu den Küstengegenden Süditaliens – und sie nennen sich stolz Magna Graecia, Großgriechenland. Homers Epen mit ihrer Götter- und Mythenwelt tragen zur Bildung eines griechischen Gemeinschaftsgefühls bei. Das ist auch nötig. Denn »die Griechen« sind diverse Stämme indoeuropäischen Ursprungs wie die Ionier, Dorer, Äolier. In zwei Schüben dringen sie zwischen 2000 und 1200 v. Chr. vom Westen auf ein

Gebiet vor, das durch von Bergen, Tälern und Buchten getrennte Kleinlandschaften geprägt ist.

Da sich die verschiedenen griechischen Gemeinschaften bei Raubzügen um Land streiten, sind Mythen und Heldengeschichten wichtig, die eine gemeinsame Identität stiften. Neue Varianten entstehen auch bei den Olympischen Spielen. Sie finden ab 776 v. Chr. statt und dienen als Grundlage für einen gemeinsamen Kalender. Von historischer Bedeutung sind die Olympischen Spiele, bei denen sich nackte, eingeölte Athleten tummeln, auch als Geburtsort des heute global dominanten Körperkultes. Ursprünglich als Zeus- und Totenkult gefeiert, um die Toten zu besänftigen und mit ihrem Schicksal zu versöhnen, entwickeln sich die Spiele in Olympia zum Sportereignis mit Lauf- und Ringkämpfen, aber auch Trompeter- und Dichterwettbewerben. In mancher Hinsicht nehmen die Spiele Sportveranstaltungen späterer Jahrtausende vorweg. So gibt es bei den Griechen Bestechung, Betrug und Absprachen – die unter anderem durch die Auflage bestraft werden, Zeusstatuen zu stiften. Bei den Wagenrennen ist nicht der Wagenlenker Sieger, sondern der Eigentümer, oft Könige oder Tyrannen, die sich hierdurch einen Imagegewinn versprechen.

Während der Spiele herrscht zwar der Gottesfrieden beziehungsweise Olympische Frieden (*ekecheiria*), doch bedeutet das keine allgemeine Waffenruhe, sondern eher, dass die sichere An- und Abreise zu den Spielen gewährleistet werden soll. Bei den Spielen geht es martialisch zu, etwa in der Disziplin des Pankration, dem heutigen *Ultimate Fighting* vergleichbar, bei dem nur Kratzen, Beißen und Griffe nach den Augen verboten sind und bei denen einige Kämpfer sogar zu Tode kommen. So etwa, als Arrhichion 564 v. Chr. gewinnt, weil er den Gegner zur Aufgabe zwingt, indem er seinen Zeh verdreht und bricht, aber am Ende an den Folgen von dessen Würgegriff stirbt. Sein Trainer soll ihm zugerufen haben: »Welch herrlicher Totenschmuck, in Olympia nicht aufgegeben zu haben!« Demgegenüber kritisiert der Philosoph Xenophanes den Sport mit seinem Körper- und Starkult: »Besser als die Kraft von Männern und Rossen ist unsere Weisheit. Nur ein kleiner Genuss würde der Stadt darum zuteil, wenn einer in Olympia siegte; denn nicht macht dies fett die Kammern der Stadt.«

Zumindest der Athlet kann allerdings nicht nur einen Ölzweig gewinnen, sondern auch lebenslange Steuerfreiheit. Bei den Athenern kommt die dauerhafte Speisung auf Staatskosten in Gesellschaft der stadtstaatlichen Machthaber dazu, später ein Preisgeld, das ungefähr dem Wert von rund 500 Schafen entspricht. Schon damals können Spitzenathleten nach dem Ende ihrer sportlichen Karriere den Sprung zum mittelständischen Unternehmer schaffen.

Sparta und Athen – zwischen Militarismus und Demokratie

Die Vielfalt der griechischen Stadtstaaten ist groß. Theben etwa, eine Macht neben Sparta und Athen, ist der Sage nach die Geburtsstätte von Dionysos und Herkules, Heimat von Ödipus und Antigone – und im echten Leben seit 447 v. Chr. Führungsmacht des Böotischen Bundes, einem Bündnis von Stadtstaaten. Im Korinthischen Krieg kämpft Theben dann mit Korinth, Argos und Athen gegen Sparta, übernimmt 371 v. Chr. die Vormachtstellung, bevor sie 338 v. Chr. an Makedonien verloren geht. Milet, an der Küste der heutigen Westtürkei gelegen, ist lange eine wichtige See- und Handelsmacht, die Insel Lesbos ein Zentrum der Poesie.

Doch eignen sich die beiden bekanntesten Staaten Athen und Sparta am besten zur Darstellung der Unterschiede und Gemeinsamkeiten griechischer Kultur. So gelten die Spartaner – passend zu der von ihnen besiedelten Landschaft Lakonien – als die wortkargen (lakonischen), konservativen, unkultivierten Kampfmaschinen ohne Privatleben. Demgegenüber hat Athen das Image als Wiege der Demokratie und der abendländischen Kultur. Das ist nicht falsch. Aber im 7. Jahrhundert, vor Athens Aufstieg, ist Sparta das Kulturzentrum. Hierher bringt zum Beispiel Thaletas aus seiner Heimat Kreta, der ersten europäischen Hochkultur im 2. Jahrtausend v. Chr., die Tanzkultur und *Gymnopaidiai* mit, nackt getanzte Reigen. Die festlichen Tänze dienen womöglich auch als militärisches Fitnessprogramm. Im Alter zwischen 20 und 30 leben Spartaner in Männerhäusern zusammen. Dort wird die Homosexualität gefördert, um den Zusammenhalt der Krieger zu stärken und ein Desertieren zu Frauen zu verhindern.

Trotz all ihrer Unterschiede kämpfen Spartaner und Athener im 5. Jahrhundert zusammen mit anderen Bundesgenossen gegen die Perser. Sie feiern Siege bei Marathon im Jahr 490 v. Chr. und bei Salamis 480 v. Chr. Der Lauf des Boten, der die Nachricht vom Sieg bei Marathon nach Athen trägt, dabei den Marathonlauf erfindet und dann tot umfällt, ist eine gute Geschichte, aber eine Legende. Wahr ist, dass die Abwehr der Invasionsbestrebungen des Perserkönigs Xerxes dem langen Atem des Heerführers Themistokles zu verdanken ist, der vorsorglich den Bau einer großen Flotte durchsetzt, womit er die attische Seemacht begründet.

Von 431 bis 404 v. Chr. tobt wiederum zwischen Athen und seinen Verbündeten im attischen Seebund einerseits und andererseits Sparta und dem Peloponnesischen Bund der Peloponnesische Krieg, der Dreißigjährige Krieg der Antike, den Sparta gewinnt. Dass dieser Krieg nicht so blutig ist wie der Dreißigjährige Krieg im Deutschland des 17. Jahrhunderts, hängt unter anderem mit der Wettbewerbskultur der Griechen zusammen. Zwar klingt es etwas beschönigend, wenn der einflussreiche Historiker Johan Huizinga in seinem Buch *Homo Ludens* (1938) vom »agonalen Charakter« mancher Kriege spricht, von Schlachten als einer Art Wettbewerb (Agon), der wie ein größeres Turnier blutig ist, aber kein Gemetzel. Doch immerhin gibt es die Tradition, dass man mit einer begrenzten Anzahl von Kriegern nach gewissen Spielregeln kämpft, den Gegner nicht einfach abschlachtet und auch sein Gebiet nicht unbedingt erobern will.

Bei allen Differenzen haben die Griechen doch gemeinsam, dass sie ab 800 v. Chr. zunehmend in sogenannten Poleis organisiert sind, den Stadtstaaten und Urmodellen der Politik und Demokratie. Im Vergleich zu anderen damaligen Kulturen liegt bei den Griechen die Macht nicht so sehr bei einer Priesterkaste, sondern beim Adel. Dieser erste Schritt in Richtung Säkularisierung, der Verweltlichung von Macht, wird historisch die Voraussetzung für eine Demokratie bleiben. Allerdings vollzieht sich der Schritt in Richtung Demokratie auch in Griechenland langsam und auf unterschiedliche Weise. Demokratisch im heutigen Sinn ist die erste griechische Macht Sparta nicht. Dort gibt es drei Schichten: 1.) die herrschenden Spartiaden; 2.) die freien, aber untergeordneten Periöken; 3.) die Heloten, die als unterworfene, abhängige Bauern das Land der herrschenden Schichten bewirtschaften. Anders als die Sklaven, die alle griechischen Gemeinden bei Raubzügen erbeuten, indem sie auch die Frauen und Kinder getöteter Männer mitnehmen, sind die Heloten sozusagen die Ureinwohner von Sparta. Ihnen erklären die Spartiaden jährlich prophylaktisch den Krieg, damit man sie bei Polizeiaktionen problemlos töten kann.

Immerhin geht die Staatsführung von Doppelkönigen auf fünf jährlich gewählte Ephoren über. Die 28 Ratsmitglieder, die im 7. Jahrhundert v. Chr. den Königen zur Seite stehen, werden kurioserweise durch Akklamation ermittelt: Das heißt, bei der Volksversammlung schreit man, so laut man kann, für seinen Wunschkandidaten; »Juroren« versuchen herauszuhören, wer am meisten Unterstützung bekommen hat. So zählt nicht nur die Stimmenzahl, sondern auch das Maß an Stärke und Entschlossenheit der Anhänger. Derartige Basisdemokratie ist nur möglich, weil die Poleis sehr klein sind, teils heutigen Dörfern ähneln oder mittelalterlichen Rittergütern. Selbst in Sparta wohnen im 6. Jahrhundert v. Chr. nicht mehr als etwa 10 000 Vollbürger (Spartiaden), Ende des 5. Jahrhunderts v. Chr. nur noch 3000.

In dieser Zeit gewinnt Athen an Bedeutung. Auch hier übernehmen Adelige und Vollbürger die Führung. Die Oligarchie, die Herrschaft der wenigen, löst die Monarchie ab. In Athen geht es sogar noch weiter. So zeichnet Drakon um 621 v. Chr. in Krisenzeiten, in denen Tyrannen nach der Macht greifen, Gesetze zur Einschränkung von Willkür auf, bei denen unter anderem zwischen Mord, Totschlag und fahrlässiger Tötung unterschieden wird und die die Grundlage für einen Rechtsstaat bilden. 594 stellt Solon die Rechtsgleichheit der Bürger durch Aufhebung der Schuldknechtschaft her. Schließlich wird der Rat der 500, besetzt mit freien Bürgern, gegründet sowie das Scherbengericht, bei dem Bürger den Namen eines potentiellen Tyrannen auf Tonscherben einritzen, was dann per Mehrheitsentscheidung zu seiner Verbannung führen kann. Allgemein sind die Grenzen zwischen Adel und Nicht-Adel weniger klar – und wichtig – als jene zwischen Bürgern und Nicht-Bürgern, den Sklaven. Doch gibt es im 5. Jahrhundert v. Chr. immerhin einen Einflussgewinn der mittleren und unteren Schichten. In der Blütezeit Athens unter Perikles (»Perikleisches Zeitalter«) wird ihnen der Zugang zum Rat der 500 dadurch erleichtert, dass man als Mitglied – wie in heutigen Parlamenten – ein Gehalt, sogenannte Diäten, als Ersatz für den Verdienstausfall im eigentlichen Beruf erhält, den man zeitweise vernachlässigen muss.

Zwar lässt sich bis heute nicht so genau sagen, wie demokratisch die Versammlungen sich wirklich gestalten; schwer einzuschätzen ist auch, wie gesetzestreu die Richter sind, die, bevor Gesetze in Stein gemeißelt werden, oft nach einer Art Gewohnheitsrecht entscheiden. Doch zumindest als ideales Modell ragt Athen im Rückblick heraus. Eine Vorbildfunktion kommt Athen auch dadurch zu, dass sich im Zeitalter des Perikles eine Art offene Gesellschaft mit einem relativ freien Meinungsaustausch entwickelt.

Wie eng gesteckt der Rahmen dennoch ist, zeigt allerdings der Fall des Philosophen und Reformpädagogen Sokrates (470 – 399 v. Chr.), der am Ende wegen seiner Freizügigkeit mit dem Tod bestraft wird. Er macht zunächst Furore, indem er auf der Straße Passanten mit scheinbar naiven Fragen in Diskussionen über das Gute und die Gerechtigkeit an sich verwickelt. Damit verschafft er ihnen Selbsterkenntnis und vermittelt zugleich die Grenzen des Wissens. Sokrates debattiert gerne und kritisiert unter anderen die Sophisten, die einflussreichen Weisheitslehrer, die für Geld spitzfindig ständig immer alles zerreden, sogar ethische Werte. Doch 399 v. Chr. wird er wegen »Zweifels an den Göttern Athens« und »Verführung der Jugend« zum Tod durch den Schierlingsbecher verurteilt und stirbt den Vergiftungstod.

Versucht man sich Diskussionen, wie sie Sokrates auf der Straße führt, vorzustellen und auf vergleichbare heutige Situationen zu übertragen, ließe sich an ein Dorf denken, wo sich jeder kennt, oder an den Pausenhof einer Schule. Publizistischer Ruhm wird Sokrates, der lieber redet als schreibt, erst durch seinen Meisterschüler Platon (427 – 347 v. Chr.) zuteil. Er lässt Sokrates in seinen zahlreichen Dialogen zu Wort kommen. Allgemein durchdringt Platon die Dinge (und den Menschen) theoretisch, ermittelt sozusagen den Bauplan, das Prinzip von vielem, einschließlich des Göttlichen. Zugleich stellt er die Idee oft *über* die Dinge (und Menschen) selbst. Da er alles umfassend erörtert und das Denken in abstrakten Begriffen vorangebracht hat, meinen manche noch im 20. Jahrhundert, alle Philosophie nach ihm sei nur noch »eine Reihe von Fußnoten zu Platon« (Alfred N. Whitehead); andere dagegen finden, Platon habe etwa die Kunst in ein »begriffliches Gefängnis« gesperrt (Arthur C. Danto), das oft wenig Raum für das echte Leben lasse.

Immerhin behandelt Platon eine große Bandbreite an grundlegenden Fragen. So diskutiert er etwa den Eros, der letztlich die Liebe zu dem ist, was man selbst nicht hat – und ein faszinierender bis dämonischer Mittler zwischen Mensch und Gott, Weisheit und Torheit (*Symposion – Das Gastmahl*). Platon beschreibt aber auch den idealen Staat und die verzerrte Wahrnehmung der Realität durch die Menschen (Höhlengleichnis) sowie den Nutzen der Gymnastik und Musik, der Arithmetik und Geometrie für die Kriegskunst und für die Seele (*Der Staat*). Allerdings warnt er auch schon vor dem übertriebenen Einsatz der Dialektik als »eine Art Spielzeug« im Sinn von eitlen Scheindebatten, besonders unter jungen Leuten. Um das Jahr 387 gründet Platon im Heiligtum des Helden Akademos, einem Hain außerhalb von Athen, die erste Akademie der Welt. Wie sehr man derartige Wissens- und Diskussionsforen schätzt, dafür steht in Athen symbolisch der Parthenon, der schon im 5. Jahrhundert v. Chr. zu Ehren der Göttin der Weisheit Athene auf dem Tempelberg, der Akropolis, errichtet wird.

Zur Zeit der kulturellen Blüte Athens im 5. Jahrhundert gedeiht vieles, das heute Bestandteil der westlichen Kultur ist. Der Philosoph Demokrit etwa, ein Vorgänger von Aristoteles in Sachen systematischer Forschung, sieht die Vielheit und Veränderlichkeit der Wirklichkeit schon in ihrer Zusammensetzung aus Atomen begründet. Zur gleichen Zeit wird die Medizin mit Hippokrates (um 460 – 375 v. Chr.) wohl erstmals von den heiligen Praktiken der Schamanen und Geistheiler getrennt. Seine Lehre von den vier Körpersäften Blut, gelbe Galle, schwarze Galle und Schleim und den entsprechenden vier Menschentypen beziehungsweise Temperamenten Sanguiniker (lebhaft, energetisch), Choleriker (aufbrausend), Melancholiker (trübsinnig) und Phlegmatiker (schwerfällig, ruhig) wirkt bis in die Neuzeit. Zwar ist sie inzwischen überholt. Bis heute prägend bleibt jedoch das Prinzip der Suche nach dem Ausgleich der Säfte (heiß/kalt, trocken/feucht), nach gesunder Lebensführung mit einer entsprechenden Diät, einer ausgewogenen Ernährung, viel Bewegung und einem anregenden Kultur- und Liebesleben.

Den Griechen dient zum Ausgleich der Temperamente und Affekte neben Sport und Kult auch das Theater. Es entwickelt sich aus Zeremonien für Dionysos, dem meist trunkenen Gott der Fruchtbarkeit und Ekstase, der sich als früher Aussteiger angeblich gerne in Indien herumtreibt und dort vermutlich mit Drogen und Vorformen des Tantra experimentiert. Die neue Kunstform wird die nächsten 2500 Jahre als Diskussionsforum und Unterhaltungsmedium dominieren. Wie heute im Fernsehen werden im Theater – bei allen grundlegenden Unterschieden in Sachen kultischer und emotionaler Beteiligung – Triviales, Alltagsprobleme mit Verwandten und Kollegen verarbeitet, aber auch historisch Bedeutsames: etwa die Perserkriege. So zum Beispiel bei Aischylos (525 – 456 v. Chr.), der mit Sophokles und Euripides das Triumvirat der Tragödienschreiber bildet. Der Philosoph Aristoteles (384 – 322 v. Chr.), der sich stärker praktischen Fragen zuwendet als Platon, wird später das Theatererlebnis quasi-medizinisch als Möglichkeit der Katharsis sehen, der Reinigung der Seele durch das Mitempfinden starker Gefühle. Die andere wichtige Theatergattung ist die Komödie, etwa von Eupolis, Kratinos und vor allem Aristophanes (um 445 – 385 v. Chr.), der Alltägliches, Politisches und Mythisches mit derbem Humor, Wortwitz und Erotik vermischt.

Bei so viel Unterhaltung hat es das andere neue Textgenre der Griechen schwer. Ungefähr zeitgleich mit dem Theater wird die Geschichtsschreibung aus der Taufe gehoben, und zwar gleich in zwei Strömungen: einmal die reportageartige Variante von Herodot (um 490 – 425), dem »Vater der Geschichtsschreibung«, zum anderen die kritisch interpretierende Version des Thukydides (um 460 – 400 v. Chr.). In der Einleitung seines Standardwerks *Der Peloponnesische Krieg* nennt Thukydides schon Beispiele für Irrtümer in älteren Darstellungen historischer Ereignisse. Er warnt, man solle »nicht blindlings den Dichtern glauben, die in ihren Hymnen alles mit höherem Glanze schmücken, noch den Geschichtenschreibern, die in ihren Berichten mehr auf die Befriedigung der Hörlust achten als auf die Wahrheit«. Wenn Thukydides von »Geschichte*n*schreibern« statt Geschichtsschreibern spricht, zeigt das, wie eng und selbstverständlich Geschichtsschreibung damals an spannende Storys gebunden ist; wenn er »Hörlust« sagt, wird klar, dass auch Geschichtstexte damals in geselliger Runde laut vorgetragen werden. Sie müssen sich neben der theatralischen Unterhaltung behaupten.

Im Peloponnesischen Krieg (431 – 404 v. Chr.) selbst gewinnt Sparta, die finanzschwache Militärmacht, die lange gar kein Geld hat und dann eine Währung von schwer transportablen Eisenbarren, die sich eher zum Hanteltraining als für den internationalen Handel eignen, gegen Athen, die quirlige Handelsstadt. Zwar führt Athen den attischen Seebund mit geradezu spartanischer Härte an. Sparta siegt aber auch deshalb, weil das demokratischere Athen anders als das rigide regierte Sparta innerlich zerstritten ist: Athen wird von Demagogen geführt, die ihre Politik an der Tagesstimmung des Volkes ausrichten. Außerdem wird Sparta von den Persern unterstützt. Sie protegieren in Griechenland immer wieder listig die zweitstärkste Macht gegen den vorherrschenden Stadtstaat und gewinnen so an Einfluss.

Ost-West-Konflikte und Vielvölkerstaaten: Persien und Alexander der Große

Bei all dem Aufhebens um die Griechen könnte man fast vergessen, dass das benachbarte Reich der Perser viel größer ist. Kyros II. der Große gründet es im 6. Jahrhundert v. Chr. Es reicht vom Indus im heutigen Pakistan nach Thrakien, dem nordöstlichen Griechenland, und Ägypten. Es ist keine Demokratie, aber die unterworfenen Völker werden in Provinzen, Satrapien genannt, verwaltet, sind durch eine staatliche Post verbunden, behalten ihre Gesetze, Religion und Sprache. Außerdem können sie Einfluss auf die persische Kultur nehmen, weil Ausländer als Ärzte, Künstler und Philosophen am Königshof in Persepolis arbeiten. Der persische Religionsstifter Zarathustra ist auch im Westen ein Begriff. Sein Zoroastrismus stellt den Menschen in einer dualistischen Zuspitzung vor die Wahl zwischen Gut und Böse, fasziniert aber auch schlicht mit einem speziellen Feuerkult. Zarathustra dient 2500 Jahre später Friedrich Nietzsche in *Also sprach Zarathustra* (1885) als Projektionsfigur für einen pathetischen Abgesang auf die christliche »Sklavenmoral« und ein Loblied auf den »Übermenschen«, der an die Stelle Gottes tritt.

Insgesamt hat die persische Kultur allerdings keine so prägende Wirkung auf die westliche Welt wie die griechische. Das Persische Reich wird 333 v. Chr. in der Schlacht bei Issos vom Makedonier Alexander dem Großen (356 – 323 v. Chr.) besiegt und besetzt werden. Natürlich ist es nicht ganz fair, dass man heute mit dem damaligen Persien wenig Positives verbindet: Entsprechende oft mehr oder weniger subtil manipulierte Vorstellungen und Bilder vom Alten Persien reichen von Albrecht Altdorfers Renaissancegemälde *Alexanderschlacht* (1529) bis nach Hollywood. Bei Altdorfer jagt Alexander den persischen König Dareios III., der steif im Streitwagen steht, bei Issos quer durchs Bild. In Zack Snyders Spielfilm *300* (2007) über die Schlacht bei den Thermopylen, der auf dem gleichnamigen Comic von Frank Miller basiert, will der Spartanerkönig Leonidas 480 v. Chr. mit nur 300 Spartanern heroisch das Riesenheer der Perser aufhalten. Deren König Xerxes I. ist zwar ein imposanter kahlköpfiger Riese mit Piercings. Doch wirkt er auf viele wohl etwas merkwürdig, wenn er auf seinem überdimensionalen abgestuften Schiebe-Thron dahergerollt kommt, der auch als

Kulisse für die Bühne des Pariser *Crazy Horse*-Varietés dienen könnte.

Entsprechend waren iranische Kommentatoren nach der Premiere von *300* im Frühjahr 2007 aufgebracht, eine Zeitung titelte: »Hollywood erklärt Iran den Krieg.« Die Darstellung des Xerxes im Film *300* ist auch insofern kurios, als er schon in antiken Quellen, etwa bei Herodot und in Aischylos' Stück *Die Perser*, nicht ganz gerechterweise als dekadenter, rachsüchtiger, grausamer Frauenheld deutlich schlechter wegkommt als sein Vater Kyros II., der Gründer des Reiches. Einerseits spielen die Perser die Griechen lange Zeit schlau gegeneinander aus. Andererseits ist es bis heute erstaunlich, dass die zahlenmäßig unterlegenen Griechen die Perser im historisch wohl ersten großen Ost-West-Konflikt mehrmals besiegen können.

Eine deutliche Kräfteverschiebung bewirkt Alexander der Große (356 – 323 v. Chr.), der Makedonier, der Griechenland regiert und Persien, Mesopotamien, Ägypten sowie Teile des heutigen Pakistan und Indiens erobert. Er strebt eine Völkerverschmelzung an, fördert Mischehen, heiratet selbst die persische Prinzessin Roxane. Er sieht sich als Friedensbringer. Ist er aus heutiger Sicht kriegs- und eroberungssüchtig, warnt der Aufklärungsdenker Voltaire schon 1737 in seinen *Ratschlägen für Journalisten* in Sachen Geschichtsdarstellung, dass man Alexander eben nicht »lächerlich machen« und nicht leichtfertig als »Wahnsinnigen bezeichnen« soll, da er »mitten im Kriege Gesetze gibt, Kolonien schafft, den Handel in Gang bringt«. Man soll Alexander sozusagen im Zeitkontext sehen. Immerhin zollt Alexander der Legende nach dem Philosophen Diogenes Respekt, einem frühen Zyniker (damals »Kyniker«, von griech. *kyon* = Hund) und Konsumkritiker: Diogenes sitzt nachlässig gekleidet vor sei ner Tonne, als Alexander vor ihn tritt. Als der Herrscher dem Denker anbietet, ihm jeden Wunsch zu erfüllen, bittet ihn Diogenes nur selbstbewusst, ihm aus der Sonne zu gehen.

Es hat eine gewisse Ironie, dass ausgerechnet Alexanders Vater Philipp II., König der Makedonier, die zerstrittenen Griechen zumindest nach außen einigt. Schließlich sehen die Griechen die Makedonier prinzipiell als unkultivierte Bauern, Barbaren, Ausländer. Deshalb dürfen sie auch nicht an großen Wettkämpfen wie den Olympischen Spielen teilnehmen. Doch in Zeiten der makedonischen Vorherrschaft wendet sich das Blatt. Alexander der Große trägt dann auch noch maßgeblich zur globalen Verbreitung der Kultur des Hellenismus bei (nach *Hellenes*, der Selbstbezeichnung der Griechen). Das Münzwesen, unter dem reichen Lyderkönig Krösus im 6. Jahrhundert v. Chr. etabliert, sowie die Schrift und den Städtebau übernehmen Araber, Perser, Inder, Karthager und Römer. Im ägyptischen Alexandria, einer Gründung Alexanders, entsteht das welterste Forschungszentrum, eine Art Universität mit besoldeten Professoren, und eine Bibliothek mit rund 500 000 Buchrollen.

Zwar zerfällt das Imperium, nachdem Alexander überraschend mit 33 Jahren stirbt, aufgrund von Machtkämpfen zwischen seinen Feldherren in sogenannte Diadochenreiche; dann streiten sich auch noch hellenistische Mächte wie die Ptolemäer, Antigoniden, Achaier, Ätoler sowie Rhodos so lange um die Vorherrschaft, bis die Römer im 2. Jahrhundert v. Chr. Gebiete erobern und Griechenland ihrer Verwaltung unterstellen. Doch die kulturelle Prägung der Welt durch die Griechen ist stark und von Dauer. Schon als römische Truppen 212 v. Chr. nach einem erfolgreichen Feldzug mehrere griechische Statuen in einem Triumphzug nach Rom bringen, kommentiert Cato der Ältere griesgrämig: »Die Besiegten haben uns erobert, nicht umgekehrt.« Der römische Autor und Politiker fürchtet die kulturelle Unterwanderung Roms durch die Griechen.

Im Mittelalter wird der sogenannte Alexanderroman mit fantastisch ausgeschmückten Heldengeschichten über den Eroberer in mehreren Versionen und Übersetzungen über Europa hinaus bekannt. Er ist damals eines der meistgelesenen Bücher – neben dem Jesusroman, den die Christen in vier Versionen unter dem publikumswirksamen Titel »Frohe Botschaft« (Evangelium) publizieren. Dank der Etablierung des Griechischen als Weltsprache findet die ursprünglich auf Aramäisch abgefasste Botschaft Christi in Übersetzungen Verbreitung.

Geschlechterrollen – und der historisch erste Eheberater

Vergleicht man die griechische Kultur mit den altorientalischen beziehungsweise jener des Alten Testaments, fällt bei allen Unterschieden in Sachen Göttern, Körperkult, Kultur der Freiheit und Innovation auf, dass es überall natürlich Sklaven gibt. Wie in den altorientalischen Kulturen haben außerdem Frauen auch in Griechenland wenig zu melden. Auf der Agora, dem Marktplatz und Zentrum des öffentlichen Lebens der Polis, haben sie nichts zu suchen. In den Ausbildungsstätten auch nicht. Immerhin bestimmen sie im Haus mit, das in Griechenland oft einem Kleinunternehmen mit dazugehörigem Land und Sklaven gleicht und auch begrifflich der Geburtsort der Ökonomie ist (von griech. *oikos* = Haus, Haushaltung, und *-nomos* = verwaltend).

In Sparta allerdings wird Frauen ein ungewöhnlich hohes

Maß an Selbstständigkeit zugebilligt, zumal die Männer im Krieg sind, beim Drill oder in der Kaserne – was auch ein Grund für die niedrige Geburtenrate in Sparta sein könnte. Spartanerinnen bewirtschaften Teile des Landes und können es sogar vererben. In Sparta ist Ehebruch nicht nur für Männer, sondern auch für Frauen straffrei. In Athen können Frauen – wie beinahe weltweit bis ins 18. Jahrhundert bei Nicht-Adeligen der Fall – fast nur als gebildete käufliche Geliebte politischen Einfluss erlangen. So etwa die Hetäre Aspasia, die zweite Frau des großen Staatsmannes Perikles. Ist er zu beschäftigt, kümmert sie sich, zum Unmut konservativer Athener, um kulturelle Belange. Dazu gehört die Förderung propagandistisch nützlicher Künstler und Intellektueller – darunter der Historiker Herodot, der Tragiker Sophokles und der Bildhauer Phidias. Letzterer schafft eines der sieben Weltwunder, die zwölf Meter hohe Zeusstatue in Olympia. Ab Mitte des 5. Jahrhunderts leitet er die Bautätigkeiten auf der Akropolis (»Burgberg«), dem Tempelbezirk, der als Wahrzeichen über der Stadt Athen thront.

Die Hetären bieten Stoff für Fantasien. Der Klassiker der erotischen Literatur *Die Dirnenschule der Aspasia* ist wohl, anders als in der Einleitung behauptet, kein antikes Manuskript, sondern eine Nachdichtung des 20. Jahrhunderts von Fritz Thurn. Doch die mal anatomisch-detaillierten, mal schwülen, teils blutrünstigen, dann wieder komischen Schilderungen des Hetärengewerbes samt Kunden wie dem Staatsmann Alkibiades (um 450 – 404 v. Chr.) lassen die Zeit lebendig werden. Eine andere berühmte Hetäre, Rhodopis, soll als Sklavin nach Ägypten gelangt sein, wo sie der Händler Charaxus freigekauft hat. Sie soll dann der Legende nach als die Geliebte oder Frau des Charaxus reich geworden sein – eine Art griechisches Aschenputtel.

Charaxus ist wiederum der Bruder jener Griechin, welche die wohl berühmteste Ausnahme von der Regel der kurz gehaltenen Ehefrau darstellt: die Dichterin Sappho. Sie lebt um 600 v. Chr. auf der Insel Lesbos. Reich verheiratet, schart sie einen Kreis adeliger Frauen um sich, mit denen sie Lyrik rezitiert und wohl auch gleichgeschlechtlichen Sex hat, was sonst Männersache ist. Sie trägt zum Ruf ihrer Heimat als Zentrum der Poesie bei. Rund 300 Jahre nach ihrem Tod schafft es Sappho als einzige Frau auf eine Bestenliste von Lyrik-Evergreens, einen Kanon, der in Alexandria zusammengestellt wird. Zu Lebzeiten beschimpfen manche sie als sexuell unersättliche Lesbe aus Lesbos.

Einerseits lassen die Griechen den kurz gehaltenen Ehefrauen zumindest gewisse Spielräume; andererseits wird hier das Patriarchat auf besonders perfide Weise durchgesetzt – mit dem Kult um athletische Männerkörper, divenhafte Helden und die jungfräuliche Weisheitsgöttin Athene; sie springt aus Zeus' Schädel, buchstäblich als männliche Kopfgeburt. Wenn Homer Zeus' Frau Hera ständig als »Kuhäugige« tituliert, ist das damals zwar keine Herabwürdigung, sondern ein Lob ihrer schönen großen Augen. Dennoch propagiert Homer mit dem Aufreißer Zeus und der ewig nörgelnden Hera problematische Geschlechterbilder. Anders als in anderen Kulturen werden sie aber immerhin ironisiert und aufgelockert. So kann ein Ehebruch bei Homer – ganz im Sinn heutiger Frauenzeitschriften – neue Fahrt in die Beziehung bringen. Und etwas fantasievoller als die Tipps in heutigen Männermagazinen sind die Tricks, die Zeus mit seinen vielen Verwandlungen in diverse Tiere – zum Beispiel den Stier, der Europa entführt – aushecken, um jede Frau, die ihm über den Weg läuft, rumzukriegen. Pädagogischer Sex ist das Fremdgehen im weiteren Sinn insofern, als es Innovationen fördert:

Der Erfinder Hephaistos etwa ärgert sich so sehr über seine untreue Frau Aphrodite, dass er eine Falle mit einer ausgeklügelten Riemenkonstruktion baut. Trotz seines Hinkebeins erwischt er so die Liebesgöttin mit dem flinken Kriegsgott Ares in flagranti, erlangt nebenbei Ruhm und sorgt für »homerisches Gelächter« unter den anderen Göttern.

Im echten Leben schlafen Ehefrauen, damit sie ihre Männer nicht beim Symposion, dem Saufen mit Kumpels, Flötenspielerinnen und Tänzerinnen stören, allerdings in getrennten Schlafzimmern im Obergeschoss des Hauses. Sie haben ihre eigenen Sklaven, sonst aber wenig Sozialkontakte. Die Entfremdung zwischen Eheleuten geht Solon (um 640 – 561 v. Chr.) zu weit. Der Politiker, der später zu den sieben Weisen zählt, erlässt offenbar ein Gesetz: Wenn die Ehefrau eine *Epikleros* (Erbtochter) ist, ihr Vater also keine männlichen Erben hat, muss ihr Ehemann, um einen Stammhalter zu garantieren, mindestens dreimal im Monat mit ihr ins Bett.

Heute gilt die griechisch geprägte Innovationskultur paradoxerweise als der Weisheit letzter Schluss. Natürlich hat diese Erfindung der Griechen auch Nachteile: Meditieren, Entspannen, Loslassen sind wohl nicht ihre Stärken. Bei allen Einschränkungen leuchtet es jedoch ein, dass die Althistoriker René van Royen und Sunnyva van der Vegt ein Buch mit dem launigen Ratgeber-Titel *Griechen kommen von der Venus, Römer vom Mars* (2006) publizierten: Da erscheinen die Griechen, obwohl sie einander bekriegen, als grundsätzlich liebevoller und körperfreundlicher als die militärisch-verklemmten Römer. Die gründen dafür die erste über Jahrhunderte unangefochtene Supermacht der Welt.

KAPITEL DREI

Die Vereinigten Staaten der Antike
Das Römische Reich: äußere Stärke, innere Konflikte –
und die Fusion mit dem Christentum

Seitdem sich die Sowjetunion im Dezember 1991 aufgelöst
hat, wurden die USA als einzige verbleibende Supermacht
immer wieder mit dem Römischen Reich verglichen, und
zwar sowohl mit Blick auf die Stärken als auch Schwächen.
Auch Rom wird mit seinem Sieg über einen großen Rivalen,
nämlich über Karthago im Jahr 201 v. Chr., zur historisch
wohl ersten unanfechtbaren Weltmacht, die weit über ihr
Kerngebiet hinaus andere Länder und Kulturen beherrscht.
Entsprechend grandios ist dann der Untergang des Weströmischen Reiches im 5. Jahrhundert n. Chr. Nachdem mit
dem 20. Jahrhundert nun für manche das sogenannte amerikanische Jahrhundert zu Ende gegangen ist und das »posta-
merikanische Zeitalter« anbricht, kann man sich fragen, wie
weit der Vergleich zwischen der historisch ersten und der
vorläufig letzten Supermacht reicht.

Dass das alte Rom schon Amerikas Gründungsvätern im
18. Jahrhundert ein Vorbild für ihre junge Nation ist, lässt
sich unter anderem am Washingtoner Kapitol ablesen. Der
Sitz des amerikanischen Parlaments verweist auf das römische Kapitol als geistiges Zentrum des Imperium Romanum.
Insgesamt haben das antike Rom und die jungen USA gemeinsam, dass beide zu ihrer Zeit neue, ansatzweise demokratische Formen in Großreichen institutionell verankert
haben. Beide haben ihren *way of life* global durchgesetzt und
wurden dafür bewundert und gehasst. Kulturell gesehen

haben beide weniger Grundlegendes erfunden, als eher ältere Traditionen übernommen und neu umgesetzt: römische Venus statt griechischer Aphrodite, American Football statt englischen Fußballs. Eine wichtige Gemeinsamkeit zwischen dem Römischen Reich und den USA ist neben einer verrückten Mischung aus Prüderie und Unterhaltungsindustrie die ungleiche Verteilung von Wohlstand und Bildung, welche eine an sich hoch entwickelte Gesellschaft spaltet. Die Schwäche der Solidargemeinschaft wiederum kontrastiert bei beiden mit der militärischen Stärke nach außen.

Natürlich hinken derartige Vergleiche quer durch die Jahrhunderte; die Unterschiede betreffen Wesentliches wie die Form der Expansion und das Maß an staatlicher Regulierung des Privatlebens. Als Gemeinsamkeit bleiben aber das *Bild*, die Grundidee einer Supermacht – und allgemeinere Fragen, die man damit verknüpft: etwa jene, wie sich eine derartige äußere Stärke mit einer solchen inneren Zerrissenheit verträgt, wie lange so etwas gut gehen kann und woran man letztlich scheitert.

Da das Römische Reich mit rund 1200 Jahren um ein Vielfaches länger Bestand hatte als die USA seit ihrer Gründung im Jahr 1776 bis heute, ist es hilfreich, seine Geschichte wenigstens in drei Hauptphasen zu untergliedern:

1.) Die Zeit des Königtums um 753 – 510 v. Chr.

2.) Die Zeit der Republik um 510 – 27 v. Chr.

3.) Die Kaiserzeit 27 v. Chr. – 476 n. Chr.

Die rund 250 Jahre des Königtums sind schon deshalb in einem Absatz erzählt, weil sich dazu wenig verlässliche Quellen finden. Der Sage nach gründet Romulus, ein Nachfahre des aus Troja geflohenen Aeneas, Rom im Jahr 753 v. Chr. Da ihn als Kind eine Wölfin nährte, wird das Tier zum Symbol der Stadt. Bald gewinnen die Etrusker an Einfluss und stellen schließlich die römischen Könige. Ihre Mischung aus orientalischer und griechischer Kultur bleibt lange prägend: einerseits Wahrsagerei und Leberschau, andererseits Münzen und lebensnahe Statuen.

Die Römische Republik –
Weltmachtstellung und Bürgerkriege

Die Römische Republik beginnt der Sage nach um 510 v. Chr. mit dem Sturz des Königs Tarquinius Superbus. Sie endet 500 Jahre später mit dem »Prinzipat« von Kaiser Augustus im Jahr 27 v. Chr. Aus heutiger Sicht ist die *res publica* – was schlicht »öffentliche Angelegenheit« heißt – natürlich keine Demokratie. Es ist eine Herrschaft des Erbadels, der aus der Königszeit stammt. Patrizier stellen den Senat und regieren das Volk, die Plebejer.

Immerhin werden verschiedene Ämter auf Zeit vergeben, der Senat wählt zwei Konsuln als einjährige Regierung, Prätoren sind unter anderem für die Rechtsprechung zuständig. Dazu kommen Beamte wie die Quästoren (Finanzen) und Zensoren (Volks- und Vermögensschätzung, Sittenaufsicht) sowie eine Garde von Liktoren. Sie tragen zum Zeichen der Macht und des Rechtes zu bestrafen *fasces*, Rutenbündel, herum; nach ihnen werden sich im 20. Jahrhundert Mussolinis Faschisten benennen, als sie darangehen, ihr neues Imperium Romanum aufzubauen. Das demokratischste Element im alten Rom ist die Volksversammlung, das *concilium plebis*. Hier werden Volkstribunen mit Vetorecht gegen Senatsbeschlüsse gewählt und Plebiszite durchgesetzt, die ab 287 v. Chr. Gesetzeskraft haben.

Der Weg dahin ist allerdings ein steiniger. Obwohl die

Plebejer um 450 v. Chr. unter anderem durch Streiks die rechtliche Gleichstellung erwirken, regiert de facto die Patrizierelite. Gemäß dem System des Klientelismus, der Vetternwirtschaft, die Italien bis heute prägt, werden die plebejischen *clientes* von ihren patrizischen *patroni* finanziell und in Rechtsfragen unterstützt. Dafür müssen sie Dienste leisten und ihre Chefs wählen. Selbst den Alltag bestimmt das System. Ist ein Klient beim Patron zum *convivium*, einem Umtrunk mit Imbiss, eingeladen, bekommt er den schlechteren Wein und wird dafür von besser gestellten Klienten ausgelacht. Ein so Verspotteter kann sich etwa dadurch abreagieren, dass er seine Sklavin vergewaltigt oder seinen Sklaven totschlägt; erst Kaiser Claudius (10 v. Chr. – 54 n. Chr.) verbietet die Tötung von Sklaven, die durch Krankheit »nutzlos« geworden sind. Natürlich sollte ein Herr sein Humankapital nicht zu sehr verschwenden oder gegen sich aufbringen. Und wenn er sich zu sehr verschuldet oder eine Straftat begeht, droht ihm selbst der Sklavenstatus.

Bei all der Brutalität und Korruption bietet das römische Rechtssystem im Vergleich zu monarchischen Willkürsystemen, wie sie damals anderswo üblich sind, überhaupt eine Art »bürgerliche« Ordnung mit verschiedenen Rechtsinstanzen. Deshalb wird das römische Recht Jahrhunderte später als *Codex Iustinianus* Grundlage des europäischen Rechtes. Ein ausgebautes Rechtssystem ist eine von Roms wichtigsten historischen Leistungen. Eine andere ist die Infrastruktur. Aquädukte bringen fließendes Wasser teils über 100 Kilometer sogar in Provinzstädte. Sie versorgen Thermen, Brunnen, städtische Abwasseranlagen und wohlhabende Haushalte. Derartiges wird in vielen anderen europäischen Metropolen noch bis in die Neuzeit fehlen.

Allerdings herrschen in Rom sehr unterschiedliche Lebensverhältnisse. Während manche Haushalte in besseren Vierteln Toiletten mit Wasserspülung haben, erledigen die Menschen in anderen Stadtteilen mit hoher Kriminalität, einsturzgefährdeten Häusern, Seuchen und verdrecktem Trinkwasser ihr Geschäft direkt auf der Straße. Das weiß man heute auch dank Graffiti, die man damals an Hauswände schmiert: »Kacker, es gehe dir wohl, wenn du an diesem Ort vorbeigehst!«

Doch insgesamt und im globalen Vergleich genießen Römer mit Bürgerrecht – auch als Bewohner von Kolonien – Privilegien wie heute EU-Bürger oder US-Amerikaner. Während die griechischen Kolonien im Mittelmeerraum relativ selbstständig bleiben, unterstehen die römischen einer straffen Verwaltung und Militärkontrolle. So werden die Provinzen, in Eroberungskriegen von hoch gedrillten Legionären brutal unterworfen, teils auch noch durch korrupte Statthalter finanziell geschröpft. Es sind oft skrupellose Steuerpächter und kriminelle Geschäftsleute, die als Römer von der Staatsmacht gedeckt werden. Das führt ab und an zu blutigen Revolten.

Der andere große Konkurrent Roms neben Griechenland ist die nordafrikanische Weltmacht Karthago, die nahe dem heutigen Tunis gelegene phönizische Siedlung. Ihr Herrscher Hannibal überquert mit seiner berühmten Elefantentruppe die Alpen von Spanien her und kann sich in der Po-Ebene zeitweise als Herrscher Mittelitaliens etablieren. Doch mit dem Sieg im 2. Punischen Krieg 201 v. Chr. sichert sich Rom seine Vormachtstellung. Nach dem 3. Punischen Krieg und der Zerstörung Karthagos im Jahr 146 v. Chr. gründet man die römische Provinz *Africa*.

Insgesamt vollzieht sich die Ausdehnung Roms langsam und mühsam. Erst rund 500 Jahre nach der Gründung wird der italienische Stiefel im 3. Jahrhundert v. Chr. unter römische Oberherrschaft gebracht. Bald ist die römische Armee mit rund 700 000 Mann so übermächtig – und ein volkswirtschaftlicher Faktor – wie heute die der USA. Einerseits weiten die Römer ihre Macht im 2. Jahrhundert v. Chr. bis nach Syrien, Griechenland und Kleinasien in der heutigen Türkei aus, wo sie die Provinz *Asia* gründen. Andererseits kommt in dieser Zeit Schätzungen zufolge fast jeder vierte Römer und Latiner durch Krieg, Hunger oder Krankheit ums Leben. Das führt zu sozialen Spannungen und einer Zerreißprobe, welche die Republik langfristig nicht übersteht.

Beispielhaft kann man sich die Widersprüche mit Blick auf das Schlüsseljahr 133 v. Chr. vergegenwärtigen. In diesem Jahr fällt das an der Westküste Kleinasiens gelegene Pergamenische Reich durch Vererbung an Rom, darüber hinaus wird die Iberische Halbinsel befriedet, indem man Aufstände niederschlägt. Doch zu Hause ruinieren die Kriege viele Kleinbauern, die wegen des Kriegsdienstes ihre Felder vernachlässigen müssen. Die Situation nützen Großgrundbesitzer und Senatoren aus. Über die Festlegung von Getreidepreisen und Steuern manipulieren sie den Markt. Sie kaufen den Grund verarmter Bauern, um landwirtschaftliche Großbetriebe (Latifundien) draus zu machen. So versuchen Bankrotteure und Arme in der Hoffnung auf reiche Beute in fernen Ländern ihr Glück in der Armee. Zu Hause fordert 133 v. Chr. der Volkstribun Tiberius Gracchus eine Bodenreform. Er stellt sich gegen den Senat – und wird im Straßenkampf erschlagen.

Nachdem sein Bruder Gaius Gracchus erneut eine Reform anstrebt, spaltet sich die politische Landschaft zunehmend: in die Volkspartei, die Popularen, und die Senatspartei, die Optimaten. Reiche werden immer reicher, Arme immer ärmer. Die Folge sind Aufstände, Bürgerkriege, die das Ende der Republik einleiten. So bekämpft etwa Marius von der Volkspartei, der statt Bauernarmeen Freiwillige befiehlt, denen er nach langen Dienstjahren Land als Altersversorgung verspricht, Sulla, den Mann des Senats. Als dritte Macht erhebt sich der Sklavenführer Spartacus mit seinen Männern. Zehntausende von Sklaven stoßen zu ihm und halten sich zunächst erfolgreich gegen von Rom entsandte Truppen, bis sie 71. v. Chr. doch geschlagen werden. Als Urheber der vielleicht ersten größeren Revolte Unterdrückter werden die »Spartakisten« Namensgeber für den Spartakusbund um Rosa Luxemburg und Karl Liebknecht, aus dem 1918 in Deutschland die KPD entsteht, und gehen so in die Geschichte ein.

Das 1. Jahrhundert v. Chr. ist eine Zeit der Machtkämpfe und Intrigen. Als etwa der Senator Catilina 63 v. Chr. in seiner berüchtigten Verschwörung die Macht an sich reißen will, macht Cicero als Rhetoriker Furore. Im Senat hält er *Vier Reden gegen Catilina*. Sie sind in vieler Hinsicht aufschlussreich – vom aus heutiger Sicht pathetischen Redestil und dem Selbstlob bis zur vielfältigen und derben Polemik gegen die Gegner. So beschuldigt Cicero Catilina des Mordes, des »gottlosen Räuberhandwerks«, des »Frevels« und indirekt sogar der Schändung einer Vestalin, einer Tempelpriesterin, die man üblicherweise beim Verstoß gegen ihr Keuschheitsgelübde lebendig begräbt. Sich selbst vergleicht Cicero mit Helden wie Scipio Africanus und Pompeius. An Catilina geißelt er selbst noch die Mode. So meint Cicero, man sehe Catilinas Leute »mit gestriegeltem Haar, entweder ohne Bart oder mit gepflegten Bärten, in langärmeligen und bodenlangen Tuniken, in Umhänge gehüllt, nicht in die Toga«. Kurz, sie sind dekadent und »weibisch«. In Rom ist der Verstoß gegen die Toga-Ordnung auch deshalb so schlimm, weil Vergil

(70 – 19 v. Chr.) in der römischen Gründungslegende *Aeneis*, die sich zum Beispiel der spätere Kaiser Augustus immer wieder gerne vorlesen lässt, die Römer als *gens togata* bezeichnet hat. Als identitätsstiftendes Markenzeichen ist der Umhang vom Volk der Toga unbedingt zu respektieren.

Eine provokativ unkonventionelle Garderobe wird allerdings auch Julius Caesar nachgesagt. Er ist Patrizier, startet seine Karriere aber als Vertreter der Popularen, der Volkspartei. Dennoch leitet er letztlich das Ende der Republik ein. Als Statthalter in verschiedenen Ländern stößt er sich finanziell gesund. In Rom fördert er seine Beliebtheit wie allgemein üblich durch Bestechung und Zirkusspiele. Zusammen mit Pompeius und dem reichen Grassus bildet er 60 v. Chr. ein Triumvirat, um das Land aus der Krise zu führen. Zwar wächst das Reich nach außen weiter. 49 v. Chr. beginnt Caesar aber einen Bürgerkrieg gegen Pompeius. Während Pompeius auf der Flucht in Ägypten ermordet wird, erholt sich Caesar bei Kleopatra. Zu Hause führt er Reformen durch: die Erweiterung des Senats um Nicht-Römer, die Ordnung des Gerichtswesens und der Kolonien, die Versorgung von Veteranen, die Einführung des Julianischen Kalenders.

Auch außenpolitisch ist Caesar erfolgreich. So bekommt er das Problem mit den Germanen und den Kelten beziehungsweise Galliern, wie er sie nennt, fürs Erste in den Griff. Haben die Kelten im 4. Jahrhundert v. Chr. Rom erobert, machen im 2. Jahrhundert v. Chr. Germanen im Kimbern- und Teutonensturm den römischen Legionen zu schaffen. Caesar hält die Germanen mit militärischen Siegen, aber auch mit Bündnissen auf. Die Gallier unter Vercingetorix schlägt er in der Schlacht um Alesia 52 v. Chr. vernichtend.

Die Gallier sind lange nicht so gemütlich, wie es die *Asterix und Obelix*-Comics suggerieren. Als ältestes namentlich bekanntes Volk nördlich der Alpen, das vom 6. Jahrhundert v. Chr. bis zum 1. Jahrhundert n. Chr. Westeuropa bis nach Spanien und England prägt, mögen sie zwar tatsächlich so gerne Wildschweine wie Obelix. Doch ihre Druiden, die Priester, sind meist nicht so weise und humorvoll wie Miraculix, der für Asterix und Obelix den Zaubertrank mischt. Machtsüchtig behalten sie ihre Kenntnisse für sich. Es gibt Menschenopfer und Witwenmord. Das ist auch nicht mit den teils mutterrechtlichen Zügen aufzuwiegen, der Kampferlaubnis für Frauen in Notzeiten und der mitunter freien Gattenwahl. Zwar ziehen die Kelten geschmückt und teils nackt in den Kampf. So nett wie bei Keira Knightley, die im Film *King Arthur* (2004) eine wild bemalte, knapp bekleidete Keltenkämpferin spielt, sah das allerdings wohl nicht aus. Grundsätzlich ist die Gesellschaft patriarchalisch und, wie bei Stämmen der Antike üblich, hierarchisch gegliedert: in Adel, Volk und Sklaven.

In Rom ist der Adel so stark, dass er Caesars »Diktatur auf Lebenszeit« wenige Monate, nachdem sie ausgerufen wird, beendet: Am 15. März 44 v. Chr. – den Iden des März – wird Caesar von Brutus, Cassius und anderen Senatoren als Usurpator ermordet. Darauf entbrennt ein weiterer langjähriger Bürgerkrieg. Den gewinnt Caesars Großneffe Octavian (63 v. Chr. – 14 n. Chr.). Er besiegt die Flotte von Antonius und Kleopatra in der Schlacht bei Actium im Jahr 31 v. Chr. Octavian macht sich zum Pharao, was dank der ägyptischen Schätze Geld bringt. In Rom leitet er de facto die Kaiserzeit ein. Formell errichtet er 27 v. Chr. allerdings nur das Prinzipat: Er ist der *princeps* (»erster Bürger«) – eine beschönigende Bezeichnung für die Alleinherrschaft, die mit dem Ehrennamen Augustus, der »Erhabene«, besiegelt wird.

Die Manipulationen des Augustus fallen scheinbar nicht so ins Gewicht, gilt er doch als Friedenskaiser und zugleich als stark. Das schlägt sich auch in der Kunst nieder. So gibt die berühmte Statue *Augustus von Primaporta* (um 20 v. Chr.) den Kaiser idealisiert jugendlich und im griechischen Kontrapost wieder. Die Reliefdarstellung auf seinem Legionärspanzer spielt auf militärische Erfolge an. Dass Augustus barfuß dargestellt ist, soll seine Göttlichkeit und sein Wirken als Friedensbringer unterstreichen. Im Gegensatz zu dieser Idealisierung hatten sich die Plastiken in Zeiten der Republik durch einen gewissen – von den Etruskern beeinflussten – Realismus samt individuellem Porträt von der Bildhauerei der Griechen unterschieden, welche die Römer ansonsten in Sachen Kunst und Kultur prägen.

Augustus reduziert die Heeresstärke beträchtlich. Nach der Niederlage des Feldherrn Varus gegen den Germanen Arminius in der Schlacht im Teutoburger Wald 9 n. Chr., wo mindestens 15 000 Legionäre sterben, verlegt der Kaiser die Nordgrenze des Reiches im Rahmen einer Stabilitätspolitik von der Elbe zurück an die Donau. Der Cherusker Arminius wird vom Mittelalter bis ins 20. Jahrhundert zum deutschen Nationalhelden stilisiert. Kurios ist das, da er als Anführer germanischer Hilfstruppen Roms vielleicht nur wegen schlechten Soldes und einer Zurücksetzung revoltierte und es 9 n. Chr. noch lange kein deutsches Volk gibt. Was stimmt: Aufgrund des römischen Rückzugs gehört Deutschland heute nicht wie Frankreich, Spanien und Portugal zum romanischen Kulturbereich voller gut gelaunter Südländer.

Augustus von Primaporta, Marmorstatue, 20 v. Chr. An der Seite des Kaisers reitet Eros, Sohn der Liebesgöttin Venus und des Kriegsgottes Mars, auf einem Delfin. Eros ist ein Zeichen für die Göttlichkeit der kaiserlichen Familie und steht hier für die Versöhnung von militärischer Stärke und Güte.

Allerdings bleibt die Vorstellung, die man vom Germanen hat, durch die Römer geprägt: Römische und griechische Autoren zeichnen das Bild vom etwas groben, bärtigen, schmutzigen, aber im Grunde gesunden, schönen und großen Blonden. In Fell statt Wolle gekleidet, handeln diese Jäger und Krieger instinktiv richtig. Sie beten Natur- oder Kriegsgottheiten wie Wodan an. Dank ihrer ungeheuren Manneskraft können sie reihenweise Frauen, die bis 50 gebärfähig sind, schwängern. Tatsächlich sind die Germanen aus Skandinavien und Mitteleuropa zwar relativ groß. Obendrein bearbeiten sie die Köpfe ihrer Kinder teils durch Drücken und Abbinden so, dass sie lange Schädel bekommen. Doch sind sie mehrheitlich keine wilden Nomadenkrieger, sondern Bauern. Regelmäßig von Hunger und Krankheiten geplagt,

77

leben sie in einer Art ständigem Kriegszustand mit anderen Stämmen oder der benachbarten Sippe. Insofern stimmt der römische Begriff *furor teutonicus* von der typisch germanischen Angriffswut vielleicht schon.

Mit Blick auf die germanische Angriffslust kann man sich vergegenwärtigen, wie wertvoll den Römern ihr gut organisierter und berechenbarer Staat bei aller sozialen Ungerechtigkeit erscheinen musste. Während der Herrschaft des Augustus überschreitet die Einwohnerzahl Roms die Millionengrenze. Auch unter Augustus ist Rom innerlich allerdings von großen Spannungen geplagt. Die einen hungern, die anderen schwimmen im Geld. Einerseits bricht ein Goldenes Zeitalter der Literatur an, andererseits wird die brutale Unterhaltungsindustrie der Zirkusspiele ausgebaut.

Betrachtet man nur die Hochkultur, ist die Bilanz beeindruckend. Unter Augustus wirken große römische Dichter, die sein Freund Maecenas – Namensgeber des Mäzenatentums, der individuellen Kulturförderung – finanziert: etwa Vergil, Verfasser der *Aeneis*, und Horaz, der unter anderem die Poesie und die Malerei vergleicht (»ut pictura poesis«). Ovid steuert seine *Metamorphosen* bei und die *Ars amatoria*. Die *Liebeskunst* liest sich heute wie ein launiger Ratgeber. Da findet man Tipps zur Anmache einer Frau beim Pferderennen, wo man durch Smalltalk und Versprechungen zunächst Vertrauen schafft und dann, auch um zu sehen, wie man ankommt, wie zufällig Körperkontakt herstellt, indem man Staub von ihrer Kleidung klopft. Ovid bietet auch Tipps zu den Stellungen beim Sex, und zwar passend zu verschiedenen Körpergrößen und Qualitäten der Liebenden. Denn »allen steht jegliche Stellung ja nicht. Hat sie ein schönes Gesicht, dann soll auf dem Rücken sie liegen. Kleine sollen reiten«.

Unklar bleibt, ob die *Ars amatoria* der Grund für die Verbannung Ovids ans Schwarze Meer ist. Jedenfalls will Augustus einen sittenstrengeren, bescheideneren Lebensstil durchsetzen – und von den Einkommensunterschieden ablenken. Beispielhaft verkörpert derartige Unterschiede schon der Senator und Heerführer Lucullus, auf den der Begriff »lukullische Genüsse« zurückgeht. Während er in seinem Prunkzimmer »Apollon« für 50 000 Sesterzen gespeist haben soll, muss ein Durchschnittsbürger im Allgemeinen mit zwei Sesterzen pro Mahl auskommen. In Rom ist das Gefälle zwischen Reich und Arm in Sachen Schlemmerei größer als bei jedem germanischen oder keltischen Herrscher – und auch heute reicht kaum ein Scheich oder russischer »Oligarch« an Lucullus heran.

Den brutalen Kontrast zwischen den Lebenswelten, zwischen Arm und Reich, verdeutlicht ein Blick auf die Gladiatorenspiele. Sie sind ein derbes Gemisch aus Massenunterhaltung und Überlebenskampf Zehntausender. Auch sollen sie Kriminelle von Straftaten abschrecken. In gewisser Weise sind die Spiele ein Beitrag Roms zur Weltkultur der blutrünstigen Unterhaltung. Entstanden aus dem religiösen Kontext als ritueller Todeskampf, durchgeführt für verstorbene Verwandte, werden die Spiele ab dem 1. Jahrhundert v. Chr. öffentlich. Gladiatoren (lat. *gladius* = Schwert) sind zunächst vor allem zum Tode Verurteilte und Sklaven. Die Vorführungen finden anfangs auf Plätzen statt, bald in Arenen wie dem Kolosseum (72 – 80 n. Chr. erbaut) mit über 50 000 Zuschauern. Das Programm beinhaltet Hinrichtungen, aber auch launige Kämpfe von Alten und Kleinwüchsigen mit unechten Schwertern sowie Tierhatzen mit Hunden, Löwen, Krokodilen und sogar Nilpferden. Bei den Hauptkämpfen stehen sich Gladiatoren mit eigenen Fangemeinden gegenüber. Der Leiter des interaktiven Spiels signalisiert auf Zurufe vom Publikum und Kaiser, ob ein Verlierer verschont oder getötet wird.

Der stoische Philosoph und Senator Seneca kritisiert die Spiele; Cicero möchte den Missbrauch einschränken und verlangt, dass Politiker vor der Wahl keine Spiele stiften dürfen. Dennoch und trotz der Grausamkeit melden sich immer öfter freie Bürger als Gladiatoren. Unter den gegebenen Lebensbedingungen mit Hungersnöten und Kriegen ist das Leben als Gladiator ähnlich wie die gefährliche Soldatenkarriere eine berufliche Alternative für Einkommensschwache. Mit etwas Glück muss man nur zweimal im Jahr kämpfen, wird sonst verpflegt und kann zum Star aufsteigen, dem etwas Mythisches anhaftet.

Und was machen arme Frauen? In den Arkaden des Kolosseums, hinter Schenken und Tempeln stehen Kabinen für das zweite »Volksvergnügen« bereit: die Prostitution. Es gibt einen Straßenstrich, auf dem man Dienstleistungen bereits zum Preis eines Brotes bekommen kann; für exklusivere Huren zahlt man den Preis des Lohns für zwei bis drei Arbeitsstunden; Hausfrauen verdienen als Gelegenheitsprostituierte dazu. Wie sehr die Prostitution zu Rom gehört, zeigt der Spitzname der gewerblichen Damen: *lupa* (Wölfin), das Wappentier der Stadt. Derartige Zustände schreien nach einer moralischen Instanz. Sie erscheint in Gestalt des Christentums. Zwar wird noch das Rom der Päpste im 16. Jahrhundert dank der Vorliebe der Geistlichen für Kurtisanen ein Mekka der Prostitution sein. Doch bietet der neue Glaube neuartige Perspektiven. Von all den Abenteuergeschichten über die Durchsetzung von Religionen als politischer Macht dürfte die des Christentums die verrückteste sein.

Nachdem Jesus zu Augustus' Zeiten angeblich als Straßenprediger und Wunderheiler aus Wasser Wein macht, sich für Arme, Aussätzige, Prostituierte und Ehebrecherinnen einsetzt und um 30 n. Chr. von Pontius Pilatus wegen Rebellion zum schändlichen Kreuzestod verurteilt wird, bleibt mit den Christen zunächst nur eine aus damaliger Sicht schräge Sekte des Judentums übrig. Die Mitglieder glauben an Christus, den »Gesalbten«, Messias und seine Wiederauferstehung. Erst nach Jesu Tod werden die vier Evangelien, bis heute fast die einzige Quelle über Jesu Leben, verfasst: das erste von Markus um 70, das letzte von Johannes um 125 n. Chr.

Paulus, ein Jude mit römischem Bürgerrecht, wandelt sich schließlich vom Christenverfolger zum Glaubensfanatiker. Er macht aus der lockeren Gemeinschaft um 50 n. Chr. eine aggressive Missionsreligion. Unermüdlich tourt er im Namen des Herrn durch den östlichen Mittelmeerraum und schreibt Briefe an seine Gemeinden, die später Teil der Bibel werden. In ihnen propagiert er zur Stärkung der Moral den »inneren Menschen« gegen den »äußeren« vergänglichen (2. Korintherbrief 4,16-18). Im Vergleich zu anderen Religionen ist das Christentum langfristig wohl weniger von seinem Stifter geprägt als von seinen offiziellen Nachfolgern: den Aposteln, Päpsten und Kirchenlehrern.

Einer der wirkungsmächtigsten Texte des Christentums ist die »Offenbarung des Johannes«. In dieser »Apokalypse« töten Engel »ein Drittel der Menschheit« und bekämpfen gemeinsam mit dem apokalyptischen Weib als fliegender Superfrau Drachen. Heuschrecken foltern in Gottes Auftrag die Menschheit. Es wird Gericht gehalten über die »Hure Babylon«, womit im weiteren Sinn Rom und die Gegner des Christentums gemeint sind. Am Ende kommt Jesus samt dem »neuen Jerusalem« auf die Erde, um eine »tausendjährige Herrschaft« anzutreten. Der Text hat über die Jahrhunderte viel Unheil angerichtet – mit seinen starken Bildern aber auch zum Reiz der Religion beigetragen.

Bevor sich das Christentum im 4. Jahrhundert dank Konstantin dem Großen von der Außenseitersekte zur Staatsreligion aufschwingt, folgt allerdings ein Reigen sehr unterschiedlicher Kaiser, von denen viele die Christen verfolgen. Dabei lassen sich drei Hauptgruppen unterscheiden, die ganz grob jeweils in das 1., 2. und 3. Jahrhundert n. Chr. gehören. 1.) Da sind zunächst das julisch-claudische Geschlecht mit Caligula und Nero und die Flavier mit Domitian. 2.) Seit Kaiser Nerva spricht man ab 96 bis 180 n. Chr. von Adoptivkaisern, die insgesamt als die »guten Kaiser« gelten, von einem stoischen Pflichtverständnis und einem ausgeprägten Sinn für Gerechtigkeit geleitet. 3.) Die dritte Gruppe von Herrschern nach Christi Geburt sind im Gegensatz dazu die insgesamt 35 Soldatenkaiser (235 – 284 n. Chr.), oft Söldner. Sie werden von einem Heer beziehungsweise ihren Truppen hochgeputscht und tragen zur finanziellen und kulturellen Auszehrung des Reiches bei.

Unter den julisch-claudischen Kaisern ragt Caligula heraus. Als er etwa 40 n. Chr. keinen Sieg gegen Germanen erringen kann, müssen Kelten, die schon unterjocht sind, beim Triumphzug nach Rom mit gefärbten Haaren germanische Gefangene mimen, damit er nicht als Versager dasteht. Ein Blick auf Caligulas Schwester Agrippina die Jüngere (15 – 59 n. Chr.) legt die Vermutung nahe, dass römische Frauen zumindest etwas stärker politisch engagiert sind als griechische. Die Tochter des Germanicus, des Oberbefehlshabers in Germanien, heiratet in dritter Ehe Kaiser Claudius, tötet ihn aber angeblich mit einem giftigen Pilzgericht, um ihren 17-jährigen Sohn Nero auf den Thron zu bringen. Denn obwohl sie Kaiserin, »Augusta«, ist, darf sie als Frau nicht regieren.

Sie wird allerdings ihrerseits von Nero (37 – 68 n. Chr.) ermordet. Ob er die erste große Christenverfolgung wirklich durch einen selbst gelegten, aber den Christen angehängten Brand in Rom »legitimiert«, ist nicht ganz geklärt. Als Musiker quält er seine Umgebung nicht einfach nur mit spontanen Gesängen wie Peter Ustinov in seiner Nero-Parodie im Film *Quo vadis* (1951). Er zwingt bis zu 5000 plebejische Claqueure stundenlang in seine Konzerte. Das Bild von den »verrückten« Kaisern, das bis heute unsere Vorstellung bestimmt, hat wiederum Sueton, der Schriftsteller, Anwalt und Kanzleichef Kaiser Hadrians, um 120 n. Chr. durch seine berühmten Kaiserviten mit geprägt. Sie sind eine Art Vorläufer des Boulevards. Da beschreibt er zum Beispiel eine Eigenheit von Kaiser Vitellius, der 69 n. Chr. im Vierkaiserjahr nach Neros erzwungenem Suizid an die Macht kommt. Er liebt eine freigelassene Sklavin so sehr, dass er ihren Speichel mit Honig vermischt täglich und in aller Öffentlichkeit als Heilmittel gegen ein Rachenleiden einnimmt.

Einerseits wird Rom im Inneren von Bürgerkriegen und kaiserlichen Mordkomplotten zerrüttet. Zugleich hat es beim Tod von Adoptivkaiser Trajan im Jahr 117 n. Chr. mit den Annektierungen Armeniens – dem Land mit der ersten christlichen Nationalkirche – und Mesopotamiens seine größte Ausdehnung erreicht. Sein Nachfolger Hadrian baut in Rom die Engelsburg und in Tivoli die Hadrianvilla. Er verzichtet zugunsten der Grenzsicherung auf Gebiete. Dafür sieht er in fast allen Provinzen persönlich nach dem Rechten – weshalb man ihn »Reisekaiser« nennt. Kein Wunder, dass sich bei all dem Kult um das Kaisertum wiederum der »Philosophenkaiser« Marc Aurel (121 – 180 n. Chr.) selbst ermahnt: »Pass auf, dass du nicht verkaiserst.«

Mit »Verkaiserung« meint Marc Aurel die Gefahr, den Blick für das Menschliche zu verlieren. Um dem entgegenzuwirken, schreibt er, vom ehemaligen Sklaven und Philosophen Epiktet beeinflusst, stoisch seine Selbstbetrachtungen. Zu einer üblen »Verkaiserung« kommt es aber spätestens dann, als im 3. Jahrhundert n. Chr. die brutalen Soldatenkaiser regieren, von denen angeblich nur einer eines natürlichen Todes stirbt. Seit Diocletian (um 240 – 312 n. Chr.), der die Zeit der Soldatenkaiser beendet und mit dem man den Beginn der Spätantike verbindet, ist der Kaiser nicht mehr *princeps*, sondern absoluter Herrscher und göttlich. Er trägt den Beinamen *Iovius* (»zu Jupiter gehörig«). Immerhin ist eine seiner Maßnahmen die Einführung des Maximaltarifs: Zum Schutz der ärmsten Bevölkerungsschichten lässt er für einige Waren Höchstpreise festsetzen, die niemand überschreiten darf. Zugleich entwickelt er ein orientalisches Hofzeremoniell mit gold- und edelsteinbesticktem Purpurgewand und verzierten Schuhen – eine Präsentation, die Cicero in seinen *Reden gegen Catilina* zu Zeiten der gefährdeten Republik als Zeichen von Dekadenz gegeißelt hatte. Unter Diocletian ist der Senat entmachtet. Diocletian schafft ein System mit vier Regenten im Kaiserrang, jeweils einen *augustus* und einen Stellvertreter, *caesar*, im Osten und im Westen des Reiches. Damit bereitet er die Teilung der Supermacht vor. Vollziehen wird sie der Ost-Kaiser Konstantin der Große im 4. Jahrhundert. Doch dafür etabliert er das Christentum als neue, zumindest ideell einheitsstiftende Macht.

Vor dem Sieg in der Schlacht an der Milvischen Brücke gegen seinen Rivalen, den West-Kaiser Maxentius, hat Konstantin (um 280 – 337) eine Vision und nimmt daraufhin die Religion Christi an. Er macht den Geburtstag des alten Sonnengottes, den 25. Dezember, zu jenem von Jesus. Konstantin verdanken wir auch den Sonntag als Ruhetag. Er lässt die erste christliche Basilika in Rom erbauen – und verlegt den Kaisersitz von Rom nach Byzanz, dem heutigen Istanbul: 330 wird Konstantinopel als neue Hauptstadt eingeweiht. Zwar entbrennen schon fünf Jahre vor Gründung dieser ersten christlichen Metropole Streitereien unter Christen; so geht es darum, ob gemäß dem Arianismus des Arius von Alexandria Jesus gottähnlich sei oder aber gottgleich, wie der Kirchenlehrer Athanasius von Alexandria meint. Doch viel wichtiger ist, was passiert, nachdem sich das Konzept von der Gottgleichheit beim Konzil von Nicäa 325 und dem von Konstantinopel 381 durchsetzt (allerdings mit der Aufteilung Gottes in die Trinität Vater, Sohn und Heiliger Geist): 381 wird das Christentum von der – aus einer Kolonie importierten – Außenseitersekte zur Staatsreligion des Römischen Reiches.

So steil der Aufstieg des Christentums von einer Sekte zur zentralen politischen und gesellschaftlichen Macht in Europa via Rom ist, so schwierig gestalten sich seine Anfänge. Im Rückblick prägen Jesu Worte »Du bist Petrus (griech. *petros* = »Fels«), und auf diesen Felsen will ich meine Kirche bauen« die Vorstellung, Apostel Petrus sei der erste Papst gewesen. Unter Nero hingerichtet, ist er jedoch zunächst nur ein machtloser Märtyrer. Insgesamt lässt der Aufstieg des Papsttums bis ins Frühmittelalter auf sich warten. 325 erkennt das Konzil von Nicäa die Amtsgewalt des römischen Bischofs an, was den Übergang vom Papst als Ehrbezeichnung für den Bischof zum Papst als offiziellem Oberhaupt der katholischen Kirche markiert.

Als echte politische Macht treten die Päpste erst mit Innozenz I. und Leo dem Großen in Erscheinung. Leo macht Geschichte, als er Mitte des 5. Jahrhunderts zunächst den Hunnen den Angriff auf Rom ausredet und dann die Vandalen, die Rom erobern und plündern, durch mühsame Verhandlungen zumindest von den brutalsten Zerstörungen abhält. Wirkungsmächtiger als die realen historischen Umstände ist das bis heute gängige Bild des Papstes, der durch reine Präsenz überzeugt. Es beruht auf gutem Marketing, auf Fresken etwa wie *Begegnung Leos I. mit Attila* des berühmten Raffael aus dem 16. Jahrhundert, das noch heute bei den Auftraggebern im Vatikan zu sehen ist. Es zeigt, wie der furchtbare Attila in einer Geste des Erschreckens und der Rührung vor dem (unbewaffneten) Papst, der ruhig zu Pferde thront, zurückweicht. Hinter Leo fliegen die Apostel Petrus und Paulus – ganz anders, als Jesus sich das gedacht hatte – als päpstliche Air Force (bewaffnet) durch die Luft.

Wie konnte sich das Christentum im Römischen Reich durchsetzen? Natürlich kann Konstantin inmitten der Zerrissenheit, des Verfalls schlicht eine neue Ideologie der Hoffnung brauchen, einen Glauben, der – jenseits der realen Welt – Mut macht, Hilfe und Erlösung für jedermann verspricht. Zur römischen Kultur passt das Christentum insofern, als die Römer schon vorher stärker als die Griechen zwischen Körper und Geist trennen. Es ist eine in vieler Hinsicht prüde Kultur. Zu den römischen Unterdrückungsmechanismen, Sozialventilen und Möglichkeiten zur Abreaktion zählen nicht nur Zirkusspiele und Prostitution, sondern auch militärische und menschliche Abenteuer in fernen Ländern. Derartiges wird im Mittelalter und in der Neuzeit im durch das Papsttum geprägten Christentum neben den großen Verdiensten wie der friedlichen Mission beziehungsweise der Verbreitung pazifistischen Gedankengutes und der Alphabetisierung stets eine zentrale Rolle spielen.

Wie sehr man sich in Rom nach einer Neuerung sehnt, wird in *De origine et situ Germanorum* des Historikers Tacitus (um 55 – 120) deutlich: Er meint einerseits, dass germanische Frauen ihre Brüste entblößen, andererseits, dass sie unverdorben durch Orgien und Schauspiele in Keuschheit leben. So schimmert in Tacitus' Texten eine Art Sehnsucht nach dem »Edlen Wilden« durch – ähnlich der Romantisierung etwa der Ureinwohner Amerikas im 18. Jahrhundert. Mit seiner Darstellung der urgesunden Germanen will Tacitus den dekadenten römischen Kaiserkult kritisieren und auf die heroischen Anfänge Roms verweisen.

Solche Projektionen vergehen den Römern, als die Germanen im 5. Jahrhundert n. Chr. tatsächlich von Eroberten und Foederaten zur Konkurrenz werden. Sie reißen aber nicht einfach die Macht an sich, die Übernahme verläuft fließend. So kämpfen germanische Söldner in römischen Armeen gegen Kelten; Germanen herrschen sogar in Teilreichen und mit vizekaiserlichen Macht- und Steuerbefugnissen. Umgekehrt stellen Germanenkönige Römer als Militärstrategen an. Schließlich setzt der Germane Odoakar 476 den letzten weströmischen Kaiser Romulus Augustulus ab. Damit leitet er das Ende des Römischen Reiches ein und den Anfang der jahrhundertelangen Herrschaft diverser Germanen über das Heilige Römische Reich deutscher Nation, wie es später genannt wird, das unter anderem Gebiete des heutigen Italien und Deutschland umfasst.

An Einfluss gewinnen die Germanen auch deshalb, weil Westrom innerlich zerstritten und aufgrund einer falschen Wirtschaftspolitik finanziell am Ende ist. Inmitten allgemeiner Armut verfügen allenfalls reiche Senatoren und Großgrundbesitzer über die Mittel, eine Armee aufzustellen. Doch bildet sich keine Front gegen die Germanen. Ganz anders sieht es in Ostrom beziehungsweise Konstantinopel aus, das aus dem Asienhandel hohe Steuereinnahmen bezieht. Als »zweites Rom« tritt es das Erbe des zerrissenen Weströmischen Reiches an. Im Rahmen eines historisch einzigartigen Vorgangs wird das ehemals übermächtige Westrom nach Osten verpflanzt – halb real, halb dem Namen nach. Das »zweite Rom« wird sich bis zur Eroberung durch die Osmanen im Jahr 1453 halten. Selbst danach lebt Rom als »drittes Rom« weiter. Denn als solches wird das Russische Reich beziehungsweise Moskau unter Zar Iwan III. dem Großen und Iwan IV. dem Schrecklichen propagiert. Sogar in der Selbstwahrnehmung und -inszenierung der Sowjetunion spielt die Idee vom dritten Rom noch eine gewisse Rolle.

Sucht man in der jüngeren Geschichte nach Nachfolgern Roms, kann man allein im 20. Jahrhundert drei Supermächte nennen: die USA, die UdSSR – und das British Empire, dem bis in die erste Hälfte des Jahrhunderts ein Viertel der Welt angehört. Was den aktuelleren Vergleich zwischen Rom und den USA betrifft, lassen sich eher allgemeine Gründe für einen möglichen Niedergang Amerikas in der Tradition Roms anführen: zum Beispiel Machtüberdehnung, kulturelle Ermüdung, falsche Wirtschaftspolitik und gesellschaftliche Spaltung. Zumindest in Sachen Außenwirkung gibt es eine konkrete Gemeinsamkeit: Sollten die USA im 21. Jahrhundert von China, Indien oder gar Brasilien als Supermacht abgelöst werden, hätten sie diese Länder zuvor mit ihrem *way of life* ähnlich stark geprägt wie Rom den direkten Nachfolger Byzanz und das römisch-deutsche Kaiserreich ab 800 n. Chr. mit seinem.

KAPITEL VIER

Staatlicher Vegetarismus und machtgierige Weisheitslehrer

Asien von der Antike bis zum Mittelalter:
globale Pioniere religiöser Politik

Gerade China und Indien, die zu Beginn des 21. Jahrhunderts als mögliche Nachfolger der USA in Sachen Supermacht gehandelt werden, haben bereits Erfahrungen mit dem Status. Ziemlich genau in der Zeit, in der sich das Römische Reich im 3. Jahrhundert v. Chr. zur Supermacht aufschwingt, entstehen in Indien und China zwei Reiche, die militärisch, wirtschaftlich und kulturell eine harte Konkurrenz für Rom sein könnten. Doch schon geografisch bedingt kommt man einander nicht in die Quere.

Die zwei Herrscher der ersten chinesischen und indischen Großreiche, Shihuangdi und Ashoka, kennen heute weltweit vielleicht mehr Menschen als die Gründer des West- und Oströmischen Reiches, Romulus und Konstantin. Jedenfalls haben sie ebenso spektakuläre Entwicklungen auf den Weg gebracht wie ihre europäischen Kollegen: Ashoka baut ab 268 v. Chr. ein indisches Großreich aus – das erste, in dem mit dem Buddhismus als Staatsreligion Friedfertigkeit, Wohltätigkeit und sogar Vegetarismus Gesetz werden. Shihuangdi, der erste Kaiser Chinas, der sich selbst so nennt, hebt 221 v. Chr. das erste chinesische Großreich aus der Taufe, das in Bezug auf Staatsgebiet, Verwaltungsstrukturen und Kulturtraditionen bis heute besteht und eines der langlebigsten der Weltgeschichte ist.

Gemeinsam haben Indien und China – und später auch die antiken Tigerstaaten Korea und Japan – die Quelle, aus der sie ihre Kraft schöpfen: Es sind die großen Glaubens- und Denksysteme Hinduismus, Buddhismus und Konfuzianismus. Aus deren Mischung von praktischer Organisation und starker Theorie ergibt sich historisch wohl erstmals jene verrückte Kluft, die später auch Europa ab dem Aufstieg des Christentums im Frühmittelalter prägt: die Kluft zwischen Ideal und Wirklichkeit, zwischen der Forderung etwa nach Friedfertigkeit, Sittlichkeit und Transzendenz einerseits, und andererseits einer skrupellosen, brutalen Machtpolitik.

Neu sind nicht die Komponenten, sondern die Kombinationen. Zwar hängen Kult und konkreter Herrschaftsanspruch schon bei den Ägyptern eng zusammen. Doch was die Interaktion und den Widerstreit an sich getrennter politischer und religiöser Systeme und Theorien betrifft, könnte man das antike Asien als eine Art welthistorische Avantgarde sehen. Umso kurioser, dass man die asiatische Verbindung von Religion und Politik und auch Ökonomie im Westen eher spät thematisiert hat. Wenn stattdessen die Vorstellung von einem Asien Verbreitung fand, in dem die Bereiche getrennt seien, zeigt dies beispielhaft, wie stark Historiker unsere Vorstellung von ganzen Kontinenten prägen können.

Max Weber, der Begründer der Religionssoziologie, stellt in seinem einflussreichen Werk *Die protestantische Ethik und der ›Geist‹ des Kapitalismus* (1904/1920) für das neuzeitliche Europa einen engen Zusammenhang zwischen Religion und Ökonomie her; dabei führen die »innerweltliche Askese«, Entbehrungen und Selbstdisziplin zu materiellem Erfolg und gehören zum protestantischen Lebensstil. Doch für Asien sieht er die Sache anders. In Indien, so Weber in seinen *Aufsätzen zur Religionssoziologie* (Band II, 1921), habe sich der Kapitalismus deshalb nicht eigenständig entwickelt, weil die Religionen dort nicht »rational ökonomisch« ausgerichtet gewesen seien. Insgesamt erscheinen Hinduismus und Buddhismus aus westlicher Sicht oft als nicht an den Dingen dieser Welt interessiert, sondern als mystisch und abgehoben.

Indien: Kastenwesen und Gewaltfreiheit, *sexual healing* und soziale Kälte

Ein bisschen hat zum Bild von der religiösen Abgehobenheit Asiens beigetragen, dass seine eigene Geschichtsschreibung selbst über Jahrtausende besonders an Legenden orientiert war. Über die erste indische Hochkultur, die Indus-Kultur, weiß man, dass sie ihre Blüte ungefähr zwischen 2600 und 1900 v. Chr. hatte. In den Städten Harappa und Mohenjo-Daro mit ihren rund 40 000 Einwohnern baut man – ähnlich wie im mesopotamischen Uruk – Straßennetze und Abwassersysteme. Um 1500 v. Chr. unterwerfen allerdings die aus Zentralasien eindringenden Arier die Indus-Kultur, die zu dem Zeitpunkt schon geschwächt ist, womöglich auch durch ökologische Probleme wie Überflutungen und Erosion aufgrund von exzessiven Waldrodungen.

Die Arier etablieren oder reorganisieren das Kastenwesen, das sehr direkt in das Alltagsleben eingreift. Zunächst gibt es vier Kasten: 1.) Brahmanen, die zugleich Priester, Dichter, Gelehrte und Politiker sind; 2.) Krieger, Fürsten; 3.) Kaufleute und freie Bauern; 4.) Diener, unfreie Arbeiter, Bauern und Handwerker. Sklaven – die man erst später Parias beziehungsweise »unberührbar« nennt – stehen außerhalb der Abstufung, die im Lauf der Zeit rund 3000 Unterkasten umfassen wird. Das Kastenwesen hängt eng mit dem Hinduismus und seinem Vorläufer, dem Brahmanismus, zu-

sammen. Sie prägen Indien mit großen Unterbrechungen –
in denen der Buddhismus, später der Islam dominieren – bis
heute. Mit der Zeit werden Brahmanen ähnlich symbiotisch
mit weltlichen Fürsten und Feudalherren zusammenarbeiten
wie später europäische Kirchenmänner.

Schon mit den ersten Veden, den heiligen Schriften, definieren Brahmanen ab rund 1500 v. Chr. Sitten, Gebräuche,
Opferrituale und Weltbilder und lassen sich dafür gut ent-
lohnen. Zu den älteren Veden, die über Jahrhunderte nur
mündlich überliefert wurden, zählt die *Rigveda* mit Hymnen
etwa auf Indra, der im Hinduismus vom Kriegsgott zum
Gott des Regenfalls wird. Erst die *Upanishaden* (»Geheim-
lehren«) geben dem Hinduismus zwischen 800 und 200
v. Chr. seine heutige Form. Über all den Sondergottheiten für
verschiedene Belange stehen drei Hauptgötter in Menschengestalt: 1.) Brahma, der Schöpfer und Urgott; 2.) Vishnu, der
Bewahrer, auch des Dharma, der Rechtschaffenheit und ge-
rechten Ordnung; 3.) Shiva, der Zerstörer, der auch den
Neuanfang ermöglicht. Er trägt oft eine Schlange um den
Hals und reitet auf einem Stier.

Prägend für den Hinduismus ist die Idee der Wiedergeburt als Tier, Pflanze oder göttliches Wesen je nach Karma:
Gelingt es einem, sein Karma durch gute Taten zu verbes-
sern – oder ähnlich der christlichen Erbsünde durch Leid
abzuarbeiten –, wird man damit belohnt, dass man als höhere Lebensform reinkarniert; am Ende wird man gar nicht
mehr wiedergeboren. Dann darf man ins Nirwana, das ent-
spannende Nichts. Wie in jeder Weltreligion und anders als
in Naturreligionen, die Geistwesen in den Alltag integrieren,
geht es auch im Hinduismus theoretisch darum, das Blend-
werk der diesseitigen Welt, Maya, als solches zu erkennen
und es zu überwinden. Stattdessen soll man zu Atman, dem

spirituellen Atem, der ewigen »Seele«, der Ganzheit gelangen, um die ewige Ich-Bezogenheit der Menschen zu überwinden. Zu den Schwächen des Hinduismus gehört dennoch der Mangel an sozialer Fürsorge für Arme, der die indische Gesellschaft bis heute prägt.

Abgesehen von der uferlosen Menge an Göttern und undurchsichtigen Texten, die den Brahmanen eine Monopolstellung garantieren, dürften die Hauptunterschiede zu anderen Religionen darin bestehen, dass im Hinduismus offiziell auf Gewalt und auf Missionierung verzichtet wird. Außerdem hat man eine lockerere Einstellung in Sachen Sex. Im *Kamasutra*, der Anleitung zur Ausbildung des Kama, des sinnlichen Genusses, steht der Sex dem wichtigeren Dharma (Rechtschaffenheit) nicht im Weg, sondern ergänzt es. Zwar ist der Hinduismus im Lauf der Jahrhunderte immer prüder geworden. Doch in keiner anderen Weltreligion finden sich wohl so viele Plastiken mit Phallussen oder prallen Brüsten und mit Schmuck behangenen Schenkeln wie in hinduistischen Tempeln, in denen sich Apsaras, himmlische Nymphen, tummeln.

Dass es trotzdem um handfeste Politik und gesellschaftliche Macht geht, wird unter anderem in den indischen Nationalepen *Ramayana* und *Mahabharata*, mit rund 100 000 Doppelversen das längste Gedicht der Welt, klar. Sie werden im 4. Jahrhundert v. Chr., zu Platons Zeiten, begonnen und in den ersten nachchristlichen beendet. Da kämpfen nicht nur Prinzen wie Rama gegen Dämonen, sondern auch Familien und Heere gegeneinander – und die Götter gießen Öl ins Feuer. So etwa Krishna, ein Avatar (Erscheinung) des Gottes Vishnu: In der *Bhagavatgita*, dem Kernteil des *Mahabharata*, spornt er den Helden Arjuna zur Pflichterfüllung im Kriegsdienst an, obwohl der nicht in die Schlacht ziehen will, weil er im gegnerischen Heer Verwandte, Lehrer und gute Menschen erblickt. Wie christliche und islamische Geschichten erschrecken auch hinduistische mit furchtbaren Bildern – etwa jenem aus dem *Ramayana*: Da steigt Ramas Frau Sita, der Untreue verdächtigt, auf den Scheiterhaufen und unterzieht sich einer Feuerprobe. Zwar übersteht sie den Test. Doch die Spiegelung des Bildes im echten Leben ist Sati, die Witwenverbrennung beim Tod des Mannes, die noch in modernen Zeiten vorkommt.

Der indische Reformator und der buddhistische Kreuzzügler: Siddharta und Ashoka

Die größte Gemeinsamkeit des Hinduismus mit den anderen beiden indischen Glaubensrichtungen Jainismus und Buddhismus ist die Idee des Samsara, des mühsamen Kreislaufs der Wiedergeburten beziehungsweise der Seelenwanderung. Ihn will jeder irgendwann durchbrechen. Der Jainismus entsteht im 5. oder 6. Jahrhundert v. Chr. als eine Art Abspaltung vom Hinduismus mit strengeren Regeln der Askese und Ordensgründungen, ohne jedoch Grundsätzliches wie die Macht der Brahmanen und das Kastenwesen anzuzweifeln. Genau hier unterscheidet sich allerdings der etwa zur selben Zeit gegründete Buddhismus. Bis zu seiner endgültigen Verlagerung aus Indien nach Südostasien wird er zum Gegenentwurf und politischen Konkurrenten des Hinduismus.

Von den Wurzeln her ähneln sich Jainismus und Buddhismus so sehr wie Christentum und Islam. Im 6. Jahrhundert v. Chr. soll sich Siddharta Gautama, Sohn eines Lokalfürsten, in Nordindien aufgemacht haben, um dem Goldenen Käfig seiner reichen Familie zu entfliehen. Er will in der Ein-

samkeit und durch naturnahe Askese neue Erkenntnisse gewinnen. Wie Mahavira, der Gründer des Jainismus, der ebenfalls aus diesem
Antrieb heraus losgezogen sein soll, hat Siddharta Gautama eigentlich ein gutes Leben,
eine schöne Frau und ein Kind. Doch wie Jesus
hält er nicht viel von der Kernfamilie. Er sucht
nach größeren Gemeinschaften. Wie Jesus,
Sokrates, Laotse und viele andere große Begründer von Religionen und Denktraditionen
hinterlässt er keine Texte. Die Botschaft wird
hinterher von Anhängern mündlich weiterge-
tragen und Jahrhunderte später im Pali-Kanon
auf Palmblatt aufgeschrieben. Aufgrund der
schwierigen Quellenlage ist nicht sicher, ob er

Diese Stupa-Deko-
ration zeigt den
Traum Königin
Mayas, der Mutter
des späteren
Buddha. Bei der
Empfängnis ihres
Sohnes ist ein
weißer Elefant an-
wesend. Elefanten
werden in ganz
Asien verehrt, in
Indien etwa als
hinduistischer
Glücksgott Gane-
sha, dargestellt
mit Elefanten-
kopf und mensch-
lichem Körper.

wirklich 563 v. Chr. geboren wurde oder doch ein Jahrhundert später. Jedenfalls könnten wiederum wie bei Jesus die
wichtigsten Teile der Geschichte frei erfunden sein – und
entfalten eine umso fantastischere Wirkung.

Der Legende nach soll Siddhartas Mutter ihren Sohn ohne natürliche Zeugung empfangen haben. Manchen Quellen zufolge soll – im Traum – ein weißer Elefant mit im Spiel gewesen sein, sozusagen das sinnlich-kurvige Gegenstück zur christlichen Taube, die als Heiliger Geist zur unbefleckten Empfängnis der Jungfrau Maria beiträgt. Als Prinz Siddharta bei Ausflügen jenseits der Mauern des Hofes mit der harten Realität in Gestalt eines Greises, eines Kranken, eines Toten und eines Asketen konfrontiert wird, entschließt er sich, nach Höherem zu streben, dem diesseitigen Elend zu entkommen. Anders als beim Jainisten Mahavira bewirken bei ihm Hungern oder Kasteiungen wie das Essen des eigenen Kotes nichts. Am Ende hat er unter einem Feigenbaum (*ficus religiosus*), dem Bodhibaum, die Erleuchtung. Er findet den Mittelweg zwischen übertriebenem Luxus (Brahmanen) und extremer Askese (Jainismus): Loslassen der Leidenschaften und Begierden.

So bringt Siddharta, der sich jetzt Buddha nennt (»Erwachter«), das »Rad der Lehre« in Gang. Als Schritte zum Erfolg predigt er die »Vier Wahrheiten«, die – ohne Gott – zur Erlösung vom Kreislauf der Wiedergeburten führen: 1.) Alles Leben ist Leid; 2.) Leid entsteht durch Gier und Verlangen; 3.) Das Gegenrezept ist das Loslassen der Gier; 4.) Dabei hilft der »Edle Achtfache Pfad« – rechte Ansicht, rechtes Wollen, rechte Rede, rechtes Handeln, rechter Lebenserwerb, rechtes Streben, rechte Wachsamkeit und rechte Sammlung.

Mag Buddha auch innerlich loslassen, so weiß er als Fürstensohn doch, wie man rhetorisch zupackt. Als Prediger verschafft er sich Einfluss und Spenden bei lokalen Fürsten und Königen. Er gründet Klöster und soll seinen Ex-Schüler und Konkurrenten Devadatta als »gemeinen Speichellecker«

beschimpft haben. Auf dem politischen Feld rät Buddha dem königlichen Minister Vassakara, bei Gegnern des Reiches Zwietracht zu säen, was der Brahmane und Minister dann als eine Art Undercover-Agent gleich selbst tut. Obwohl manche von Buddhas strengen Regeln, zum Beispiel ein Lachverbot, im merkwürdigen Kontrast zum heutigen, gefälligen Bild des Buddhismus stehen, erreicht er das Volk. Es schätzt seine Kritik am Kastenwesen und an den teuren Opfern, den starren Ritualen der Brahmanen. Was gefällt, ist die Erleuchtung, die jeder für sich selbst erlangen kann.

Zwar mag Buddhas Abwandlung des Hinduismus aus heutiger Sicht an Jesus erinnern, der zunächst nur eine Reform des Judentums beabsichtigte. Besser passt aber vielleicht der Vergleich mit Martin Luther (1483 – 1546). Wie der deutsche Reformator verbindet Buddha religiöse Erneuerung mit ausgezeichneten Kontakten zu Fürsten, die ihn schützen und fördern. Wie Luther bringt Buddha gesellschaftlich relevante geistige Reformen in Gang, ohne allerdings auf die Veränderung des politischen Systems zu zielen. In der indischen Reformation entspräche der Hinduismus mit seinen alten, oft leeren Ritualen dem Katholizismus; der Buddhismus, wo der Einzelne bei der Heilssuche stärker auf sich gestellt ist, wäre der Protestantismus. Nachdem Buddha mit 80 Jahren an einem giftigen Pilz- oder Fleischgericht stirbt, geht es im Kampf zwischen Buddhismus und Hinduismus ähnlich hin und her wie nach Luthers Tod zwischen Reformation und Gegenreformation.

Wie die christlichen Reformatoren, aber auch die mittelalterlichen Bettelorden entwickelt sich der Buddhismus bei aller Bescheidenheit bald zu einer weltlichen Macht. Einen seiner ersten und größten politischen Siege erringt der Buddhismus durch König Ashoka (um 300 – 232 v. Chr.).

Ashoka macht die Lehre des Gautama zur Staatsreligion des Maurya-Reiches, das sein Vorfahre Chandragupta im 4. Jahrhundert v. Chr. gründet, indem er die Makedonier, die Erben von Alexander dem Großen, vertreibt. Ashoka herrscht nun über ein Gebiet, das vom heutigen Afghanistan bis nach Südindien reicht. Nachdem er um 260 v. Chr. das Konkurrenzreich Kalinga erobert und ein Gemetzel mit angeblich 100 000 Toten anrichtet, packt ihn nach eigener Aussage die Reue. Er konvertiert zum Buddhismus. Fortan will er Dharma, die Rechtschaffenheit, politisch durchsetzen. In 28 Edikten, die er in Stein beziehungsweise Säulen gemeißelt über das Reich verteilen lässt, macht Ashoka Freundlichkeit, Respekt vor Familie, Priestern, Asketen sowie Sparsamkeit zum Gesetz (Edikt III). Er befiehlt einen allgemeinen Vegetarismus und das Errichten von Rasthäusern und Brunnen alle 15 Kilometer entlang den Straßen (Edikt VII).

Anderen Berichten zufolge ist Ashoka allerdings ein Brudermörder, ein brutaler Folterer, der im Jähzorn Haremsdamen verbrennen lässt und Minister enthauptet. Solche Geschichten mit übertriebenen Zahlenangaben könnten ein rhetorisches Mittel buddhistischer Legendenschreiber sein: Betont man zunächst seine Grausamkeit, erscheint die spätere Bekehrung umso spektakulärer. In dem Bollywood-Film *Asoka* (2001) mit Shahrukh Khan, Kareena Kapoor und den üblichen Gesangseinlagen wandelt sich der Held aus Liebeskummer, wegen des (vermuteten) Verlustes seiner Frau vom stets gutgelaunten Spitzbub zum Massenmörder. Historisch hat Ashokas Widersprüchlichkeit auch schlicht mit der zeitgenössischen Unterscheidung zwischen dem »Rad des Dharma« (Religion, Moral) und dem »Rad des Staates« (Realpolitik) zu tun. So könnte man Ashoka als historischen Vorreiter von europäischen Königen, Päpsten und Kreuzrittern des Mittelalters sehen, die Nächstenliebe predigen, an Jesu Grab Tränen vergießen – und im nächsten Moment Frauen und Kinder abschlachten.

Wie jeder andere damalige Herrscher besteuert Ashoka Bauern und Arbeiter hart. Mit der alten Elite legt er sich immerhin an, als er den Brahmanen mit dem Verbot von Opfern eine Grundlage ihres Einkommens entzieht. Und selbst Verwandten verdirbt er den Spaß, indem er Tierkämpfe und das Verzehren üppiger Schlachtplatten untersagt. Über die Einhaltung der Regeln wachen »Hohe Räte für Moral«– ähnlich wie die römischen Zensoren zur gleichen Zeit 5000 Kilometer nordwestlich. Um seine Ideen zu verbreiten, schickt Ashoka Diplomaten bis nach Griechenland und Nordafrika. Zwar gerät sein Reich in die Krise, frustriert zieht er sich womöglich als Mönch zurück und bald nach seinem Tod erlischt seine Dynastie. Zu Ashokas Nachruhm trägt jedoch bei, dass er 84 000 Stupas gestiftet haben soll, die buddhistischen Denkmäler, Grab- beziehungsweise Erdhügel mit Reliquien.

Einen weiteren langfristig wichtigen Schub bekommt der Buddhismus durch die Kultur des unbuddhistischen Hellenismus. Nachdem in Baktrien im Nordwesten Indiens und in Gandhara im heutigen Afghanistan in der Folge von Alexander dem Großen eine indisch-griechische Mischkultur mit zweisprachig beschrifteten Münzen entsteht, geht von dieser Verbindung in den nachchristlichen Jahrhunderten wohl ein ästhetischer Impuls aus: Wurde Buddha bislang symbolisch in Form eines Fußabdrucks oder Erleuchtungsbaums dargestellt und angebetet, erscheint er nun – auch nach griechischem Vorbild – zunehmend als freundlich lächelnde Statue. Ein entspannter netter Kerl.

Ansonsten verdankt sich Buddhas Einfluss buddhistischen Universitäten wie jener in Nalanda, die bis ins 12. Jahrhundert rund 10 000 Studenten anzieht. Doch die Hindu-Konkurrenz schläft nicht. Brahmanen bieten Fürsten ihre Dienste als *Rajguru* an, als Königslehrer. Von dem Land und den Dörfern, die Brahmanen geschenkt bekommen, können sie ähnlich gut leben wie ihre christlichen Kollegen im europäischen Mittelalter von ihren Pfründen. Insgesamt setzen sich Hinduismus und Kastenwesen ab dem 4. Jahrhundert n. Chr. zunehmend wieder durch. Obwohl die Gupta – anders als zuvor die Maurya und später die Moguln – im Wesentlichen nur über Nordindien herrschen, wird diese Zeit als die des »klassischen« Indien betrachtet; und das geht mit der Besinnung auf alte Werte wie die Veden und den Hinduismus einher. Gupta-Könige gelten nun als Inkarnation des Gottes Vishnu.

Seit dieser Zeit verlagert sich der Einflussbereich des Buddhismus mehr und mehr vom Subkontinent nach Südostasien, das insgesamt kulturell von Indien geprägt ist. Vietnam wird als Nam-Viet (»südliches Land der Viet«) im 2. Jahrhundert v. Chr. von der chinesischen Han-Dynastie annektiert und steht über Jahrhunderte unter konfuzianischem Einfluss und dann auch unter jenem des über China importierten Buddhismus. Der kulturelle Einfluss bleibt auch erhalten, als im 10. Jahrhundert n. Chr. Rebellen die chinesische Herrschaft beenden und 968 das Reich Dai Viet gründen (1804 in Viet-Nam umbenannt). Das berühmteste Beispiel für eine indische Prägung und eine Mischung an Einflüssen in Südostasien dürfte das kambodschanische Angkor Wat sein. In der ab dem 12. Jahrhundert erbauten größten Tempelanlage der Welt in Angkor, der Hauptstadt des damaligen Khmer-Reiches, verbinden sich hinduistische und buddhistische Elemente.

Ein ganz anderer Einfluss auf Indien lässt sich wiederum am Taj Mahal ablesen – einem wunderbaren Beispiel der islamischen Architektur. Die Anlage wird im 17. Jahrhundert in Agra als Mausoleum für die Hauptfrau des Großmoguls Shah Jahan errichtet und ist ein Ergebnis der islamischen Prägung Indiens – die allerdings schon viel früher beginnt. Nachdem im 6. Jahrhundert die Weißen Hunnen (Hephtaliten) in Indien einfallen, gründen Muslime 1206 das Sultanat von Delhi. Im 16. Jahrhundert errichtet Babur, ein Nachkomme des für seine Grausamkeit berüchtigten Timur (Tamerlan), das Reich der Moguln, der Mongolen in Indien. Letzteres dient den Engländern ab dem 18. Jahrhundert auch als Vorwand, Indien zu »befreien« – und zu kolonialisieren. Der Konflikt zwischen Islam und Hinduismus führt mit der Unabhängigkeit Indiens 1947 zur Teilung und Verlagerung der Muslime nach Pakistan – und ist bis heute ein Grund für die andauernde Gewalt auf dem Subkontinent.

China: Gefährliche Gutmenschen vs. pragmatische Bücherverbrenner?

Anders als in Indien wird im antiken China nicht so sehr über religiöse Alternativen, etwa über eine eventuelle Erlösung im Nirwana, gestritten. Ideologische Querelen gibt es aber schon: zwischen den großen Denkschulen Konfuzianismus, Daoismus und Legalismus (oder Legismus) – und später auch dem Buddhismus. Einerseits verdankt China unter anderem diesen Schulen beziehungsweise ihrem Einfluss einen »zivilisatorischen Vorsprung« in Sachen Verwaltung, Bildung, Leistungsethos und Erfindungen wie Papier und Kompass vor dem Rest der Welt; und dieser Vorsprung währt immerhin bis zur Industriellen Revolution im 18. Jahrhundert. Andererseits begünstigen die Denkschulen eine Art mythische Ausrichtung der Geschichtsschreibung.

So sind aus dem 3. Jahrtausend v. Chr. Berichte über legendäre Urkaiser überliefert. Dem berühmten Gelben Kaiser schreibt man die Erfindung zweier typisch chinesischer Domänen zu: der Medizin und des Kochens. Während der Shang-Dynastie um 1500 v. Chr. entwickelt sich eine Schrift mit bildhaften Zeichen auf Orakelknochen und Schildkrötenpanzern. In der Zhou-Dynastie vom 11. bis zum 3. Jahrhundert v. Chr. zeichnet sich – fast analog zur Konsolidierung Roms – eine Zentralisierung ab; gegen Ende der »Zeit der Streitenden Reiche« von Anfang des 5. Jahrhunderts v. Chr. bis 221 v. Chr. sind von weit über 100 Staaten nur noch sieben Konkurrenten übrig. In dieser Zeit entsteht wohl Sunzis einflussreiches Buch über die Kunst des Krieges, das als eines der ersten heute selbstverständliche Strategien wie Täuschung und Überraschung etabliert.

Im Jahr 221 v. Chr. setzt sich Shihuangdi (259 – 210 v. Chr.) aus der Qin-Dynastie durch. Als selbsternannter Kaiser gründet er das erste zusammenhängende chinesische Reich. Shihuangdi, der mit 13 Jahren König wird, besiegt Konkurrenten und befriedet das Land, vereinheitlicht Münzen und Maße, zentralisiert die Verwaltung mit rund 1000 Kreisen, die ungefähr so bis in die Gegenwart gelten. Er lässt Steuern der Bauern in Form von Getreide und Textilien von Beamten statt von Lokalfürsten eintreiben, Bewässerungsanlagen und wohl auch die erste Chinesische Mauer als Schutz gegen nördliche Nomadenvölker bauen. Warum hat der durchaus sehr brutale Kaiser bald nach seinem Tod einen noch viel schlechteren Ruf als andere Despoten?

Die Informationen über ihn basieren bis 1974, bis zur Ausgrabung seiner berühmten Tonarmee mit rund 8000 Soldaten, die ihn in seiner letzten Ruhestätte bewachten, stark auf einer konfuzianisch geprägten Geschichtsschreibung. Sie stellt ihn unvorteilhaft dar. Da heißt es, er habe »eine Wespen-Nase, Augen wie Schlitze, eine Hühnerbrust und eine Stimme wie ein Schakal«. Die Gelehrten sind auch deshalb sauer, weil der Kaiser bei seinen Neuerungen die alte Elite samt Anspruch auf Ämter und Pfründe übergeht. Damit nicht genug: Er befiehlt, alle Bücher zu vernichten außer jenen, die sich praktischen Themen widmen wie Medizin und Landwirtschaft. Zugrunde liegt dem Ganzen ein tieferer Streit, der China bis ins 20. Jahrhundert prägen wird: der Streit zwischen Konfuzianismus und Legalismus (oder Legismus). Aus heutiger Sicht ist es ein skurriler Streit. So bezeichnet schon im 4. Jahrhundert v. Chr. ein Minister der Qin-Dynastie die konfuzianischen Tugenden als »parasitär«. Zu verdammen seien demnach Dinge, die man heute spontan als eher positiv einstuft: Riten, Musik, Geschichtsschreibung, Morallehren, familiäre Achtung, Treue und Friedfertigkeit. Doch nach Auffassung des Ministers führen diese Dinge zur Dekadenz und Vetternwirtschaft, erschweren echte Reformen. Demgegenüber setzt man beim Legalismus auf harte Strafen, welche gerade die echte, teils unbequeme Liebe des Herrschers zu seinem Land beweisen. Sie fruchten letztlich angeblich mehr als der Schnickschnack der gebildeten Salonpolitiker und Idealisten – der Gutmenschen, in heutigen Worten.

Im Sinn dieses oft menschenverachtenden Legalismus wird noch Mao in der Kulturrevolution ab 1966 gegen angeblich korrupte alte Strukturen vorgehen – und Shihuangdi auch *wegen* seiner Brutalität rehabilitieren. In Shihuangdis

China sind Alltagsdetails gesetzlich und kleinlich geregelt, legalistisch auch im heutigen Sinn. So sind Brokatschuhe generell nicht erlaubt, ziert der Brokat aber nur die Seiten der Schuhe, sind sie zulässig. Zerstört man ein Tor im Inneren der Stadt durch Brandstiftung, ist die Strafe der Preis einer Rüstung; ist es das äußere Haupttor, sind es zwei. Das Abrasieren des Bartes und Tätowierungen sind übliche Strafen im Sinn eines Schandmals. Wenn man jemandem im Kampf einen Haarschopf abschneidet, gibt es nur Arbeitsdienst; wer Nase oder Ohr abbeißt, wird obendrein rasiert. Auch wer seine »widerspenstige« Frau verprügelt, wird mit dem Abrasieren des Bartes bestraft.

Eher als in Shihuangdis Legalismus glaubt man im Konfuzianismus an das Gute im Menschen. Allerdings kennt man Konfuzius (um 551 – 479 v. Chr.), den langfristig einflussreichsten Denker Chinas, nur durch Texte, die meist nicht von ihm selbst und oft aus späteren Jahrhunderten stammen: Zu den »fünf Klassikern«, die man ihm zugeschrieben hat, zählen eine Urkunden- und Liedersammlung, ein Buch der Lebensregeln und der Geschichte. Das bekannteste Werk ist das *Buch der Wandlungen, I Ging*. Aus heutiger Sicht ist das Orakelbuch eine Mischung aus mythischen, bildhaften Geschichten und allgemein formulierten Tipps, die an aktuelle Ratgeber erinnern: »Man muss die Härte von Metall und die Geradlinigkeit eines Pfeils besitzen, um die Schwierigkeiten zu überwinden.«

Demgegenüber stehen im *Daodejing (Tao Te King)*, dem Handbuch des mit dem Konfuzianismus konkurrierenden Daoismus: »Wer in der Leere wurzelt, den wirft nichts um.« Das Buch wird Konfuzius' großem geistigem Gegenspieler Laozi (Laotse) zugeschrieben, der womöglich nur eine Legende ist. Seine Tipps sind zu Klischees geworden – aber weiterhin irgendwie wahr: Wasser ist auf die Dauer stärker als Stein; das flexibel Weibliche ist im Zurückweichen dem Männlichen selbst in der Schlacht überlegen.

Einig sind sich Konfuzianismus und Daoismus im Verzicht auf Götter im strengen Sinn. Die göttliche Verehrung der Gründer der beiden Bewegungen kann das aber nicht verhindern. Bei beiden gilt es, Böses mit Gutem zu vergelten, die Gegensätze des Yin (dunkel, passiv, »weiblich«) und Yang (hell, aktiv, »männlich«) zu verbinden. So findet man das Dao (Tao), den Weg, den Pfad, das Prinzip des ruhenden Seins, des Nicht-Handelns, nicht Ursächlichen, nicht Zielgerichteten. Während aber der Konfuzianismus das Streben nach Ämtern, nach konkreter Verantwortung und Gesetzen betont, geht es im Daoismus stärker um Kontemplation und Sinnsuche. Der ältere Schamanismus schwingt überall mit. So sehen sich Kaiser wie Shihuangdi als quasi-göttlich und wollen mit Hilfe von Ausflügen in göttliche Gebirge und dem Verfassen von Gedichten unsterblich werden. Wie in Indien buhlen die Lehren um Einfluss, stützen brutale Herrscher. Auch Daoismus und Buddhismus bekämpfen einander, hetzen Herrscher gegen die jeweils andere Schule auf. Der Buddhismus wird während der Han-Dynastie (206 v. Chr. bis 220 n. Chr.), die Liu Bang als kleiner Beamter womöglich bäuerlicher Herkunft gründet, nach China importiert. Er ist auch deshalb beliebt, weil es hier keine Heilsprivilegien für die Mächtigen gibt.

Nicht nur in Sachen Religionskämpfen, auch technisch ist China Europa voraus. Die Han-Dynastie wird wegen des allgemeinen Aufschwungs und der zeitlichen Überschneidung oft mit Rom zu seinen Hochzeiten verglichen; um Christi Geburt herum haben das Römische Reich und Han-China beide rund 60 Millionen Einwohner. Während dieser

Dynastie wird das Papier erfunden, das in Europa erst im Mittelalter Verbreitung findet. Politisch geht es im China der nachchristlichen Jahrhunderte hin und her zwischen Zersplitterung und Einigkeit – etwa ab 581 während Kaiser Wendis kurzlebiger Sui-Dynastie – und zwischen mehr oder weniger feudalen Strukturen. Mal herrschen sogar Eunuchen und im 7. Jahrhundert eine Kaiserin – in Zeiten, in denen das in Europa undenkbar ist: Wu Zhao, eine ehemalige Konkubine, dann Frau und Nachfolgerin des Kaisers. Längerfristig geeinigt wird das Reich erst wieder unter der Song-Dynastie (960 – 1279 n. Chr.), einer Zeit der verstärkten Bürokratisierung, Städtebildung, kultureller Debatten und der Verlegung der Armenfürsorge in die Hände des Staates.

Einen brutalen Einschnitt bedeutet die Invasion der Mongolen im 12. Jahrhundert, die China bis ins 14. Jahrhundert beherrschen. Doch auch diese Zeit werden konfuzianische Traditionen überdauern. Etwa jene der Gesichtswahrung: Auf politischer Ebene dankt dabei zum Beispiel ein in der Schlacht unterlegener Fürst ab und bietet dem Sieger die Herrschaft an, worauf dieser rituell dreimal ablehnt – bis er das Angebot endlich doch akzeptiert.

Die Tigerstaaten Korea und Japan – und die zwei Schwerter des Buddha

Ein aktuelleres und – aus westlicher Sicht – besonders bizarres Beispiel für die asiatische Kultur der Gesichtswahrung, des *face saving*, allerdings vor allem des eigenen, betrifft Japan: Erst im Jahr 2002 räumt der Tenno anlässlich der Fußball-WM, die Japan und Korea gemeinsam ausrichteten, ein, dass das japanische Kaiserhaus von koreanischen Vorfahren abstammt. Genauer gesagt, zitiert der Tenno aus einer alten Chronik, dass ein Urtenno ein Nachfahre aus einem koreanischen Stamm sei. Selbst so indirekt formuliert ist das für viele Japaner ein großer, geradezu unglaublicher Schritt. Schließlich wurden die Koreaner immer wieder unterjocht, im Zweiten Weltkrieg Opfer brutaler, bis heute ungesühnter, ja geleugneter Kriegsverbrechen. Einerseits hat sich gerade in der jüngeren Generation einiges getan, koreanische Filme, Fernsehshows und Stars erfreuen sich in Japan großer Beliebtheit; andererseits bleiben die Koreaner, oft Nachfahren von Zwangsarbeitern, als größte Minderheit in Japan diskriminiert.

Das Spannungsverhältnis hat eine lange Tradition. Korea und Japan sind die asiatischen Länder, die sich im 7. Jahrhundert neben Indien und China als antike Tigerstaaten formieren, bevor sich im Hochmittelalter etwa das kambodschanische und vietnamesische Reich sowie das Reich der Thai etablieren. Besonders schräg wirkt die lange japanische Leugnung der Verwandtschaft mit Korea insofern, als viele Kulturgüter im 6. Jahrhundert n. Chr. von dort übernommen werden und den Grundstock für den Aufstieg Japans zu einer starken Einheit bilden. Der frühe Transfer von Korea nach Japan betrifft meist Kulturgüter, die zuvor von China nach Korea gelangt sind: Handwerkstechniken, Architektur, Medizin, Musik, Literatur beziehungsweise die Schrift, die erst im 5. Jahrhundert nach Japan kommt. Und der Buddhismus.

Mit Blick auf die Ausbreitung des Buddhismus lässt sich festhalten, dass in seinem Namen insgesamt weniger Gewalt verübt wurde als im Namen des Christentums und Islam. Zugleich mischte er beherzter in der Tages- und Militärpolitik mit, als man vielleicht spontan denkt. Von China nach

Korea reist der Buddhismus im Rahmen der ökonomisch motivierten Expansion während der Han-Dynastie ab dem 2. Jahrhundert v. Chr. Sozusagen als die Römer Asiens dringen die Chinesen bis in Tropenregionen, nach Zentralasien und die Mongolei vor. Auf der Koreanischen Halbinsel haben sie Kommandanturen.

Langfristig erfolgreicher als die chinesische Kolonialisierung ist die Verbreitung des Buddhismus. Bis ins 6. Jahrhundert n. Chr. fasst er in Korea in den drei Hauptkönigreichen Koguryo, Silla und Paekche Fuß. Ein Erfolgsgrund ist zunächst – wie andernorts beim Christentum und Islam – schlicht die neuartige, attraktive Erlösungsvorstellung: Man hat Aussicht auf ein wunderbares »Jenseits«, ob nun Paradies oder Nirwana. Außerdem eignet sich der Buddhismus sehr gut als Staatsreligion. So inszenieren sich Könige sogar als Boddhisattvas –Wesen also, die freiwillig auf die schnellstmögliche Erlösung, den Eingang in das Nirwana, verzichten, um anderen Wesen zur Erleuchtung zu verhelfen. Das motiviert und dient zugleich der Imagepflege. Die Erlösungshilfe für andere ist im Übrigen der größte Unterschied zwischen den zwei Hauptrichtungen des Buddhismus: Im Mahayana (»großes Fahrzeug«) gibt es Fremdhilfe beim Erreichen religiöser, spiritueller Ziele; im älteren Hinayana (»kleines Fahrzeug«), den man heute meist in der Variante des Theravada kennt, kümmert man sich als Einzelkämpfer nur um die eigene Erlösung.

Zum Reiz der Lehre trägt bei, dass chinesische Gesandtschaften nach Korea Meditationsmeister mitbringen, Mantra-Spezialisten – und lächelnde Buddhastatuen. Wie später in Europa das Christentum altbewährte Elemente des Heidentums, etwa Fruchtbarkeitsfeste und Opferrituale aufgreift und zum Beispiel in Form des Abendmahls mit der Ein-

nahme von Christi Leib und Blut in die neue Lehre einba
so wandelt der Buddhismus ältere Traditionen des Scham.
nismus ab. Anders als im Christentum werden ältere Glaubensformen vom Buddhismus offiziell aber nicht als falsch,
sondern als Vorstufe betrachtet. So können Mönche im
Korea des 7. Jahrhunderts in schamanischer Tradition ihre
Dienste als Regenmacher anbieten; Myongnang beschwört,
so heißt es, einen Sturm herauf und damit den Untergang
einer chinesischen Invasionsflotte. Mönche beraten Könige
und gründen Mönchsarmeen. Sie kämpfen gegen die Mongolen, die Korea im 13. Jahrhundert angreifen und zum Vasallenstaat machen.

Buddhistische Klöster haben Latifundien, Großgrund-
besitz, und konkurrieren mit dem Beamtenadel. Wie später
im Christentum gibt es aber diverse Reformer. Der Mönch
Uisang lehnt Geschenke des Königs in Form von Land und
Sklaven ab; Wonhyo wendet sich dem Volk zu, um ihm tanzend und singend die Lehre näherzubringen. Ähnlich wie bei
der Zwei-Schwerter-Lehre, gemäß der man im christlichen
Mittelalter die weltliche und geistliche Macht aufteilt, stellt
der Staatstheoretiker Ch'oe Sungno im 10. Jahrhundert klar:
Der Buddhismus ist die Grundlage der spirituellen Entwicklung, der Konfuzianismus die Basis der Regierungsarbeit.
Real sind sie natürlich eng miteinander verknüpft.

Von Korea nach Japan kommt der Buddhismus, nachdem Song, der König des koreanischen Königreichs Paekche,
dem japanischen Herrscher Mitte des 6. Jahrhunderts den
neuen Glauben ans Herz legt. Prinzregent Shotoku Taishi
macht den Buddhismus um 600 zur Staatsreligion – und
wird ähnlich verklärt wie der indische König Ashoka. Auch
in Japan wird nach anfänglichen Kämpfen der ältere Shintoismus, die animistische Naturreligion, neben dem Buddhis-

mus toleriert. Anders etwa als heidnische Kulte in Europa besteht der Shintoismus bis heute fort, und nicht nur in esoterischen Kreisen. Ähnlich wie in Korea stärkt der Buddhismus in Japan die Zentralgewalt. Im Rahmen der »Großen Wende« (Taika-Reform) fordert eine Art Verfassung nach chinesischem Vorbild aus dem Jahr 646 Harmonie in menschlichen Beziehungen: Sie verurteilt Bestechlichkeit und Frondienste von Bauern »zu unrechter Zeit«; Gehorsam gegenüber dem Kaiser und Verehrung des Buddha gehören zusammen. Anders als in China rekrutiert sich die Verwaltungselite aber nicht durch ein Prüfungssystem, das theoretisch allen Schichten offensteht, sondern aus dem Erbadel.

Ähnlich wie im mittelalterlichen Europa kämpfen Kaiser, Adel und Geistlichkeit ständig um Einfluss. Mitte des 8. Jahrhunderts schafft es der buddhistische Mönch Dokyo als Berater der Kaiserin des Nara-Reiches fast, zum Kaiser ernannt zu werden. Doch dann warnt ein Shinto-Orakel vor der Machtübernahme des Buddhisten; Dokyo wird verbannt, und die ganze Hauptstadt zieht für einen gründlichen Neuanfang nach Kyoto. Im Prinzip erinnert die Aktion an die Manipulationen mittelalterlicher Kirchenfürsten in Europa, die auch mit Hilfe von Wundern, göttlichen Eingebungen und gefälschten Dokumenten in die Politik eingreifen.

Im 11. Jahrhundert liefern sich Mönchskrieger in Japan erbitterte Schlachten mit dem Adel. Sie sind besonders brutal, weil man ihnen in einer absurden Verkehrung buddhistischer Ideen beim Tod in der Schlacht den Eingang ins Nirwana verspricht. Eine weniger blutrünstige Variante japanischer Religiosität ist die Fortentwicklung des im 12. Jahrhundert aus China eingeführten Zen-Buddhismus (Chan). Da helfen Mönche ihren Kollegen bei der Suche nach dem Satori, der schlagartigen Erleuchtung und dem Erwachen, indem sie ihnen, wenn sie beim Meditieren eindösen, liebevoll eine mit dem Rohrstock überziehen.

Derartige Disziplin prägt auch Bushido (etwa »Weg des Kriegers«), den Verhaltenscodex der Samurai, der Krieger, die Ende des 12. Jahrhunderts in Japan die Macht übernehmen und das System des Feudalismus ausbauen. Bushido beinhaltet konfuzianische Elemente und solche des Zen-Buddhismus, am Ende zählen aber vor allem die kämpferische Effizienz und unbedingte Treue zum Lehnsherrn; Ideal und Wirklichkeit klaffen ähnlich auseinander wie bei mittelalterlichen Rittern in Europa. An der Spitze der Samurai, die aus Kriegerfamilien mit Landbesitz stammen, steht der Shogun, ursprünglich ein General oder eine Art Herzog des Tenno, nun Herrscher über das Land. Nach innen stellt die Machtverlagerung vom Kaiser auf die Samurai den größten Einschnitt in Japan seit der Einführung des chinesischen Verwaltungssystems und des Buddhismus im 6. Jahrhundert dar. Vergleichbar tiefgreifend ist dann erst wieder die Übernahme westlicher Strukturen im 19. Jahrhundert im Rahmen der Meiji-Reformen samt Nachbildung der preußischen Verfassung.

Nach außen kann Japan im 13. Jahrhundert anders als China und Korea die Mongolen abwehren. Eine entscheidende Schlacht gewinnen die Japaner mit Hilfe eines Sturmes, in dem die mongolischen Schiffe sinken. Japanische Mönche behaupten daraufhin, sie hätten den Sturm mit dem Lesen von Sutren, den Lehrtexten, erzeugt. Nach diesem Sturm, Kamikaze (»göttlicher Wind«), benennen sich im Übrigen die japanischen Selbstmordpiloten, die sich im Zweiten Weltkrieg mit ihren Flugzeugen auf amerikanische Schiffe stürzen.

KAPITEL FÜNF

Der Zusammenprall der Kulturen
Die Zeit der Völkerwanderung – Germanen,
Papsttum, Byzanz, Islam, Briten

Einigen Prognosen zufolge steht uns ein Jahrhundert der Flüchtlinge bevor: Bis Mitte des 21. Jahrhunderts könnten über 200 Millionen Menschen wegen des Klimawandels, der Versteppung weiter Landstriche, schmelzender Polkappen und Überflutungen von Küstenregionen und Inseln gezwungen sein, aus ihrer Heimat wegzuziehen. Im Fall von Inselstaaten wie den Malediven, Kiribati und Tuvalu könnten ganze Nationen auf Wanderschaft gehen.

Zwar emigrierten schon im 19. Jahrhundert insgesamt rund 80 bis 100 Millionen Menschen meist aus wirtschaftlichen Gründen aus China, Indien und Europa nach Amerika und in verschiedene Kolonien; sie trugen langfristig zum Kulturaustausch bei. Doch waren es in den letzten Jahrhunderten eben nicht ganze Völker, die das Weite suchten und so Kulturen, Länder, Landstriche und sich selbst nachhaltig veränderten. Das war wohl zuletzt in der Zeit der europäischen Völkerwanderung der Fall, der Übergangsphase zwischen Spätantike und Frühmittelalter. Es ist die Zeit von der Auflösung des Weströmischen Reiches bis zur Entstehung der mittelalterlichen christlich geprägten Gesellschaft.

Die Völkerwanderung beginnt 375 n. Chr. Gemäß der strengen Definition zieht sie sich 200 Jahre bis zur letzten großen Einwanderung der Langobarden nach Italien im Jahr 568 hin. Man kann sie aber auch erst im 8. Jahrhundert enden lassen, als Karl der Große etwas Ruhe und Ordnung in das Völker- und Staatengewirr Europas bringt.

Während der Völkerwanderung werden Kulturen und Traditionen durcheinandergewirbelt wie kaum je davor oder danach; es ist eine Phase des Chaos und der Konflikte. Zugleich formieren sich neue, langfristig prägende Kulturen und Gesellschaftssysteme, deren augenfällige Gemeinsamkeit darin besteht, dass man ihnen nur schwerlich ein festes Gebiet, geschweige denn ein Vaterland zuordnen kann. Zu nennen sind unter anderem: das Reich der Franken, die das Lehnswesen etablieren; der Kirchenstaat beziehungsweise das Papsttum, das sich vom geistigen Konstrukt zur weltlichen Macht wandelt; das Byzantinische Reich, in dem römische mit östlichen Traditionen verschmelzen; das Reich der Araber und die neue Weltreligion des Islam; die Briten, bei denen sich in besonders wilder Mischung keltische, römische, germanische und normannische Einflüsse verbinden. Doch zunächst überziehen die Hunnen halb Europa mit Tod und Feuer – und schaffen ein riesiges Reich, das von ähnlich kurzer Dauer ist wie die Reiche der Goten und Langobarden.

Asche vom Ätna: Hunnen, Goten und andere Barbaren

Hauptauslöser der germanischen Völkerwanderung ist die Invasion Europas durch die Hunnen, die nomadischen Reitervölker aus Zentralasien. Sie verdrängen germanische Völker wie die Goten, Alemannen, Franken, Vandalen und Langobarden von Norden nach Süden, meist in Richtung Italien. Mal treten die Völkerwanderer als Krieger auf, mal als Großfamilien, die mit Ochsenkarren oder zu Fuß, mit Hühnern und Ziegen im Schlepptau auf der Suche nach einem besseren Leben durch Europa ziehen. So verworren die Wege der verschiedenen germanischen Völkerscharen sind, so haben sie doch einiges gemeinsam: Sie sind ursprünglich meist Foederaten, Verbündete des Römischen Reiches, die für ihren Kriegsdienst und Steuern Land zugeteilt bekommen. Schließlich erheben sie sich allerdings gegen Rom. Am Ende gehen sie meist unter beziehungsweise in anderen Völkern auf.

Ähnlich wie die Germanen unterhalten die Hunnen unter ihrem Führer Attila (gest. 453), später »Geißel Gottes« genannt, zunächst erstaunlich gute Kontakte zu Westrom. So lebt der römische Heerführer Flavius Aetius als junger Mann sogar an Attilas Hof, wobei Hof einen hölzernen Pfahlbau umgeben von Zelten meint. Aetius ist eine Geisel, die gut behandelt wird, aber als Druckmittel der Hunnen dienen kann, auf dass Rom seine Verträge einhält; als eine Art Frühform des Diplomaten tragen Geiseln so auch zum Kulturaustausch bei. Später stellt Aetius Hunnen sogar als Hilfstruppen Roms an. Das Reich der Hunnen erstreckt sich mit Ungarn als Zentrum zeitweise bis nach Frankreich und Italien und ist flächenmäßig das größte Europas. Aber dem Vielvölkerreich mangelt es an Infrastruktur. Da hilft es auch nicht, dass Attila von Ostrom zur Friedenssicherung Tonnen von Gold als Tribut bekommt. Nachdem er 453 in seiner Hochzeitsnacht mit der Gotin Ildiko auf rätselhafte Weise stirbt, zerfällt sein Reich, die Hunnen werden von Rom und verbündeten Germanen aus Europa vertrieben.

Der Nachwelt in Erinnerung bleibt Attila auch dank des *Nibelungenliedes*. In dem Epos ist er der mächtige König Etzel, an dessen Hof am Ende wegen Meuchelmorden unter den Germanen – erstes Opfer ist Siegfried –, alles den Bach runtergeht. Im Rückblick spiegelt das *Nibelungenlied*, geschaffen um 1200, die historischen Wirren und Feindschaften unter Germanen in Zeiten der Völkerwanderung. Ähnlich dem Nibelungenschatz der Dichtung werden während der Völkerwanderung Gold, Geschirr und Schmuck aus Angst vor Räubern oft versteckt und vergraben. Bizarrerweise wird diese düstere Sage später zum deutschen Nationalepos. Im wilhelminischen Kaiserreich benützt Reichskanzler Fürst von Bülow 1909 das Schlagwort der Nibelungentreue für das Bündnis mit Österreich-Ungarn, das in den Ersten Weltkrieg führen wird. Auch die Nationalsozialisten schlachten das Epos für ihre Zwecke aus und propagieren Gefolgschaft und Kampf bis in den Tod.

Im 4. Jahrhundert übernehmen die Germanen anders als die Hunnen von den Römern das Christentum und Latein als Lingua franca, als Verkehrssprache. Dabei sorgt Latein als erste Fremdsprache schon damals für Kommunikationsprobleme. Im Rückblick wirken die Wanderungen der Völker umso verwirrender, als Namen, Kategorien beziehungsweise Herkunftsbezeichnungen – etwa die der Ost- und Westgoten – oft erst nachträglich etabliert wurden und noch Jahrhunderte später in der Forschung diskutiert werden. Am einfachsten ist noch der Weg der Vandalen zu verfolgen. Ihr Führer Geiserich wandert im Jahr 429 mit rund 80 000 Menschen geschlossen nach Nordafrika aus, das als Kornkammer des Weströmischen Reiches gilt. Dort gründet er mit Karthago als Residenz ein Vielvölkerreich, in dem fortan Vandalen, Römer und Nordafrikaner leben. Obzwar Herrscher und Gutsbesitzer, übernehmen die Vandalen nicht nur die Verwaltung, sondern auch die Lebensweise der Römer. Im 6. Jahrhundert werden sie vom byzantinischen Feldherrn Belisar geschlagen und in alle Winde zerstreut.

Das verrückte Durcheinander der Völkerwanderer beschreibt der Historiker Ammianus Marcellinus im 4. Jahrhundert mit einem eingängigen Bild: Demnach fallen die Barbaren überall wie Asche vom Ätna ein. Beispielhaft dafür ist das Schicksal der Goten. Sie wandern wohl aus dem Gebiet der Weichsel zum Schwarzen Meer hinunter und verteilen sich in ganz Europa. Nachdem Kaiser Valens rund 90 000 Westgoten mit ihren Planwagen auf der Flucht vor den Hunnen die Einreise ins Römische Reich erlaubt, müssen die Flüchtlinge dort Hunger leiden – vermutlich auch wegen unfähiger oder korrupter römischer Statthalter. Schließlich rebellieren die Westgoten, die zunächst Foederaten Roms gewesen waren, gegen die Zentralmacht.

Der Aufstand der Westgoten ist für die Römer eine böse Überraschung. Als man die Asylbewerber aufnahm, hatte man gedacht, sie würden sich locker in das Römische Reich eingliedern. Auf dem Gebiet Thrakiens im heutigen Bulgarien, das man ihnen zuwies, sollten sie als Puffer gegen andere Barbaren dienen. Nun töten die Ostgoten im Bündnis mit den Westgoten im Jahr 378 in der Schlacht von Adrianopel in der heutigen Türkei Tausende von Legionären und sogar den römischen Kaiser. Sie ziehen nach Italien. Nach dem Tod des letzten gesamtrömischen Kaisers Theodosius im Jahr 395 verbündet sich der Gotenkönig Alarich mit Rom. Dann presst er dem geschwächten, geteilten Reich Tribut ab – und plündert Rom im Jahr 410. Schließlich gründen die Westgoten das Tolosanische Reich mit der Hauptstadt Toulouse im heutigen Frankreich. Doch verlieren sie Gebiete an Franken, unterliegen 711 unter ihrem letzten König Roderich den Arabern und gehen in anderen Völkern auf.

Eine Voraussetzung dafür, dass die Goten zum Beispiel

mit christlichen Völkern verschmelzen können, ist eine intellektuelle Pionierleistung des gotischen Bischofs Wulfila (got. »kleiner Wolf«). Mitte des 4. Jahrhunderts übersetzt er die Bibel ins Gotische. Mit Blick auf diese Bibel kann man die Geburt einer Schrift aus der Mischung der Kulturen nachvollziehen. Denn um die Bibel übersetzen zu können, erfindet Wulfila in jahrelanger Arbeit ein gotisches Alphabet, indem er griechische und lateinische Buchstaben und germanische Runen kombiniert. Die Mischung aus lateinischen und deutschen Elementen lässt sich aus dem gotischen *Vaterunser* heraushören: »Atta unsar thu in himinam, weihnai namo thein« (»Vater unser im Himmel, geheiligt werde dein Name ...«).

Insgesamt erscheint die germanische Lebensweise als etwas unorganisiert und unstet. Das hat unter anderem mit ihren hölzernen Pfahlbauten zu tun, die nach etwa zwei Generationen zu faulen beginnen, so dass man umziehen muss. Dazu kommt die Anbaumethode der Brandrodung, die wenig nachhaltig ist. Auch ihre Herrschafts- und Glaubensformen sind im Vergleich zum Christentum und zu Rom dezentral, fördern keine größeren Einheiten.

Immerhin gründet der ostgotische König Theoderich 493 ein germanisches Königreich in Italien. Doch nach seinem Tod im Jahr 526 unterliegen die Ostgoten den byzantinischen Feldherren Belisar und Narses. Die Goten – meist zuerst ihre Elite – übernehmen wie andere Völkerwanderer Sitten, Religion, Schmuck und Trachten ihrer ursprünglichen Feinde und finden Geschmack an interkulturellen Ehen.

Eine prägende Einrichtung des Mittelalters:
das Lehnswesen der Franken

Der germanische Stamm, der sich am längsten hält und eine langfristige Kultur schafft, sind die Franken. Sie raufen sich unter Chlodwig I. (um 466 – 511) aus dem Clan der Merowinger zusammen und werden unter dem Karolinger Karl dem Großen (um 747 – 814) das römisch-deutsche Reich gründen. Mit Chlodwig, der in Paris residiert, beginnt die Expansion der Franken auf Gebieten des heutigen Frankreich, Teilen Deutschlands und Italiens. Er konvertiert zum Christentum und arrangiert sich mit der Kirche. Insgesamt übernehmen die Franken mit der Macht auch das Christentum als eine dem Zentralstaat förderliche Religion sowie die Schriftlichkeit und Verwaltungssysteme von Rom. Aus ihren eigenen Vorstellungen von Gefolgschaft und dem Glauben an die magische Kraft des Königs, aber auch dem römischen System des Klientelismus und christlichen Elementen entwickeln sie ab dem 7. Jahrhundert eine eigene Kultur, die das Abendland jahrhundertelang prägen wird: das Lehnswesen.

Das Lehnswesen beinhaltet, dass ein Lehnsherr dem Vasall Land, ein Grundstück, ein Lehen verleiht; vom lateinischen Wort *feudum* für Lehen kommt Feudalismus, die zweite Bezeichnung für das System. Der Vasall, ein einfacher Landwirt oder untergeordneter Fürst, muss dem Lehns- oder Feudalherrn für das Land und den Schutz, die er erhält, Abgaben, Kriegsdienst und unbedingte Treue leisten. In diesen unsicheren Zeiten dient das Lehnswesen mit der direkten Bindung zwischen Herrscher und Untertan der militärischen, ökonomischen und psychologischen Stärkung. Es trägt nicht zuletzt dazu bei, im Kampf gegen die Araber zu bestehen.

Mit Notlügen an die Macht: das Papsttum
und der Kirchenstaat

Ein weiterer zentraler Begriff neben dem des Lehnswesens ist im christlichen Frühmittelalter jener der Erbsünde. Mit der Erfindung der Erbsünde übt die Kirche seelischen und politischen Druck auf die Menschen aus. Das Konzept geht auf Paulus im 1. Jahrhundert n. Chr. und vor allem auf den Kirchenlehrer Augustinus (354 – 430) zurück. Augustinus lehrt zwar auch einen christlichen Platonismus (Neuplatonismus), wonach der Mensch etwa über ein Verständnis mathematischer Prinzipien an göttlichen Ideen und dem übersinnlich Schönen teilhaben kann. Wie Paulus eröffnet er dem Menschen die Innenwelt als Fluchtmöglichkeit vor äußeren Unbilden und damit neue Perspektiven und Trostmöglichkeiten. Doch mit der Erbsünde kommen verstärkt üble Seiten wie die Frauen- und Körperfeindlichkeit dazu, das drohende Weltgericht und ein apokalyptisches Geschichtsverständnis.

Was die kirchliche Realpolitik betrifft, setzt Papst Gregor der Große (um 540 – 604) im alten Rom im 6. Jahrhundert geistliche Ansprüche gegen jene des oströmischen Patriarchen im fernen Konstantinopel durch. Er erkennt die Bedeutung der Germanen für die Macht der Kirche. Umgekehrt lässt sich der Karolinger Pippin der Jüngere, als er 751 den letzten Merowingerkönig stürzt, mit Zustimmung des Papstes zum König salben. Das Christentum entspricht mit seiner universalen Ausrichtung dem Machtanspruch fränkischer Herrscher über kleinere traditionelle Clanstrukturen hinweg.

Den Päpsten gelingt mit Hilfe der Franken ein historischer Coup. Genau genommen ist es ein Doppelschlag. Er besteht aus zwei Schenkungen: Zum einen schenkt Pippin dem Papsttum 756 zum Dank für dessen profränkische Haltung das Gebiet der heutigen Emilia-Romagna, das er den Langobarden entreißt. Damit schafft er die Grundlage für den Kirchenstaat. Neben dieser sogenannten Pippinischen Schenkung gibt es noch die Konstantinische Schenkung: In einem Brief, den das Papsttum aus dem Ärmel zaubert, steht, Kaiser Konstantin habe den Päpsten die Herrschaft über den Westen zugesagt. Der Brief wird später als Fälschung entlarvt.

Tricks dieser Art, mit denen die Kirche ihre Ansprüche untermauert, hatten vor ihr bereits heidnische Wahrsager, aber auch die Buddhisten Asiens angewendet. Auch diese behaupteten, ihre Rituale oder Gebete würden segensreichen Regen verursachen – oder Stürme, in denen feindliche Flotten untergehen. Und im Mittelalter gibt es schließlich auch Himmelsbriefe, in denen diverse Rechte mit der Unterschrift von Päpsten eingefordert werden, die teils schon verstorben sind. So ist die Konstantinische Fälschung zwar ein besonders starkes Stück. Doch sind in jenen Zeiten zahlreiche Herrschaftsbegründungen manipuliert. Was heute als Fälschung erscheint, ist damals maximal eine Notlüge.

Das neue, christliche Rom im Osten: Konstantinopel alias Byzanz

Während sich die Päpste in Westrom auf Konstantin berufen, blüht das sogenannte zweite Rom auf, das Konstantin mit der Verlagerung des Schwerpunkts des Römischen Reiches nach Osten im Jahr 330 gegründet hatte: das Oströmische Reich mit der Hauptstadt Konstantinopel, ehemals Byzanz. Zwar wurde der Begriff Cäsaropapismus (»Caesar«

und »Papst«) erst später etabliert und seither relativiert. Doch klingt darin zutreffenderweise an, wie sich die Kaiser, vor allem Justinian (um 482 – 565), direkt in kirchliche Angelegenheiten einmischen, obwohl es als Oberhaupt der Kirche eine Art Ost-Papst, den Patriarchen von Konstantinopel, gibt. Im Vergleich zu Westrom kommt Ostrom relativ ungeschoren durch die Zeiten der Völkerwanderung. Es besteht über 1000 Jahre, bis 1453.

Mit der Abkoppelung Ostroms von Westrom im 4. Jahrhundert geht eine kulturelle Blüte einher, etwa mit neuartigen Bauformen. Bei der Hagia Sophia, der Kirche der Weisheit in Konstantinopel, fließen Elemente der weströmischen Basilika in einen Kuppelbau ein, der mit seiner schwebenden Anmutung und pracht-

Wie kein anderes Bauwerk symbolisiert die spätantike Hagia Sophia im heutigen Istanbul verschiedene kulturelle Einflüsse. Im 4. Jahrhundert n. Chr. als christliche Kuppelbasilika erbaut, wird sie nach der Eroberung Konstantinopels durch Muslime im Jahr 1453 zur Moschee gemacht und um vier Minarette ergänzt. Nach Gründung der Republik Türkei 1923 wandelt man sie in ein Museum um.

voller Marmor- und Mosaikdekoration im Inneren neue Dimensionen eröffnet: »Salomo, ich habe dich übertroffen!«, soll Kaiser Justinian beim Anblick der (wieder aufgebauten) Hagia Sophia ausgerufen haben. Damit spielt er auf König Salomos prächtigen Jerusalemer Tempel an, der über 1000 Jahre zuvor erbaut worden war.

Nicht nur das alte Jerusalem, auch das Imperium Romanum scheint Justinian zunächst wieder auferstehen zu lassen. In der ersten Hälfte des 6. Jahrhunderts weitet er den Machtbereich Ostroms durch die Zerstörung des Vandalenreiches bis nach Nordafrika aus. Zugute kommt ihm, dass sich germanische Stämme untereinander bekämpfen. Allerdings dringen die Langobarden (»Langbärte«) im Jahr 568 nach Italien vor und zerstören langfristig die römisch geprägte Einheit Italiens. Bald hält Ostrom in Italien nur noch Exklaven wie Ravenna, wo man noch heute byzantinische Mosaike von Kaiser Justinian und seiner Frau Theodora bewundern kann.

Das Leben Theodoras scheint schon deshalb glamourös, weil Justinian sie von einer Tänzerin und Schauspielerin – die als Prostituierte galten – zur »Augusta« erhebt (»Erhabenen«). Sie ist aber nicht einfach nur Justinians *Pretty Woman*. Ihrem Einfluss sollen sich kaiserliche Gesetze gegen Prostitution und Mädchenhandel verdanken. Mit dem *Corpus Iuris Civilis*, einer Sammlung juristischer Texte, legt Justinian die Grundlage für die Übernahme von Elementen des römischen Rechtes in ganz Europa vom Mittelalter bis in die Neuzeit. Als »Gemeines Recht« gilt es in Deutschland teils sogar noch bis zum Inkrafttreten des *Bürgerlichen Gesetzbuches* (BGB) am 1. Januar 1900.

Die Machtverschiebung von West- nach Ostrom basiert auch auf Wirtschaftsentwicklungen, auf Steuereinnahmen, die im Handelszentrum Ostrom um ein Vielfaches höher sind als in Westrom. Zudem bringen Industriespione aus China die Kenntnis der Seidenproduktion mit, die Mitte des 6. Jahrhunderts in Byzanz zum Staatsmonopol wird. Der Handel läuft oft über die Partnerstadt Venedig. Die Lagunenstadt ist zunächst abhängig von Byzanz, wird Anfang des 9. Jahrhunderts langsam zur eigenständigen Macht, wächst in ihrer Blütezeit im 14. und 15. Jahrhundert zur Großmacht und Konkurrenz heran, bis sie im 18. Jahrhundert zur Lokalgröße herabsinkt und sich von da an mit ihrem Status als Mekka für Kunst-, Karnevals- und Hochzeitsreisende zufriedengeben muss.

Zusammen mit Venedig ist Byzanz, mit rund einer Million Einwohnern zeitweilig die größte und reichste Stadt des Christentums, über die Jahrhunderte Vermittler griechischer und orientalischer Kultur nach Westen. Offen bleiben muss aufgrund der spärlichen Quellen, in wie weit die östliche Lage und somit der Einfluss des Islam ein Faktor im Streit zwischen Bilderverehrern und Bilderfeinden (Ikonoklasten) ist, der Byzanz im 8. und 9. Jahrhundert innerlich belastet. Ein konkretes Problem, das aus dem Osten kommt, sind jedenfalls Angriffe durch Araber und Bulgaren. Erst Anfang des 11. Jahrhunderts kann der byzantinische Kaiser Basileios II. das Heer des bulgarischen Zaren Samuil vernichtend schlagen. Anerkennend »Bulgarentöter« genannt, lässt er zu all dem Gemetzel auch noch 14000 gefangene Bulgaren blenden und so in die Heimat zurückschicken. Trotz zahlreicher Kriege und Rückschläge wird Byzanz erst 1453 vom osmanischen Sultan Mehmet II. eingenommen.

Vom Beduinenzelt zum Märchenpalast:
das Reich der Araber und der Islam

Lange bevor die muslimischen Osmanen Byzanz im 15. Jahrhundert erobern, dringen Araber und Mauren über Europa und Afrika bis nach Spanien vor. Dort gründen sie unter anderem das Kalifat Cordoba. Im 9. und 10. Jahrhundert wird es zur größten Stadt Europas nach Konstantinopel, mit zahlreichen öffentlichen Bädern, Schulen und einer riesigen Bibliothek. Was aber bringt die Araber auf die Idee, Eroberungszüge in solch ferne Länder zu unternehmen? Zunächst leben sie lose organisiert in Beduinenstämmen mit eher ungenauen magisch-religiösen Vorstellungen in der Wüste des heutigen Saudi-Arabien. Um zu einer zentralen Macht in Nordafrika, Asien und schließlich auch Europa zu werden, müssen sie geeinigt werden und brauchen eine ordentliche Ideologie mit einem ähnlich offensiv-universellen Anspruch wie das Christentum. Das schafft Mohammed (Muhammad, um 570 – 632) aus Mekka. Sein Aufstieg ist ein später, aber steiler. Er stammt aus dem verarmten Zweig einer einflussreichen Familie, wächst als Waise bei einem Onkel auf. Nachdem er die 15 Jahre ältere wohlhabende Witwe Khadidscha heiratet, arbeitet der zukünftige Religionsgründer zunächst in ihrem Handelsunternehmen.

So hat Mohammed schon einiges an Lebenserfahrung, als sich ihm im Alter von 40 Jahren in einer Begegnung mit dem Erzengel Gabriel Gott selbst offenbart. Aus heutiger Sicht erstaunt es, wie eng die islamische Kultur mit der jüdischen und christlichen Kultur verwandt ist. Als Stammvater der Araber ist Ismael ein Bruder von Isaak und Sohn von Abraham, dem Stammvater der Juden. Wie Jesus, Buddha, Laotse und Sokrates, auf die ganze Religionen oder Weltbilder zurückgehen, liefert auch Mohammed nicht direkt eine schriftliche Lehre ab. Seine Worte werden von anderen aufgeschrieben und später in den 114 Suren des Korans (arab. »Rezitation, Vortrag«) festgehalten.

Wie Jesus, der laut dem *Koran* ein Prophet ist und – wie Adam – von Allah aus Staub erschaffen wurde (Suren 3, 59; 3, 55), muss Mohammed gegen Widerstände kämpfen. Anders als Jesus kann und will er keine Wunder wirken, um die Leute zu überzeugen. Er ist weder gottähnlich noch gottgleich im christlichen Sinn, sondern ein Gefäß für Allah. Und anders als Jesus, der sich kreuzigen lässt und damit die Tradition des Ruhmes durch Märtyrertum begründet, wandert Mohammed im Jahr 622, als ihn politisch-religiöse Gegner bedrohen, nach Medina aus, wo er konkrete Pläne hat. Mit dieser Auswanderung (Hedschra) beginnt die islamische Zeitrechnung. In Medina gründet er einen Staat, der auf den fünf »Säulen« des Islam steht: Glaubensbekenntnis, Gebet, Fasten, Pilgerfahrt nach Mekka und Almosengeben beziehungsweise Zahlung einer Steuer, um Allah ein »Darlehen« zu geben (Suren 73,20; 2,277).

Die Motivation, für den Islam zu kämpfen, basiert auch auf der muslimischen Paradiesvorstellung. Sie ist im Koran konkreter als in der Bibel – etwa mit dem Hinweis auf »Gärten mit Quellen« (Sure 44,52), wunderbar bequemen Seiden- und Brokatgewändern (Sure 44, 53) und Huris (Jungfrauen, reine Wesen), die man als Partnerin bekommt (Sure 44, 54). Bis heute wird darüber gestritten, ob die kriegerischen Stellen im Koran plastischer formuliert sind als jene in der Bibel und deshalb eine metaphorische Lektüre erschweren, ein rein bildhaftes Verständnis, das keine realen Gewalttaten nach sich zieht. Der Streit ist alt, einer seiner frühen Protagonisten ist der spanisch-arabische Gelehrte Averroes (Ibn

Ruschd). Er diskutiert im 12. Jahrhundert die mehr oder weniger bildhaften Ebenen des Verständnisses des Korans – und wird dafür angegriffen.

Jedenfalls ist der mehrmals verheiratete Mohammed im Vergleich zu Jesus eine historisch fassbare Person. Anders als Jesus ist er kein unbedingt pazifistischer, berufsloser, die Welt verleugnender, enthaltsamer, im tragischen Scheitern Erhöhter, sondern ein Händler, Herrscher und Heerführer. Bis zu seinem Tod im Jahr 632 gebietet Mohammed über weite Teile Arabiens. Der zweite Kalif (arab. »Nachfolger«) Omar I. begründet das Weltreich der Araber, indem er Jerusalem erobert, wo der Felsendom als eines der islamischen Hauptheiligtümer erbaut wird; dazu kommen Mesopotamien, Teile Persiens und Ägypten.

Die Dynastie der Omajjaden verbreitet den Islam bis nach Europa, im 9. Jahrhundert beherrschen Muslime das heutige Spanien. Das östliche Gegenstück zum spanischen Cordoba ist Bagdad, das unter den Abbasiden zur Hauptstadt wird und rund 500 Jahre das Zentrum des islamischen Orients bildet. Gegründet im 8. Jahrhundert vom Kalifen Mansur, erblüht es unter dem – in *Tausendundeiner Nacht* verewigten – Kalifen Harun ar-Raschid. Hier leben Syrer, islamisierte Perser und Juden zusammen. Bis ins 19. Jahrhundert findet ein reger Kulturaustausch mit dem Westen statt.

Eines der schönsten Zeugnisse der muslimischen Kultur in Europa ist die Alhambra, der im 14. Jahrhundert erbaute Palast der spanisch-arabischen Dynastie der Nasriden in Granada mit zahlreichen Pavillons, Säulenhallen, Höfen, Fayencemosaiken. Allerdings beginnt schon im 8. Jahrhundert die sogenannte Reconquista, die Rückeroberung Spaniens durch Christen vom Norden her. Sie wird 1492 abgeschlossen sein. Den ersten größeren Sieg im Rahmen der

Reconquista fährt der Hausmeier (*maior domus*, Staatsverwalter) des Frankenreiches Karl Martell bereits im Jahr 732 ein. Man nennt ihn den »Hammer«, und tatsächlich schlägt er auf dem Gebiet des heutigen Frankreich ein muslimisches Heer. Der Kampf gegen die Muslime ist deshalb von historischer Tragweite, weil damit die längerfristige arabische Prägung Europas verhindert wird.

Very British: der keltisch-christlich-normannisch-französische Angelsachse

Insgesamt prallen zwischen dem 4. und dem 8. Jahrhundert n. Chr. in Europa ungewöhnlich viele Kulturen aufeinander. Das spiegelt sich auch in der Entwicklung von Sprachen. Während sich ein einfaches Latein als Verkehrssprache ausbreitet, wird im »neuen Rom« Konstantinopel alias Byzanz Griechisch wieder zur Amtssprache. Andere Sprachen wie das Phönizische beziehungsweise Punische gehen verloren oder werden stark reduziert wie das Keltische oder verschmelzen mit anderen Sprachen.

Das ist grundsätzlich ganz normal. Auch von den rund 5000 bis 6800 Sprachen (samt Dialekten), die zu Beginn des 21. Jahrhunderts noch existieren, könnten Schätzungen zufolge bis zum Jahr 2100 rund 50 Prozent oder mehr ausgelöscht sein. Doch stoßen die Sprachen und Kulturen in Zeiten der Völkerwanderung verglichen mit heute – auch mangels Wörterbüchern – mit größerer Wucht zusammen. Man kann sich das Chaos gar nicht mehr vorstellen, das geherrscht haben mag, wenn Gotisch sprechende Germanen Lateinisch sprechende Römer oder Arabisch sprechende Mauren in Spanien nach dem Weg fragen, sich aufgrund von

Missverständnissen verlaufen, gegenseitig erschlagen oder ineinander verlieben. Eine kleine Abweichung vom generellen Nord-Süd-Trend der Germanen – der dem heutigen Flüchtlingsstrom von Süden nach Norden entgegengesetzt verläuft – stellt der Weg der Sachsen, Angeln und Jüten aus Jütland und dem heutigen Schleswig-Holstein dar. Sie ziehen im 5. Jahrhundert in Richtung Westen nach England (benannt nach den Angeln). Gemeinsam haben sie mit den anderen Germanen, dass sie dabei unter anderem auf Römer treffen. Sie haben die Insel 43 n. Chr. unter Kaiser Claudius erobert und zur römischen Provinz *Britannia* gemacht. Mit Blick auf Britannien kann man die Vermischung der Völker Europas samt ihren Sprachen besonders gut nachvollziehen, weil es als Insel einen überschaubaren Rahmen beziehungsweise Schmelztiegel liefert.

Unter der Besatzung der Römer, die sich im 5. Jahrhundert zurückziehen, können die keltischen Ureinwohner der Insel ihre Kultur bewahren. Ihr sagenhafter König Artus soll – der späteren, mittelalterlichen Legende zufolge – mit seinen Rittern der Tafelrunde um das Jahr 500 die einfallenden Sachsen besiegt haben. Doch langfristig sind das Eindringen von Germanen auf die Insel und ihre entsprechende Prägung nicht zu verhindern. Die germanischen Eroberer gründen Königreiche wie Sussex, Essex und Kent, die heutigen Grafschaften. Dabei schließen sie mitunter Kooperationsverträge mit keltischen Briten.

Ab Ende des 8. Jahrhunderts überfallen allerdings die Wikinger aus Skandinavien regelmäßig zur Sommerzeit die britischen Inseln. Die altnorwegische Selbstbezeichnung *vikíngr* bedeutet zugleich so viel wie »Gefolgschaft« und »Pirat«; grundsätzlich kann man sie unter dem Sammelbegriff Normannen fassen, der ein heterogenes Gemisch nördlicher, insgesamt germanisch geprägter Völker meint. Die Wikingerschiffe sind doppelt so schnell wie die »Santa Maria« von Kolumbus. Tatsächlich gelangen die Wikinger um 1000 n. Chr. lange vor Kolumbus nach Amerika, und zwar ohne Kompass, nur mittels einer Orientierung am Himmel, an der Farbe des Wassers, an Fischzügen, Vogelflügen. Die östlich orientierten Wikinger treiben Handel mit Griechen und Arabern, bieten Pelze, Robbentran, Sklaven aus slawischen und finnischen Gebieten und erhalten Honig, Gewürze, Seide und Geld.

Besonders kurios ist die Entwicklung der westlich orientierten, vor allem dänischen Wikinger beziehungsweise Normannen, die am Ende in England landen. Insgesamt plündern die skandinavischen Wikinger im heutigen England, Frankreich und Deutschland, in Städten wie Köln und Paris und an der Mittelmeerküste. Um sie von weiteren Angriffen auf Paris abzuhalten, bietet der westfränkische König Karl der Einfältige (damals im Sinn von »der Geradlinige« zu verstehen) ihrem Anführer Rollo einen Deal an: Für das Versprechen, Paris zu verschonen, erhalten die Normannen zu Beginn des 10. Jahrhunderts die heutige Normandie als Lehen. So dreht Karl den Spieß um. Die Normannen werden französische beziehungsweise westfränkische Vasallen. Als solche erobern sie schließlich 1066 unter der Führung von Wilhelm dem Eroberer in der Schlacht von Hastings England und etablieren damit auf einen Schlag eine weitere Kultur auf der Insel.

Schon das Bild, das sich die Zeitgenossen von den Normannen machen, ist vielfältig. Mal bezeichnet man sie als schmutzig, dann wieder als gut gepflegt, weil sie viele Kämme haben und sich immerhin wöchentlich waschen. Ähnlich bunt gemischt wie das Image sind die kulturellen Einflüsse, die sie prägen. Sie reichen von germanischen Elementen wie dem Thing, der Versammlung freier Männer mit Stimmrecht, bis zur christlich-römisch geprägten monarchischen Kultur der Franken. Nachdem Wilhelm der Eroberer im 11. Jahrhundert England erobert, dominiert dort zunächst der französische Einfluss. Langfristig ist es eine angelsächsische Mischung. Sprachlich schlägt sich die Mischung von Kulturen auf der Insel auch darin nieder, dass der Adel im Mittelalter eher Französisch spricht, die Kirche Latein, das Volk Englisch. Bis heute sind im Englischen die verschiedenen sprachlichen Einflüsse des Germanischen und Französischen beziehungsweise Lateinischen besonders gut nachvollziehbar – und die gesellschaftlichen Schichten stärker als anderswo an ihren Akzenten herauszuhören.

Passend dazu versucht in Zeiten des Nationalismus im 19. Jahrhundert der Erfolgsautor Walter Scott beim Blick auf das englische Kulturgewirr im Mittelalter, das sich aus der Völkerwanderung ergibt, die nationale Einheit in der Vielheit zu betonen. In seinem historischen Roman *Ivanhoe* (1819), einem der ersten und bekanntesten der Gattung, sind die Angelsachsen etwas derb, aber aufrecht und gutherzig; demgegenüber erscheinen die Normannen nett gesagt als maniertert. Zugleich erkennt Scott ihre Kultiviertheit als nutzbringend an. Was er spontan vom französischen Einfluss hält, macht er allerdings – mit typisch britischem Humor – schon durch den Namen klar, den er dem großen Helden der Normannen gibt: Front de Boeuf. Ritter Rindskopf.

KAPITEL SECHS

Heiliger Slapstick
Das europäische Mittelalter: der Kampf zwischen
weltlicher und geistlicher Macht

Es muss gar nicht Monty Python's *Die Ritter der Kokosnuss*
(1975) sein, auch eigentlich ernst gemeinte Filme, die im Mittelalter spielen, haben oft etwas Komisches an sich. Da verkündet etwa ein edler Ritter in poetischen Formulierungen
hehre Ziele, seine Opferbereitschaft im gottgewollten Kampf
gegen das Böse – und kommt mit seiner schweren Rüstung
nicht allein aufs Pferd. In *Die Ritter der Tafelrunde* (1953)
kontrastieren die wohltönenden Dialoge der Helden mit
dem blechernen Scheppern der Fechtszenen; in *Excalibur*
(1981) legt der Ritter die Rüstung nicht einmal beim One-
Night-Stand ab. Derartige Szenen sind natürlich Klischees.
Doch sind schwerfällige Ritter im Mittelalter tatsächlich normal – so normal wie kampfeswütige Geistliche. Einer der
wichtigsten mittelalterlichen Historiker, Lampert von Hersfeld, beschreibt 1063 in seiner Chronik einen Vorfall in einer
Kirche. Da habe der Bischof von Hildesheim, als eine Keile-
rei im Gotteshaus losbrach, »einen erhöhten Standpunkt
gewonnen und feuert seine Leute wie durch ein militärisches
Trompetensignal zu tapferem Kampfe an«.

Imitiert der Bischof mit den Händen eine Trompete
oder schreit er einfach nur gellend laut? Beides wäre lustig.
Warum aber wirkt das Mittelalter im Rückblick komischer
als andere Epochen, die Renaissance beispielsweise oder die
Antike? Eine Besonderheit des Mittelalters ist, wie hier Er-
habenes und Banales, Ideal und Wirklichkeit aufeinander-

prallen: Das entspricht der Grundstruktur des Witzes. Im Mittelalter wird das Streben nach dem Göttlichen, Idealen, Transzendenten so stark kultiviert, dass die Kluft zum Alltag mit Aberglaube, mangelhafter Bildung, Rüstungstechnik und Hygiene besonders bizarr ist und mitunter zum Lachen.

Da viele Kontraste, die im Rückblick witzig wirken, damals natürlich bitterer Ernst sind, lassen sie heute an den Slapstick denken: Der »Körperwitz«, bei dem zum Beispiel ein würdiger Herr auf einer Bananenschale ausrutscht, ist für den Betroffenen auch nicht lustig. Womöglich wurde diese Art von Witz sogar im Mittelalter erfunden. *Slapstick* heißt »Narrenpritsche« – ein Schlaggerät, mit dem ein Narr Lärm macht. Der Narr ist im Mittelalter insofern eine wichtige Figur, als er mit seinem Slapstick die Gegensätze von Freud und Leid vorübergehend im Lachen auflöst, (als Hofnarr) zwischen König und Volk vermittelt – zwischen sozialen Gegensätzen, wie man heute sagen würde. So wie auf der Bananenschale jeder unabhängig von Herkunft und Sozialstatus ausgleiten kann, treffen die Späße der Narren auch die höchsten Würdenträger.

Ein anderes Mittel, Gegensätze zu überspielen, besteht darin, nicht so genau zwischen Realität und Fantasie zu unterscheiden. In mittelalterlichen Stücken, Balladen und Epen unterhalten sich Engel, Teufel, Legendenhelden und in Menschengestalt personifizierte Allegorien ganz natürlich mit »echten« Menschen. Für viele dient der Glaube an Fantasiegestalten und Traumwelten, an ein Seelenleben, wie es im Mittelalter betont wird, als Fluchtmöglichkeit vor äußeren Unbilden. Ob Slapstick oder Fantasy – das symbolische Überspielen von Gegensätzen ist im Mittelalter deshalb so wichtig, weil die Gesellschaft grundsätzlich streng in die drei Stände Adel, Geistlichkeit und Bauernschaft aufgeteilt ist.

Prinzipiell wird man in einen Stand hineingeboren und bekommt so ohne eigenes Zutun seinen Beruf, Sozialstatus und Lebensstil verpasst. Die zugeteilten Positionen können viele weder mit ihrer Persönlichkeit noch Begabung ausfüllen (wie wir heute sagen würden): Adelige können nicht schreiben; Priester lieben die Gewalt; Bauern wollen nicht nur gemäß der biblischen Losung im Schweiße ihres Angesichts schuften (Gen. 3,19).

Die Ausprägung der Ständegesellschaft gilt für das Frühmittelalter, das je nach Definition um 500 oder 800 n. Chr. beginnt, und für das Hochmittelalter von etwa Mitte des 11. bis ins 13. Jahrhundert. Erst gegen Ende des Spätmittelalters um 1500 ändert sich die Situation. Bis dahin sind das Alltagsleben und die Politik dominiert durch den mitunter makabren Konflikt zwischen Ideal und Wirklichkeit, Transzendenz und Diesseitigkeit, Ritterdichtung und Ritterrüstung.

Fußkuss statt Fußwaschung – die Hassliebe zwischen Kaisern und Päpsten

Politisch schlägt sich der Widerspruch zwischen Geistlichem und Materiellem in der Kooperation und Konkurrenz von Papsttum und Kaisertum nieder. Der Karolinger Karl der Große bekommt am 25. Dezember 800 in Rom die Kaiserkrone von Papst Leo III. aufgesetzt, womit die Grundlagen für das römisch-deutsche Kaisertum geschaffen sind. Es wird zwar mehr als 1000 Jahre bestehen bleiben, muss sich aber stets mit einigen handfesten Problemen herumschlagen. Die Größe des Gebietes entspricht zeitweise der heutigen EU, und das Völkergemisch erschwert die Bildung eines kompakten Staates. Außerdem ist der andere Kaiser, der byzantinische, der über das Oströmische Reich herrscht, über die westliche Konkurrenz verärgert; das führt zum sogenannten Zwei-Kaiser-Problem. Vor allem aber hat das Heilige Römische Reich deutscher Nation, wie man es später nennt, jahrhundertelang die Kirche mit ihren Forderungen am Hals.

So wird das römisch-deutsche Reich auch länger uneinig sein als zum Beispiel England, das in jeder Hinsicht weiter von Rom weg ist. Mit der Magna Carta von 1215 – später zum ersten Grundgesetz stilisiert – einigen sich dort König Johann Ohneland und die Barone auf eine Einschränkung der monarchischen Willkür unter anderem in Sachen Besteuerung. Nach der Einrichtung des Model Parliament (1295) bekommen im 14. Jahrhundert Vertreter des städtischen Bürgertums durch das Unterhaus mehr Mitspracherecht, was dem Gemeinschaftsgefühl zuträglich ist. Im Vergleich dazu trägt Karl der Große immerhin zur *kulturellen* Einigung des Westens bei. Er erobert nicht nur Gebiete der heidnischen Sachsen, der Langobarden und Mauren, den muslimischen Besatzern der Iberischen Halbinsel. Mit Hilfe von Klöstern schafft er auch die Grundlagen für den heutigen Garten- und Weinbau – weshalb man ihn später »Vater Europas« nennt. Als Mann des Schwertes kann Karl nur leidlich schreiben, lernt Latein – und fördert die Alphabetisierung. Er leitet eine Bildungsreform ein. Das lateinisch-deutsche Wörterbuch *Abrogans* aus der zweiten Hälfte des 8. Jahrhunderts gilt als das älteste Buch auf Deutsch.

Aus machtpolitischen Gründen toleriert die Kirche bei Karl das, was man als Friedelehen bezeichnet hat: Mehrere gleichzeitig geführte Ehen, die aus heutiger Sicht eher institutionalisierte Verhältnisse mit Geliebten beziehungsweise Konkubinen sind. Karls Sohn Ludwig der Fromme räumt mit einigen Missständen auf, wird aber in Machtkämpfe mit potentiellen Nachfolgern aus der eigenen Verwandtschaft hineingezogen. Im 9. Jahrhundert wird das Reich unter seinen Söhnen aufgeteilt, was unter anderem zur Gründung Westfrankens unter Karl dem Kahlen führt. Daraus entwickelt sich nach Kämpfen zwischen Burgund, Aquitanien, der Normandie und Flandern das Königreich Frankreich als dritte große westeuropäische Macht neben England und dem römisch-deutschen Reich. Der Weg führt über Ludwig VI. im 12. Jahrhundert mit seinem Berater Abt Suger zu Ludwig IX., dem Heiligen, der im 13. Jahrhundert ein oberstes Gericht und eine Zentralverwaltung in Paris schafft. Zwar trägt der Hundertjährige Krieg zwischen Frankreich und England, den König Eduard III. im Jahr 1339 mit Verweis auf dynastische Ansprüche in Frankreich beginnt (Eduard ist ein Enkel von Philipp IV., dem Schönen), zur Entwicklung eines neuartigen Nationalgefühls bei. Doch allgemein ist der Begriff für das Mittelalter mit seinen Reichen, die eher an Herrscher beziehungsweise Dynastien gebunden sind als an Gebiete, mit Vorbehalt zu verwenden.

Den nächsten großen Schritt in Sachen Heiliges Römisches Reich deutscher Nation nach Karl dem Großen macht der deutsche König Otto I., der Große (912 – 973). Seine Krönung zum langobardischen König und 962 zum Kaiser in Rom bringt die jahrhundertelange Anbindung Norditaliens an das deutsche Reich und die offizielle Koppelung von deutschem Königtum und weströmischer Kaiserwürde – das Ganze allerdings mit immer wieder wechselnden Gebieten. Otto I. sichert die Ostgrenze gegen die Slawen, schlägt die Ungarn und erwirkt die Anerkennung seines Kaisertums durch Byzanz, indem er seinen Sohn Otto II. mit der byzantinischen Prinzessin Theophanu verheiratet. Doch schon sein Enkel Otto III. kann die Idee des »neuen Augustus«, der nach dem alten Vorbild römischer Kaiser verschiedene Gebiete und Völker in sein Imperium eingliedert, nicht mehr umsetzen. Immerhin wird das Reich rund ein Jahrhundert lang von der Unterstützung durch die Kirche profitieren, nachdem Otto I. das Papsttum militärisch geschützt, Bischöfe mit Land und Vasallen ausgestattet und so das geistliche Fürstentum geschaffen hat.

Wie eng weltliche und religiöse Macht verquickt sind, kann man sich auch mit Blick auf den Geistlichen vergegenwärtigen, der als erste offiziell heiliggesprochene historische Person gilt: So setzt sich Bischof Ulrich von Augsburg, ein Freund von Otto I., nicht nur im Machtkampf gegen weltliche Fürsten durch. Er bewährt sich auch als Kriegsherr, indem er seine Stadt 955 gegen die Ungarn verteidigt. Wie so oft spiegelt sich die Realität auf komische Weise in fiktiven Erzählungen wider: Einer der beliebtesten Heiligen der Zeit, der heilige Christophorus, den Jacobus de Voragine in seiner populären Sammlung von Heiligenlegenden *Legenda Aurea* im 13. Jahrhundert beschreibt, ist ein Kämpfer, ein sich prügelnder Rabauke. Erst als Christophorus (griech. »Christusträger«) Christus begegnet und ihn über den Fluss trägt, wird er bekehrt. Allein übersteht er den Angriff von 400 Soldaten, weil ihre Pfeile gemäß dem Willen Gottes »in der Luft stehen bleiben«.

Im echten Leben geht es auch heiliggesprochenen Geistlichen um Gebiete und Pfründe, Kirchenämter samt Land, Vasallen oder Leibeigenen. Diese Ämter sind eine großartige Einnahmequelle für Bischöfe und Äbte. Gegen die Simonie, den Handel mit lukrativen Kirchenämtern, werden sich zunächst die Mönche der Cluniazensischen Reformbewegung aus Cluny in Burgund wenden. Sie wollen eine Rückbesinnung auf die strengen Regeln des heiligen Benedikt von

Nursia, Begründer des westlichen Mönchstums im 6. Jahrhundert.

In der Politik kämpft man allerdings mit harten Bandagen. Im sogenannten Investiturstreit im 11. Jahrhundert geht es um die Frage, ob nun der Papst oder der König Bischöfe einsetzen darf. Der Streit eskaliert schließlich, als Papst Gregor VII. König Heinrich IV. mit einem Bann belegt. Daraufhin macht sich Heinrich auf zum sprichwörtlich gewordenen schweren Gang nach Canossa: Vor den Toren der Burg, in der der Papst weilt, wartet Heinrich 1077 angeblich tagelang barfuß im Schnee, um den Papst, als er sich endlich zeigt, – erfolgreich – um Vergebung zu bitten. Das ist natürlich ein politischer Schachzug des Königs, und derartige Beschreibungen sind nicht für bare Münze zu nehmen, sondern können als typisch mittelalterliche Mischung aus Realität und Fiktion literarische Übertreibungen sein.

Ähnliches gilt für Gregors Kommentar in seinem *Dictatus Papae* (1075), dass die Fürsten »des Papstes Füße küssen« müssten. So stellt Gregor die geistliche Macht über die weltliche. Eine zugleich herausragende und ambivalente Rolle spielt Gregor VII. für die Entwicklung des Papsttums insofern, als er es weiter von der ursprünglichen Lehre Christi abkoppelt. Zwar bekämpft er die Simonie, die Verweltlichung der Kirche durch Ämterhandel, und folgt dabei scheinbar seinem offiziellen Vorbild Jesus Christus (»Mein Königtum ist nicht von dieser Welt«, Joh. 18,36). Doch plant Gregor Kriege und mit seiner Forderung nach dem Fußkuss verkehrt er die Geste der demütigen Fürsorge und Vergebung, die Jesus macht, indem er seinen Jüngern die Füße wäscht (Joh. 13,1-20), in ihr Gegenteil. Gregor schafft einige Voraussetzungen für die oft skrupellose Interessen- und Klientelpolitik, wie sie das Papsttum bis heute prägt.

Mit dem Wormser Konkordat von 1122 wird ein Kompromiss zwischen weltlicher und geistlicher Macht und insbesondere im Investiturstreit gesucht. So teilt man unter anderem die Befugnisse des Kaisers und des Papstes entsprechend einer Zuständigkeit für Gebiete in Italien und Deutschland auf. Für die Masse der Menschen spielt es allerdings ohnehin keine große Rolle, ob sie kirchlichen oder weltlichen Fürsten unterstehen. Es ist auch nicht so wichtig, welche der – oft verwandten – mächtigen Familien vom 8. Jahrhundert bis 1806, dem offiziellen Ende des römisch-deutschen Reiches, herrscht: ob die Karolinger den Kaiser stellen (z.B. Karl der Große), die Ottonen (Otto I.-III.), Salier (z.B. Konrad II., Heinrich III. – V.), Staufer (z.B. Friedrich I., Barbarossa, und Friedrich II.), Welfen (z.B. Heinrich X., der Stolze, Heinrich der Löwe) oder die Habsburger (z.B. Rudolf I., Albrecht I., Maximilian I.). Denn in den wesentlichen Punkten sind sich die Herrscher einig. Etwa in Sachen Zehnt: Dass Bauern den zehnten Teil der Ernteerträge abgeben müssen, ist bis ins 19. Jahrhundert üblich – und zur Freude der Fürsten biblisch legitimiert. Im dritten Buch Moses ist der Zehnt »etwas Heiliges für den Herrn« (Lev. 27, 30). Ein Priester wacht als eine Art Urtypus des Steuereintreibers über die »Einlösung« eines Gelübdes, eine Gabe an den Herrn, die je nach Person, Alter und Geschlecht des Gläubigen auf den Silberschekel genau festgelegt wird (Lev. 27, 1-34). De facto variiert der Zehnt erheblich; zudem entspricht er in heutigen Begriffen oft einem Satz von mehr als 50 Prozent, da er ohne Abzug von Betriebsausgaben berechnet wird.

Pilgerzüge und Kreuzzugsbusiness,
Bettelorden und Bankgeschäfte

Wie sich Klöster durch den Zehnt bereichern, schildert Umberto Eco in *Der Name der Rose* (1980) in bunten Farben. Insgesamt wächst die weltliche Macht der Kirche im Frühmittelalter zunächst durch die Gründung des Kirchenstaates und die Etablierung Land besitzender Kirchenfürsten. Im Hochmittelalter wird sie offiziell eingeschränkt – weitet sich aber bald umso stärker auf anderem Weg aus. Zu nennen sind: die kirchliche Medienmacht und religiöse Kunst, der Ablasshandel und Pilgertourismus, die Inquisition (in einigen Ländern erst im 19. Jahrhundert abgeschafft), Kreuzzüge sowie das Mönchstum als attraktive Alternative zur Mühsal des normalen Arbeitslebens und als Form der politischen Tätigkeit.

Die kirchliche Medienmacht äußert sich in päpstlichen Dekreten, Urkunden und Gesetzen. Sie hat auch deshalb einen solchen Einfluss auf die Menschen, weil die weltliche Rechtsprechung und die staatliche Organisation mangelhaft sind. Demgegenüber gibt der Vatikan Anweisungen für alle Lebenslagen. Auf dem 4. Laterankonzil von 1215, einer der wichtigsten Versammlungen von Kirchenmännern, wird unter anderem beschlossen: Die Transsubstantiation, die Wandlung von Wein und Brot in Jesu Leib und Blut, auf der die Kommunion beruht, ist ebenso verbindlich wie die Beichte beim Priester. Muslime muss man an bestimmten Kleidungsstücken erkennen, Juden am Judenhut oder anderen Abzeichen wie einem gelben Punkt an der Kleidung.

Eine derart umfassende Orientierungshilfe bietet außer der Kirche keiner. Dazu kommen Erfolgsbücher wie die *Nachfolge Christi (De imitatione Christi)* von Thomas von

Kempen, nach der Bibel eines der am weitesten verbreiteten Bücher des Mittelalters. In einfacher Sprache schildert es, wie man von Jesus Demut erlernen kann, um in den Himmel zu gelangen. Eine Alternative zum Demütigsein ist der Erwerb von Ablässen – Urkunden, eine Art Sparbücher für Seelenheil, die Priester gegen Geld ausstellen und die besagen, dass einem die Sünden im Prinzip vergeben werden. Besonders wertvoll sind im Mittelalter die Ablässe, die man auf einer Pilgerfahrt an Orten erwirbt, an denen Jesus, seine Jünger oder andere Heilige wirkten. Dass sie dies auch weiterhin tun, garantieren Reliquien: Asche und Leichenteile von Heiligen, Knochen, Finger, Haarsträhnen, Herzen und Kleidungsstücke. Über deren Echtheit stellen garantiert unbefangene Kleriker Urkunden aus.

Der wichtigste Pilgerort des Mittelalters neben Rom und Jerusalem ist Santiago de Compostela im nordspanischen Galizien, wo angeblich die Gebeine des heiligen Jakob liegen. Noch im 21. Jahrhundert übt der Pilgerweg, der dort hinführt, einen solchen Reiz aus, dass der Komiker Hape Kerkeling ihn in seinem Buch *Ich bin dann mal weg. Meine Reise auf dem Jakobsweg* (2006) zu einer Bestsellermischung aus handfester Unterhaltung und launiger Alltagsflucht verarbeitet. Ein kurioser Vorläufer ist das mittelalterliche *Liber Sancti Jacobi*, die Sammlung aus Predigten und Reiseberichten aus den Hochzeiten der Pilgerreisen um 1140 – und ein wesentlicher Schritt in der Entwicklung von Reiseführern. Schon damals reicht die Bandbreite der Beweggründe bei den Pilgern von der ehrlichen Suche nach Seelenheil über Ablenkung durch Unterhaltung bis zur Geschäftemacherei. So wie man sich heute vorstellen könnte, dass der Papst das Vorwort zu einem Pilgerbildband mit dem Titel *Wunderbar wandern mit Benedikt* liefert, steuert im 12. Jahrhundert angeblich Papst Calixt die einleitende Predigt zum Reiseführer *Liber Sancti Jacobi* bei.

Der Papst betont in diesem Text, Pilger sollen auf den Spuren Christi demütig barfuß laufen, ihr Geld mit den Armen teilen. Hüten sollen sie sich vor betrügerischen Wirten, Verkäufern unfrischen Fleisches, das krank mache. Wie in heutigen Reiseführern werden Ortsnamen erklärt, lokale Eigenheiten und Gefahren bis hin zu bestimmtem Ungeziefer. Im Kapitel »Gute und schlechte Flüsse am Jakobsweg«, in dem es um »heilsame« und »todbringende«, vergiftete Flüsse geht, liest man: »Schließlich gibt es einen Fluß, der von der Stadt Santiago zwei Meilen entfernt liegt an einem bewaldeten Ort, Lavamentula [lat. *mentula* = Penis] genannt, weil dort die französischen Jakobspilger aus Liebe zum Apostel nicht nur ihre Geschlechtsteile, sondern den ganzen Körper nach Ablage ihrer Kleider von Schmutz reinigen.«

So prägt christliches Gedankengut den Alltag auf allen Ebenen. Ab Mitte des 12. Jahrhunderts entstehen auch die ersten gotischen Kathedralen in Frankreich, in St. Denis, Paris, Laon, Amiens und Chartres, die mit ihren Spitzbögen die romanischen Kirchen mit ihren Rundbögen und schweren Mauern ablösen. Mit ihren langen Säulen, Kreuzrippengewölben und leuchtenden Fenstern verkörpern die neuen Bischofskirchen für viele, die in Hütten wohnen, das himmlische Jerusalem, das wie ein irres Raumschiff auf der Erde gelandet ist. Nebenbei dienen sie mit ihren Skulpturen biblischer Könige zur Festigung der Monarchie. So werden in der Kathedrale von Reims die französischen Könige gekrönt. Gemäß der mittelalterlichen Dialektik sind die Kathedralen einerseits Ausdruck höchsten Glaubens, der idealen Gemeinschaft, die über Generationen hinweg an etwas Schönem,

Gutem, Großartigem und somit dem Seelenheil arbeitet. Andererseits bauen Städte die Kathedralen schlicht als Attraktion für zahlende Pilger, kurbeln damit ihre Wirtschaft an und stellen eigene Reliquien aus. Im Fall von Chartres ist es statt eines Herzens oder Haarbüschels das Hemd der Jungfrau Maria.

Die Pilgerreisen sind auch der Anlass für insgesamt sieben Kreuzzüge, an denen ab 1096 bis ins Spätmittelalter neben Königen, Rittern und Fußsoldaten auch Frauen und Kinder teilnehmen. Offiziell haben sie die Rückgewinnung des Wallfahrtsortes Jerusalem zum Ziel, der seit dem 7. Jahrhundert im Besitz von Arabern ist. Um 1070 erobern seldschukische Türken Palästina und machen danach christlichen Pilgern das Leben schwer. Außerdem bittet Byzanz um Hilfe gegen die Türken. Laut Papst Urban II., der zum Kreuzzug aufruft, geht es um das Heilige Land, aber auch generell um den Sieg über den Islam. So können die Kreuzzüge auch mal in Ägypten oder Lissabon enden. Auf Betreiben von Venedig wird der 4. Kreuzzug von 1202 bis 1204 mit dem Ziel Ägypten sogar zur Konkurrenzstadt Byzanz umgelenkt – und damit gegen Christen. Das Plündern und Morden unter Christen lässt sich theoretisch vage rechtfertigen: Schließlich haben sich die katholischen Christen aus Rom und die griechisch-orthodoxen aus Byzanz spätestens seit dem Schisma, der Trennung im Jahr 1054, irgendwie auseinandergelebt. In der Sache bedeuten die zwei Konfessionen keinen großen Unterschied, aber in der Form – und als Vorwand.

Wie bei den Pilgerfahrten nehmen die Menschen aus unterschiedlichsten Motiven an den Kreuzzügen teil. Natürlich glauben viele Kreuzzügler wirklich an ihre Sache. Teils lockt auch schlicht die Aussicht auf Reichtum und Abenteuer in fernen Ländern – zumal wenn einen zu Hause (auch) Pest und Hunger bedrohen oder man einen horrenden Zehnt zahlen muss. Oder es ist schlicht Gruppenzwang. Schon auf dem Weg vergewaltigen und morden Volksmassen, von Priestern und verbrecherischen Trittbrettfahrern aufgehetzt, jedenfalls fremde Völker – und einheimische Juden, die »Mörder Christi«. Insgesamt gehen Kreuzzüge fast immer mit Plünderungen und mit Gemetzel an Andersgläubigen einher.

Unklar bleibt, inwieweit sogenannte Kinderkreuzzüge wirklich stattgefunden haben, ob wirklich Tausende, wie es in manchen Überlieferungen und Legenden heißt, in einer Art Massenrausch der Vision eines Jungen gefolgt sind, der meinte, das Mittelmeer werde sich vor ihnen teilen wie das Rote Meer damals vor Moses. Jedenfalls zeigt sich hier nebenbei, wie sehr im Mittelalter Kinder als kleine Erwachsene gelten. Mädchen werden mit 13 verheiratet, Knaben müssen früh den Bauernhof übernehmen oder als Schildknappen ihre Ritterausbildung anfangen. Die Pubertät als besondere Entwicklungsphase ist – bis weit in die Neuzeit hinein – unbekannt.

Viele arme Kreuzzügler verhungern oder erfrieren schon in den Alpen oder werden von Sklavenhändlern aufgegriffen und auf nordafrikanischen Märkten verkauft. Die Kreuzzüge sind ein verrücktes Unternehmen. Obwohl sich etwa die Cluniazensische Reformbewegung grundsätzlich als Friedensbewegung sieht und die Rückbesinnung auf den bescheidenen Dienst an Gott und den Menschen predigt, entwickelt sie bald machtpolitische Ambitionen und bedient sich der Kreuzzüge: Was für den Papst Gottes Wille ist, nennen die Cluniazenser Heiligen Krieg. Auch die Zisterzienser um Bernard von Clairvaux heizen die Stimmung in Predigten an. So nehmen Kaiser und Könige wie Friedrich I. Barbarossa und Philipp II. von Frankreich teil.

Nachdem sich der englische König Richard I. Löwenherz (1157–1199) wegen Seuchen und innerer Streitigkeiten im internationalen Heer des 3. Kreuzzugs heimlich auf den Heimweg aus dem Nahen Osten macht, wird er in Österreich von Kidnappern festgesetzt. Sie bringen ihn zu Herzog Leopold V. von Österreich. Er reicht Richard an den römisch-deutschen Kaiser Heinrich VI. weiter, der ihm, bevor er ihn freilässt, ein hohes Lösegeld und politische Zugeständnisse abpresst. Das ist durchaus üblich. Interessant ist die Episode auch deshalb, weil sie die damaligen Schwierigkeiten bei der Personenerkennung verdeutlicht – selbst bei Prominenten: In Zeiten vor der Verbreitung von Porträts erkennen die Kidnapper den König, der inkognito reist, nur am Königshandschuh; anderen Quellen zufolge verrät ihn die fremde Währung, mit der sein Diener vor Ort ungewöhnlich üppige Vorräte einkauft.

Über Stiftungen und militärische Orden, eine Verbindung aus Ritter- und Mönchstum, fließt die Beute der Kreuzfahrer der Kirche zu. Besonders mächtig ist der Templerorden, im 12. Jahrhundert zum Schutz von Jerusalempilgern ins Leben gerufen und mit eigener Vertretung im Heiligen Land. Doch da der französische König Philipp IV. scharf auf die im Orient geraubten Schätze des Ordens ist, klagt er die Templer Anfang des 14. Jahrhunderts unter abstrusen Vorwürfen der Ketzerei und Unsittlichkeit an und lässt Mitglieder auf dem Scheiterhaufen verbrennen. Indirekt tragen die Züge allerdings auch zum Kulturaustausch bei. Nicht nur Geld und Waren wie Gewürze kommen nach Europa, sondern auch andere Elemente der höher entwickelten islamischen Zivilisation. So zum Beispiel die arabischen Zahlen – die praktischer als die römischen sind – sowie die doppelte Buchführung. Handel und Geldwesen erhalten einen Schub.

Auch auf das politische Denken haben die Kreuzzüge langfristig Einfluss. Schon im Mittelalter begeben sich christianisierte Schweden auf Minikreuzzüge gegen die finnische Bevölkerung. Ganz im Geist der Original-Kreuzzüge ist die spätere rhetorische Verwendung des Begriffs meist vom Gegensatz zwischen Anspruch und Wirklichkeit gekennzeichnet: Das beginnt relativ harmlos mit dem als Kreuzzug besungenen Kampf Preußens, Russlands und Österreichs gegen Napoleon in der Völkerschlacht bei Leipzig 1813. Es geht aber weiter mit Hitlers »Kreuzzug« gegen den Bolschewismus, auf den Dwight Eisenhower, der amerikanische Oberbefehlshaber der alliierten Streitkräfte in Europa und spätere Präsident, ebenfalls mit einem Kreuzzug antwortet. Die Geschichte der Kreuzzüge führt weiter über Präsident Nixons »Kreuzzug« gegen die Kommunisten im Vietnamkrieg (1965 – 1975) und George W. Bushs »Kreuzzug« gegen die »Achse des Bösen« ab 2003 im Irakkrieg. Im Sommer 2008 spricht in Deutschland der Vorsitzende der Christlich-Sozialen Union (CSU) davon, einen »politischen Kreuzzug« gegen den Einzug der Partei der Linken in den bayerischen Landtag zu führen.

Eine Neuheit könnte man mit Blick auf die Kreuzzüge darin sehen, dass die Päpste als Initiatoren zu den historisch ersten Schreibtischtätern zählen. Während Alexander und Karl der Große und Könige bis weit in die Neuzeit in Schlachten mitkämpfen und mitunter auch fallen (etwa der schwedische König Gustav Adolf II. 1632), bleiben die Päpste im sicheren Vatikan und schicken nur ihre Schäflein auf die Schlachtfelder. Ein kleiner Lichtblick ist in dieser Zeit der religiösen und politischen Extreme der 1220 zum Kaiser gekrönte Friedrich II. In seinem Musterstaat Sizilien testet er nicht nur den Einsatz von Beamten statt Feudalherren. Er korrespondiert auch mit arabischen Gelehrten, handelt mit den Muslimen einen friedlichen Zugang zur Pilgerstätte Jerusalem aus – und wird vonseiten der Kirche als zum Islam Konvertierter und Antichrist verdächtigt. Kein Wunder, denn um Abtrünnige in den eigenen Reihen auszumerzen, ordnet Papst Innozenz III. zu Beginn des 13. Jahrhunderts eine Art inneren Kreuzzug an: So werden in Südfrankreich Mitglieder der alternativen religiösen Bewegungen der Albigenser beziehungsweise Katharer als »Ketzer« niedergemetzelt. Nach Innozenz' Tod forciert Gregor IX. um 1230 die Sache. Er beauftragt die Bettelorden, Franziskaner und Dominikaner mit der Inquisition. Bis ins 18. Jahrhundert werden vermeintliche Ketzer und Hexen gefoltert und ermordet.

Gerade weil die Bettelorden, die sich im 13. Jahrhundert in ganz Europa ausbreiten, zunächst harmlos wirken, sind sie ein herausragendes Beispiel für die mitunter makabren Widersprüche des Mittelalters. Als schräge Mischung aus netten Hippies und Volksverhetzern sind die Bettelmönche zugleich ein historisch frühes Beispiel für den Typ des Rebellen, der sich, nachdem er in seinen jungen Jahren mit Aufruhr Furore macht, vom Außenseiter zur innovativen gesellschaftlichen Macht mausert: Zunächst erscheint die Sache der Dominikaner, Franziskaner, Karmeliter und Augustiner als ein innerkirchliches Aufbegehren gegen die Verweltlichung und Dekadenz des Katholizismus. Nicht nur leben die Mönche – wie Jahrhunderte zuvor ihre buddhistischen Bettelbrüder in Asien – demonstrativ in Armut. Sie begeben sich auch unters Volk, betreiben Seelsorge, leisten medizinische Hilfe und predigen auf der Straße. Zwar sichert der Kaiser der Universität von Bologna, einer der ältesten Europas, Mitte des 12. Jahrhunderts mit einem Privileg eine gewisse Unabhängigkeit der Forschung und Lehre zu, doch prägen die Bettelmönche bald auch den akademischen Betrieb.

Einerseits zieht sich Franz von Assisi (um 1181 – 1226) manchen Überlieferungen zufolge nackt aus, um sich demonstrativ vom Reichtum seiner Eltern loszusagen; er nennt sich Spielmann Gottes, um sich in die Nähe der populären Spielleute zu stellen, die auf Marktplätzen, Kneipen und bei Hofe Balladen vortragen. Andererseits finden sich in den Bettelorden Scholastiker und Kirchenlehrer wie Thomas von Aquin (um 1225 – 1274), die damals abgehoben wissenschaftliche, aus heutiger Sicht offenkundig absurde Gottesbeweise und -strafen ausklügeln. Dem Papst kommen die Rebellen, die oft aus privilegierten Familien stammen, zur Stützung und Belebung der Kirchenmacht gelegen (lat. *rebellis* = »den Krieg erneuernd«). Sie erledigen die Drecksarbeit der Inquisition und verpassen der Kirche zugleich ein Image von Volksnähe. Deshalb baut der Papst die Orden nach ersten Zweifeln und Strafaktionen gegen die Abtrünnigen doch in seine Mannschaft ein. Umgekehrt haben sie schon im Spätmittelalter vielerorts den Ruf von Scharlatanen und scheinheiligen Schmarotzern.

Am merkwürdigsten an den Bettelmönchen mit ihrer urchristlichen Armutsideologie ist wohl, dass ausgerechnet sie an der Entwicklung des Bankenwesens beteiligt sind. Es ist eine der großen Erfindungen des Mittelalters. 1472 wird das erste Bankhaus der Welt gegründet, das heute noch existiert: die Monte dei Paschi in Siena. Die Bank entwickelt sich aus dem Monte di Pietà. Das heißt wörtlich übersetzt »Berg der Barmherzigkeit«, wird aber im Italienischen zum feststehenden Begriff für Pfandhaus. In Zeiten des Kreditverbotes unter Christen überreden Bettelmönche – auch um jüdische Leihgeber zu verdrängen – Wohlhabende dazu, im Sinne

Christi, der sich auf dem Kalvarienberg für die Menschheit opferte, etwas von ihrem Vermögen abzugeben, um nun einen Geldberg der Barmherzigkeit aufzuschichten. Von ihm sollen Arme gegen ein Pfand schöpfen, für das sie zwei Drittel des Wertes als Geld erhalten. Dazu kommen zinslose Darlehen oder niedrig verzinste Kleinstkredite. Da man dabei als Organisator bequem mitverdienen kann, verlockt die Sache zum Missbrauch.

Händler statt Helden – die neue Macht des Bürgertums

Neben der integrativen Revolte der Bettelmönche ist eine zweite Rebellion zu nennen, die langfristig eine der wichtigsten Entwicklungen des Spätmittelalters einläutet: das Erstarken des städtischen Bürgertums. Es wird zur treibenden Kraft in Sachen Kapitalismus und neuzeitlichem Individualismus; beides wird dann in der Renaissance deutlich zum Tragen kommen. Die bis dahin üblichen mittelalterlich-standestypischen Regulierungen auch in der Arbeitswelt, zum Beispiel im Zunftwesen, werden nun durch ein freieres Agieren aufgeweicht. Dazu gehören neue Ideale wie Dynamik und Flexibilität, die im Mittelalter eher als dubios gelten. Ähnlich wie beim umfassenden Ausbau der katholischen Macht (griech. *katholikos* = »das Ganze, alle betreffend«) in den Jahrhunderten zuvor dient der Propagierung der neuen Ideale eine ganze Bandbreite an Mitteln und Medien. Sie reichen von einer selbstbewussten Selbstdarstellung reicher Kaufleute in der Kunst über frisch erdachte oder adaptierte Mythen und Legenden bis hin zur Mode, die sich als halbwegs individuelle Äußerung im heutigen Sinn im 14. Jahrhundert entwickelt.

Während das Bürgertum heute die (bürgerliche) Gesellschaft dominiert, hat es im Spätmittelalter einen schweren Stand. Schließlich ist einer seiner wichtigsten Berufe der des Kaufmanns. Da er wiederum auch Geld- und Kreditgeschäfte tätigt, gilt er wegen des Zinsverbots unter Christen als unseriös oder gar sündig. Erst 1515 erlaubt Papst Leo X. – der selbst aus der Händler- und Bankiersfamilie der Medici stammt – den Zins in bestimmten Fällen. Da die Gier gemäß dem christlichen Armutsgebot offiziell verwerflich ist und noch nicht als Motor für Innovation und die Förderung des Gemeinwohls umgedeutet worden ist, muss man sie verbrämen. Dazu dienen der biblisch motivierte Zehnt und Ablässe; Kredite tarnt man als Geschenke und Spenden. Bürgerliche Händler verbünden sich mit in Zünften organisierten Handwerkern und übernehmen in Städten wie London, Lübeck, Brügge und Florenz die Macht.

Nachdem sich ab dem 11. Jahrhundert in Frankreich und England Städtebünde bilden, entsteht als mächtige Kaufmannsvereinigung im 13. Jahrhundert die norddeutsche Hanse (Schar) mit Lübeck als Zentrum. Den zeitweilig weit über 100 Mitgliedsstädten von Hamburg bis Riga und Krakau geht es um Handelsprivilegien wie Zollfreiheit. 1370 besiegen ihre Truppen Dänemark zur Sicherung der Vormacht im Ostseeraum (Frieden von Stralsund). Flexibel wechseln sie aber auch die Bündnispartner, unterstützen Margarete I. von Dänemark, die mit Norwegen und Schweden eine skandinavische Großmacht in der Kalmarer Union anstrebt. Ein Hauptdruckmittel der Hanse ist das »Verhansen«, eine Blockade oder ein Boykott von wichtigen Warenlieferungen – ein Vorläufer weiträumiger Wirtschaftssanktionen späterer Jahrhunderte.

Im 16. Jahrhundert verliert die Hanse unter anderem

wegen der Entdeckung Amerikas und der Verlagerung wichtiger Handelswege an Bedeutung; im 17. Jahrhundert löst sie sich auf. Im Rückblick bildet sie jedoch eine Avantgarde der Wirtschaftsmacht des städtischen Bürgertums. In spätmittelalterlichen Städten übt man bei Bürgermeisterwahlen, an denen natürlich nicht jedermann teilnimmt, sondern zum Beispiel Zunftmitglieder, Demokratie im Kleinen. In England entwickelt sich das Unterhaus, House of Commons, zum bürgerlichen Gegenstück des Oberhauses, dem House of Lords.

Es gibt übergreifende Faktoren, die den Aufstieg des Bürgertums begünstigen. So entzweit 1378 das große Schisma die westliche christliche Welt: Nachdem der Patriarch in Byzanz als Oberhaupt der christlich-orthodoxen Kirche schon ein Konkurrent für den weströmischen Papst ist, streiten sich nun auch noch die verschiedenen Fraktionen innerhalb der römisch-katholischen Kirche. Am Ende lassen sich zwei – zeitweise sogar drei – Päpste aufstellen, einer in Avignon, einer in Rom. Das Chaos lässt den Wunsch nach neuen Vorbildern aufkommen: Eine Alternative zu den Heiligen und Rittern ist der agile Kaufmann. Sogar bakterielle Faktoren begünstigen den Aufstieg des Bürgertums. Als ab 1347 die Pest in Europa wütet, mit rund 20 Millionen Toten ein Viertel oder sogar ein Drittel der Bevölkerung wegrafft und zu einem Arbeitskräftemangel führt, ist Flexibilität auf dem Arbeitsmarkt gefragt. Leibeigene dürfen sich nun immer öfter freikaufen. Freisassen, Handwerker und Händler bieten flexibel ihre Dienste an. Demgegenüber scheint der Ritterstand mit Landgut und starrem Verhaltenscodex überholt. Der Adel verarmt, verdingt sich als Schreiber oder Söldner reicher Städte.

Den Niedergang der Ritterkultur beziehungsweise die

bürgerliche Antwort darauf verkörpert im 14. Jahrhundert kein Held so gut wie Robin Hood. Er steht für den fließenden Übergang vom Feudalismus zum Frühkapitalismus. Entsprechend verbindet der Legendenheld Ritterlichkeit mit einer Art ökonomischem Abenteurertum. Er ist keine historische Person, hat aber zahlreiche real existierende Vorbilder; und als Projektionsfigur gehört der Held vieler Balladen und Chroniken zum Alltag. Da »Legende« noch die ursprüngliche Bedeutung von Heiligenerzählung beziehungsweise einer erzählenswerten Geschichte hat, kann Robin zum Idol werden. Damals ist der Outlaw noch kein verarmter Adeliger wie in Theaterstücken ab dem 16. Jahrhundert und später in Filmen. Auch schenkt er die von den Reichen erbeuteten Schätze nicht selbstlos den Armen, wie man heute meint. Vielmehr gibt er als (bürgerlicher) Händler Kredite an Adelige und andere Kunden. In *A Gest of Robin Hood*, der mit Abstand längsten und kulturhistorisch wichtigsten der Robin Hood-Balladen, ist er ein aufstiegswilliger Bürger: »In ganz England gibt es keinen reicheren Kaufmann/Das wage ich zu sagen«, versichert Little John, das berühmteste Mitglied seiner Bande. Im Rückblick erweist sich die Ballade als eine Art Bibel des Unternehmertums – lange vor der theoretischen Begründung des Kapitalismus durch Adam Smith im 18. Jahrhundert.

Der Outlaw als reichster Händler Englands – das wirkt aus heutiger Sicht erstaunlich, ist damals jedoch zeitgemäß: Als Geächteter, aber guter Räuber verkörpert Robin den Kaufmann, der wegen seiner Geldgeschäfte als anrüchig bis sündig gilt und in Zeiten des Frühkapitalismus wegen seines Erfolges gleichwohl fasziniert. Ähnlich wie damalige Händler inszeniert sich Robin – auch auf mittelalterlichen Holzschnitten – durch aufwändige Mode als neuer Adeliger, als

Angehöriger des Geldadels. Wie reale Händler verstößt er im 14. Jahrhundert als früher Moderebell gegen Kleiderordnungen. Diese erlauben bestimmte Stoffe wie Seide und Farben wie Purpur nur bestimmten Ständen und legen teils genau die Länge von Schleppen fest. Selbst Robins Lieblingsfarbe Grün symbolisiert im Mittelalter dubiose Qualitäten wie Wandelbarkeit und Ambivalenz. Damals wird die Mode noch ernst genommen. So ist der Modenarr in Sebastian Brants Volksbuch *Das Narrenschiff* (1494) einer der erstgenannten Narren neben vielen anderen wie dem Büchernarr und Habsuchtnarr. Das Besondere am Modenarr: Er steht nicht nur für Fehlverhalten wie Eitelkeit und Wankelmut, sondern auch und vor allem für die Anmaßung einer ihm nicht gebührenden gesellschaftlichen Stellung.

So wie heute Fernsehserien den Wandel von Sitten und Werten auf zugespitzte Weise spiegeln, gilt dies im Mittelalter für Volksballaden. Neben Predigten sind sie vielleicht die wichtigsten Massenmedien. Obendrein fließen sie in Chroniken ein, den damaligen Geschichtsbüchern. In mancher Ballade wird sogar die Gattung der hohen Minne zeitgemäß händlerhaft abgewandelt, die poetische Anbetung einer Dame als Zeichen ritterlicher Gesinnung. Als Gegenstück zur hohen Minne konnte die niedere Minne auch bei Rittern schon die Befriedigung des Geschlechtstriebs durch die Vergewaltigung einer Magd beinhalten. Doch nun verführen in spätmittelalterlichen Balladen zum Beispiel windige Topf-Verkäufer in Varianten älterer Minnegeschichten wie jenen von Dietmar von Aist Frauen mit Hilfe ihrer attraktiven Ware.

Einerseits bringt die Propagierung von ökonomischer List, Flexibilität und Dynamik eine soziale Mobilität mit sich; so können viele aus ihrem armseligen Dasein ausbrechen. Andererseits passiert das teils auf Kosten der Sicherheit, welche die feudalen Verhältnisse im Optimalfall boten. Auch geht langsam eine der schöneren Seiten des Mittelalters verloren: Mit bis zu 100 Feiertagen im Jahr gibt es im Mittelalter weniger Stress und Leistungsdruck im heutigen Sinn als seit der Neuzeit.

Ein sozusagen konservatives Gegenstück zu den Balladen mit dem aufstiegswilligen Robin Hood sind die Geschichten des anderen großen englischen Nationalhelden, der im Spätmittelalter Publikumserfolge feiert: der sagenhafte keltische König Artus. Er soll um 500 die Sachsen besiegt haben. Jedenfalls macht ihn Thomas Malory in *Die Geschichte von König Artus und den Rittern der Tafelrunde* (gedruckt 1485 unter dem Titel *Morte Darthur*) zur Legende und zum gesellschaftspolitisch wirksamen Bestseller. In Zeiten des Umbruchs soll das alte Ritterideal, das Artus verkörpert, ein Stabilitätsfaktor sein. So zielt die Suche nach dem heiligen Gral bei Artus auf eine tugendhafte Lebensführung. Der Gral ist mit »golddurchwirktem Damast bedeckt«, kündigt sich mit Getöse und einem Sonnenstrahl an und wird von »der Gnade des Heiligen Geistes erleuchtet«. Demgegenüber ist der neue Gral der Bürger und Händler der soziale Aufstieg durch innovatives, unternehmerisches Verhalten.

Für eine Variante sozialer Mobilität und Befreiung ist im Mittelalter aber noch wenig Platz: Das Bild der Frau ist festgezurrt zwischen dem der sündigen Eva und der heiligen, aber lebensfernen Jungfrau. Zu den bekanntesten Frauen des Mittelalters, die auch beispielhaft für zeitgenössische weibliche Karrieren stehen, zählen Jeanne d'Arc, Hildegard von Bingen und Eleonore von Aquitanien. Eleonore (um 1122 – 1204) ist als Frau von Ludwig VII. und Heinrich II. nacheinander Königin von Frankreich und England, Mutter der zwei späteren Könige Richard Löwenherz und Johann

Ohneland. Sie wird in politische Machenschaften verstrickt und zahlreicher Liebschaften bezichtigt. Ferner ist sie als »Königin der Troubadoure« bekannt, weil sie an ihrem Hof in Poitiers Künstler und Sänger fördert. Eine andere Art von Macht als die – zwischendurch verstoßene – Eleonore entfaltet die Benediktinerin Hildegard von Bingen (1098 – 1179). Sie beschreibt Volksheilmittel, gilt als eine der ersten Mystikerinnen des Mittelalters und wird wegen ihrer Visionen geachtet.

Besonders eindrücklich kann man sich die Rolle der Frau im Mittelalter anhand der tragischen und verrückten Geschichte von Jeanne d'Arc (um 1412 – 1431) vergegenwärtigen, der sogenannten Jungfrau von Orléans. Sie steht gewissermaßen zwischen Hildegard und Eleonore. Im Hundertjährigen Krieg gelingt es Jeanne, von einer göttlichen Vision getrieben, den Thronfolger Karl zu überzeugen, dass sie die französischen Truppen 1429 bei Orléans gegen die Engländer führen darf. Sie siegt. Doch dann gerät sie in Gefangenschaft der Burgunder, die mit England verbündet sind. Mit Duldung der Franzosen wird sie als Hexe verbrannt. Erst Jahrhunderte später erhebt man sie zur Nationalheldin. Man mag sich fragen, ob Jeanne wirklich ein einfaches Mädchen vom Land war und ob tatsächlich alles so spontan ablief, wie es oft heißt. Es bleibt offen, inwieweit ihr Coup nicht geplant oder zumindest hochstilisiert wurde – angeregt vielleicht durch Legenden über die wundersame Hilfe, welche die heilige Jungfrau tapfer kämpfenden Rittern in letzter Minute leistet. Bezeichnend ist jedenfalls, dass man ihr als Frau besonders misstraut – und sie massakriert, sobald sie Macht erlangt beziehungsweise ihren Zweck erfüllt hat.

So wie sich das Bild mittelalterlicher Helden über die Jahrhunderte wandelt, gilt dies für die Vorstellung, die man

Die Miniatur aus Martin Le Francs *Le champion des dames* (um 1451) zeigt den Hexenflug. Zwar lobt Le Franc in seinem Buch die Frauen, ihre Fähigkeiten und Leistungen auf eine für das Mittelalter ungewöhnliche Weise. Doch die vermeintlichen Hexen kommen auch bei ihm schlecht weg.

sich von der Epoche insgesamt macht: Nennen neuzeitliche Humanisten das Mittelalter die »mittlere Zeit«, weil sie – unattraktiv – zwischen Antike und Neuzeit liegt, schreibt Kardinal und Kirchenhistoriker Caesar Baronius zu Beginn des 17. Jahrhunderts in seinen Annalen über das 10. Jahrhundert: »Siehe, ein neues Saeculum beginnt, das man eisern, bleiern und finster nennt.« Bis ins 20. Jahrhundert kennt man die Zeit im Englischen als *Dark Ages*. Im Gegenzug romantisiert man das Mittelalter in Zeiten der Industrialisierung im 19. Jahrhundert als Epoche des guten alten Handwerks, des Glaubens, der Ideale und der Poesie.

Noch heute wird das Mittelalter besonders unterschiedlich interpretiert. Einerseits scheint die Epoche weit genug weg, um sie zu verklären. Zugleich ist sie nah genug, um als Projektionsfläche zu dienen. Hilfreich dabei ist, dass das Mittelalter eine große Bandbreite an faszinierenden Erfindungen bietet: Dazu gehören das Ritterideal, ein ausgeprägtes Seelenleben als Möglichkeit zur Flucht vor der Realität, die symbolische Rebellion durch Mode und Karneval, der Kreuzzug als Rechtfertigung für Angriffskriege. Aber auch ganz praktische Dinge sind zu nennen wie das Papier, der Buchdruck mit beweglichen Lettern, Brillen, Knopflöcher, Schubkarren, Kompasse und mechanische Uhren. Mit dem Bankwesen werden die Grundlagen für die Geld- und Finanzwirtschaft späterer Zeiten gelegt, für die Geldschöpfung durch die Vergabe von Krediten, wie sie auch im 21. Jahrhundert die Zentralbanken durchführen.

Passend zu seiner Vielfalt wird das Mittelalter heute nicht nur besonders oft als Grundlage für Fantasy-Romane und Computerspiele verwendet, sondern auch im Rahmen von Ritterspielen und Mittelaltermärkten inszeniert. Dabei wirken manche Zeitgenossen, wenn sie mit dem Auto anreisen und in ihre Ritterrüstung schlüpfen, um die Alltagssorgen abzustreifen, komisch.

KAPITEL SIEBEN

Reformpädagogik und Realsozialismus
Das nicht-europäische Mittelalter – Varianten des Fortschritts von Amerika bis Australien

Zu den wenigen lustigen Aufzeichnungen aus der Zeit des Kolonialismus ab dem 16. Jahrhundert zählen solche, in denen sich Indianer darüber wundern, dass sich die weißen Eroberer »in Eisen kleiden«, auf »schwimmenden Inseln« reisen, »Knochen essen«, »Blut trinken« und insgesamt wie Tiere sind. Der Durst nach Blut ist hier nicht metaphorisch gemeint – der rote Saft ist in Wahrheit Rotwein; die Knochen sind Zwieback, den die Europäer als Proviant auf ihren schwerfälligen Segelschiffen haben, welche den Indianern wie schwimmende Inseln erscheinen. Das Eisenkleid sind Brustpanzer und Helme, das Tierische die Gesichtsbehaarung der Europäer und ihre insgesamt mangelhafte Körperpflege.

Derartige Berichte erinnern daran, wie subjektiv gefärbt der Blick auf andere Kulturen sein kann und dass die europäische Kultur im Vergleich zu jener anderer Weltteile im Lauf der Geschichte oft archaisch wirkte. Wenn heute in historischen Überblicksdarstellungen von der Neuen Welt in Nord- und Südamerika oder von Afrika und Asien die Rede ist, dann meist in den Kapiteln über das Zeitalter der neuzeitlichen Entdecker. Das ist insofern schlüssig, als es vorher keine oder kaum Kontakte zu Europa gibt und somit wenig Dokumentation. Doch hat man inzwischen dank der Ethnografie und Archäologie, des Studiums auch älterer Quellen Informationen über die Jahrhunderte vor der Entdeckung Amerikas im Jahr 1492.

Für die Zeit des Mittelalters lohnt sich ein vergleichender Blick von Europa aus auf Kulturen in Amerika, Afrika und Australien unter anderem deshalb, weil man sich so beispielhaft vergegenwärtigen kann, wie relativ die Vorstellung ist, die man etwa vom Fortschritt hat – und das schon Jahrhunderte, bevor der Begriff im 18. Jahrhundert seine heutige Bedeutung bekommt. Insgesamt lassen sich für Zeiten, bevor tatsächlich Kontakte bestehen, Gemeinsamkeiten und Unterschiede zwischen den Kontinenten auf besonders eingängige Weise herausstellen.

Überragende Militärtechnik und schwerfällige Bürokratie: die Mongolen und die Osmanen

Beginnen kann man den Überblick über das nicht-europäische Mittelalter allerdings mit zwei Kulturen, die fremd wirken, obwohl es schon lange vor dem Zeitalter der Entdecker Kontakte zum europäischen Kontinent gibt: den Osmanen und Mongolen. Zu Zeiten der Mongolenherrschaft in China im 13. Jahrhundert schicken Papst Innozenz IV. und der französische König Ludwig IX., der Heilige, sogar den Franziskanermönch Wilhelm von Rubruk auf eine Mission an den Hof des Großkhans. Rubruk soll missionieren und ein Bündnis gegen die Muslime aushandeln, was allerdings misslingt. Die nomadischen Mongolen, die im 13. Jahrhundert unter Dschingis Khan (um 1162 – 1227) ein Weltreich gründen, sind neben den Hunnen vielleicht das zweite historische Beispiel dafür, wie ein Volk zwar Großreiche wie China erobert und Indien, Persien, das heutige Russland und Teile Osteuropas dominiert, aber keine eigene Hochkultur entwickelt.

Der mongolische Reiter schießt auf dem Pferd sitzend in alle Richtungen seine Pfeile ab. Das Motiv ist zum Sinnbild für die kriegerische Kultur des Steppenvolkes geworden – hier in einer persischen Buchmalerei aus dem 15. Jahrhundert.

Einerseits werden die von Dschingis Khan geeinigten Mongolenstämme nach ihrem Sieg gegen die mörderischen Assassinen, eine extremistische islamische Sekte, Mitte des 13. Jahrhunderts von vielen Persern als Befreier gesehen. Andererseits schreibt ein persischer Dichter über die Mongolen: »Ihre Augen waren so eng und stechend, dass sie damit ein Loch in ein Gefäß aus Messing hätten bohren können; und ihr Gestank war noch schrecklicher als ihre Farbe.« Einigen Quellen zufolge reiten die zähen Krieger getrocknetes Fleisch unter dem Sattel weich und ritzen in der Not einfach die Hälse ihrer Pferde an, um das Blut, das aus den Adern spritzt, direkt zu trinken. Sie verfügen über effiziente Katapulte, vor allem aber über den Bogen, mit dem sie vom Pferderücken aus, auch rückwärts zielend, ihre Pfeile abschießen. In Europa wird der Bogen erst im 14. Jahrhundert Schlachten wie die von Crécy im Hundertjährigen Krieg entscheiden und zur Wunderwaffe stilisiert.

Mit Hilfe moderner Waffen- und Kampftechnik unterjochen die Mongolen im 13. Jahrhundert weite Teile Chinas. Kublai Khan (1215–1294) macht sich als Kaiser der Yuan-Dynastie zum Herrscher des Riesenreiches. Er errichtet eine strenge Ordnung, hat allerdings mit Kommunikations-schwierigkeiten zu kämpfen, da die Verwaltung gemeinsam von Mongolen und Chinesen organisiert wird, die nicht die-selbe Sprache sprechen. Umso wichtiger scheint Kublai Khan eine strenge Hierarchie mit vier nach Herkunft ausdif-ferenzierten Klassen: erstens die herrschenden Mongolen; zweitens privilegierte Gruppen wie Zentralasiaten und Tür-ken, die für Finanzen zuständig sind; drittens Nordchinesen und Koreaner, etwa als Verwaltungsangestellte; viertens »Barbaren«, Südchinesen, denen alle höheren Ämter verbo-ten sind, was dadurch bekräftigt wird, dass sie keine Fremd-sprache erlernen dürfen.

Mit Blick auf dieses System, aber auch auf die Beschrei-bungen der Mongolen durch Nicht-Mongolen mag man sich fragen, ab wann es etwa sinnvoll ist, den modernen Begriff des Rassismus auf die ältere Geschichte anzuwenden, ab wann also vermeintliche biologische Merkmale, die ab dem 19. Jahrhundert mehr und mehr betont werden, bei Bewer-tungen von Fremden in den Vordergrund treten und kultu-relle und religiöse Kategorien und Vorurteile ergänzen. Auf dem religiösen Feld zeichnet die Mongolen – auch im Ver-gleich zu Christen, die im Mittelalter Juden als »Christus-mörder« verfolgen – offenbar eine relative Toleranz aus oder Gleichgültigkeit. Manche konvertieren vom traditionellen Schamanismus zum Islam, andere nähern sich dem Buddhis-mus an. In Europa werden die Mongolen in einer Abwand-lung des Begriffs Tataren, der Bezeichnung für bestimmte mongolische Volksgruppen, zu Tartaren: »die aus der Hölle kommen« (griech. *tartaros* »Hölle«). Kulturell lassen sich die

Mongolen eher durch das eroberte China prägen, als dass sie dem neuen Herrschaftsgebiet ihren Stempel aufdrücken. Dennoch verbindet man mit den Mongolen, nachdem sich Chinesen gegen sie erheben und die Ming-Dynastie vom 14. bis 17. Jahrhundert die Macht übernimmt, vor allem Härte und Brutalität.

Einen nicht ganz so schlimmen Ruf wie die Mongolen hat das zweite östliche Großreich, das im 13. Jahrhundert gegründet wird: das Osmanische Reich. Im Unterschied zu jenem der Mongolen währt es immerhin bis ins 20. Jahrhundert. Es hat sein Zentrum in der heutigen Türkei, steht schon damals am Rand Europas mit allen Vorteilen der kulturellen Vielfalt – aber dem Nachteil einer korrupten Bürokratie. Das Osmanische Reich geht aus dem türkischen Herrschergeschlecht und Volk der Seldschuken hervor, die Byzanz zusetzen und die Türkisierung Anatoliens vorantreiben. Der Namensgeber Osman (um 1259 – 1326) legt als Sultan den Grundstein für ein islamisches Reich, das verschiedene Einflüsse integriert. 1453 erobert Mehmed II. Konstantinopel, macht die Stadt zu seiner Residenz, wodurch sie nach und nach zu Istanbul wird. Die alte Weisheitskirche Hagia Sophia wird zur Moschee, Arabesken ersetzen die Ikonen. Mit seiner Rundkuppel wird das Gotteshaus langfristig zu einem Modell für andere Ayasofya-Moscheen.

An eine ursprünglich nomadische Zeltbauweise lassen die verschiedenen Gebäude des Topkapi-Palastes denken, Verwaltungszentrum, Regierungssitz der Sultane, eine Stadt in der Stadt. In ihrer Verschachtelung und ihrem Anwachsen scheint sie im Rückblick die Entwicklung der Bürokratie zu symbolisieren. Zwar sind passend zur Expansion des Osmanischen Reiches bis Mesopotamien, Syrien, Arabien, Ägypten, Serbien und Ungarn unter dem absolutistisch regierenden Sultan und seinem Großwesir Ausländer in der Verwaltung tätig. Auch werden in Kranken- und Armenhäusern kostenlos Mahlzeiten verteilt. Doch die Ausdehnung fördert ein Gewirr an Verwaltungs- und Steuersystemen in verschiedenen Ländern, etwa eine Kopfsteuer für Nicht-Muslime. Aufgrund des großen Harems und zahlreicher Ehefrauen streiten sich viele Nachkommen der Sultane um die Nachfolge; die jeweils ausgestochenen Brüder werden ermordet, es herrschen Misstrauen und Missgunst, Intrigen und Putsche mehren sich.

Zugleich geraten die Osmanen – die die Druckerpresse aus religiösen Gründen zunächst verbieten – in den Bereichen Wissenschaft und Militärtechnik im europäischen Vergleich ins Hintertreffen. Nach dem Scheitern der Belagerungen von Wien 1529 und 1683 geht es auch außenpolitisch abwärts. Bald spricht man mit Blick auf das Osmanische Reich vom »kranken Mann am Bosporus«. Trägt im 19. Jahrhundert der aufkommende Nationalismus zur Zersetzung des Vielvölkerstaates bei, verliert das Reich seine Schlüsselstellung für den Orient- und Welthandel schon, als sich mit der Kolonialisierung Amerikas und der Entdeckung des Seewegs nach Indien um 1500 neue Handelsrouten eröffnen.

Basisdemokratie und Frauenrechte – die nordamerikanischen Indianer

Am deutlichsten sind die Unterschiede zwischen Europa und dem Rest der Welt im Mittelalter vielleicht mit Blick auf die Indianer Nordamerikas. Es ist die Zeit, bevor sie von Kolonisten missioniert, misshandelt, mit für sie tödlichen Krankheiten angesteckt und ermordet werden. Es ist aber auch die Zeit, bevor man die Indianer im Sinn von Rousseau oder Karl May als »Edle Wilde« romantisiert. Zwar gibt es nicht eigentlich »die« Indianer, sondern rund 500 bis 1000 Stämme, die unterschiedliche Sprachen sprechen, 100, aber auch 10 000 Angehörige umfassen können und in ihrer Entwicklung oft weit auseinanderliegen, zugespitzt gesagt: Jahrhunderte. Manche leben als Jäger und Sammler, andere als Nomaden oder als Bauern. Doch kann man die Indianerkulturen Nordamerikas im Vergleich zum europäischen Mittelalter insgesamt demokratisch nennen.

Zur geringen Bedeutung von Hierarchien passen das Fehlen der Schrift und die Wissensvermittlung in Gesängen und Erzählungen. Wohl nur ein Einziger der vielen nordamerikanischen Indianerstämme, nämlich die Natchez, bei denen Priesterherrscher regieren, kennt Stände und Klassen wie in Europa. Bei ihnen steht ein Adel über dem armen Volk, »Stinker« genannt. Überall sonst muss sich auch der Häuptling – eine Bezeichnung der Weißen – als lose institutionalisierter Stammesältester, besonders erfahrener Krieger oder Jäger in Ratsversammlungen über Abstimmungen und Wahlen mit anderen arrangieren. In der Praxis sind ohnehin eher die Clans oder sogenannte Horden relevant (engl. *band*), eine dörfliche Gemeinschaft von bis zu 100 Menschen, die basisdemokratische Prozeduren erlauben.

Das Bild der Indianerin und ihres gesellschaftlichen Standes war durch die Jahrhunderte von vielen sehr unterschiedlichen, oft gegensätzlichen Vorstellungen und Vorurteilen geprägt. Sie reichen vom Bild der »Squaw« als Sklavin des Mannes – auch des weißen – bis zu Pocahontas (um 1595 – 1617), der Tochter des Häuptlings Powhatan, die selbstbewusst bei Friedensverhandlungen mit weißen Siedlern vermittelt. Insgesamt lässt sich sagen, dass Indianerinnen bei aller Härte des Arbeitslebens zumindest nicht wie Frauen im christlichen Mittelalter unter Generalverdacht für alles und jedes Sündige stehen. Bei den matrilinear organisierten Irokesen trifft die älteste Clanmutter sogar die wichtigsten Entscheidungen. Ansonsten wird zwar teils Keuschheit vor der Ehe verlangt, doch in manchen Stämmen wie bei den Huronen geben die Frauen mit der Zahl ihrer Liebhaber an. Was in Europa nur in Teilen – und je nach Standeszugehörigkeit – möglich ist, scheint bei den Indianerinnen kein Problem zu sein: Sie dürfen Sport treiben, schwimmen, reiten und Ball spielen. In manchen Stämmen dürfen sie mit den Männern jagen oder in den Krieg ziehen.

Eine relativ egalitäre Kultur äußert sich bei den Indianern auch darin, dass sich die Häuser ähneln, seien es Tipis und Wigwams oder Erdhäuser und Langhäuser, die bis zu 100 Meter lang sein können und rund 100 Leuten Platz bieten. Ein ähnlicher Geist kommt in der Grundidee zum Ausdruck, dass jedes Lebewesen seinen Platz im Universum hat, zahlreiche Naturgötter, Welterschaffer und Tiere mit magischen Fähigkeiten nebeneinander existieren. Selbst Manitu, der in der europäischen Literatur zu *dem* Gott der Indianer wird, ist ursprünglich bei den Algonkin eine allen Dingen innewohnende Macht, die unterschiedlich personifiziert werden kann. Letzteres gilt auch für die Figur des Tricksters (von engl. *trick*), ein mythisches, halbgöttliches Wesen, das aus europäischer Sicht an antike Helden wie den listigen Götterboten Merkur erinnert, bis heute im Englischen schlicht für einen frechen Gauner steht, aber auch mit dem Satan gleichgesetzt wurde. Wie in anderen naturreligiösen Traditionen ist der Trickster auch bei nordamerikanischen Indianerstämmen nicht einfach böse, sondern ambivalent. Oft kann er seine Gestalt verändern (engl. *shapeshifter*), mal schadet und verstört er mit seinen Tricks, mal hilft er, indem er den Blick auf andere Welten hin öffnet. Ähnliches lässt sich vom Ritual des Potlatsch sagen, einer Besonderheit von Indianern im amerikanischen Nordwesten: eine zeremonielle Verschwendung, bei der man sein Eigentum verschenkt oder gar zerstört, um Reichtum, Souveränität und Überlegenheit zu demonstrieren und die Ahnen zu ehren.

Zwar führen die Indianer auch Kriege, aber nicht alle Stämme foltern und versklaven ihre Gegner. Natürlich haben viele der positiven indianischen Eigenschaften schlicht mit der dünnen Besiedlung ihrer Jagdgründe zu tun, dem weniger erbitterten Kampf um Ressourcen. Noch gegen Ende des Mittelalters im 15. Jahrhundert und vor der Entdeckung durch Europäer leben Schätzungen zufolge nur zwei Millionen nordamerikanische Indianer auf dem Kontinent. Schon um 1700 sollen es mehr Weiße als Indianer gewesen sein.

Am deutlichsten heben sich die Indianer von anderen Kulturen des Mittelalters vielleicht in ihrem Umgang mit Kindern ab. Nicht nur verzichtet man fast völlig auf körperliche Bestrafung. Reformpädagogisch läuft die Erziehung projektbezogen in kleinen Gruppen ab, es geht um das Beobachten, das Ausprobieren und um persönliche Einweisung. Wichtig ist das Loben der Kinder – auch dann, wenn sie einen Kampf verlieren.

Wie die Christen und Frühsozialisten? Maya, Azteken, Inka

Im Gegensatz zu den nordamerikanischen Indianern entwickeln südamerikanische schon in den vorchristlichen Jahrtausenden Hochkulturen. Die bekanntesten sind die Maya, später die Azteken und Inka. Sie haben einige Gemeinsamkeiten – und weisen alle zusammen schon vor der Missionierung durch Europäer ein paar strukturelle Ähnlichkeiten mit dem christlichen Abendland auf. Neben Städten mit ausgefeilter Infrastruktur beeindrucken im Rückblick die riesigen Pyramiden, deren Stufen die Himmelssphären symbolisieren. Passend zur Priesterherrschaft in diesen Kulturen sind sie wie das Christentum von einem starken Jenseitsglauben und einer Art Sündenbewusstsein geprägt, die zum Teil mit einer Verachtung der irdischen Welt einhergehen.

Die bei weitem älteste der drei Hauptkulturen, die der Maya, die sich im 2. Jahrtausend v. Chr. entwickelt, erstreckt sich über das heutige Mexiko, Guatemala, Belize, El Salvador und Honduras, mit Städten, Straßenbau und Wasserleitungen. Die Maya kennen soziale Schichten, Adel und Priester, Handwerker und Bauern sowie Sklaven, mehrere Götter, Astrologie, Schrift, Kalender. Zu Beginn des europäischen Hochmittelalters kollabiert die Kultur aus bis heute nicht ganz geklärten Gründen.

Wie im Christentum ist der Mensch gemäß dem *Popol Vuh*, der zu Kolonialzeiten angelegten Sammlung älterer Geschichten, eine göttliche Schöpfung. Die Götter kreieren ihn mit Hilfe des gestaltgebenden Worts – allerdings in mehreren, teils misslungenen Versuchen. Im Widerspruch zum Christentum, das Selbstmord als Sünde bestraft, steht bei den Maya allerdings die Göttin Ixtáb, »Herrin des Seils«, des Galgens, Göttin des Suizids. Während man sich in Europa, sofern man ins Paradies will, das Leben nur als Krieger oder Märtyrer nehmen darf, hievt Ixtáb Menschen nach einem Suizid in den Himmel. Deshalb ist die Selbsttötung auch aus eher nichtigen Gründen unter den Maya manchen Quellen zufolge verbreitet.

Während die Maya den Göttern normalerweise Früchte, Blumen und Tiere darbringen und Menschenopfer eher in Notzeiten durchführen, ist die rituelle Tötung von Menschen ein Markenzeichen der Azteken. Sehr viel jünger – und kurzlebiger – als die der Maya ist die Kultur derer, die sich selbst Mexica nennen und im heutigen Mexiko siedeln. Ihre Hauptstadt Mexiko mit gepflasterten Straßen und Wasserleitungen gründen sie im 14. Jahrhundert. Ihre furchtbar anzusehenden vernarbten Priester kasteien sich – ein bisschen wie europäische Flagellanten. Sie schneiden sich in die Zunge, stechen sich Dornen in den Körper, gerne auch in die Genitalien, um Blut für einige der fast 200 Götter verspritzen zu können. Als »Nahrung für die Götter«, die man vor dem Abmagern schützen muss, dienen auch Menschenopfer (deren Historizität und Umfang allerdings in der Forschung kontrovers diskutiert werden). Es sind meist Sklaven und Gefangene, darunter Kinder, denen das Herz herausgerissen wird, deren Körper verstümmelt und teils auch gegessen werden. Zur Beschaffung der zahlreichen Menschenopfer führen die Azteken sogenannte Blumenkriege gegen benachbarte Stämme, die weder territorialem Gewinn noch der wirtschaftlichen Schädigung des Gegners dienen.

Bei all der ungeheuren Grausamkeit sind die Geopferten bei den Azteken wenigstens Kriegsgefallenen gleichgestellt und gehen der aztekischen Überzeugung zufolge ins Paradies des Sonnengottes ein. Das unterscheidet sie von den Tausenden als Ketzer und Hexen Gefolterten und Verbrannten in Europa, denen nach dem Tod auch noch Höllenqualen drohen. Dennoch wird bei der Missionierung von Indianern durch christliche Orden ab dem 16. Jahrhundert einer der Ansatzpunkte außer Zwang, Einschüchterung und Bestechung eine gewisse Nähe aztekischer Strukturen zu christlichen sein. Dem europäischen Mittelalter ähnlich scheint auch die harte Behandlung, die man Kindern angedeihen lässt. Viele leben nicht bei der Familie, sondern spartanisch in einem Jugendhaus. Dort müssen sie frühmorgens Hymnen singen, das Kämpfen mit Schwertern erlernen und werden unter regelmäßigen Prügeln zum Arbeitsdienst abkommandiert, zu Reparaturarbeiten an Straßen oder Gebäuden.

Die aus heutiger Sicht fortschrittlichste der indianischen Hochkulturen ist jene der Inka, auch wenn sie nur eine Art Schrift mit geknoteten Schnüren haben (Quipus). Ihr Reich umfasst das heutige Peru, Teile Boliviens, Ecuadors, Kolumbiens und Chiles und ist so groß, dass es die Inka das »Reich der vier Weltgegenden« nennen. Im Rückblick scheint bemerkenswert, dass die Inka schon im Mittelalter eine Art Staatssozialismus etablieren – der später gelegentlich romantisiert wurde. Auch das einfache Volk erhält eine Alters- und Krankenversorgung, in Notzeiten speist man Hungernde aus Vorratshäusern. Erkauft werden diese Errungenschaften allerdings dadurch, dass Bauern ein Drittel ihrer Erträge an die Priesterschaft abgeben müssen. Ein zweites Drittel geht an den König, der damit Handwerker und Bergarbeiter der Gold-, Silber- und Kupferminen entlohnt. So ist das Inkareich eine Mischung aus Staatssozialismus und Gottesstaat. Ist »Inka« ursprünglich der Name des Königs, wird er nach und nach auf das Volk ausgeweitet. Einen privilegierten Umgang mit ausgewählten Tempeljungfrauen hat allerdings nur *der* Inka.

Die Großreiche Schwarzafrikas –
und die ersten globalen Rohstoffmärkte

Der Vergleich zwischen südamerikanischen und nordamerikanischen Indianern zeigt, wie wichtig eine tendenziell zentralistisch ausgelegte Religion beziehungsweise Verwaltung für die Gründung von Hochkulturen und von langlebigeren Großmächten ist. Wenig ausgeprägt scheint dieses Element im Mittelalter außer in Nordamerika noch in Australien und Afrika. Dominieren in Nordamerika und Australien Stammeskulturen, entwickeln sich im mittelalterlichen Afrika allerdings beide Varianten: dezentral organisierte Stammeskulturen und zentralistische Hochkulturen.

Die zwei bekannteren afrikanischen Hochkulturen Ägypten und Äthiopien sind im Unterschied zu den anderen Gegenden Afrikas schon früh vom Islam und Christentum geprägt. Nachdem Augustus das alte Ägypten 30 v. Chr. zur römischen Provinz macht, es im 4. Jahrhundert n. Chr. als Teil des Oströmischen Reiches christianisiert wird, fallen im 7. Jahrhundert Araber ein. Das Land wird islamisch, hat im Hochmittelalter ein eigenes Sultanat und wird im 16. Jahrhundert von den Osmanen erobert. Das Königreich von Aksum mit seiner gleichnamigen Hauptstadt im heutigen Äthiopien wird wohl im 4. Jahrhundert christlich. Es ist eine Drehscheibe für Waren wie Sklaven, Elfenbein, Hörner und Obsidian. Diese werden aus dem Landesinneren an die Küste transportiert und schließlich nach Arabien und ins Römische Reich exportiert.

Auf dem Rest des Kontinents beziehungsweise in Schwarzafrika findet sich eine Ausnahme von den insgesamt kleinteiliger organisierten Gemeinwesen auf dem Gebiet des heutigen Mali und Mauretanien. Dort entwickelt das Volk der Soninke einen Zentralstaat, dessen Grundlage der Reichtum an Gold ist. Schon im 8. Jahrhundert sprechen arabische Quellen von Gana (Ghana) als vom »Land der schwarzen Völker« und vor allem dem »Land des Goldes«. Zwar hält man die Lage der Minen Ausländern gegenüber geheim. Auch weil aus Nordafrika importiertes Salz so begehrt ist, nimmt man aber widerstrebend Kontakt zu muslimischen Händlern auf, die durch die Sahara kommen. Die berichten, wie sich die Leute aus Gana die Lippen mit Salz einreiben und es als Heilmittel für innere Krankheiten verwenden. Kein Wunder, dass das »weiße Gold« Salz teils eins zu eins gegen das gelbliche getauscht wird.

Der König von Gana verdient an Steuern der Händler, an Exporten und Importen wie Gold, Kupfer, Parfümen, Schmuck, Waffen und Sklaven. Einerseits ähneln die Begräbniszeremonien Ganas jenen im alten Ägypten. Zugleich erinnert das Ritual, mit dem man sich dem König nähert, indem man sich Staub oder Asche auf seinen Kopf rieseln lässt, an die sprichwörtlich gewordene christliche Sitte, sich als Zeichen der demütigen Buße oder Trauer Asche auf das Haupt zu streuen. Konkret trifft in Gana die Stammesreligion allerdings auf den Islam der Araber und arabisch geprägten Nordafrikaner.

So ist die Hauptstadt Kumbi-Saleh (auch Koumbi-Saleh) mit schätzungsweise 15 000 bis 30 000 Einwohnern in zwei durch eine rund zehn Kilometer lange, teils zwölf Meter breite Straße verbundene Bezirke geteilt: In dem einen stehen Moscheen und wohnen meist muslimische Händler und Rechtsgelehrte in zweistöckigen Steinhäusern. Im anderen steht der Königspalast, umgeben von den Hütten der Einheimischen, die mehrheitlich Ackerbau betreiben, fischen und Hirsebier brauen. Zwar fangen die traditionell spärlich bekleideten Ganaer mit Blick auf die Fremden, die zunehmend an Einfluss gewinnen, nach und nach an, sich mehr Kleidung anzuziehen. Muslimisch wollen sie allerdings nicht werden; man hängt dem Kult um eine Fruchtbarkeit spendende Schlange an.

Allerdings kann man einen der wichtigsten Mythen Ganas auch als Beschreibung des Aufstiegs und Niedergangs eben dieses Kultes verstehen. Da setzt sich Dyabe, der jüngere Sohn des Reichsgründers Dinga, dank einer Trommel, die ihm geheimnisvollerweise vor die Füße fällt und vier Kavallerien zu Hilfe ruft, gegen den älteren Sohn Khine durch. Doch die mächtige schwarze Schlange Bida erlaubt ihm die Gründung eines Reiches nur unter der Bedingung, dass man ihr jährlich die schönste Jungfrau des Landes opfern muss. Da die Schlange Regen und Goldsegen verspricht, lässt man sich auf den grausamen Handel ein. Wie im griechischen Mythos über Minotaurus, den Theseus besiegt, erschlägt eines Tages der Verehrer einer der Jungfrauen die Schlange. Ihr Kopf fällt auf den Boden, weshalb Gana austrocknet und verarmt – und das neue Reich Mali entsteht.

Auch im echten Leben wird die alte Religion der Schlange verdrängt, nachdem in der ersten Hälfte des 11. Jahrhunderts die muslimischen Almoraviden aus dem heutigen Marokko in Gana einfallen, um an das Gold zu kommen. Ungefähr auf dem Gebiet des vormaligen Gana gründet im 13. Jahrhundert das Volk der Malinke das muslimische Reich Mali. Aus Mali kommen zeitweise angeblich bis zu zwei Drittel des Goldes, das weltweit in Umlauf ist. Zusammen mit Gana könnte Mali eines der ersten historischen Beispiele dafür sein, wie sehr die globale Nachfrage nach einem Rohstoff das Schicksal ganzer Regionen prägt; dies wiederholt sich später im Fall des Goldes der Inka und noch viel später, wenn es um das Öl der Araber geht. Was das spätmittelalterliche Mali anlangt, hat der Boom mit einer Entwicklung in Europa im 13. und 14. Jahrhundert zu tun. Denn dort werden im Rahmen des intensivierten Welthandels, der von Städten wie Genua und Florenz ausgeht, Goldmünzen immer wichtiger.

Der Traum vom Südland: Australien

Von Verteilungskämpfen um Gold bleibt der fünfte, zuletzt von Europa aus entdeckte Kontinent zumindest bis zum Goldrausch im 19. Jahrhundert verschont. Im Mittelalter ist Australien für Europäer im wahrsten Sinn des Wortes eine Utopie, ein Traumland: Wichtig ist das Traumland, weil man meint, man bräuchte zum Ausgleich eines Übergewichtes der bekannten nördlichen Kontinente ein »Südland«. Dieses *terra australis* (*terra* = »Erde«, *australis* = »südlich«) will man finden. Die Idee popularisiert als einer der ersten der venezianische Asienreisende Marco Polo (um 1254 – 1324).

Doch die Hoffnung, tatsächlich ein reiches Land südlich von Asien zu entdecken, erfüllt sich im Mittelalter nicht. Erst 1788 beginnen die Kolonisierung und Besiedlung Australiens, nachdem James Cook mit einem Geheimauftrag der englischen Marine, neue wirtschaftlich nutzbare Gebiete zu finden, das Land genauer erforscht. Anfangs landen dort Tausende britische Strafgefangene, die man aufgrund der Unabhängigkeitserklärung Nordamerikas 1776 nicht mehr in diese alte Kolonie verfrachten kann. James Cook trifft auf Ureinwohner, später Aborigines genannt. Hatte der Seefah-

rer und -räuber William Dampier 1688 beim ersten kurzen Kontakt mit den Uraustraliern geschrieben, »die Einwohner sind die erbärmlichsten der Welt«, notiert James Cook ein Jahrhundert später ganz gemäß dem Bild vom »Edlen Wilden« in sein Tagebuch: »In Wirklichkeit sind sie weit glücklicher als wir Europäer. Sie begehren keine prächtigen Häuser, Dinge des Haushalts etc., sie leben in einem warmen und angenehmen Klima und sind mit einer sehr gesunden Luft gesegnet.«

Diese australische Felsmalerei, die ein Wesen aus der Traumzeit darstellt, ist zwar Jahrhunderte alt, wirkt aber wie moderne Kunst. Sie entspricht damit dem Wesen der Traumzeit, bei der Vergangenheit und Gegenwart ineinandergreifen.

Dem mittelalterlichen Europäer, der versuchte, sich das »Südland« vorzustellen, wären wohl zumindest einige mystische Seiten der Australier beziehungsweise Aborigines vertrauter gewesen als späteren, aufgeklärten Zeitgenossen, die tatsächlich mit dieser ursprünglichen Kultur in Berührung kommen. Als Besonderheit neben den international üblichen Natur- und Schöpfungsmythen haben die Aborigines – die heute eine der ältesten noch lebendigen Kulturen der

Menschheit sind – die sogenannte Traumzeit. Sie verbindet Vergangenheit und Gegenwart bis in den Alltag hinein und relativiert das lineare Zeitempfinden. Zum *dreaming* gehören mündlich tradierte Erzählungen, Lieder und Rituale, mit denen man das alte Wissen in einer schriftlosen Kultur mit über 200 Sprachen und Dialekten für die Gegenwart bewahrt.

Teil dieses Wissens sind auch die sogenannten Traumpfade, Wege, die sich über Hunderte von Kilometern erstrecken können und durch die etwa festgelegt ist, wer wo wohnt. Orientierung bieten wie bei nordamerikanischen Indianern auch Totems, Tiere und Zeichen, mit deren Hilfe man zwischenmenschliche Beziehungen regelt und festlegt, wer wen heiraten darf. Ebenfalls mündlich überliefert werden Gesetze und Kenntnisse darüber, wie man etwa ein Wasserloch findet, ausgräbt und wieder sorgsam verschließt. Da niemand das Gesamtwissen oder den Anspruch darauf hat, gelten Wissen und Land als Gemeinschaftseigentum. So gibt es bei den Aborigines weniger Streit um Besitz, allerdings durchaus um Jagdrechte. Obwohl Schamanen, Medizinmänner und Rechtsexperten, *law men*, ein Sonderwissen besitzen und schwere Strafen verhängen können, haben sie keine höhere Stellung. Zugleich sind neben Stämmen kleinere Einheiten wie Clans und die Familien wichtig, die weiter und komplizierter untergliedert sind als anderswo.

Aus mittelalterlicher Perspektive wäre das Leben der Aborigines trotz all seiner Härte weiten Teilen der europäischen Bevölkerung, wenn sie davon gewusst hätten, vielleicht reizvoll erschienen. Schließlich wird man in Europa, wenn man nicht sehr privilegiert ist, von der Angst vor der Erbsünde geplagt, von Steuereintreibern und dem Teufel. Wenn man Pech hat, etwa dem Nachbarn nicht passt, wird man willkürlich als Hexe oder Ketzer angeklagt und zu Tode gefoltert. Berücksichtigt man noch die unbequeme Kleidung aus Wolle oder Eisen, kann man die Bereitschaft vieler Menschen des Mittelalters und der Neuzeit erklären, trotz immenser Gefahren und Ungewissheiten Fernreisen anzutreten und ein warmes *terra australis* (Südland) zu suchen.

KAPITEL ACHT

Im Laboratorium der Moderne
Die frühe Neuzeit: Kunst- und Medienrevolution,
Renaissance und Reformation

Als ein paar Knaben auf einer Insel der südlichen Hemisphäre zu Beginn des 16. Jahrhunderts einen ausländischen Diplomaten auf der Straße sehen, stupsen sie ihre Mutter mit dem Ellbogen an: »Schau doch, Mutter, was für ein alter Kindskopf dort noch Perlen und Steinchen trägt, als wäre er ein Dreikäsehoch!« Die Knaben sind Utopier – aus dem Buch *Utopia* (1516) von Thomas Morus. Im echten Leben war Morus unter anderem Lordkanzler in London. In seinem Buch, mit dem er langfristig den Begriff der Utopie (griech. »Nicht-Ort«) geprägt hat, beschreibt er einen Idealstaat, der zunächst nur in der Vorstellung existiert. In diesem Staat gibt es kein Privateigentum. Gold, Edelsteine und prunkvolle Kleidung gelten als lächerlich. Schon Kinder werden dazu erzogen, die Fixierung auf Luxusgüter als Zeichen mangelnder Reife zu sehen. Stattdessen sollen sie lernen, die Schönheit der Natur, den Glanz der Sonne und der Sterne zu bewundern.

Solche Ideale sind schon damals utopisch. Schließlich beuten Europäer auf der Suche nach Gold, Edelsteinen und Sklaven brutal ganze Kontinente aus. 1492 hat Christoph Kolumbus auf der Suche nach dem Seeweg nach Indien versehentlich Inseln vor Amerika entdeckt, die er für Indien hält und die man deshalb Westindische Inseln nennt; und Amerigo Vespucci hat zwischen 1499 und 1502 das Festland erkundet, das man nach ihm Amerika tauft. Um 1500 beginnt mit der Neuzeit das »Zeitalter der Entdecker«, des Kolonialismus und der Abenteuerreisen in exotische, oft paradiesisch anmutende Länder.

Passend dazu umreißt *Utopia* ein Paradies, das säkular ist, weder religiös definiert wie im europäischen Mittelalter noch wie in Platons *Staat* abstrakt philosophisch. Morus' Utopia ist eine Art basisdemokratischer Kommunismus. Es gibt eine vorbildliche Krankenversorgung und keine faulen Priester und Gutsherren. Nur echte Verbrecher werden versklavt, der Krieg gilt als letztes Mittel. In »naturhafte« Farben gekleidet, bildet sich jeder ständig – noch vor Sonnenaufgang – in Volkshochschulkursen fort. So protestantisch das klingt, so robust sinnlich schildert Morus verschiedene körperliche Vergnügen: etwa die Lust, die man hat, »wenn man den Darm entleert oder ein Kind zeugt oder einen juckenden Körperteil reibt oder kratzt«.

Ein derartiges Paradies auf Erden wäre im Mittelalter mit seinen jenseitsorientierten Erlösungsvorstellungen noch unerhört gewesen. In mittelalterlichen Werken griffen verschiedene Realitätsebenen noch natürlich ineinander – die des Menschen, der Engel und der Allegorie. Entsprechend erörterte man im sogenannten Universalienstreit theoretisch, ob allgemeine (universale) Begriffe und Ideen sozusagen auch real seien (Realismus), und nicht nur geistige Konstruktionen. Oder ob nur die spürbaren einzelnen Dinge real seien (Nominalismus). Typisch für die Neuzeit ist wiederum, wie Morus ironisch auf die realen Gefahren utopischen Wunschdenkens anspielt und Begriffe, Ideen und Utopien verstärkt auf ihre praktische Relevanz hin abklopft. Vermeiden will Morus denn auch die »theoretische Schulweisheit, die glaubt, alles passe an jedem Ort«.

In heutigen Worten geht es um die Praxistauglichkeit

und Umsetzbarkeit der Utopie. Es geht um Zielgruppen – und eine frühe Medienkritik. Die Medienkritik gehört zur Medienrevolution, die im frühen 16. Jahrhundert ihren ersten Höhepunkt hat und mit der Reformation und gesellschaftlichen Veränderungen wie der Betonung des individualistischen Denkens einhergeht. Losgetreten wird die Revolution allerdings schon im 15. Jahrhundert. Johannes Gutenbergs Erfindung des Drucks mit beweglichen gegossenen Lettern um 1450 bewirkt eine Explosion des Buchmarktes.

Die Medienrevolution betrifft nicht nur die damals wichtigsten Schriftquellen, sondern auch die Bilder. Schon zu Beginn des 15. Jahrhunderts beeindruckt die Kunst mit einer lebensnahen Perspektive und neuen Themen. Im Mittelalter entfalten Massenmedien wie die Predigt und Ballade ihre Wirkung noch über Priester und fahrende Spielleute, die ihre Botschaft persönlich in einer Messe oder in einer Vorführung auf dem Marktplatz übermitteln. In der Neuzeit finden verstärkt Schrift- und Bildmedien Verbreitung. Die Medien ermöglichen einen freieren Meinungsaustausch, aber auch Missbrauch und Manipulation.

Machtpolitiker, PR-Künstler, Selfmademen

In der Malerei etabliert Masaccio (1401 – 1428) die konstruierte Zentralperspektive und rückt damit den Menschen ins Zentrum der Wahrnehmung. Wenn Donatello nicht nur seinen *David* (um 1430 – 1445) als erste frei stehende Aktfigur seit der Antike schafft, sondern um 1453 auch das erste Reiterstandbild seit der Römerzeit, das den Condottiere Gattamelata (ital. »gescheckte Katze«) zeigt, wird die Bedeutung der Kunst für die allgemeine Geschichte klar: Hier wird mit

Gattamelata ein Söldnerführer, ein Aufsteiger und Selfmademan in der Art der antiken Reiterstatue des römischen Kaisers Marc Aurel auf Augenhöhe mit den altadeligen Machthabern, Königen und Kaisern seiner Zeit präsentiert.

Einerseits kann in Florenz jedermann eines der vielen Tabernakel (lat. *tabernaculum* »Hütte, Zelt«) mit Andachtsbildern sowie Madonnenporträts an den Innenseiten der Stadttore genießen. Andererseits kontrastiert die Flut an schönen Bildern vor allem außerhalb der Stadttore mit Hungersnöten und sozialer Ungerechtigkeit. Pächter auf dem Land müssen die Hälfte ihrer Erträge an die Grundbesitzer abgeben. Doch bei allen Einschränkungen, die man über die Verlässlichkeit der Kunst als historische Quelle machen muss, hat es seine Berechtigung, dass auch in historischen Überblickswerken in Kapiteln über die Renaissance-Zeit des 15. und 16. Jahrhunderts Skulptur und Malerei betont werden wie für keine andere Epoche. Schließlich kommen die Wiedergeburt (Renaissance) und Weiterentwicklung einiger Ideen der Antike, das neue Menschenbild und gesellschaftspolitische Denken in der Kunst und auch durch sie zum Tragen.

So strahlt etwas vom Neuplatonismus auf die Menschen ab, weil sich diese neu umgesetzte Philosophie der Spätantike auf Bildern wie Sandro Botticellis Gemälde *Primavera* (*Der Frühling*, um 1480) dargestellt findet – in den lieblichen Frauenfiguren, in Merkur und dem milden mythischen Wind Zephyr. Mit der neuplatonischen Ausgießung des göttlichen Geistes auf die irdischen Dinge und seiner Rückkehr beziehungsweise dem Aufstieg der Seele in den Himmel ist das Denken der Zeit eine kuriose Mischung: Hier treffen christlich jenseitsorientierte Vorstellungen auf antike, die mehr das Zyklische, den natürlichen Kreislauf vom Entstehen und Vergehen betonen beziehungsweise fließende Grenzen zwischen der Menschen- und Götterwelt. Es ist ein Kompromiss aus der Keuschheit Christi und Homers sexsüchtigen Göttern, aus ätherisch gotischen Schönheiten und anatomisch ausgeformter Nacktheit. Das alles theoretisch unter einen Hut zu kriegen ist Aufgabe von Humanisten wie Marcilio Ficino, die dafür von Sponsoren wie den Medici Villen geschenkt bekommen.

Warum laufen diese kulturgeschichtlich wichtigen Entwicklungen besonders früh in Italien ab? Dort löst eine geistig rege städtische Geld- und Handelskultur früh alte Machtstrukturen ab, die unter anderem wegen des Konkurrenzkampfes zwischen dem römisch-deutschen Kaiser und dem Papsttum ausgehöhlt sind. Zuträglich ist der neuen Kultur, dass die italienischen Stadtstaaten auf den alten römischen Verwaltungs- und Infrastrukturen aufbauen können. Auch ist in der Frührenaissance Amerika noch nicht entdeckt. So profitieren die italienischen Stadtstaaten davon, dass sie an den wichtigen See- und Handelswegen in die östlichen Mittelmeerländer (Levante) und den Fernen Osten liegen. Ändern wird sich das erst, als mit der Entdeckung Amerikas Ende des 15. Jahrhunderts der Atlantik das Mittelmeer als Hauptverkehrsweg des internationalen Handels ablöst. Positiv für die italienischen Stadtstaaten wirkt sich auch aus, dass nach der Eroberung von Konstantinopel 1453 durch die Osmanen griechische Gelehrte nach Italien fliehen und Bildung und technisches Know-how mitbringen.

Aus dem italienischen Flickenteppich mit kleineren Stadtstaaten wie Ferrara, Mantua, Padua und Genua ragen in der Renaissancezeit fünf Hauptakteure heraus: erstens Mailand mit der Fürstendynastie der Sforza (ital. »Bezwinger«), gegründet vom Söldnerführer Muzio Attendolo; zweitens

Venedig mit einer Oligarchie, in der als (repräsentativer) Regierungschef ein Doge von Mitgliedern aus Patrizierfamilien gewählt wird; Sandro Botticellis *Primavera* (Der Frühling, um 1480)

drittens der vatikanische Kirchenstaat mit einem Papst, der beim Konklave von – meist bestochenen – Kardinälen gekürt wird; viertens Neapel als Königreich und Zankapfel zwischen Frankreich und Spanien – kulturell weniger prägend, aber ein politischer Faktor bei der langfristigen Zerstückelung Italiens; fünftens das Florenz der Medici, die sich von kleinen Händlern und Bankiers zu Großherzögen aufschwingen. Alle konkurrieren miteinander – und finanzieren Kunst und Kultur nicht nur aus intellektueller Neugier, sondern auch zur Imagepflege.

In ihrer Vielfalt bilden die Stadtstaaten Italiens eine Art Laboratorium für grundlegende Entwicklungen der Neuzeit und Frühmoderne, die später auf ganz Europa ausstrahlen werden. Allerdings haben die italienischen Stadtstaatsgebilde hinsichtlich ihrer innovativen Kraft unterschiedliche Schwerpunkte. Die Päpste lassen den Rest Europas mit Ablässen zur Ader, um im Reichtum zwischen Kunst und Kurtisanen zu schwelgen und den gigantomanischen Petersdom bauen zu können (Beginn 1506 unter Bramante, Kuppelbau ab 1546 unter Michelangelo). In Florenz dagegen wird 1252 erstmals der Florin geprägt, der sich bald zu einer Art neuzeitlichem Euro mausert, einer internationalen Leitwährung. Insgesamt ist man in Florenz auf Bankwesen und Tuchherstellung und -handel spezialisiert. Die reichste Kaufmannsfamilie sind die Medici, die Florenz mit Unterbrechungen vom 15. bis zum 18. Jahrhundert beherrschen. Zusammen mit den Fuggern aus Augsburg sind sie so etwas wie die ersten multinationalen Konzerne der Weltgeschichte. Die Multis betreiben strategische Fusionen und Dumping-Preispolitik zur Zerstörung von Konkurrenten.

Den Fuggern gehören Silber- und Kupferminen, Handelsniederlassungen und das größte Bankhaus Europas; sie organisieren den Ablasshandel Roms mit, finanzieren die Kriege von Kaiser Maximilian I. und die Wahl Karls V. Was den Fuggern im Vergleich zu den Medici fehlt, ist neben dem Image der Volksnähe ein gewisser Glamour. Die Medici fördern Künstler und Humanisten und arbeiten mit der Volkspartei zusammen. Insgesamt verlagert sich der alte Gegensatz zwischen Anhängerschaften des Kaisers, den Ghibellinen, und jenen des Papstes, den Guelfen, mehr und mehr auf den Streit zwischen Volkspartei und Adel. Zur Steigerung ihrer Beliebtheit veranstalten die Medici Turniere im *calcio*, einer Vorform des Fußballs mit mehr Spielern, einem kleineren Ball und mehr Gewalt.

Zwar regieren in der Republik Florenz anfangs anders als in den norditalienischen Stadtstaaten – und ähnlich wie in Siena und Lucca – nicht Adelige, sondern Bürgerliche wie der Kanzler Coluccio Salutati (1331–1406). Doch de facto existiert die Republik schon früh nur noch dem Namen nach. Im 15. Jahrhundert schwingt sich Cosimo de' Medici (1389 bis 1464) als *pater patriae* (»Vater des Vaterlandes«) zum Herrscher auf. Zunächst liegt die Macht bei den großen Zünften, den Vereinigungen verschiedener Berufsgruppen; als prägende Kraft in Florenz entscheiden sie über Kirchenbau und Lebensmittelpreise. Prinzipiell sind die Wahlämter, die nur Mitglieder der Großzünfte erhalten, zur Vermeidung von Korruption zeitlich streng begrenzt. Allerdings setzen sich die Medici mit Hilfe von Bestechung, Gewalt und PR durch. Cosimos Enkel Lorenzo der Prächtige (»Il Magnifico«) wird schon wie ein Fürst regieren. Er brilliert als Bündnispolitiker, Mäzen von Kunststars wie Michelangelo und als Dichter von Karnevalsliedern.

Einerseits bekämpfen sich Bankiers- und Händlerfamilien wie die Medici, Pitti und Pazzi bis aufs Blut; andererseits fördern sie das Gemeinwohl. Die Alphabetisierung dürfte in Florenz mit rund einem Drittel der männlichen Bevölkerung die höchste in Europa sein. Mit der Finanzierung von Grundschulen, Krankenhäusern sowie Künstlern und Architekten wie Brunelleschi, dem Erbauer des Florentiner Doms, erhöhen die Zünfte und mächtigen Familien das Bildungsniveau und die Lebensqualität. Florenz hat über 30 Hospitäler, das heißt Krankenhäuser und Altenheime. Ab Mitte des 15. Jahrhunderts wird die Accademia Platonica zum Vorbild für Akademiegründungen in aller Welt. In neuartigen Ratgeber-Bestsellern wird anders als in jenen des Mittelalters, in denen es etwa um die demütige Nachfolge Christi geht, ein individualistischer geprägtes Menschenbild und politisches Denken auch im Privaten propagiert: In *Der Fürst* (1513) lobt Niccolò Machiavelli den schlauen, taktisch agierenden Machtmenschen; in seinem *Hofmann* (1528) leitet Baldassare Castiglione zur geschliffen höfischen, aber auch bürgerlichen Umtriebigkeit an. Er fördert ein neues Selbstbewusstsein des Einzelnen und seine Kreativität, wie man heute sagen würde.

Das schiefe Lächeln der Mona Lisa – wie Kunst Geschichte macht

Die Denker und Künstler sind wichtig, weil sie gesellschaftliche Bilder mit prägen. Raffael ist für Bilder makelloser Frauen zuständig wie der *Sixtinischen Madonna*. Im Auftrag von Julius II. und dem Medici-Papst Leo X. trägt er zur Verherrlichung des Nachfolgers Petri und seiner Macht bei. Eine verantwortungsvolle Aufgabe ist das insofern, als das Papsttum um 1500 den Höhepunkt in Sachen Korruption und Dekadenz erreicht. Das Paradebeispiel ist Alexander VI. Borgia (um 1431 – 1503). Mit Hilfe seines Sohnes Cesare vergiftet er politische Gegner, er kauft Kurtisanen, paktiert außenpolitisch machiavellistisch mit an sich verfeindeten Mächten und kurbelt die Vetternwirtschaft massiv an. Ihn zeigt Tizian, wie er demütig dem heiligen Petrus huldigt.

Insgesamt präsentiert Tizian neben Kaisern, Fürsten und Päpsten diverse Frauen so würdevoll und schön – und entspannt –, dass man gerne vergisst, wie brutal Kurtisanen oft behandelt werden, auch wenn sie mit Glück Reichtum erlangen, an päpstlichen Banketten teilnehmen und in vieler Hinsicht ein freieres Leben als Ehefrauen führen können. Anfang des 16. Jahrhunderts machen die gewerblichen Damen manchen Historikern zufolge ein Fünftel der römischen Bevölkerung aus. Zwar bedeutet die Beteiligung von Frauen an intellektuellen Diskussionen, wie sie Castiglione in seinem Buch

Hofmann schildert, einen gewissen Fortschritt, eine minimale Emanzipation zumindest von Damen aus höheren Ständen. Doch de facto sind Frauen weiterhin entrechtet, werden zwangsverheiratet.

Ein Nebeneffekt des Entwicklungsschubs in der italienischen Kunst von Masaccio, Botticelli, Michelangelo, Leonardo da Vinci und Raffael ist, dass die Nachwelt ein geschöntes Bild von der Neuzeit und der Renaissance hat, die noch im Spätmittelalter beginnt. Denn in ihren Kunstwerken haben die realen Lebensumstände des Volkes wenig Platz – weniger zumindest, als die realistische Gestaltung der Bilder glauben machen könnte. Der Kontrast zwischen Bild und Realität ist umso stärker, als Mentalität, Bildungsstand und materielle Lebensbedingungen sich für die Mehrheit der Bevölkerung bis mindestens ins 17. Jahrhundert kaum von jenen im Mittelalter unterscheiden. Man glaubt an den Teufel, stirbt an der Pest und zahlt hohe Steuern an Fürsten und Päpste. Die systematische Verfolgung von Hexen und ihre Verbrennung bei lebendigem Leib erreichen im 16. und 17. Jahrhundert ihren Höhepunkt und reichen bis weit ins 18. Jahrhundert hinein.

Trägt die Kunst in der Renaissance zur Manipulation der Massen bei, wird der kritische und souveräne Umgang mit den schönen Bildern auch immer wichtiger. So gehören Bildhauer, Maler und Kunsttheoretiker zunehmend zur einflussreichen Prominenz, mit der sich Kaiser, Päpste und Könige umgeben. Zwischen 1420 und 1540 – von der Frührenaissance bis zum Manierismus – können Künstler einen immensen Statusgewinn, Ruhm und finanzielle Vorteile verbuchen. Traditionell bezeichnet *arte* schlicht eine handwerkliche Fähigkeit wie die der Wollherstellung; und mit *artista* ist wiederum jemand gemeint, der die *artes liberales*, die Sieben Freien Künste der Antike studiert hat (Grammatik, Rhetorik, Dialektik, Arithmetik, Geometrie, Astronomie, Musik). In der Renaissance versteht man einen Maler und Bildhauer nun nicht mehr so sehr als Handwerker, sondern sieht in ihm eine Geistesgröße, deren Fähigkeiten dem göttlichen Wirken nahekommen. Was Image und Einfluss betrifft, so sind die Künstler dieser Zeit heutigen Popstars, Sportlern oder auch IT-Unternehmern wie Bill Gates und Steve Jobs vergleichbar. Als Gestalter von Herrscherporträts und Historienmalereien, aber auch von verschwenderischen Hoffesten und ganzen Stadtteilen werden Künstler kontrovers diskutiert. Man bewundert ihre Bildermacht, ihre technischen Fertigkeiten, ihr PR-Talent, ihren Lebensstil. Auch ohne adelige Abstammung können sie Karriere machen. Herausragende Beispiele sind hier der »göttliche« Michelangelo und Leonardo da Vinci.

Leonardo da Vinci schafft mit seiner *Mona Lisa* (um 1503) eines der bekanntesten Kunstwerke. Jahrhundertelang wird man über das rätselhafte Lächeln der Porträtierten spekulieren. Gleichzeitig dient das Gemälde als Projektionsfläche für die Abgründe menschlicher Sehnsüchte. Aber Leonardo wird nicht nur wegen der *Mona Lisa* weltberühmt, er verkörpert als Universalgenie auch das neuzeitliche Ideal des selbstbewussten Individuums. Er führt naturwissenschaftliche Experimente durch, seziert Tiere und Leichen, macht den Menschen zum Zentrum der Schöpfung – und inszeniert und vermarktet sich selbst. So verfasst er ein Bewerbungsschreiben an Ludovico Sforza: Er bietet dem Mailänder Herzog an, als Ingenieur »Angst und Schrecken verbreitende« Streitwagen und Wurfgeschütze zu bauen, »Wasserleitungen«, aber auch »Skulpturen aus Marmor, Bronze oder Ton zu fertigen sowie alle nur erdenklichen Arten von

Gemälden – auch hier kann ich mich mit jedem anderen Künstler messen«.

Was in der Kunstszene des 21. Jahrhunderts oft einem routinierten Rollenspiel gleicht und nur noch eine untergeordnete Bedeutung hat, ist in der Renaissance noch eine gesellschaftspolitisch wichtige Angelegenheit: Der bildende Künstler besticht durch Innovation, demonstriert Mut und führt unkonventionelles Denken vor; manchmal gibt er sogar den Muster-Unternehmer, der trickreich am Markt agiert und selbst wenig Wertvolles und Funktionsfähiges für hohe Preise verkauft. Damit kann er Achtung in den höchsten Kreisen erringen. So schreibt Giorgio Vasari, der Vater der Kunstgeschichte, in seinen *Lebensläufen der berühmtesten Maler, Bildhauer und Architekten* (1550) über Leonardos Hauptkonkurrenten Michelangelo: Der Papst »schlug mit seinem Stock nach dem Bischof und schrie: ›Der Ignorant bist du, dass du dem Mann [Michelangelo] Grobheiten sagst, wie Wir sie ihm nicht sagen!‹« In Zeiten, in denen Kritik nur Autoritätspersonen zusteht – was im Übrigen bis ins 18. Jahrhundert hinein gilt –, prügelt der Papst den Bischof, weil der sich Kritik am »göttlichen« Michelangelo anmaßt, welcher sich einzigartige Freiheiten selbst gegenüber seiner Heiligkeit herausnehmen darf. Als Vater der Kunstgeschichte ist Vasari auch der Vater des Starporträts, das vor Übertreibungen und erfundenen Passagen strotzt, dabei aber das Wesen seiner Zeit erfasst.

Am Siegeszug der Künstler kann auch das real existierende Utopia nichts ändern, das der Bußprediger Girolamo Savonarola (1452 – 1498) während der vorübergehenden Vertreibung der Medici in Florenz gründet. In Savonarolas Gottesstaat müssen Frauen ihre Brüste, die sie – für heutige Verhältnisse recht freizügig – gerade noch neuplatonisch locker von weiten Dekolletees umrahmt zur Schau tragen konnten, verhüllen; Gemälde, Schminke, Musikinstrumente und Brettspiele landen auf dem Scheiterhaufen. Allerdings bringt Savonarola sowohl den Papst als auch die alten Florentiner Familien gegen sich auf und wird am Schluss verbrannt.

Wie gewieft man in Zeiten der Repression, politischer Morde und päpstlicher Zensur nicht nur in der Politik, sondern auch in der Kulturszene vorgehen muss, zeigt ein Blick auf den neuen Beruf der *poligrafi*, der Vielschreiber. Als freiberufliche Publizisten leben sie nicht mehr nur wie früher von Auftragsarbeiten für Fürsten, sie bieten ihre Produkte selbst auf dem freien Markt an. Ein exemplarischer Fall des *poligrafo* ist der heute weniger bekannte, damals aber berühmte Schriftsteller Pietro Aretino (1492 – 1556). Er schreibt peppige Heiligenviten, aber auch pornografische Gedichte und darf vor allem als erster Klatschreporter und Kunstkritiker im heutigen Sinn gelten. Er verkörpert beispielhaft und auf unterhaltsame Weise eine der größten gesellschaftlichen Revolutionen der Neuzeit – die Betonung eines neuen individuell ausgeprägten Selbstbewusstseins und einer ansatzweise freien Meinungsäußerung. Als »Monarchen-Geißel«, wie ihn Ariost in seinem Epos *Orlando furioso* nennt, wird Aretino von Päpsten, aber auch von Kaiser Karl V. und König Franz I. sowie Bankiers wie Agostino Chigi fürstlich dafür entlohnt, dass er sie nicht angreife, sondern preise. Er steigt vom Schustersohn zum europaweit berüchtigten Pionier der Publizistik auf.

Als das Konklave nach dem Tod Leos X. im Dezember 1521 und Januar 1522 tagt, finden sich jeden Morgen Botschaften über die Papstwahlkandidaten an einem Torso nahe der Piazza Navona, die dort nachts angebracht werden. In einer Reihe von Prosatexten und Spottgedichten, die wie eine Boulevardzeitung täglich frisch auf den Straßen Roms erscheinen, informiert Aretino Passanten über die Laster der Kardinäle, ihre Gelage, ihre Kurtisanen und Lustknaben. Vor allem aber schafft Aretino mit insgesamt rund 3000 Briefen, die er an prominente Adressaten verschickt und zugleich in Abschriften und Drucken veröffentlicht, hundert Jahre vor der Publikation der ersten Tageszeitung eine Vorform des (Feuilleton-)Artikels.

Kulturhistorisch aufschlussreich ist Aretinos Buch *Kurtisanengespräche*. Es gewährt Einblicke in das Leben von Kurtisanen, aber auch Ehefrauen und Nonnen – und verrät etwas über den damaligen Umgang mit Bildern. Bei der Betrachtung einer Reproduktion von Michelangelos Sixtinischem Deckenfresko (1512), das Sex zwischen Adam und Eva andeutet, seufzt eine junge Nonne auf: Zwischen ihr und anderen, älteren Nonnen entspinnt sich eine Diskussion darüber, ob Evas Lust und Sünde verständlich seien oder nicht: »Wir würden«, meint die junge Nonne, »ewig leben, hätte sie nicht den Lecker nach 'nem Stück Obst verspürt. Aber wenn's kein Sterben gäbe, so würden wir einander aufessen, und das Leben würde uns zum Ekel werden, und darum hat Eva wohl daran getan, dass sie den Apfel aß.« – »Das hat sie nicht getan, nein!«, schreien die anderen Nonnen.

Bei aller Übertreibung kommt hier das frühneuzeitliche

Denken zwischen alter Gottesfurcht und neuem Selbstbewusstsein zum Ausdruck. Das gilt auch für den Medienskandal, den Aretino provoziert, als er 1545 – sich direkt an den Künstler wendend – über Michelangelos *Jüngstes Gericht* in der Sixtinischen Kapelle schreibt: Man müsse »angesichts der Unanständigkeit, mit der Ihr die Märtyrer und Jungfrauen zeigt, und der Gebärde dessen, der hier an seinen Geschlechtsteilen ergriffen wird, selbst noch in einem Hurenhaus aus Scham den Blick senken«. Mit diesem wohl ersten Verriss der Kunstgeschichte entpuppt sich Aretino als Machiavelli der Kritik. Denn einerseits präsentiert er sich, indem er die Nacktheit in der Kunst verurteilt, als Moralapostel, und zwar womöglich mit dem Ziel, dadurch in der Kirche Fürsprecher zu gewinnen und vielleicht sogar das lukrative Kardinalsamt zu ergattern. Andererseits kann man, zumal wenn man Aretino als Libertin und Autor obszöner Geschichten kennt, vermuten, dass er sich mit seinem offenkundig aufgesetzten und übertriebenen Angriff gegen den Künstler indirekt über die Doppelmoral vieler vermeintlich strenggläubiger Christen lustig macht.

Abgesehen von publizistischen Coups trägt zu Aretinos Ruhm auch bei, dass er sich als Autodidakt über alte Traditionen und Autoritäten hinwegsetzt: »Ich bin kein Sklave der Pedanten. Ich trete nicht in die Fußspuren Petrarcas oder Boccaccios.« Hatten die beiden Literaten im 14. Jahrhundert zusammen mit Dante immerhin die Volkssprache Italienisch beziehungsweise Toskanisch gegen das Lateinische stark gemacht, ist der Kontrast zu Aretino gerade mit Blick auf Dantes Werk *Die Göttliche Komödie* (1321) augenfällig: Bei Dante gibt es noch einen mittelalterlich geordneten Kosmos mit den Sphären Fegefeuer, Himmel und Hölle samt klar definierten Strafen.

Zwar wird natürlich schon vor Aretino Kritik geübt, aber in der Renaissance stellen sich verstärkt Einzelne hin, um ihre Meinung zu sagen, und berufen sich dabei weniger auf Gott oder Kaiser als vielmehr auf ihr Gewissen. Um sich in Zeiten von Zensur und Ketzerverbrennung nicht zu stark zu exponieren, wählen viele gleichwohl indirekte, verschraubte Formulierungen. Was heute manieriert oder hölzern wirkt, ist damals eine brandneue Kulturtechnik, die inzwischen selbstverständliche Taktiken wie die Verstellung und Rollenspiele beinhaltet. Die sind in dem Maß reizvoll, in dem sich das alte gesellschaftlich klar nach Ständen vorgegebene Rollenverständnis des Mittelalters darüber, wie sich ein Bauer, ein Adeliger und ein Geistlicher zu verhalten habe, auflöst.

Wie bei fast allen Figuren auf Michelangelos *Jüngstem Gericht* (1541) wurde auch Jesu Blöße auf Befehl des Vatikans übermalt. Den Auftrag übernahm Daniele da Volterra und ging so als »Höschenmaler« in die Kunstgeschichte ein. Selbst nach der aufwändigen Restaurierung von 1980 bis 1994 blieben die meisten der ursprünglich nackten Figuren bekleidet.

Wollte man Aretino mit heutigen Figuren vergleichen, müsste man ihn wohl irgendwo zwischen Bloggern und global agierenden Medientycoons ansiedeln. In seiner Zeit wirkt Aretino, was die innovative Nutzung von Medien und seine Selbstinszenierung etwa als »Condottiere der Feder«, als schreibender Söldnerführer betrifft, modern. Mit Blick auf seine boulevardeske Kirchenkritik könnte man ihn auch als Pendant eines inzwischen ungleich berühmteren Zeitgenossen sehen: Martin Luther (1483–1546). Luther setzt sich geschickt wie Aretino in Szene, verkleidet sich als Junker Jörg. Während Aretino seine Spottgedichte auf einem Platz in Rom anschlägt, publiziert Luther seine Kirchenkritik in Wittenberg der Legende nach an der Kirchentür – jedenfalls mit Hilfe der neuen Medien: gedrucktes Pamphlet und Buch.

So wie Aretinos freizügige Ausdrucksweise schon bei Boccaccio und in Lorenzo Ghibertis *Commentarii* vorbereitet ist, so hatten Luthers Reformbestrebungen durchaus auch ihre Vorläufer: Anderthalb Jahrhunderte vor Luther lehrt der Oxforder Theologieprofessor John Wyclif (um 1330–1384) eine Rückbesinnung auf die Bibel, die er erstmals ins Englische übersetzt. Er lehnt den Heiligenkult, das Zölibat und die weltliche Macht der Bischöfe ab. Doch dann gerät er in die Mühlen der Politik, seine Schriften werden als ketzerisch verurteilt, er wird mundtot gemacht. Einfluss übt Wyclif allerdings auf den tschechischen Reformer Jan Hus (um 1370–1415) aus, dessen Anhänger noch Jahrzehnte nach seinem Tod in den Hussitenkriegen gegen kaiserliche und päpstliche Truppen kämpfen. Wie später Martin Luther mit seinem Volksdeutsch – und vor ihm Wyclif in Sachen Englisch – trägt Hus zur Entwicklung der Nationalsprache Tschechisch bei. Dennoch wird er als Ketzer verbrannt (und erst später als Nationalheld gefeiert).

Da hat Luther mehr Glück. Der Augustinermönch und Theologieprofessor ärgert sich über die Ablasspredigten des Dominikaners Johann Tetzel so sehr, dass er 1517 in seinen 95 Thesen die Zustände in der katholischen Kirche anprangert. Insgesamt erreicht er mit Pamphleten, die er an Fürsten verschickt, mit Schriften wie »Sermon von dem Ablass und Gnade«, die er bewusst in einfacher Sprache verfasst, und mit seiner deutschen Bibelübersetzung neuartig weite Teile der Bevölkerung. Er wendet sich gegen die Praxis des Freikaufs von Sünden durch Ablässe, ist für eine Reduzierung der Sakramente auf das Abendmahl und die Taufe, volkstümliches Liedgut und eine »reine, gute, gemeine Hausspeise«, in heutigen Worten eine ehrliche Küche mit regionalen Zutaten.

All das ist Luther lieber als der verfeinerte Bildungshumanismus des Kultur- und Kirchenkritikers Erasmus von Rotterdam, der sich in seinem Buch *Lob der Torheit* auch über den Klerus lustig macht, aber zur Reformation Distanz wahrt. Sollen bei Luther nach dem Grundsatz *sola fide, sola gratia, sola scriptura* allein der Glaube, die Gnade Gottes und die Schrift, die Bibel, als Autorität gelten, ist die Reform zunächst eine Rückbesinnung auf die Anfänge des Christentums. Zur Tendenz seiner Zeit hin zu mehr Individualismus und Eigenständigkeit passt Luthers Programm insofern, als jedermann fortan ein bisschen sein eigener Priester sein kann; professionelle Geistliche sind eher Facharbeiter mit Privatleben, Ehefrau und Kindern als scheinbar abgehobene Exzellenzen oder Heiligkeiten.

Luther kann sich auch dank der Unterstützung durch

Fürsten, vor allem den Kurfürsten von Sachsen, Friedrich den Weisen, durchsetzen. Denn sie wollen nicht zahlen, als Rom unter Papst Leo X. zur Finanzierung ihres Luxuslebens und des Petersdoms europaweit einmal wieder besonders hohe Steuern fordert. Damit geraten sie mit dem Habsburgerkaiser Karl V. in Konflikt. Als König von Spanien und Bündnispartner des Vatikans gegen die Osmanen muss er den katholischen Laden zusammenhalten und hat mit seinen Kriegen gegen den französischen König Franz I. schon genug Probleme. So muss Luther, vom Papst 1521 gebannt, seine Thesen auf dem Reichstag von Worms verteidigen, wird aber auch nicht wirklich hart rangenommen. Mit den vielzitierten Worten »Hier stehe ich. Ich kann nicht anders«, entscheidet sich Luther gegen den Widerruf seiner Meinung. Karl V. belegt ihn mit der Acht. Doch Luthers Auftritt macht Eindruck. Etwa auf den späteren König Christian III. von Dänemark. Vom dänischen Königreich aus wird der Protestantismus Skandinavien erobern. Auch dank der Verteilung von beschlagnahmtem katholischem Kirchengut an Adelige konvertieren diese bereitwillig zum Protestantismus.

Bei der Durchsetzung des Protestantismus greifen immer wieder wirtschaftliche, religiöse und emotionale Motive ineinander. Unter dem Schutz Friedrichs des Weisen übersetzt Luther auf der Wartburg das Neue Testament. Damit bringt er die deutsche Volkssprache voran, das deutsche Nationalgefühl – und vielleicht auch die sogenannte deutsche Innerlichkeit (»Hier stehe ich. Ich kann nicht anders.«). Da Luther Veränderungen auf der religiös-konfessionellen und symbolischen Ebene bewirkt, die politischen Verhältnisse aber mehr oder weniger bestehen lässt, eignet sich seine Bewegung als Sozialventil. Unterstützt wird Luther vom Wittenberger Unikollegen Philipp Melanchthon, vom Humanis-

Der Bapstesel, reformatorisches, antipäpstliches Spottblatt, Holzschnitt, 1525

ten Ulrich von Hutten, Künstlern wie Albrecht Dürer und der Malerfamilie Cranach. Letztere macht Luthers Gesicht mit Hilfe von Gemälden und Holzschnitten wahrscheinlich bekannter als das vieler Könige und Kaiser.

In der Stichserie *Passional Christi und Antichristi* (1521) stellt Lucas Cranach d. Ä. die Fußwaschung Christi dem vom Papst geforderten Fußkuss gegenüber, um die Entfernung des dekadenten Pontifex von den Lehren der Bibel, ja von Jesus Christus selbst hervorzuheben. Seit dem 15. Jahrhundert verbreiten Hussiten und Reformatoren antikatholische Stiche und Holzschnitte, in denen schreckenerregende Teufel und Monster Mönche und den Papst angreifen oder manipulieren. Der Nachfolger Petri wird teils auf derbe Weise als Antichrist, als Puppe oder als Esel karikiert. Während man sich in Rom darüber streitet, wie viel Nacktheit bei Michelangelos Figuren auf den Fresken in der Sixtina erlaubt sei – die auf Beschluss des Konzils von Trient (1545 – 1563) nachträglich

Kleidung über ihre nackten Körper gemalt bekommen –, stellen protestantische Künstler sogar den Papst selbst mit entblößten Brüsten dar.

Ist die katholisch-neoplatonische Kunst der italienischen Renaissance ein avantgardistischer Ausdruck des neuzeitlichen Individualismus, kann man die reformatorisch-volkstümlichen Bilder – die aus heutiger Sicht teils an den Surrealismus erinnern – als Vorläufer einer subkulturellen Kunst der Moderne sehen. Hier bringen historisch vielleicht zum ersten Mal Unterprivilegierte ihren Unwillen gegen die Obrigkeit in Kunstwerken zum Ausdruck. Wenn sich diese neuartig gesellschaftskritische Kunst eher in Grafiken und Karikaturen niederschlägt als in Malereien und Plastiken, prägt sich auch das kuriose Spannungsverhältnis zwischen Hochkunst und populärer Gebrauchskunst aus, das bis ins 20. Jahrhundert währt.

Derartige Kategorien werden erst mit der nächsten großen Medienrevolution 500 Jahre später aufgelöst. Sie umfasst Fernsehen und Internet, die dann ähnlich neu sind wie in der Renaissance das perspektivische Gemälde und das gedruckte Buch. So wie sich die Vorstellung von Kreativität ab dem 15. Jahrhundert langsam weg von Gott als großem Erschaffer auf Wissenschaftler und Künstler wie den »göttlichen Michelangelo« verlagert, so verschiebt sich nun die Vorstellung weg vom Künstler beziehungsweise der Malerei und Skulptur hin zu neuen Medien und Berufsgruppen. Und so wie die Medienrevolution zu Beginn des 21. Jahrhunderts noch keine tiefgreifenden politischen Veränderungen bewirkt, finden diese auch in der frühen Neuzeit nicht so sehr im 15. Jahrhundert statt – sondern erst ein Jahrhundert später.

KAPITEL NEUN

Frühe Global Player und die Geburt der Dritten Welt

Das 16. Jahrhundert: religiöse Spaltung, nationale Einheit, Kapitalismus und Kolonialismus

Zwar erhebt Martin Luther keine direkt politischen Forderungen, doch sind die Auswirkungen der Reformation, die er mit seinen 95 Thesen 1517 medienwirksam in Gang bringt, tiefgreifend und umfassend. Die Bandbreite der Nachfolgeprojekte reicht von kurzlebigen kommunistischen Gottesstaaten über langlebigere kapitalistische bis hin zur Entwicklung von Nationalkulturen, die dem älteren katholisch definierten Anspruch auf Weltherrschaft entgegenstehen. Mit reformatorischen Gedanken einher geht die Förderung so unterschiedlicher, teils widersprüchlicher Dinge wie unerbittlichem Leistungsdenken und Basisdemokratie, Religionsfreiheit und Lust- und Lebensfeindlichkeit, Forschertrieb und Moralismus.

Einer der Ableger der Reformation sind die – von ihren Gegnern polemisch so genannten – Wiedertäufer. Sie formieren sich zunächst in der Schweiz, dann in ganz Europa. Die Wiedertäufer wollen grundsätzlich die Erwachsenentaufe statt der Kindertaufe, weil sie für die freie Entscheidung sind. Sie bevorzugen tendenziell die Lehre der Bergpredigt, in der Jesus den Verzicht auf Gewalt betont: »Selig, die keine Gewalt anwenden; denn sie werden das Land erben« (Mt. 5,5). Hier wird nicht nur die Nächstenliebe hervorgehoben, sondern auch das Streben nach Besitz relativiert: »Seht euch die Vögel des Himmels an: Sie säen nicht, sie ernten nicht und sammeln keine Vorräte in Scheunen; euer himmlischer Vater ernährt sie« (Mt. 6,26).

Die Bibel als Inspiration für einen Urkommunismus: An mehreren Orten sprießen kurzzeitig utopische Gemeinden. In Thüringen strebt Thomas Münzer um 1525 eine Gesellschaft mit Gütergemeinschaft und absoluter Gleichheit an und wird dafür hingerichtet. Ähnliches geschieht in Münster. Dort will man unter der Führung von Jan van Leiden ein Neues Jerusalem schaffen und die Bevölkerung, mehrere Tausend Menschen, von wenigen Häusern aus bewirten. Die Anregung dafür könnte die biblische »Speisung der Fünftausend« sein (Mt. 14,16-21), bei der alle auf Jesu Geheiß zusammenlegen, damit die Gemeinschaft satt wird. Am Ende werden die Wiedertäufer in Münster von bischöflichen Truppen geschlagen, gefoltert, getötet und ihre Leichname in Käfigen an der Lambertikirche aufgehängt und zur Schau gestellt.

In Tirol versucht Michael Gaismair, ein Anführer in den Bauernkriegen, um 1525 die Utopie eines christlich-demokratischen Bauernstaates zu verwirklichen. Ingesamt sind die Forderungen der armen Landbewohner gemäßigt im Vergleich zu jenen der Wiedertäufer, radikaler allerdings als die von Luther. Dieser schlägt sich am Ende als Gegner der aufbegehrenden Bauern auf die Seite der Mächtigen. Die Bauern wollen eine freie Pfarrerwahl, Rechtsgleichheit, kommunale Waldnutzung, Aufhebung der Leibeigenschaft und der aktuell verschärften Abgaben und Frondienste. Als schließlich der Schwäbische Bund die von Florian Geyer und Götz von Berlichingen geführten Bauerntruppen besiegt, werden Tausende niedergemetzelt.

Die Schweizer Weltrevolution: der innere Schweinehund und das Leistungsdenken

Obwohl die Ansätze zur reformatorisch motivierten Bauernbefreiung und zum Aufbau von Wiedertäufergemeinden im Keim erstickt werden, setzen sich weniger radikale Varianten davon langfristig und mit globaler Wirkung durch. Zu nennen sind unter anderem die Mennoniten und Amischen, die »Amish People«, später auch die Quäker. Sie wandern von Europa nach Amerika aus und gründen dort basisdemokratische, pazifistische Gemeinden und werden Vorkämpfer der Sklavenbefreiung. Politisch einflussreicher ist allerdings die reformatorische Gemeinschaft der Puritaner. Sie segeln 1620 als »Pilgerväter« auf der Mayflower von England nach Amerika, um den Einschränkungen zu Hause zu entgehen und ihr gelobtes Land in der Neuen Welt zu finden. Dort etablieren sie eine strenge, auf Leistungsethos gepolte Variante der Reformation und prägen damit die USA und die Welt bis heute.

All diese Bewegungen sind eher durch die Schweizer Reformatoren Zwingli und Calvin geprägt als durch Luther, von dem diese wiederum ihre Anfangsimpulse erhalten. So bahnt sich, während auf dem deutschen Reichsgebiet ein reformatorisch inspirierter Kommunismus von einem lutherisch gestützten Feudalismus besiegt wird, in der Schweiz eine protestantische Weltrevolution an. Sie wird den Feudalismus nicht ganz überwinden, aber geschickt abwandeln und einschränken. Sie gelangt in Richtung Westen über die Niederlande, Schottland und England nach Nordamerika und wird von dort in den kommenden Jahrhunderten immer stärker zurückstrahlen. Die Revolution ist ein protestantisch befeuerter Kapitalismus. Der frühneuzeitliche Berufsrevolutionär, der den Motor anschmeißt, stammt aus Frankreich und heißt Johann Calvin (1509 – 1564).

Die Grundlagen für Calvins Wirken werden in der Schweiz insofern früh gelegt, als hier eine eigene, von anderen Großmächten unabhängige Kultur entsteht. Revolutionär sind in der Schweiz schon die Eidgenossen, die ab dem 13. Jahrhundert gegen die Herrschaft der Habsburger ankämpfen und sich dabei im 14. Jahrhundert auf den legendären Wilhelm Tell berufen. Den Übergang bei den schweizerischen oder schweizerisch geprägten Reformatoren von einer karitativen Versorgungsgemeinschaft im Sinn der Wiedertäufer zur Betonung des Effizienzdenkens kann man bei Ulrich Zwingli (1484 – 1531) sehen. In Zusammenarbeit mit der Züricher Obrigkeit und dann mit Landgraf Philipp von Hessen lässt er Klöster in Heilanstalten umwandeln, aber auch Feiertage einschränken und zeitweise das Orgelspiel abschaffen. In Genf geht Calvin einen Schritt weiter. Unterscheidet er sich wie Zwingli theologisch von Luther darin, dass er die Anwesenheit Christi beim Abendmahl als nur symbolisch sieht, ist viel wichtiger, dass Calvin eine religiös motivierte und politisch wirksame Ideologie mit auf den Weg bringt, in der vor allem die persönliche Leistung zählt. In seinem Gottesstaat im Genf der 1540er Jahre ist die weltliche Macht zeitweise praktisch jener der Pastoren und Ältesten (Presbyter) unterstellt. Verboten sind unter anderem Prostitution, Tanz, Glücksspiel, Lieder, Heiligenverehrung, Theater, übermäßiger Schmuck und extravagante Mode. Die Unterbindung von Korruption und Faulheit und umgekehrt die Erlaubnis, Kredite zu vergeben, steigern die ökonomische Effizienz; dabei lautet die offizielle Forderung durchaus, dass die Zinssätze moderat sein sollen, fünf bis sechs Prozent, um notleidende Kreditnehmer nicht über Gebühr zu belasten.

Eine besondere Qualität der Genfer Bestrebungen ist eine Art innere Motivation und Kontrolle, wie sie der Kommunismus nie richtig erreichen wird und wie sie dem Katholizismus zunehmend abhandenkommt: Calvins Lehre der Prädestination wird ausgebaut und mit wirtschaftlichen Aspekten in Verbindung gebracht. Aufgrund der Lehre von der Vorbestimmung verzichten die Menschen nicht etwa, wie man erwarten würde, auf jede Anstrengung, weil ohnehin alles vorgezeichnet ist und von der Gnade Gottes abhängt. Vielmehr versuchen sie sich selbst als Auserwählte zu definieren, indem sie die äußeren Anzeichen dafür schaffen: durch ein gottesfürchtiges, fleißiges Verhalten und einen vermeintlich gottgewollten Wirtschaftserfolg. Das fördert die Eigeninitiative, wie man heute sagen würde.

Zwar ist es kaum möglich, ein genaues Wechsel- oder gar Kausalverhältnis zwischen Prädestinationslehre und Leistungswillen festzulegen. Doch führt die neue Lehre im einzelnen Gläubigen zum Aufbau einer Art inneren Controlling-Abteilung, die zugespitzt gesagt neben der Ausprägung eines neuzeitlichen Individualismus im 16. Jahrhundert eine zweite große mentalitätsgeschichtliche Veränderung im ausgehenden Mittelalter bedeutet. Die calvinistische Konstruktion ist als ideologischer Antrieb für den Kapitalismus insofern wichtig, als der auf einer an sich eher unchristlichen, sündigen Geldgier beruht und also gut eine religiöse Verbrämung vertragen kann. Auf diesen Zusammenhang hat der Soziologe Max Weber in *Die protestantische Ethik und der ›Geist‹ des Kapitalismus* (1920) hingewiesen. Er erinnert auch an Luthers Definition des Berufes als quasi göttlicher *Berufung*, womit die Arbeit, die bis zum Mittelalter ein Zeichen für ein sklavenartig armseliges Leben war, zum Kult wird. Ferner zitiert Weber den amerikanischen Staatsmann Benjamin Franklin mit seiner Geschäftspredigt, wonach »Zeit Geld ist« und »Geld von einer zeugungskräftigen und fruchtbaren Natur ist« (aus: »Advice to a young tradesman«, 1748).

Im Rückblick scheint es kurios, dass die Reformation sowohl kommunistische als auch kapitalistische Tendenzen motiviert. Welch merkwürdige Formen calvinistische Lehren noch im 21. Jahrhundert annehmen können, lässt sich an populären amerikanischen Varianten wie dem »New Calvinism« ablesen. In *Megachurches*, die Sportarenen ähneln, werden heute Tausende mit propandistischen Mitteln, mit Musik und Multimedia gegen Sex vor der Ehe, Darwins Abstammungs- und Evolutionslehre und andere vermeintliche Sünden eingeschworen. In ihrem Aufruf zur Selbstbeschränkung und zugleich zum materiell ausgerichteten Erfolgsstreben wirken die Predigten oft wie Motivationsseminare. Dank Spenden, Buch- und DVD-Verkäufen werfen sie ähnlich viel Geld für die Prediger ab wie rein wirtschaftlich aufgezogene Motivationsveranstaltungen für Trainer oder Coaches.

Der Kampf der Konfessionen – Spanien, die Gegenreformation und die Geburt der Propaganda

So jung, dynamisch und erfolgreich der Protestantismus im 16. Jahrhundert schon sein mag – die Macht der Katholiken ist nach wie vor beträchtlich. Während der Reconquista, der Rückeroberung der Iberischen Halbinsel von den Muslimen, die vom 8. Jahrhundert bis zur Einnahme des letzten maurischen Königreiches Granada im Jahr 1492 dauert, formieren sich zukünftige katholische Großmächte. Die wichtigsten sind Spanien und Portugal. Portugal wird von Alfons I. im 12. Jahrhundert zum Königreich gemacht, indem er die Mauren aus Lissabon verjagt. Der Grundstein für den spanischen Gesamtstaat wird 1469 mit der Hochzeit von Isabella I. von Kastilien und Ferdinand II. von Aragon gelegt.

Einen Schub erhält Spanien durch Karl I., den Sohn von Isabellas und Ferdinands Tochter Johanna der Wahnsinnigen und dem Habsburger Philipp dem Schönen. Denn er kommt in Kastilien und Aragon an die Macht und wird 1519 als Karl V. zum deutschen König gewählt und somit zum Kaiser des Heiligen Römischen Reiches deutscher Nation. Unter Karl V. erobern Konquistadoren wie Cortés und Pizarro goldreiche südamerikanische Gebiete der Inka und Azteken. Sie machen Spanien samt dem römisch-deutschen Reich und all den dazugehörigen Gebieten zur gold- und silberreichen Weltmacht, in der nach Karls Worten »die Sonne nie untergeht«.

Zwar kann Spanien 1571 mit katholischen Verbündeten noch die osmanische Flotte bei Lepanto vernichten und 1580 Portugal in Besitz nehmen. Doch bahnt sich gegen Ende des Jahrhunderts mit dem Abfall der Niederlande und der Niederlage Philipps II. gegen England der Niedergang Spaniens an. Zumindest kulturell aber glänzt Spanien. Das *Siglo de oro* (goldenes Jahrhundert) erstreckt sich überlang bis ins 17. Jahrhundert – dank der Malereien von El Greco, Velázquez und Murillo und dank Cervantes' *Don Quichotte*, dem Roman über den Ritter von der traurigen Gestalt, der die Zeichen der Zeit nicht erkennt und gegen Windmühlen kämpft.

Karl V. siegt im Krieg gegen den Schmalkaldischen Bund von Protestanten. Sein Nachfolger Ferdinand schließt 1555 den Augsburger Religionsfrieden: Von nun an dürfen die Landesfürsten sich für ihr Gebiet für den Protestantismus entscheiden. Dass diese Religionsfreiheit nicht von Dauer ist, wird auf drastische Weise der Dreißigjährige Krieg im

17. Jahrhundert zeigen. Und in Frankreich metzelt die katholische Partei schon 1572 unter dem Einfluss der Königin-Mutter Katharina von Medici in der »Bartholomäusnacht« mehrere Tausend Hugenotten nieder, die dortigen Protestanten. Besonders skurril ist dieses Morden insofern, als wenige Tage zuvor der protestantische Heinrich von Navarra, der spätere König Heinrich IV., und die katholische Margarete von Valois (La Reine Margot) heiraten, um eine Versöhnung der Konfessionen zu signalisieren. So wird das Gemetzel der Bartholomäusnacht auch zynisch Pariser Bluthochzeit genannt.

Später wird Heinrich IV. den Hugenotten im Edikt von Nantes von 1598 immerhin Religionsfreiheit gewähren. Als erster Bourbone besteigt er den französischen Thron, nachdem das Haus Valois mit dem Mord an Heinrich III. endet. Um Frankreich zu einigen, tritt er sogar selbst als Hugenottenführer vom calvinistischen Glauben zum Katholizismus über – angeblich mit den Worten: »Paris ist eine Messe wert«. Was heute als Ausdruck von Toleranz erscheint, ist damals aber für viele dubios.

Insgesamt ist Heinrich IV., auch »bon roi« (»guter König«) tituliert, ein herausragendes Beispiel dafür, wie sich das Image eines Herrschers wandeln kann. Ist er heute womöglich einer der historischen Könige, die spontan eher sympathisch erscheinen, tragen dazu spätere Anekdoten und Verbrämungen bei. So wird ihm der Ausspruch zugeschrieben, er wünsche sich sehnlich, dass jeder Untertan sonntags ein Huhn im Topf haben soll. Im 18. Jahrhundert besingt der Aufklärungsdenker Voltaire seine Toleranz. Wahr ist wohl, dass Heinrich IV., bevor er ermordet wird, das Land stabilisiert und die Vorstellung von einer Nation fördert.

Öl ins Feuer der Glaubenskämpfe gießen allerdings die

Vertreter der Gegenreformation, die auf dem Tridentinum, dem Konzil, das insgesamt 18 Jahre in Trient tagt (1545 – 1563), zunächst für eine innere Reformierung der dekadenten Kirche einige Grundsätze des Katholizismus festzurren. Mit der Festlegung von Ablass, Fegefeuer, Heiligenverehrung und der Betonung päpstlicher Autorität neben der Bibel baut man zudem eine klare Front gegen die Protestanten auf. Auf dem Index für verbotene Bücher landen Werke der Weltliteratur, auf dem Scheiterhaufen Gelehrte wie Giordano Bruno. Indem er pantheistisch – und aus Sicht der Kirche ketzerisch – das Universum und Gott gleichsetzt, nimmt er Gedanken Baruch de Spinozas vorweg.

Zusammen mit Repressalien gegen vermeintliche Ketzer und Hexen baut die katholische Kirche ihre Medienmacht aus den guten alten Zeiten des Hochmittelalters aus – und bringt sie mit frühmoderner Wucht zum Einsatz. Besonders engagiert zeigt sich hier der Jesuitenorden, den der Spanier Ignatius von Loyola (1491 – 1556) 1540 gründet. Loyola ist eine Art katholischer Calvin, ein Besessener – ähnlich wie rund 1500 Jahre zuvor Apostel Paulus, der vom Krieger zum Glaubenskämpfer konvertiert. Zunächst Offizier Spaniens, wird Loyola während einer Verwundung zur religiösen Lebensweise bekehrt und denkt sich ein System von Exerzitien aus, extremen Übungen zur körperlichen und geistigen Selbstdisziplinierung. Nachdem Papst Paul III. die Gründung der »Gesellschaft Jesu« genehmigt hat, sind die Jesuiten, die machiavellistisch agieren und auch vor Morden nicht zurückschrecken, als Missionare tätig, im Lehrbetrieb und als Berater mächtiger Kirchenleute. In der Neuen Welt im heutigen Paraguay gründen sie in der Tradition mittelalterlicher Orden sogar einen eigenen Staat.

Die umtriebigen Jesuiten passen dem Vatikan gut, hatte

man doch schon 1622 die *Congregatio Propaganda Fide* ins Leben gerufen, die Behörde zur Verbreitung des Glaubens. Mit ihr wird der Begriff der Propaganda geprägt, der im 19. Jahrhundert die Bedeutung von Reklame bekommt und erst im 20. Jahrhundert mit dem Ersten und Zweiten Weltkrieg seine heutige, klar negative Färbung im Sinn von Manipulation. Zwar lässt sich die Verbindung zwischen Kunst und Propaganda nicht so direkt herstellen wie später im Kommunismus und Faschismus. Doch Kulturleistungen der Gegenreformation wie die Architektur der Kirche Il Gesù in Rom, die Mutterkirche der Jesuiten, dienen mit der Betonung eines Zentralraumes und einer gebündelten Lichtführung, welche die Kunst zum Vorläufer des Barock macht, dazu, den Betrachter mit visuellen und emotionalen Effekten für den Glauben (zurück) zu gewinnen. Die Bandbreite gegenreformatorischer Tendenzen reicht in der Malerei von religiösen Szenen bei Tintoretto (1518–1594) in *Das Wunder des hl. Markus* mit dem an Superman erinnernden Sturzflug des Evangelisten bis zur ekstatischen Glaubensinbrunst bei El Greco (um 1541–1614).

Mit Hilfe der gegenreformatorischen Image- und Medienkampagnen gewinnt man weite Teile Deutschlands, Frankreichs und Polens für den Katholizismus zurück. Die realpolitische Macht des Katholizismus beziehungsweise des Kaisertums beruht zunächst auch noch darauf, dass man einen Vorsprung bei der Ausbeutung von Kolonien hat.

Konfessionsübergreifender Kolonialismus – und die aufkeimende Konkurrenz

Den Anfang in Sachen Kolonialismus machen zu Beginn des 16. Jahrhunderts katholische Länder. Sie erlangen den Status von Großmächten. Portugal hat Stützpunkte in Afrika und betreibt früh Sklavenhandel. Seefahrer wie Pedro Alvares Cabral, der 1500 Brasilien entdeckt, und Vasco da Gama, der den Seeweg nach Indien findet und zeitweise sogar Vizekönig der indischen Besitzungen wird, verschaffen Portugal internationale Geltung. Zur Supermacht wird allerdings Spanien. Ein gewisser Größenwahn wird hier schon früh durch die relativ bequeme Eroberung etwa des Aztekenreiches im heutigen Mexiko gefördert.

Es ist nicht ganz klar, ob und wenn ja wie konkret die Eroberung dadurch erleichtert wird, dass die Azteken die Spanier und insbesondere den Konquistador Hernando Cortés für den bärtigen Gott Quetzalcoatl gehalten haben. Zwar empfangen die Azteken Cortés zunächst wohl freundlich, doch entbrennen bald Kämpfe. Obzwar in der absoluten Unterzahl, siegen die Spanier dank furchterregender Feuerwaffen und Pferde – beides den Azteken unbekannte Ungetüme.

Das Bild der einfachen Eroberung und des angeblich unterwürfigen Empfangs der Spanier durch die Azteken stützt sich vor allem auf Dokumente wie den Brief von Cortés an Karl V. vom 30. Oktober 1520. In dem Brief berichtet Cortés über die Azteken und König Montezuma (Moctezuma): »Vom Hauptsaale der Tempel gelangt man durch einige Türen in kleine Kapellen, wo kleinere Götzenbilder standen. Diese Räume waren alle voller Menschenblut, das bei den Opfern vergossen worden war. Ich ließ sie reinigen, warf die

Götzen allesamt die Treppe hinunter und hing in den Kapellen die Bilder unserer lieben Madonna und anderer Heiliger auf, was Herrn Montezuma und die Edelleute der Temixtitaner arg verdroß.« Dennoch, so Cortés weiter, habe der Aztekenherrscher eingelenkt und sogar zugegeben: »Es sei wohl möglich, dass sich allmählich Irrtümer in ihren Glauben eingeschlichen hätten. Ich aber, der ich erst neulich hergekommen wäre, ich kenne vielleicht besser als sie die Dinge des wahren Glaubens. Also solle ich ihnen diesen verkünden und verständlich machen.«

Ganze Arbeit leisten diesbezüglich die Franziskaner, Dominikaner, Augustiner und die Jesuiten, die als Missionare nach Lateinamerika kommen. Länger als die Azteken können die Inka den Spaniern widerstehen. Ihre mysteriöse Stadt Machu Picchu im heutigen Peru in rund 2500 Metern Höhe wurde nie erobert. Doch nimmt der zweite bekannte Eroberer neben Cortés, Francisco Pizarro, den Inkakönig Atahualpa fest. Pizarro lässt sich vom Inkavolk angeblich ein ganzes Zimmer voll Gold als Lösegeld auffüllen – und lässt den König trotzdem erwürgen. Die kriminelle Karriere Pizarros ist beispielhaft für die vieler Eroberer. Als Statthalter von Karl V. nimmt er Peru ein. Er hebt den Inka Manco Capac II. als Marionette auf den Thron und gründet die spätere Hauptstadt Lima. Nach dem gemeinsamen Kampf mit Diego del Amagro gegen die Indianer lässt er seinen Landsmann und potentiellen Rivalen umbringen – und wird seinerseits von dessen Sohn getötet.

Vor allem aber sterben Millionen von Ureinwohnern – durch die Raubzüge der Kolonialisten, durch Sklavenarbeit oder durch aus Europa importiere Krankheiten wie die Pocken, gegen die die Indianer keine Abwehrkräfte haben. Die Schätzungen darüber, wie viele Einwohner Mittel- und Süd-

yeqtla ti tetzavitl
yn mal ques.

amerika vor der Entdeckung hatte, gehen weit auseinander. Sie reichen von fünf bis 100 Millionen; ein Mittelwert sind 50 Millionen. Gegen Ende des 16. Jahrhunderts ist es nur noch ein Bruchteil davon.

Trotz der umfassenden Eroberungen durch Katholiken erstarken im Lauf des Jahrhunderts die protestantisch geprägten Mächte Niederlande und England. Sie werden auch bei der Ausbeutung der Kolonien zur Konkurrenz. Während es in Spanien etwa eine schwerfällige Behörde zur Verwaltung von Kolonien gibt, wird in den Niederlanden die wohl erste große Aktiengesellschaft gegründet – die Vereinigte Ostindische Kompanie (1602). Auf der Iberischen Halbinsel steckt man Ressourcen in Prachtbauten wie den Escorial und das antiquierte und umständliche burgundische Hofzeremoniell. In den protestantischen Ländern dagegen konzentriert man sich auf Effizienz. Um als Kolonialherren auftreten zu können, müssen sich die Protestanten allerdings erst einmal selbst befreien – vom Papst mit seinen Steuerforderungen und vom Kaiser mit seinem Anspruch auf umfassende (katholische) Machtbefugnisse. Zu einem besonders gründlichen Befreiungsschlag holen die spanischen Niederlande aus.

Nach der Abdankung des Habsburgers Karl V. erhält sein Bruder Ferdinand I. die Kaiserkrone und die österreichischen Länder; sein Sohn Philipp II. – der Namensgeber der Philippinen – bekommt Spanien samt Kolonien, Mailand, Neapel, Sizilien, Sardinien und die Niederlande. Die Niederlande waren den Habsburgern im Spätmittelalter durch die politische Ehe zwischen der Burgunderin Maria, Tochter von Karl dem Kühnen, mit Maximilian I. von Österreich zugefallen. Als nun Philipp die Gegenreformation mit Hilfe des brutalen Herzogs Alba durchsetzen will, sagen sich 1581 sieben nördliche Provinzen als Utrechter Union los. Unter der Führung von Prinz Wilhelm von Oranien, ursprünglich aus dem südfranzösischen Orange (Oranien) und Statthalter von Philipp II., erkämpfen sie in langen Schlachten ihre Freiheit. Heraus kommt die Republik der Vereinigten Niederlande, die wohlhabende Adelige und Bürger, oft Kaufleute, regieren.

Da die südlichen Provinzen um Brüssel im heutigen Belgien habsburgisch bleiben, spaltet sich nicht nur das Land, sondern auch die Kultur. Einerseits entwickelt sich im protestantischen Norden bei aller Strenge mit demokratischen Elementen eine Kultur der politischen Toleranz. So fliehen Juden, die nach der Rückeroberung der Iberischen Halbinsel durch Katholiken vertrieben werden, nach Amsterdam. Andererseits kommt eine frühe Kolonialismuskritik nicht etwa vom berühmten Begründer des Völkerrechtes Hugo Grotius (1583–1645), der mit seiner Forderung nach der Freiheit der Meere die Expansion der Niederlande und des Freihandels legitimiert. Es sind vielmehr der spanische Pionier des Völkerrechtes Francisco de Vitoria in der ersten Hälfte des 16. Jahrhunderts und vor allem der Dominikaner Antonio de

Montesinos, die sich gegen die brutale Behandlung friedlich lebender Indianer wenden. Immerhin erlässt Karl V. die *Leges Nuevas*, die Neuen Gesetze zum Schutz der Ureinwohner – die aber leider nicht wirklich zur Anwendung kommen.

In einer rechtlichen Grauzone bewegen sich auch die neuen Global Player wie der Weltumsegler, Sklavenhändler und Soldat Francis Drake. Als Freibeuter, als Pirat wird er staatlich toleriert, ist sogar erwünscht, weil er Schiffe des Feindes aufbringt. Ein ähnlich wilder Geselle, der Seefahrer, Dichter und Historiker Walter Raleigh, gründet als Günstling von Elisabeth I. eine englische Kolonie in Nordamerika. Bei all der Gesetzlosigkeit, den Kaperkriegen und Verteilungskämpfen zwischen England, Frankreich, den Niederlanden und Spanien sind sich doch alle einig, was die Grundzüge des Kolonialismus betrifft. Etwa den sogenannten Dreieckshandel: Europäer (1) kaufen in Afrika (2) billig Sklaven und exportieren sie nach Amerika (3), wo sie in Minen und auf Plantagen schuften und Gold, Silber, Tabak, Zuckerrohr und Baumwolle ranschaffen; das wird dann nach Europa (1) geliefert.

Auch die Tomate, die Kartoffel und der Mais gelangen nach Europa; umgekehrt kommen Pferd, Schwein und Rind, Wein, Weizen und die Orange nach Amerika. Abgesehen von Verwerfungen des Weltmarktes wie einer Inflation im Europa des 16. Jahrhunderts, ausgelöst vom übermäßigen Silberimport aus Amerika, funktioniert das primitive Tauschgeschäft – Reichtum gegen Armut und Leid – für Old Europe, die Alte Welt, ausgezeichnet. Zwar wird der Begriff der Dritten Welt erst in der zweiten Hälfte des 20. Jahrhunderts geprägt und unter anderem durch Frantz Fanon in seinem Buch *Die Verdammten dieser Erde* (1961) öffentlichkeitswirksam in den Zusammenhang der Unterdrückung – und des legitimen bewaffneten Widerstandskampfes – gerückt. Doch die faktischen Grundlagen für die Dritte Welt werden im Zeitalter der Entdecker und des beginnenden Kolonialismus gelegt.

Vom Goldenen Jahrhundert Spaniens zum Elisabethanischen Zeitalter in England

Die Hauptakteure und -konkurrenten in Sachen Kolonialismus sind im 16. Jahrhundert Spanien und England. Auf der Insel entwickelt sich ähnlich wie in den Niederlanden ein moderner protestantisch geprägter Nationalstaat – auf allerdings unprotestantisch exzentrische Weise. Zunächst beendet Heinrich VII. aus dem Hause Tudor den Krieg zwischen den Häusern Lancaster und York, der 30 Jahre dauert (1455 bis 1485) und Rosenkrieg heißt, weil beide Häuser eine Rose im Wappen haben. Heinrich VII. befriedet England. Doch erst der ganz persönliche Rosenkrieg seines Sohnes Heinrich VIII. wird die Kultur des Landes langfristig prägen.

Heinrichs Weg zu zweifelhaftem Weltruhm beginnt, als ihm seine Frau Katharina von Aragon, die erste von insgesamt sechs Gattinnen, die er teils brutal hinrichten lässt, keinen Sohn schenkt – obwohl er sie in ihrem Gemach auch mal im Robin Hood-Kostüm überrascht. So will der König vom Papst eine Annullierung der Ehe. Nun ist die Aufhebung des heiligen Sakraments der Ehe durch den Vatikan damals wie heute durchaus möglich. Auf Druck von Kaiser Karl V., der mit Katharina verwandt ist, lenkt der Papst hier aber nicht ein. So jagt Heinrich den Papst, der ihn ächtet, 1534 mit der Suprematsakte zum Teufel, sagt sich von Rom los und wird noch mit einem Bann belegt. Da Heinrich VIII.

die Beute aus den reformatorisch enteigneten Klöstern auch an einen neuen Adel verteilt, ist der dem König umso ergebener. Heinrich wiederum ist jetzt nicht mehr nur König, sondern auch Gründer und Oberhaupt der anglikanischen Kirche.

Ähnlich wie in Rom geht bei Heinrich VIII. eine reaktionäre Politik wie die Entmachtung des Parlaments durch das Einsetzen von Heinrichs Lobbyisten mit Jagdorgien, Ritterspielen und einer glanzvollen Repräsentation im Stil der Renaissance einher. Deutlicher als Heinrich drückt allerdings seine Tochter, die er mit seiner zweiten Frau Anne Boleyn hat, dem Jahrhundert ihren Stempel auf: Königin Elisabeth (1533 – 1603). Da sie aus den Fehlern des Vaters lernt und gar nicht heiratet, nennt man sie die jungfräuliche Königin. Brutal wie ihr Vater ist sie allerdings im Umgang mit politischen Gegnern wie der katholischen Maria Stuart (1542 – 1587), der schottischen Königin und – durch die Ehe mit Franz II. – zeitweise auch französischen Königin. Als Urenkelin Heinrichs VII. wird sie von Katholiken als rechtmäßige Erbin des englischen Thrones gesehen. Demgegenüber ist Elisabeth für viele illegitim, weil sie nicht aus der ersten Ehe von Heinrich VIII. mit Katharina von Aragon stammt. Als Maria Stuart nach Niederlagen gegen protestantische Rebellen von Schottland nach England zu ihrer Cousine Elisabeth flüchtet, lässt diese Maria nach einigem politischen Hin und Her als potentielle Machtkonkurrentin doch lieber hinrichten, statt sie etwa als schottische Königin zu unterstützen.

So schafft Elisabeth die Voraussetzung für das Elisabethanische Zeitalter. Außenpolitisch bedeutet es die Etablierung Englands als Weltmacht. Unter Elisabeth schlagen die Engländer 1588 die spanische Armada, die Invasionsflotte, die nach der Hinrichtung Maria Stuarts zur Verteidigung katholischer Interessen ausläuft, mit Hilfe eines Sturmes, der die spanischen Schiffe zum Kentern bringt. Innenpolitisch verbindet man mit dem Elisabethanischen Zeitalter immerhin Programme zur Beschäftigung Arbeitsloser und zur Armenpflege: Mit dem *Poor Law*, dem Armengesetz, schafft Elisabeth einerseits eine Grundversorgung und begründet im weitesten Sinn die Idee des Sozialstaates in England. Andererseits dienen die Gesetze der Kontrolle von Bettlern und Vagabunden, die zur Arbeit verpflichtet werden, von *Overseers of the Poor* (»Armenaufseher, Armeninspekteure«) überwacht und gegängelt werden.

Der Film *Elisabeth* (1998) von Shekhar Kapur vermittelt mit seinen Kostümen und Kulissen eindrücklich die Atmosphäre am englischen Hof, auch wenn die Plots historisch nicht korrekt sind und die Königin mit Cate Blanchett in der Hauptrolle unrealistisch hübsch wird. Der zeitgenössische Ausdruck sowohl der kulturellen Blüte als auch der Machenschaften im Elisabethanischen Zeitalter sind die Theaterstücke von Christopher Marlowe (1564 – 1593) und William Shakespeare (1564 – 1616). Sie verwursten Geschichte und Fantasie, Kabale und Liebe, Wissenschaft und Aberglaube, Philosophie und Boulevard so geschickt, dass sie das Volk und den Hofstaat bei Laune halten. Die Literaten zeichnen ein unterhaltsames und komplexes Bild von der Spaltung und den Widersprüchen, die das 16. Jahrhundert ausmachen: Einerseits gibt es Umbrüche im Weltbild wie die Entdeckung von Nikolaus Kopernikus, dass die Erde sich um die Sonne dreht, und nicht umgekehrt. Andererseits machen Leute wie Nostradamus, der Arzt des französischen Königs Karl IX., mit absurden, meist verschlüsselten Prognosen zu Leben, Tod und Weltuntergang Karriere.

Zwar landen Bücher und vor allem Ketzer auf dem

Scheiterhaufen. Doch beflügeln Leute wie François Rabelais mit seinen derben und ironisch gelehrten Büchern über die Riesen Gargantua und Pantagruel und Michel de Montaigne mit seinen *Essais* (1580) das selbstständige Denken der Menschen. Montaignes Buch gibt dem Essay als der literarischen Gattung für die freie, subjektive Meinungsäußerung ihren Namen. Derart gedanklich gerüstet, kann man sich zwar noch nicht völlig von der Gottesfurcht und Höllenangst befreien, aber doch schrittweise. »Sein oder Nichtsein?«, fragt Shakespeares berühmtester Held Hamlet nicht mehr Gott, sondern sich selbst und kreiert sich so eigenmächtig seine ganz persönliche Hölle auf Erden in Form einer Depression.

KAPITEL ZEHN

Die Kunst des Staates und das Buch der Welt
Das 17. Jahrhundert: Absolutismus, Dreißigjähriger Krieg,
Verfassungsavantgarde und Wissenschaft

In Hans Jakob Christoffel von Grimmelshausens Buch *Der abenteuerliche Simplicissimus* (1669), dem ersten deutschsprachigen Prosaroman von Weltrang, finden sich drastische Schilderungen aus dem Dreißigjährigen Krieg. Da graben Soldaten in einem Dorf auf der Suche nach Beute in der aufgewühlten Erde: »Sie kamen gleich auf ein Faß, schlugens auf, und fanden einen Kerl darinnen, der weder Nasen noch Ohren mehr hatte, und gleichwohl noch lebte.« Der lebendig Begrabene erzählt, wie fünf Kameraden und er überfallen wurden. Die Kameraden wurden erschossen, er gefoltert, verstümmelt und »gezwungen, dass er ihrer fünfen den Hintern lecken müssen«.

Derart überlieferte Grausamkeiten und Erniedrigungen sind prägend für das Bild, das man später vom 17. Jahrhundert hat. Tatsächlich weitet sich der Dreißigjährige Krieg zwischen 1618 und 1648 vom Glaubenskrieg zwischen Katholiken und Protestanten zum Machtkampf der europäischen Großmächte aus und verwüstet das Gebiet des heutigen Deutschland wie kein anderer Krieg zuvor oder danach. Nicht nur dauert er fünfmal so lange wie der Zweite Weltkrieg, er rafft bis zu 50 Prozent der Bevölkerung auf dem Land hinweg, in den Städten um die 30 Prozent. Er hinterlässt tiefe Wunden.

Beim Stichwort 17. Jahrhundert denken wir häufig also nicht umsonst an blutige Gemetzel. Aber noch ein zweites, ganz anderes starkes Bild kommt einem in den Sinn: das vom

barocken Prunk des Absolutismus. Hier sticht der französische König Ludwig XIV. hervor, der sogenannte Sonnenkönig. Im Schloss von Versailles tummeln sich ständig rund 4000 Mitglieder des Hofstaates. Es kostet auf heutige Verhältnisse bezogen je nach Schätzung bis zu 25 Milliarden Euro – mehr als hundert Mal so viel wie das 2001 eingeweihte Bundeskanzleramt in Berlin mit Platz für 450 Mitarbeiter zum Preis von 230 Millionen Euro.

Das 17. Jahrhundert ist das Jahrhundert der Extreme – und der einprägsamen Bilder. Die Motive barocker Prunk und brutales Gemetzel ziehen sich beispielhaft durch die Gemälde von Peter Paul Rubens (1577 – 1640), dem Star der damaligen Kunstszene. Der Maler schafft furchtbare Höllenstürze, aber auch Apotheosen, Verherrlichungen von Herrschern. Er stellt symbolbeladenen Bildern bürgerlich-patrizischen Glücks allegorische Szenen wie *Die Folgen des Krieges* gegenüber.

Barockkunst zu Zeiten des Dreißigjährigen Krieges: Peter Paul Rubens' *Die Folgen des Krieges* (um 1638). Auf der allegorischen Darstellung will die Liebesgöttin Venus den Kriegsgott Mars zurückhalten. Derartige Gemälde überbrachte der Malerdiplomat Rubens verschiedenen Herrschern als politische Botschaft.

Auch wegen des Krieges sehnt man sich nach der Ruhe und dem Frieden, die der Absolutismus mit der Etablierung eines stabilen und wehrhaften Staates in der zweiten Jahrhunderthälfte zu bieten scheint. Im Rückblick übersieht man vor lauter Krieg und blendender Dominanz des Absolutismus allerdings leicht eine dritte Entwicklung, die sich im 17. Jahrhundert Bahn bricht. Sie gibt zwar kein so prägnantes Bild her, ist aber langfristig von überragender Bedeutung: die Revolution in England und die Entstehung des Verfassungsstaates. Der Verfassungsstaat schränkt die Macht des Königs ein und gewährleistet das Funktionieren des Gemeinwesens durch eine parlamentarische und gerichtliche Verwaltung und Kontrolle. Voraussetzung dafür ist die *Glorious Revolution*, die erste richtige Revolution der Weltgeschichte. Sie stürzt 1688 den englischen König Jakob (James) II. vom Thron – und ist Vorläufer und Anregung für die spätere, heute viel bekanntere Französische Revolution von 1789.

Ein wichtiger Wandel findet im 17. Jahrhundert auch im Denken statt. Zwar ist die Mentalität zumindest der breiten Masse trotz Renaissance und Reformation noch mittelalterlich; Aberglaube und Hexenverfolgung florieren. Beispielhaft für den Übergang zum modernen Denken ist jedoch, dass es neben Fragen wie jener, wo sich auf dieser verderbten Welt Gott versteckt, verstärkt um wissenschaftliche Betrachtungsweisen geht. Die wissenschaftliche Neugier erstreckt sich sogar auf Themen wie die Göttlichkeit des Königs und die Wirkung von Alkohol und Sex in- und außerhalb der Ehe.

Der teutsche Held und die *German angst*:
der Dreißigjährige Krieg

Die Frage nach einem Gott stellt sich besonders drastisch im Dreißigjährigen Krieg, der im Jahr 1618 beginnt und vor allem auf dem Gebiet des heutigen Deutschland geführt wird. Zwar ruhen die Waffen nach dem Augsburger Religionsfrieden von 1555 in Deutschland mehr als 60 Jahre, eine derart lange Periode des Friedens gab es in der gesamten deutschen Geschichte sonst wohl nur seit Ende des Zweiten Weltkrieges bis heute. Doch der Frieden ist ein Kalter Krieg: Ganz Europa ist seit dem 16. Jahrhundert durch den ideologischen Konflikt zwischen Katholizismus und Protestantismus gekennzeichnet, in den sich wie immer bei religiös motivierten Querelen machtpolitische Elemente mischen.

Zunächst schließen sich in Deutschland protestantische Reichsstände, Fürsten, Grafen und Geistliche, die im Reichstag stimmberechtigt sind, unter Friedrich V. von der Pfalz im Jahr 1608 zur Union zusammen. Sie stellen sich gegen das Habsburger Kaisertum. Ein Jahr darauf organisiert im Gegenzug Herzog Maximilian I. von Bayern die katholische Liga. In der aufgeladenen Situation zwischen Katholiken und Protestanten reicht ein Funke zum Entfachen der Feuersbrunst: Als 1618 in Prag Protestanten zwei Statthalter des römisch-deutschen Kaisers Matthias, Nachfolger seines Bruders Rudolf II., im sogenannten Prager Fenstersturz aus dem Hradschin, der Stadtburg, werfen, ist dies der Auftakt für einen der furchtbarsten Kriege der Weltgeschichte.

Bei der damaligen Lebenserwartung kann man davon ausgehen, dass man, wenn man zu Beginn des 17. Jahrhunderts zur Welt kommt, auch ohne Opfer der Kämpfe zu werden, mit einer gewissen Wahrscheinlichkeit nie etwas anderes im Leben mitbekommt als Krieg.

Nach einigen Siegen der katholischen Liga schaltet sich Dänemark unter Christian IV. mit Unterstützung Englands und der Niederlande ein. Aber erst Schweden unter Gustav Adolf rettet den deutschen Protestantismus vor seiner Vernichtung – und die eigene Vormachtstellung in Nordeuropa. Zwar endet der Religionskrieg zunächst mit dem Frieden von Prag im Jahr 1635, doch erhält er rasch auch aufgrund von Interessenpolitik einen neuen Schub. Wie wenig es bald um Religion geht, wird darin deutlich, dass sich Frankreich als katholisches Land unter Minister Kardinal Richelieu mit den Protestanten gegen den katholischen Kaiser Ferdinand II. verbündet. Frankreich unterstützt protestantische Reichsstände sowie Dänemark und Schweden finanziell und greift bei drohender Übermacht des Kaisers in den Krieg ein.

Wie wirr die Bündnisse und politischen Intrigen sind, zeigt beispielhaft die Karriere des kaiserlichen Heerführers Wallenstein. Obwohl er erfolgreich gegen die Schweden bis zur Ostsee vordringt und die Truppen des dänischen Königs Christian IV. vom Reichsgebiet vertreibt, wird er nach Kontakten zu Frankreich und Schweden 1634 wegen angeblichen Verrats von kaiserlichen Offizieren ermordet. Hat Friedrich Schiller die Ereignisse in seinem Drama *Wallenstein* (1799) verdichtet, finden sich die alltäglichen Gräuel des Krieges eingängiger bei Grimmelshausen in seinem bereits erwähnten autobiografischen Roman *Simplicissimus* geschildert. Schon als Kind erlebt der Ich-Erzähler einen brutalen Überfall auf sein Dorf: Die »Magd ward im Stall dermaßen traktiert, dass sie nicht mehr darausgehen konnte, welches zwar eine Schand ist zu melden! den Knecht legten sie gebunden auf die Erd, steckten ihm ein Sperrholz ins Maul und schütteten ihm einen Melkkübel voll garstig Mistlachenwasser in den Leib, das nennten sie ein Schwedischen Trunk.«

Auf der Flucht lebt und lernt Simplicissimus zeitweise bei einem Einsiedler. Später heuert er als Söldner an und wechselt – ähnlich wie Grimmelshausen im echten Leben – mehrmals die Seiten. Er trifft Soldaten, die mit ihrer Gottlosigkeit und mit Ehebruch prahlen, und bemerkt, dass »beinahe jeder Weltmensch einen besondern Nebengott hatte«, zum Beispiel einen »Medico«, einen Quacksalber. Simplicissimus kritisiert einen Kunstsammler, der statt für Ecce Homo-Darstellungen des Leidens Christi nur oberflächlich von Kuriositäten aus China schwärmt. In einer Welt, die auseinanderfällt, träumt man vom »teutschen Helden, der die ganze Welt bezwingen, und zwischen allen Völkern Fried stiften wird«. Zugleich ist Simplicissimus von den ungarischen Wiedertäufern fasziniert: »Ihr Schulmeister instruierte die Jugend, als wenn sie alle seine leiblichen Kinder gewesen wären.«

Inmitten der allgemeinen Verwirrung prüft Simplicissimus alle Optionen, probiert alles aus. Am Ende landet er nach zahlreichen Umwegen auf der *terram australem incognitam*, dem unbekannten Südland, einer Südseeinsel. Das ärgert ihn zunächst, weil er sich einsam fühlt. Dann erinnert er sich, wie er »von einem heiligen Mann gelesen, dass er gesagt, die ganze weite Welt sei ihm ein großes Buch, darinnen er die Wunderwerke Gottes erkennen und zu dessen Lob aufgefrischt werden möchte«. Wenn er auf der Insel – in Vorwegnahme von Daniel Defoes *Robinson Crusoe* (1719) – selbstgemachten Palmwein trinkt, verkörpert Simplicissimus die Widersprüche seines Zeitalters zwischen Weltflucht und Lebenshunger, hysterischem Glauben und intellektueller Neugier.

Ideengeschichtlich betrachtet, könnte man Simplicissimus als literarische Variante des Philosophen und Mathematikers René Descartes (1596–1650) sehen: Auch er dient im Dreißigjährigen Krieg, reist durch Europa, wohnt in den Niederlanden und in Schweden – und will im Buch der Welt lesen. Auf dem Weg zur Begründung des Rationalismus ist Descartes hin und her gerissen zwischen Abenteuerleben und Einsiedelei, Glaube und Zweifel. Letzteren Widerspruch löst er mit dem berühmten Satz »Ich denke, also bin ich« *(cogito ergo sum)* auf und etabliert die Subjektivität als Voraussetzung für die Objektivität. So wie Descartes in einem Zirkelschluss einen Gottesbeweis dahingehend führt, dass dem unvollkommenen Menschen eine so vollkommene Idee wie jene von Gott nur von Gott eingepflanzt sein könne, erkennt Simplicissimus zwischen Naivität und Ironie Gott noch in den größten Grausamkeiten – weil sie den Glauben stärken.

Dennoch sehen manche Historiker im Dreißigjährigen Krieg einen Grund dafür, dass Deutsche bis heute angeblich ängstlicher und pessimistischer sind als die Bewohner anderer Länder. Hat sich die *German angst*, für die Deutsche im Ausland bekannt sind, langfristig über Dichtungstraditionen wie jener des Andreas Gryphius (1616–1664) entwickelt, der vor dem Hintergrund der Kriegsnot die Nichtigkeit und Unbeständigkeit alles Irdischen besingt?

Jedenfalls geht nicht Deutschland – weder der Kaiser, noch andere Herrscher im Reich – als politischer Sieger aus dem Dreißigjährigen Krieg hervor. Frankreich kann sich gegen die Großmächte Spanien und das deutsche Kaisertum durchsetzen. Bei Kriegsende im Jahr 1648 erhält Frankreich mit dem Westfälischen Frieden Gebiete wie das Oberelsass Metz und Verdun und soll die Einhaltung des Friedens garantieren. Die andere Garantiemacht Schweden bekommt Vorpommern, Bremen und Wismar und hat ein Stimmrecht auf den deutschen Reichstagen. Während Deutschland Gebiete verliert und Spanien beziehungsweise Habsburg seinen Einfluss einbüßt, bleibt der Kampf der Konfessionen unentschieden; bis heute leben Protestanten überwiegend im nördlichen Deutschland, Katholiken im Süden. Im Westfälischen Frieden (1648) wird der Augsburger Religionsfrieden (1555), dem zufolge Landesfürsten eine Konfession für ihre Gebiete unabhängig davon, was der Kaiser will, wählen können, bekräftigt und auf den Calvinismus ausgeweitet.

Eine politische Bilanz des Dreißigjährigen Krieges ist die Stärkung der 240 Reichsstände, die unabhängig vom Kaiser Bündnisse schließen dürfen. Als Gegengewicht zum Kaisertum tagen sie auf dem Reichstag – ab 1663 als »Immerwährender Reichstag« in Regensburg. So bleibt das Land bis zur deutschen Reichsgründung 1871 ein Flickenteppich aus Kleinstaaten. Die Sehnsucht nach Einheit aber wird umso stärker kultiviert, was langfristig dazu führt, dass Ideen über die Einigkeit von deutschem Volk und deutscher Nation überproportional aufgebläht werden. Einerseits wird durch den Gegensatz zwischen Fürstentümern und Kaiserreich die Entwicklung eines Staatswesens wie in England verhindert. Andererseits meinen manche Historiker, dass das Reich ab 1648 mit der Einschränkung kaiserlicher Befugnisse eine Art erster Verfassungsstaat gewesen sei.

Ganz anders als in Deutschland verläuft die Entwicklung in Sachen Machtverteilung in Frankreich. Dort wird fünf Jahre vor Ende des Dreißigjährigen Krieges Ludwig XIV. König und etabliert den Absolutismus. Er peitscht sein Land auf Kosten der breiten Masse zur dominanten Land- und Kulturmacht Europas hoch. So erlangt Frankreich im 17. und

18. Jahrhundert einen ähnlichen europaweiten Vorbildstatus wie die italienischen Stadtstaaten der Renaissance zwei Jahrhunderte zuvor.

L'État c'est moi – Der Absolutismus in Frankreich

Im Vergleich zur deutschen Geschichte des 17. Jahrhunderts erscheint jene Frankreichs zunächst als Erfolgsstory. Das geht schon im 16. Jahrhundert los. Zwar verliert der französische König Franz I. 1519 die Wahl zum römisch-deutschen Kaiser gegen den Habsburger Karl, den späteren Karl V. Dafür kann er sich verstärkt um den Ausbau seines Landes kümmern, indem er etwa Französisch statt Latein als Verwaltungssprache durchsetzt. Auch Heinrich IV. stärkt die Zentralgewalt in Frankreich. Die Macht des Herrschers soll gemäß dem Staatsrechtler Jean Bodin zwar nicht willkürlich, aber absolut, losgelöst (= lat. *absolutus*) sein: Das heißt, der Herrscher muss sich nicht mit Forderungen und eventuellen Ansprüchen des Volkes herumschlagen, er kann seine Untertanen dafür, positiv betrachtet, mit geballter Kraft vor inneren und äußeren Gefahren schützen und die Ordnung im Gemeinwesen herstellen und bewahren.

So richtig durchstarten kann Frankreich mit dem absoluten Herrscherstar des 17. Jahrhunderts: 1643 besteigt Ludwig XIV. als Fünfjähriger den Thron und hält bis heute mit einer Regierungszeit von 72 Jahren den Weltrekord im Dauerregieren. Sein Minister Kardinal Mazarin setzt als Nachfolger von Richelieu, dem Minister unter Ludwig XIII., dessen Politik fort: Ausbau Frankreichs zur europäischen Vormacht und Stärkung der Königsmacht gegen den Adel. Mazarin und Ludwig lassen die Adeligen am Hof offiziell als

Gar nicht strahlend wirkt hier der gealterte Sonnenkönig Ludwig XIV. als Wachsrelief von Antoine Benoist (1706). Auch die echte Perücke, die in das Werk eingearbeitet wurde, sieht nicht sehr elegant aus.

Berater fungieren; de facto sind sie – fern von ihren Gütern und ihrer Machtbasis – geschwächt. In der *Fronde* (franz. »Schleuder«, *fronder* auch »bespötteln, bekritteln«) von 1648 bis 1653 wagen sie einen Aufstand gegen den König, werden aber niedergeschlagen. Von nun an ähneln sie zunehmend Marionetten des Königs beziehungsweise den eher steifen Figuren aus den klassischen Dramen der Zeitgenossen Pierre Corneille und Jean Racine oder lächerlichen Typen in Jean-Baptiste Molières Komödien. Aber eigentlich ist das ganze Hofleben eine Art Staatstheater. Vom morgendlichen *Lever* (franz. »aufstehen, sich erheben, Aufgehen der Sonne«) bis zum abendlichen Schlafengehen ist alles exakt festgelegt: welcher Verwandte, Fürst oder Kammerdiener dem König wann sein vorgewärmtes Hemd und die bis zu einem Kilo schwere Perücke reicht, wer sich wann verneigt und den Sonnenkönig in weitschweifigen Komplimenten mit Apoll oder Herkules vergleicht.

Kurioserweise markiert das exakt geregelte Staatstheater um den Sonnenkönig den fließenden Übergang von der mittelalterlichen Vorstellung, wonach der Staat göttlich legitimiert ist, hin zur Idee, dass er gemäß naturwissenschaftlich-mechanischen Gesetzen funktioniert. Etwa jenen, die René Descartes oder Isaac Newton (1643–1727) erforschen und formulieren. Letzterer widmet sich als Mathematiker und Theoretiker der Gravitation und der Bewegung von Himmelskörpern, dem absoluten Raum und der absoluten Zeit, die im Gegensatz zu den vielfältigen Räumen und Zeitzonen des Mittelalters stehen (Erde, Himmel, Hölle; kurzes Erdenleben vs. ewige Verdammnis usw.). Descartes' Satz »Ich denke, also bin ich« ist das philosophische Gegenstück zu dem Ausspruch, den Ludwig angeblich tat: »Der Staat bin ich.«

Die besondere Betonung des Staates als Subjekt und repräsentative Autorität prägt Frankreich bis heute. Ludwig XIV. schafft ein stehendes Heer, lässt von Sébastien Le Prestre de Vauban Festungen mit gestaffelten Mauern bauen, die bis ins 19. Jahrhundert als uneinnehmbar gelten. Er verbessert die Infrastruktur mit Straßen und Kanälen wie dem *Canal du Midi* von Toulouse zum Mittelmeer, einer der herausragenden Ingenieursleistungen der Zeit. Ludwig organisiert einen effizienten Beamtenapparat aus bürgerlichen Fachleuten, die motiviert sind, aber auch einfacher zu entlassen als der Adel. Zwar wird der Einfluss der Kirche offiziell erst mit der Französischen Revolution minimiert. Doch findet sie sich insofern schon unter Ludwig XIV. etwas zurückgedrängt, als er mehr Schlösser als Kirchen baut und als Sonnengott auftritt.

Ganz direkt bekämpft und unterdrückt der Katholik Ludwig den katholischen Jansenismus und dessen introvertierte Frömmigkeit. Sein berühmter Vertreter Blaise Pascal (1623–1662) arbeitet sich wie so viele Zeitgenossen am Widerspruch zwischen Logik und Glaube ab, zwischen Nichtigkeit und Geistesgröße des Menschen, dem »denkenden Schilfrohr«. Als Mathematiker und Tüftler an der Rechenmaschine betont er letztlich die »Gründe des Herzens« jenseits der Vernunft. Stärkere Auswirkungen als Ludwigs Repressalien gegen die Jansenisten hat seine Aufhebung des Edikts von Nantes im Jahr 1685, das den Hugenotten Schutz und Religionsfreiheit gewährt hatte. Dass sie daraufhin nach England, Holland und Deutschland auswandern, bedeutet für Frankreich einen *brain drain*, einen Verlust an Können, Wissen und protestantischer Leistungsbereitschaft.

Das fällt zunächst auch deshalb nicht so sehr ins Gewicht, weil Ludwig in Zusammenarbeit mit seinem Minister Colbert das System des Merkantilismus ausbaut. Dabei sorgt der Staat durch billige Kredite und Steuervorteile dafür, dass etwa Manufakturen, die Vorform der Fabrik mit rationalisierten Produktionsabläufen, hochwertige Waren wie Seide und Kutschen fertigen. Diese Erfindung und ein durch Schutzzölle flankierter Export bringen das, was man heute eine positive Handelsbilanz nennt. In diesem Fall fließt ein großer Teil der Einnahmen direkt an den Staat.

Das Problem ist aber, dass Ludwig den dritten Stand (*tiers état*), vor allem Bürger und Bauern, mit Steuern brutal auspresst und verelenden lässt; so sät er die Saat der Französischen Revolution. Zudem führt er unter dem fadenscheinigen Vorwand entfernter Verwandtschaftsbeziehungen und Erbansprüche in ganz Europa Eroberungskriege. Seine Armeen marschieren nach Holland und Deutschland, nehmen

Straßburg ein, verwüsten ganze Landstriche in der Pfalz. Im Spanischen Erbfolgekrieg um das Reich der Habsburger bekriegen sich vor allem Frankreich und eine Allianz aus Österreich und England, dem es um eine *balance of power* in Europa geht. Obwohl Frankreich bis weit ins 18. Jahrhundert Vorbild für aufstrebende absolutistische Staaten wie Preußen und Russland ist, wird mit dem Spanischen Erbfolgekrieg vorerst – bis zum Auftritt Napoleons auf der politischen Bühne – das Ende des »Französischen Zeitalters« eingeläutet. So einigt man sich zwar 1713 im Frieden von Utrecht darauf, dass ein Enkel Ludwigs den spanischen Thron bekommt. Doch darf Spanien nicht in Personalunion mit Frankreich regiert werden; Österreich erhält Teile der Niederlande, England französische Kolonien.

Der Staat sind wir – Parlamentarismus in England

So wie die Tendenz zum Absolutismus in Frankreich lange vor Ludwig XIV. angelegt ist, gilt dies in England ähnlich für die historisch vielleicht größte Leistung des Inselvolkes neben der Popmusik: die Entwicklung einer parlamentarischen Kultur samt Gewaltenteilung und bürgerlichen Grundrechten. Steht schon in der Magna Carta von 1215, dass der Adel den Steuern des Königs zustimmen muss, können im Parlament im 14. Jahrhundert auch reiche Bürger mitreden. Der Weg zu demokratischen Ansätzen im heutigen Sinn führt allerdings über die englische Revolution im 17. Jahrhundert. Sie vollzieht sich im Vergleich zur Französischen Revolution des 18. Jahrhunderts schrittweise, als *work in progress*, und ist deshalb zunächst nicht so spektakulär.

Während die Französische Revolution in einem Land,

das zuvor über ein Jahrhundert lang geschröpft und ausgepresst wurde, losbrechen wird und entsprechend brutaler ausfällt, verläuft sie in England, wo man seit langem einen Ausgleich zwischen Bürgertum und Adel sucht, weniger krass. Schon unter Jakob I. (James), dem ersten Herrscher der Stuarts, der England und Schottland 1603 zu Großbritannien vereint (ganz erst 1707 in der *Act of Union* vollzogen), zeichnen sich absolutistische Tendenzen ab. Sein Sohn Karl I. (Charles) regiert dann, obwohl er offiziell 1628 mit der *Petition of Rights* noch die Befugnisse des Parlaments bestätigt, zeitweise sogar ohne Parlament. Indem er die Katholikin Henrietta Maria von Frankreich heiratet, verärgert er zusätzlich die Protestanten beziehungsweise Puritaner (von engl. *purity* = Reinheit), die den Katholizismus und die anglikanische Kirche von Schnickschnack und Korruption reinigen wollen. So münden die religiösen Unstimmigkeiten und die Missachtung des Parlaments durch Karl I. 1642 in einen Bürgerkrieg zwischen König und Parlament. Es folgt ein Hin und Her zwischen Demokratie und Diktatur, verschiedenen Machtkonstellationen, teils diplomatisch, teils militärisch begründet.

Führt man sich die Etappen der Revolution vor Augen, kann man beispielhaft die schwere Geburt der Demokratie nachvollziehen und die Gefahren und Rückschläge, die ihr drohen: Den Bürgerkrieg gewinnt das Parlament dank Oliver Cromwell (1599 – 1658) und seines puritanisch disziplinierten Heeres. Am 30. Januar 1649 wird Karl I. auf Beschluss des Parlaments öffentlich enthauptet – und damit zum ersten Mal in der Geschichte ein König von seinem Volk derart gerichtet. England ist nun offiziell eine Republik und trägt den schönen Namen *Commonwealth* (1649 – 1660). Cromwell macht sein Land im Krieg gegen die Niederlande zur vorherrschenden Seemacht. Doch kürt er sich selbst zum *Lord Protector* auf Lebenszeit und regiert als Diktator und fundamentalistischer Sittenwächter.

So erscheint nach Cromwells Tod König Karl II., der im Mai 1660 gekrönt wird und mit dem Parlament kooperieren will, gar nicht so schlimm. Die Zeit der englischen Restauration ab 1660 erleben viele im Vergleich zu Cromwells puritanischer Kontroll-Republik als eine der katholischen Lebensfreude. Wenn sich das Parlament doch noch durchsetzt, liegt das daran, dass es Karls Nachfolger Jakob II. ab 1668 mit dem Katholizismus und seinen Alleingängen übertreibt. So ruft das Parlament 1688 den niederländischen Protestanten Wilhelm III. von Oranien samt Heer zu Hilfe. Jakob II. ergibt sich kampflos.

Ähnlich wie sein gleichnamiger Verwandter ein Jahrhundert zuvor im Befreiungskampf der Niederlande gegen Spanien springt Wilhelm III. von Oranien als eine Art Revolutionsdienstleister ein, und zwar gemäß einer Kompromissformel, die etwas für jeden bietet: von adeliger Herkunft, König genannt, vertraglich dem Parlament verpflichtet. Schützte schon 1679 die *Habeas Corpus*-Akte die Bürger gegen willkürliche Verhaftungen, garantiert nun 1689 die *Bill of Rights* wichtige Rechte: Das englische Parlament hat das letzte Wort in der Gesetzgebung; die Immunität der Parlamentarier wird gewahrt; es gibt freie Wahlen und unabhängige Gerichte. Mit der *Bill of Rights* ist 1689 die *Glorious Revolution* vollendet – und die konstitutionelle Monarchie geboren. Es hat eine gewisse Logik, dass Großbritannien mit diesen Entwicklungen und gewachsenen Gesetzen zur Avantgarde des Verfassungsstaates im Sinn garantierter Grundrechte wird, aber bis heute keine zusammenhängende Verfassung in der Art eines Grundgesetzes wie die Bundesrepublik Deutschland besitzt.

Kurios an der Revolution ist im Rückblick auch, dass bis ins 18. Jahrhundert nur unter fünf Prozent der Bevölkerung wählen dürfen; da das Wahlrecht an das Einkommen gebunden ist, gewinnen wie in fast jeder Revolution des 18. und 19. Jahrhunderts zunächst nicht die Bauern, Arbeiter und Armen, sondern wohlhabende Bürger. Ähnlich wie im Fall der griechischen Antike und römischen Republik ist England im 17. Jahrhundert aber Vorbild für spätere demokratische Entwicklungen. Dazu gehört die Entstehung einer Parteienlandschaft – mit den Whigs, der Parlamentspartei und den späteren Liberalen, und den Tories, den Königstreuen, heute die Conservative Party. Zwar ist »Politiker« für viele, die noch an die göttlich zugeteilte Macht des Souveräns glauben, ein Schimpfwort. Doch entsteht langsam eine politische Kultur des Kompromisses und pragmatischer Lösungen. Der große Unterschied zu früheren Demokratien ist die Festschreibung von Bürgerrechten – allerdings nicht jener der Bevölkerung in den Kolonien.

Koloniale Expansion vs. Abschottung von den Euro-Barbaren

Die Fortschritte in Sachen Bürgerrechten und Parlamentarismus bringen den Ländern, die England beherrscht, zunächst wenig. So sind die Schattenseiten der Demokratie grundsätzlich derselbe Kolonialismus und dieselbe Sklaverei, wie sie Frankreich, Spanien, Portugal und die Niederlande betreiben. Das gilt auch für die brutale Unterdrückung des katholischen Irland, die im 12. Jahrhundert beginnt und im 16. und 17. Jahrhundert ihre ersten Höhepunkte hat. Sie wird bis zur vollständigen Unabhängigkeit Irlands im Jahr 1949 in Aufständen und Strafaktionen Tausende von Iren und Engländern das Leben kosten und noch in den folgenden Jahrzehnten im Nordirlandkonflikt nachwirken.

In England selbst schwelen religiös motivierte Konflikte. Die Testakte von 1673 schließt Katholiken und *Dissenters* von Regierungsämtern aus, protestantische Abweichler von der anglikanischen Amtskirche, Puritaner etwa, Quäker und Presbyterianer. So emigrieren viele nach Amerika, womit die Kolonialisierung einen Schub erhält. 1607 gründen Engländer mit Virginia die erste dauerhafte Kolonie in Nordamerika, ein Jahr später schafft der Franzose Samuel de Champlain mit Quebec das Zentrum von *Nouvelle France*; und ab 1620 siedeln die sogenannten Pilgerväter in Neuengland. 1626 erstehen Niederländer Manhattan von den einheimischen Indianern, bauen dort Nieuw Amsterdam, das ihnen die Engländer 1664 abkaufen und in New York umbenennen. Während die Niederländer ihre Kolonialisierung nach Südostasien, etwa auf das heutige Indonesien und Malaysia verlagern und 1652 als Zwischenstopp auf dem Weg dorthin in Südafrika Kapstadt gründen, setzt sich England in Amerika fest und expandiert nach Indien. Hier drängt man die Herrschaft der islamischen Großmogul zurück. Die Moguln gebieten zwar über rund 100 bis 150 Millionen Menschen und haben ungefähr viermal so hohe Staatseinnahmen wie Frankreich, doch wird ihre Macht ähnlich wie die der Osmanen aufgrund von Nachfolgestreitigkeiten geschwächt.

Der europäische Kolonialismus breitet sich global aus, unangetastet bleiben zunächst China und Japan. China gelangt unter der Ming-Dynastie schon im 15. Jahrhundert sogar selbst bis nach Afrika. Die chinesische Flotte ist mit ersten Kompassen, Tieren und Pflanzen an Bord besser ausgestattet und um ein Vielfaches größer als später jene von Kolumbus. Doch dann befiehlt der Kaiser den Rückzug, man verzichtet auf weitere Entdeckungsfahrten und expandiert nicht als Kolonialmacht. Man findet in China auch keinen wirklichen Grund für den Austausch mit unkultivierten Völkern wie den Europäern. Im 16. bis 18. Jahrhundert sind die Kontakte begrenzt und kontrolliert, etwa im Handel mit den Portugiesen über Macao. Die Ausfuhr von Tee, Seide und Porzellan gilt als Zeichen der eigenen Überlegenheit; Porzellan etwa wird in Europa erst ab 1708 in Sachsen hergestellt. Wenn der Portugiese Simão Peres d'Andrade Zollabgaben verweigert und in der Kanton-Bucht eine Befestigung errichtet, bestätigt dies das Bild, das Chinesen von den europäischen »Barbaren« haben, die angeblich sogar chinesische Kinder rauben. Wiederholt werden portugiesische Kaufleute inhaftiert oder ausgewiesen.

Die zweite asiatische Großmacht, die sich neben China – und dessen Vasallenstaat Korea – abschottet, ist das Japan der Tokugawa-Shogune, die zu Beginn des 17. Jahrhunderts die Macht übernehmen. Nachdem portugiesische Händler und Missionare wie der Jesuit Francisco de Xavier ab dem 16. Jahrhundert Tausende von Japanern für den christlichen Glauben gewinnen, wird das Christentum im 17. Jahrhundert verboten, verfolgt und praktisch ausgelöscht. Ab den 1630er Jahren bis 1853 schirmen die Tokugawa das Land von der übrigen Welt ab. Sie werfen die Portugiesen raus und erlauben nur den Chinesen und Niederländern – die nicht missionieren – den eingeschränkten Handel über den Hafen von Nagasaki.

Japan und China werden nie ganz als Kolonien unterworfen, und China kann man bis ins 18. Jahrhundert als die größte Macht der Welt bezeichnen; mit rund 350 Millionen Einwohnern stellt es noch um 1800 ein Drittel der Weltbevölkerung, einen größeren Anteil als heute. Zugleich verpassen China und Japan durch die Abschottung wichtige politische, technische und kulturelle Entwicklungen. Eine davon sind die Betonung und die Kultivierung der Privatsphäre.

Der König ist (fast) wie ich – Forschungsreisen in die Privatsphäre

Eine der wichtigsten Quellen zur Alltagsgeschichte und zum Denken des 17. Jahrhunderts ist nicht das Werk eines großen Schriftstellers, Philosophen oder Wissenschaftlers, sondern das eines Sekretärs im englischen Schatzamt: Samuel Pepys. Sein *Tagebuch*, von 1660 bis 1669 in Geheimschrift verfasst und erst im 19. Jahrhundert entschlüsselt und publiziert, steht an sich schon für einen historischen Durchbruch. Denn hier zeichnet ein Einzelner so offen seine Gedanken über Gott und die Welt auf, wie dies vor ihm im 16. Jahrhundert nicht einmal Aretino oder Montaigne in ihren Briefen beziehungsweise Essays taten. Selten hat man die intimsten Gedanken eines Menschen in seiner Zeit so buchstäblich lesen dürfen. Neben Einblicken in den Alltag verschafft Pepys dem heutigen Leser eine ungewöhnlich authentische Perspektive: das Aufeinandertreffen der Geschichte, wie sie später in Geschichtsbüchern steht, mit der Realität, wie sie von Tag zu Tag erlebt wird.

»Unter dem Kinn ein Pickel, der mir sehr zu schaffen macht«, notiert Pepys am 8. Februar 1660 in sein Tagebuch; er räumt der Hautunreinheit so viel Platz ein wie der Rückkehr der Monarchie oder einer Seeschlacht. In Zeiten religiöser Streitigkeiten beurteilt Pepys die vielen Predigten, die er hört, gleichwohl wie ein Unterhaltungsprogramm. Mal schläft er ein, mal bemängelt er das miese Latein des Priesters. Auch kritisiert er Shakespeares *Romeo und Julia*: »Das schlechteste Stück, das ich je gesehen habe.« Und das, obwohl damals erfreulicherweise endlich auch Frauen Theaterrollen übernehmen dürfen.

Dass der Cambridge-Absolvent Pepys ein privilegierter Zeitgenosse ist, zeigen schon seine Ernährungsgewohnheiten: zum Frühstück kalte Truthahnpastete und Gans, Austern, gelegentlich auch mehrere Biere. Zum Luxus gehören Hausmädchen, die er mal, wie er nebenbei notiert, so lange mit dem Besen verprügelt, »bis sie schrie«, mit denen er aber auch mal ein Verhältnis hat. Wenn er immer wieder darüber fantasiert, mit welcher Unbekannten er gerne etwas anfangen würde und über seine Frau sagt, sie »hat wieder ihre alten Beschwerden, ich war fast vierzehn Tage nicht mit ihr zusammen, was mich schmerzt«, mag das ein zeitloses Thema sein. Eine Besonderheit des 17. Jahrhunderts dürften Gedanken sein, die sich Pepys bei einem Dinner macht, bei dem bessergestellte Gäste der königlichen Familie wie im Theater beim Speisen zuschauen dürfen: »Die Königin eine sehr kleine, einfache, alte Frau, die sich weder in der Kleidung noch im Benehmen von anderen Bürgersfrauen unterscheidet.«

Derartige Beobachtungen sind beispielhaft für den langsamen Verlust des Glaubens an die Besonderheit oder gar Göttlichkeit der Königsfamilie. Auf politischer Ebene steht beispielhaft für die schrittweise Loslösung vom mittelalterlichen Weltbild vielleicht ein Tagebucheintrag, wonach das Parlament beschlossen hat, dass die Leichen von Oliver Cromwell und ein paar seiner Mitstreiter »in der Westminsterabtei exhumiert, an Galgen aufgehängt und darunter vergraben werden sollen. Bekümmert, dass ein Mann von so großem Mut solche Schmach erleiden muß, obwohl er sie auf andere Weise vielleicht verdient hat«.

Als Leitmotiv zieht sich durch Pepys' Denken eine Mischung aus routinierter, oft oberflächlich anmutender Religiosität und einem hohen Maß an Toleranz und wissenschaftlicher Neugier. Er nimmt Mathematikstunden, weil das nicht zur allgemeinen Schulbildung gehört. Seine Lektüre umfasst Kirchengeschichten, Enzyklopädien, Ciceros Reden, aber auch »Gott, verzeih's, mehrere französische Romanzen«. Nüchtern protokolliert er, dass »mein Kopf schwächer wird, wenn ich Wein trinke«.

Die Beobachtung passt zu der allgemeinen Entwicklung seiner Zeit, in der es nicht mehr immer nur Biersuppe zum Frühstück gibt, sondern auch mal Kaffee. Im 17. Jahrhundert finden neue Genussmittel wie Kaffee, Tee, Schokolade und Zucker als Kolonialwaren in Europa Verbreitung. So schreibt Liselotte von der Pfalz, die Schwägerin von Ludwig XIV., in einem Brief über neue Modegetränke am Hof von Versailles: »Tee kommt mir vor wie Heu und Mist, Kaffee wie Ruß und Feigbohnen, und Schokolade ist mir zu süß.« Sie will eine Biersuppe, wie sie in ärmeren Schichten noch lange als Frühstück üblich ist. Tendenziell setzt sich der Kaffee im 17. und 18. Jahrhundert als leistungsförderndes Getränk beim protestantischen Bürgertum in Nordwesteuropa durch, die Schokolade eher beim müßiggehenden Adel und im katholischen Südeuropa. Im 18. Jahrhundert erobert der Tee England.

Im Gegensatz zum aufstrebenden Bürgertum bleibt die Arbeiterklasse eher beim Alkohol, der Gemeinschaft stiftet. Im 18. Jahrhundert in Zeiten der Industrialisierung wird Branntwein zu massiven Suchtproblemen führen, einerseits aus wirtschaftlichen Gründen gepuscht, andererseits gesetzlich bekämpft. Demgegenüber gilt das Bier grundsätzlich als gesund und nahrhaft. Ein weiteres neuartiges Genussmittel ist der Tabak: Den Konsum sieht der kurpfälzische Gesandte

Johann Joachim von Rusdorff 1627 in den Niederlanden als neue Mode aus Amerika. Entsprechend unbeholfen nennt er ihn »Sauferei des Nebels«. Allgemein spricht man noch vom »Rauchtrinken« oder »Tabaktrinken«.

Für derartige Neuerungen im Alltag interessiert sich Samuel Pepys ähnlich wie sein Lieblingsautor: Francis Bacon (1561 – 1626), Philosoph und Staatsmann, einer der einflussreichsten Denker seiner Zeit. In *Novum Organum* (1620) führt er die Induktion gegen die Spekulation ins Feld, das Experiment und die Empirie gegen ungeprüfte Glaubenssätze und Theorien. Stirbt Bacon an einer Lungenentzündung, nachdem er sich angeblich verkühlt, weil er ein totes Huhn mit Schnee füllt, um zu sehen, wie das den Verfallsprozess verzögert, prüft auch Pepys sich und seine Umwelt im Alltag. Eine launige Wendung erfährt das induktive Vorgehen, wenn Pepys den »Lieblingshund des Königs« auf einem Schiff beobachtet: »Der Hund hinterließ seinen Kot an Bord, darüber lachten wir, und ich dachte bei mir, dass ein König und alle, die zu ihm gehören, auch nicht anders als normale Menschen sind.«

Sozusagen praxisnah vermittelt Pepys' *Tagebuch* einen Eindruck davon, wie ein wissenschaftliches Weltbild im 17. Jahrhundert langsam Raum greift. Zwar muss Galileo Galilei 1633 noch bei einem Inquisitionsprozess in Italien dem heliozentrischen Weltbild abschwören, um nicht verbrannt zu werden. Zwar sind auch in England die berühmte *King James Bible* (1611) und John Bunyans *Pilgrim's Progress* (*Die Pilgerreise*), ein puritanisches Werk voller Schuldbewusstsein, Zerknirschung und mittelalterlich anmutender Allegorien, prägend für die Masse der Bevölkerung. Doch fördert die 1660 gegründete Royal Society die Naturwissenschaften. 1661 grenzt Robert Boyle in *The Sceptical Chymist* als Erster die experimentelle, empirisch begründete Chemie von der alten Alchemie, dem Zauberglauben ab. Beispielhaft für die Mischung aus Subjektivität und Wissenschaftlichkeit ist wiederum Robert Burtons *Anatomy of Melancholy* (1621), ein Handbuch zur Schwermut samt Gegenmitteln wie Jagd, Theaterbesuchen, Singen, Tanzen und Trinken.

Ein Hang zur Empirie mag dazu beitragen, dass viele Engländer 1660 trotz Sympathien für die Republik die Rückkehr der Monarchie als Stabilisierungsfaktor für das Land begrüßen. Pragmatisch sucht man sich Elemente aus verschiedenen Staatstheorien zusammen: Aus Thomas Hobbes' eher pessimistisch gefärbtem Buch *Leviathan* (1651) übernimmt man die Erkenntnis, dass man, weil Menschen zueinander wie Wölfe sind (*homo homini lupus est*), einen starken Staat beziehungsweise Souverän braucht, der eine Grundsicherheit garantiert. Aus John Lockes optimistischeren *Two Treatises of Government* (1690) bleiben das Prinzip der Volkssouveränität, der Kontrolle des Königs durch das Parlament und die Betonung des natürlichen Rechtes auf Widerstand bei Machtmissbrauch.

Offen diskutieren lässt sich das alles, nachdem die *Licencing Act* 1695 nicht mehr erneuert wird und damit die Vorzensur bei Druckerzeugnissen wegfällt. Kurioserweise ist England für den Erzfeind Frankreich nicht nur ein avantgardistisches Vorbild in Sachen Revolution und Pressefreiheit samt Debattierclubs, sondern auch in puncto politischer Theorie. So baut Montesquieu in *Vom Geist der Gesetze* 1748 mit seiner einflussreichen Lehre von der Gewaltenteilung zwischen Exekutive (Regierung/König), Legislative (Parlament) und Judikative (Gerichte) auf Ideen Lockes auf.

Großes Lob bekommen die Engländer vom französischen Aufklärungsdenker Voltaire, der im achten seiner

Philosophischen Briefe (oder *Briefe über die Engländer*) 1734 bewundernd schreiben wird: »Das englische Volk ist das einzige der Erde, dem es gelungen ist, die Macht der Könige durch Widerstand einzuschränken.« Im neunten Brief lässt Voltaire mit Blick auf die wirtschaftlichen Verhältnisse ein Motiv anklingen, das fast alle bürgerlichen Revolutionen prägt: »Der Bauer hat keine in Holzschuhen wundgelaufenen Füße, er ißt weißes Brot, ist anständig gekleidet und schreckt nicht davor zurück, die Zahl seiner Haustiere zu vergrößern oder sein Dach mit Ziegeln zu decken, weil man ihn vielleicht im nächsten Jahr daraufhin mit höheren Steuern belasten könnte.« Eine Steuerentlastung, so Voltaire, lässt die Wirtschaft erblühen – genau wie es die oft kaufmännisch denkenden Revolutionäre wollen.

Die englische Revolution schafft verglichen mit der Französischen Revolution keine einprägsamen Ikonen. Doch wird sie in den 1770er Jahren als Anregung für ein Aufbegehren amerikanischer Kolonisten gegen ihr englisches Mutterland dienen. Und über die amerikanische Revolution wird sie auf Umwegen zum Vorbild für die Französische. Auch weil die europaweite Verkehrssprache noch nicht Englisch, sondern Französisch ist, exportieren bis dahin allerdings primär französische und nicht englische Denker fortschrittliche Ideen in andere Länder.

KAPITEL ELF

Freiheitskämpfer, Sklavenhalter und Denkerhelden

Das 18. Jahrhundert: Aufklärung, Revolutionen und die Geburt der öffentlichen Meinung

Zwar leben wir heute in aufgeklärten Zeiten, doch ist es schwer vorstellbar, dass eine deutsche Kanzlerin oder ein amerikanischer Präsident Berater hätte, die abfällig von der »Sekte der Christen« reden, vorbestraft sind und Bücher schreiben, in denen weibliche Geschlechtsorgane über ihre sexuellen Vorlieben plaudern wie in *Die geschwätzigen Kleinode* (1748) von Denis Diderot. Genau derartige Konstellationen zwischen Machthabern und Beratern sind im 18. Jahrhundert aber möglich, und dies mehr als zu anderen Zeiten. So coachen berühmte Denker der Aufklärung wie Diderot und Voltaire, auf die oben genannte Eigenschaften zutreffen, Könige gegen Spitzengehälter. Es ist eine Zeit des Übergangs von der alten Ordnung, dem Ancien régime, zum modernen Denken, zu mehr Freiheit. Das äußert sich in vielerlei Hinsicht zunächst auf der kulturellen und symbolpolitischen Ebene.

Für diese Ebene ist damals ein neuer Typ Held zuständig: Denkerhelden in der Art von Voltaire, Samuel Johnson, Immanuel Kant und der Frauenrechtlerin Mary Wollstonecraft. Die neuen Helden passen gut in eine Zeit, in der absolutistische Herrscher wie Ludwig XV., Friedrich der Große und Katharina die Große ihre alte Rolle nicht mehr als stimmig empfinden, aber keine echten politischen Veränderungen wollen – weshalb sie ihr Augenmerk auf Bereiche wie Literatur, Philosophie und Erotik richten, die Ausweichmöglichkeiten bieten. Die Geistesheroen wiederum versuchen einerseits, als Berater direkten Einfluss auf Machthaber zu bekommen. Andererseits schaffen sie in Zeiten der Zensur mit Pamphleten, Artikeln und Büchern das, was man heute eine kritische Öffentlichkeit beziehungsweise öffentliche Meinung nennt. Sie ist die Grundlage unter anderem für die Französische Revolution.

Die erste und kleinste der vielen Revolution, die im 18. Jahrhundert stattfinden, ist die sogenannte diplomatische Revolution: die Formierung von Bündnissen zwischen Ländern, von denen einige bislang verfeindet waren. Diese Revolution bildet 1756 den Auftakt zum Siebenjährigen Krieg. So stehen England, Preußen, Hannover, Hessen-Kassel, Braunschweig und Gotha gegen Frankreich, Österreich, Russland, Schweden, Spanien, Sachsen und andere Fürstentümer des römisch-deutschen Reiches. Dieser wohl erste Weltkrieg der Geschichte erstreckt sich von Europa über Afrika und Indien bis nach Amerika. Der Sieger Großbritannien drängt Frankreich bis 1763 als Kolonialmacht zurück, der Gewinn von Rohstoffen, Märkten und billigen Arbeitskräften ebnet den Weg für das British Empire und die Industrielle Revolution. Allerdings folgt bald nach Englands Zugewinn von Kanada, Louisiana und karibischen Inseln die Revolution, mit der sich die Vereinigten Staaten 1776 vom Mutterland Großbritannien lossagen.

Im 18. Jahrhundert werden die Vereinigten Staaten geboren, die alten Weltmächte England und Frankreich stellen sich neu auf. In Europa formieren sich Preußen, Österreich und Russland als Großmächte und verdrängen Schweden, Polen und das Osmanische Reich. Es ist eine Zeit der Revolutionen, aber auch der merkwürdigen Kompromisse und Verbindungen.

Zwischen Reform und Repression:
der aufgeklärte Absolutismus

Während England eine konstitutionelle Monarchie hat und Frankreich und Spanien absolutistische Regime, geht man in Österreich, Russland und Preußen den Mittelweg des aufgeklärten Absolutismus. Den Anfang macht Preußen. Dort schafft der protestantische Kurfürst Friedrich Wilhelm von Brandenburg aus dem Haus Hohenzollern im 17. Jahrhundert nach französischem Vorbild eine Zentralverwaltung und ein stehendes Heer. Kriege gegen Schweden bringen Gebietsgewinne, durch die Aufnahme von aus Frankreich vertriebenen Hugenotten kurbelt man ab 1685 die Wirtschaft an. Der Schöngeist Friedrich I., der 1701 zum König gekrönt wird, verfügt über eine ordentliche Portion Esprit und ist ein großer Förderer der Wissenschaften. So beruft er den Universalgelehrten Gottfried Wilhelm Leibniz (1646–1716) zum Präsidenten der Akademie der Wissenschaften. Dessen Bild vom Universum passt zum aufgeklärten Absolutismus: Einerseits sieht Leibniz statt toter Atome geistige Krafteinheiten, die Monaden, als Grundelemente des Lebens; andererseits gibt es die göttliche Zentralmonade und eine »prästabilierte Harmonie«.

Tatsächlich herrschen in Preußen Ordnung und Dynamik. Auf Friedrich I. folgt der sogenannte Soldatenkönig Friedrich Wilhelm I. (König 1713–1740). Er prägt bis heute die Vorstellung von den preußischen Tugenden beziehungsweise den Sekundärtugenden Fleiß, Pünktlichkeit, Disziplin. Eine gewisse Ironie besteht darin, dass sich, während der Soldatenkönig Kriege vermeidet und Preußen durch die Einführung der allgemeinen Schulbildung stärkt, sein Sohn Friedrich II., später »der Große« genannt (König 1740–1786), als

zweiter angeblicher Schöngeist der Familie martialisch auf-
führt. Er spielt zwar Flöte, dichtet und verkehrt mit dem großen Denker Voltaire, der ihn als »Fürsten-Philosophen«
rühmt, zumal der König die »Menschen glücklich machen
wird«. Doch annektiert Friedrich II. Sachsen und bricht den
Siebenjährigen Krieg vom Zaun. Seine Politik ist so widersprüchlich wie seine Selbstbezeichnung als »erster Diener
des Staates«. So schafft der Alte Fritz, wie er im Volksmund
heißt, die Folter ab, ist religiös tolerant und führt in Ansätzen
die Pressefreiheit ein. Er schreibt ein Buch mit dem Titel *An-
timachiavell* (1739) – verhält sich selbst aber machiavellistisch.
Er nutzt die Krise im Haus Habsburg aus, als man nach dem
Tod von Kaiser Karl VI. 1740 über dessen Nachfolge streitet;
Friedrich bricht Verträge und marschiert ins österreichische
Schlesien ein.

Dabei ist das Problem für Österreich langfristig gar
nicht der Verlust von Gebieten, sondern ihr Zugewinn.
Ähnlich wie die Hohenzollern in Preußen behaupten sich
die Habsburger in Österreich. Nach Belagerungen von
Wien durch die Osmanen 1529 und 1683 triumphieren die
vom Polenkönig Johann Sobieski geführten polnisch-öster-
reichisch-deutschen Truppen schließlich gegen jene des
Großwesirs Kara Mustafa. So wird – wie 1000 Jahre zuvor
durch den Franken Karl Martell – das Vordringen der Muslime in Europa verhindert. In Zeiten, in denen das römisch-
deutsche Reich, das bis 1806 zahlreiche Habsburger als Kaiser regieren, nur noch der Form nach existiert, vergrößert
Österreich sein Gebiet. Auch dank des Heerführers Prinz
Eugen erobert man Ungarn, Kroatien und Nordserbien.
Nach dem Spanischen Erbfolgekrieg erhält Karl VI. als Ausgleich für seinen Verzicht auf Spanien 1714 Gebiete von den
Niederlanden bis nach Sardinien. Dass die Gebiete weit ver-

streut und schwer kontrollierbar sind, wird Österreich langfristig zusetzen.

Eine Verbesserung bringt zunächst aber Kaiserin Maria Theresia. Sie darf im Rahmen der sogenannten Pragmatischen Sanktion als Frau die Nachfolge Karls antreten, nachdem man im Österreichischen Erbfolgekrieg (1740 – 1748) die Ansprüche der Wittelsbacher aus Bayern abwehren muss; die stellen mit Karl VII. von 1742 bis 1745 immerhin einen Kaiser des römisch-deutschen Reiches. Maria Theresia bewältigt die Doppelbelastung als Mutter von 16 Kindern und Herrscherin eines Vielvölkerstaates, indem sie die Verwaltung strafft. Sie führt Elemente des aufgeklärten Absolutismus ein. Ihr Sohn Joseph, Mitregent und Nachfolger, später als Joseph II. Kaiser, schafft die Todesstrafe und 1781 die Leibeigenschaft ab. Er will Kirchenbesitz verstaatlichen. Allerdings muss er einige Reformen und die Einführung des Deutschen als Amtssprache zurücknehmen, als dies in Ungarn und den Niederlanden auf Widerstand stößt.

Ob absolutistisch oder aufgeklärt – fast alle Herrscherhäuser schachern um Gebiete. Die werden durch Kriege, Bündnisse und Heiratspolitik zu immer neuen Patchworks zusammengeflickt. Ein kleiner Trost ist dabei, dass sogenannte Kabinettskriege diplomatisch verwaltet und begrenzt sind und die Zivilbevölkerung nicht ganz so brutal in Mitleidenschaft ziehen wie Religions- und Bürgerkriege. Ein Opfer des Geschachers ist allerdings Polen. Es steht beispielhaft dafür, wie selbstverständlich Länder damals zerhackt, verschmolzen und aufgelöst werden können.

Etabliert sich Polen im Mittelalter mit dem Haus Piasten als Königreich, steigt es im 15. und 16. Jahrhundert in einer Union mit Litauen zur Großmacht auf. Nach dem Aussterben der Jagiellonen und dem Zerfall der Zentralmacht

zugunsten einer Adelsrepublik untersteht das Land Fremd-
herrschern wie den schwedischen Wasa-Königen und dem
Sachsen August II., dem Starken (1670 – 1733). Zwar gibt es
1791 die erste Verfassung Europas, in der unter anderem die
Gewaltenteilung festgeschrieben ist. Doch beginnt auch die
traurige Tradition, die 1939 in der Aufteilung Polens zwischen Stalin und Hitler gipfeln wird: Im 18. Jahrhundert wird
Polen dreimal geteilt und verschwindet 1795 schlicht von der
Landkarte, als Preußen, Österreich und Russland sich jeder
ein Stück des Kuchens einverleiben.

Wie in so vielen Bereichen ist Russland auch beim aufgeklärten Absolutismus ein Spätentwickler und kein Muster-
schüler. Nach der Propagierung Russlands als »drittem
Rom« durch den Moskauer Großfürsten Iwan III. und den
Zaren Iwan IV., den Schrecklichen, im 15. und 16. Jahrhundert bringt Peter der Große (1672 – 1725) – wie später Lenin
und Stalin – Ansätze zum Fortschritt, allerdings in der brutalsten Form. Er drängt die Kirche zurück und schafft einen
neuen Dienstadel. Unter falschem Namen reist der Zar
durch Europa, um etwas über moderne Staats- und Wirt-
schaftssysteme und Schiffsbautechniken zu lernen. Ein ein-
prägsames und eher harmloses Bild für seine Politik, die eine
Modernisierung übers Knie brechen will und sich auch in
den Privatbereich der Menschen einmischt, ist die Verord-
nung, wonach die Russen ihre traditionellen Bärte abrasieren
müssen; eine grausamere Facette seiner Politik ist, dass beim
Bau der neuen Hauptstadt Petersburg Zigtausende von Arbeiter umkommen. Im Nordischen Krieg kann der Zar 1721
nach zwanzig Jahren das Schweden von König Karl XII. besiegen und als Großmacht verdrängen, nachdem Karl sich an
der Größe Russlands verhoben hat. Napoleon und Hitler
wird es später ähnlich ergehen.

So richtig verkörpert den aufgeklärten Absolutismus in Russland erst Katharina die Große (1729–1796). Als geborene Sophie von Anhalt-Zerbst aus Stettin wird sie mit Zar Peter III. verheiratet. Der Nachfolger von Elisabeth, Tochter von Peter dem Großen, stellt mit Spielzeugsoldaten große Schlachten nach, verhält sich politisch aber wenig strategisch. Sophie billigt Peters Ermordung, um 1762 als Katharina an die Macht zu kommen. Sie nimmt Reformen im Verwaltungs-, Rechts- und Ausbildungswesen in Angriff, die Leibeigenschaft wird aber erst ein Jahrhundert später von Zar Alexander II. abgeschafft.

Berühmt ist Katharina für ihren Austausch mit Voltaire und Diderot, berüchtigt für ihre vielen Liebhaber und Günstlinge. In Europa kursieren Karikaturen, auf denen ein ganzes Regiment der Zarin an den Rock will. Nachdem sie an den Folgen eines Schlaganfalls stirbt, geht das Gerücht um, es habe sie beim Sex mit einem Hengst erwischt. Zu ihren Schützlingen zählen der von ihr gepuschte polnische König Stanislaus II. und Graf Potemkin. Als Organisator der Kolonisierungspolitik im Süden des Reiches lässt Potemkin Dörfer herausputzen, damit Katharina im Rahmen einer PR-Reise mit europäischen Machthabern und Diplomaten die Fortschritte, die man in der Gegend gemacht hat, vorführen kann. Ein missgünstiger Abgesandter nennt die Dörfer wohl Attrappen und prägt damit den Begriff Potemkinsche Dörfer für etwas nur scheinbar Großartiges.

Katharina präsentiert sich zwar auch im gesamteuropäischen Vergleich progressiv, etwa indem sie sich demonstrativ gegen die Pocken impfen lässt. Doch bleibt ihre Politik in vieler Hinsicht rückständig. Als der Schriftsteller Alexander Radischtschew 1790, ein Jahr nach der Französischen Revolution, in seinem Buch *Reise von Petersburg nach Moskau* die schlimmen Zustände im Land geißelt, lässt sie ihn zum Tode verurteilen (später begnadigt sie ihn und schickt ihn in die Verbannung). Revolutionäre Bewegungen oder auch nur eine intellektuelle Szene werden sich in Russland, wo noch um 1900 die Hälfte der Einwohner Analphabeten sind, erst im 19. Jahrhundert entwickeln – mit Denkern wie Dostojewski, Tolstoi und Kropotkin. In Westeuropa ist man etwas früher dran.

Vom Hofnarren zum kritischen Publizisten: die Geistesheroen

Über die Tugend des Helden heißt ein kleiner Text von Jean-Jacques Rousseau, in dem der Literat, Philosoph und Pädagoge 1751 einen zentralen Gedanken seiner Zeit formuliert: Es brauche, so Rousseau, endlich Heroen, die mitdenken und dem Gemeinwohl dienen, statt egozentrisch als Krieger aufzutrumpfen. So bildet sich im 18. Jahrhundert über Salons und die Presse eine kritische Öffentlichkeit aus und damit die Bühne für die neuen Denkerhelden. Sie verkörpern später im Sinn der Gewaltenteilung als Publizisten und Journalisten die sogenannte vierte Gewalt neben der Legislative, Exekutive und Judikative. Die neuen Helden sind insofern ambivalent, als sie einiges bewegen, aber zugleich wie Hofnarren für eine Scheinrevolte und Ersatzbefriedigung stehen können. In dieser Mischung sind sie prägend für ein späteres öffentliches Engagement von Intellektuellen.

Ein europaweit berühmter Denkerheld des 18. Jahrhunderts ist François Arouet, der schon insofern beispielhaft für die Zeit der Wirren und des Übergangs ist, als er sich mit dem Künstlernamen »de Voltaire« frech selbst adelt (1694 bis 1778). Voltaire verfasst satirische und schlüpfrige Dramen, Romane, Erzählungen, Essays und Pamphlete. Als er in einem Schmähgedicht gegen Philipp von Orléans wettert, der anstelle des minderjährigen Ludwig XV. regiert, landet der Sohn eines großbürgerlichen Anwalts in der Bastille. Dort genießt er allerdings eine Vorzugsbehandlung, die Diners am Tisch des Gefängnisdirektors mit einschließt.

In Zeiten, in denen sich Herrscher langweilen, ihrer Rolle überdrüssig sind, sie teils lächerlich finden, ohne aber aussteigen zu können oder zu wollen, hilft Ironie; sexuelle Anzüglichkeiten dienen der Ablenkung. Die liefert Voltaire in Stücken wie *La Pucelle d'Orléans*, in dem er die Nationallegende von der Jungfrau von Orléans veralbert, indem er unter anderem ihr inniges Verhältnis zu einem verführerischen Esel schildert. Giacomo Casanova bietet mit seinen saftigen Lebenserinnerungen einen Einblick in das freizügige Leben bestimmter gesellschaftlicher Kreise. Die düstere Seite davon verkörpert der Schriftsteller Marquis de Sade (1740 bis 1814), Namensgeber des Sadismus. Sein Werk *Justine oder Vom Mißgeschick der Tugend* enthält extrem brutale Schilderungen von Sexualverbrechen. Deshalb und wegen sexuellen Missbrauchs von Bediensteten verbringt de Sade insgesamt rund 30 Jahre in Gefängnissen und der Irrenanstalt Charenton. Mit seinen Ideen über die absolute Freiheit, Schlechtigkeit und Triebgebundenheit des Menschen und mit seiner Vermischung von Realität und Fantasie fasziniert er später Charles Baudelaire, die Surrealisten sowie Max Horkheimer und Theodor W. Adorno, die de Sade in ihrem Buch *Dialektik der Aufklärung* (1947) beleuchten.

Im Rückblick erscheint das 18. Jahrhundert als eine Zeit der intellektuellen und sexuellen Revolution. So wie der Eros im antiken Griechenland zwischen Erhabenem und Banalem vermittelt, gilt dies vielleicht ähnlich in einer Zeit, in der die

Jean-Baptiste Greuze: *Junges Mädchen, das sein totes Vögelchen beweint*, Ölgemälde, 1765

Herrscher offiziell irgendwie noch göttlich sind, aber in ihrer Lächerlichkeit immer augenfälliger werden. So liefert der erste moderne Hofmaler, Francisco de Goya, karikaturhafte (offizielle) Porträts der spanisch-habsburgischen Königsfamilie. Mit Blick auf *Die nackte Maja* wird klar, wie die Erotik als Sozialventil und zur Vorführung der Scheinheiligkeit dient.

Einen Schritt weiter geht Denis Diderot. Er entlarvt die Doppelmoral seiner Zeit und demonstriert, wie man Kunst und Kunstkritik zum Mittel der Volksaufklärung macht, indem man sich in die Untiefen menschlichen Trachtens einfühlt. Dabei muss man sich der Einbildungskraft bedienen; sie ist ein Schlüsselbegriff der Zeit. Entsprechend beschreibt Diderot in seinem »Salon« von 1765, der Kritik über den Salon, die jährliche Kunstausstellung, Jean Baptiste Greuzes Gemälde *Junges Mädchen, das sein totes Vögelchen beweint*. Das

Bild zeigt zunächst genau das, was im Titel steht. Diderot begnügt sich nun aber nicht mit der üblichen allegorischen Interpretation und moralischen Anklage, wonach das Mädchen ihrer verlorenen Unschuld nachtrauert, die ein übler Verführer geraubt hat. Er betont die Ambivalenz des Sittenbildes selbst – und des vermeintlich ehrenwerten Kunstfreundes, der das Bild betrachtet. Denn in seiner Kritik lässt Diderot einen Bildbetrachter in einem fiktiven Dialog das verführte Mädchen trösten, ihn dann aber, an einen anderen Betrachter gewandt, schließen: »Trotzdem würde es mir nicht besonders leid tun, die Ursache ihres Kummers zu sein.«

Auf kreative Weise hebt Diderot auf die damaligen Schlüsselbegriffe Empfindsamkeit, Mitgefühl, Mitleid beziehungsweise Empathie ab und führt die Ambivalenz und Scheinheiligkeit vor, die dabei mit im Spiel sein können. Auch im echten Leben herrscht ein Durcheinander ethischer und ästhetischer Kategorien. So verherrlicht Voltaire, zum Hofdichter und Hofhistoriographen ernannt, Ludwig XV. pathetisch als Kriegsherrn, kritisiert aber auch sinnlose Schlachten. In dem Artikel »Nachricht vom Tod des Chevalier de La Barre« geißelt Voltaire die Willkür der korrupten, äußerst brutalen Justiz: Er schildert den Prozess gegen den 19-jährigen Adeligen, der wegen ein paar frecher ketzerischer Sprüche und des Besitzes von Voltaires verbotenem *Philosophischen Wörterbuch* gefoltert, hingerichtet und verbrannt wird.

Etwas Ähnliches wird Voltaire schon deshalb kaum passieren, weil er eine Person des öffentlichen Lebens und mit insgesamt mindestens 20 000 Briefen europaweit vernetzt ist. Er wirkt an Diderots und d'Alemberts *Encyclopédie* von 1751 mit, der Sammlung fortschrittlichen Wissens aus Philosophie, Theologie, Kunst und Naturwissenschaften. Sie wird zur geistigen Grundlage für die Revolution von 1789. Voltaire prägt den antiklerikalen Slogan »Ecrasez l'infâme!« (»Vernichtet die Niederträchtigen!«) und wird so zum Vorläufer eines typisch französischen, medienwirksamen Engagements von Intellektuellen wie Émile Zola und Jean Paul Sartre, das allerdings gerade bei deren Nachfolgern oft der Selbstinszenierung dient. Beispielhaft zeigen sich schon bei Voltaire die Grenzen des Engagements, als er der brieflichen Einladung von Friedrich dem Großen folgt, mit ihm bei Hofe »zusammenzuleben«. Dort darf er dann Friedrichs Schreibstil korrigieren, aber als er sich in politische Fragen einmischen will, wird er abgeblockt. Immerhin steigt Voltaire, der kränkliche Held, der sich mit Kaffee aufputscht, dank königlicher Jahresgelder und Aktienspekulationen zum reichsten Literaten von Paris auf, zum Star, bei dessen Beerdigung Menschenmengen die Straßen säumen.

Den größten Einfluss auf das politische Denken seiner Zeit dürfte allerdings Jean-Jacques Rousseau (1712 – 1778) gehabt haben, auch wenn er die Revolution von 1789 wie Diderot und Voltaire nicht mehr erlebt. Schlagartig berühmt wird Rousseau mit seiner Antwort auf die Preisfrage der Akademie von Dijon, ob Wissenschaft und Kultur den Menschen verbessert hätten: Er verneint. Statt des Fortschritts propagiert Rousseau einen naturhaft guten Zustand (»état naturel«) – auch im Kontrast zur Künstlichkeit des Ancien régime und des Rokoko-Stils. In *Émile oder Über die Erziehung* wirbt Rousseau für die freie, am natürlichen Verhalten ausgerichtete Pädagogik. Das veranlasst Voltaire zu der Bemerkung, nach der Lektüre habe er Lust bekommen, »auf allen vieren zu gehen«.

Einen Umsturz bedeutet *Émile* vor dem Hintergrund, dass Kinder zu dieser Zeit mit harter Hand erzogen werden. Man geht davon aus, dass die »tierische Natur« des Kindes durch strenge Erziehung bezähmt werden müsse. Zur Distanz, die Erwachsene gegenüber Kindern haben, trägt zum einen die hohe Kindersterblichkeit bei. Zum anderen stillen nur sehr arme Leute ihre Kinder selbst, viele Pariserinnen geben ihre Kinder, oft über Jahre, durch Agenturen vermittelt, zu Ammen aufs Land. Nur bei sehr reichen Städtern ist die Amme im Haus, Dienstboten hüten die Kinder. Wenn die Kinder von Adeligen und Großbürgern dann auch noch im Alter von sieben bis 16 ins Kloster oder zu den Jesuiten zur Erziehung kommen, kann man sich vorstellen, welchen Einfluss das auf die emotionale Entwicklung ganzer Generationen hat.

Umso beeindruckender, wie offen – und aus heutiger Sicht oft egozentrisch – Rousseau, der ein frühes Vorbild Napoleons ist, in seiner Autobiografie *Bekenntnisse* (*Confessions*, postum 1781 publiziert) über sein Innenleben plaudert. Dazu gehört seine heimliche sexuelle Neigung zum Masochismus: Sie geht, so Rousseau, auf eine »im achten Lebensjahre von der Hand eines dreißigjährigen Mädchens empfangene Kinderstrafe« zurück. Derartige Selbstbetrachtungen werden im 18. Jahrhundert zum Zeitvertreib der Privilegierten. Sie sind zugleich der ernsthafte Versuch, die eigene Persönlichkeit auf eine neuartig umfassende Art und Weise zu ergründen und sich eigenmächtig in der sich wandelnden Gesellschaft zu positionieren. Dazu passt Rousseaus Vorstellung von der *volonté générale*. In ihrem Sinn gliedert sich der Einzelne im Rahmen des *contrat social* in den Staat ein, damit die Volkssouveränität umso besser geschützt sei. Doch birgt der »allgemeine Wille« aufgrund seiner begrifflichen Unschärfe auch die Gefahr des Missbrauchs durch neuartige Diktaturen, sei es eine Diktatur des Volkes.

In Zeiten, in denen in Frankreich die Mehrheit nicht lesen kann, sorgen Wortgewandte für Furore. In Österreich machen fortschrittliche Denker wie Wolfgang Amadeus Mozart (1756 – 1791) Musik. Dabei wirft der Freimaurer in seiner Operette *Hochzeit des Figaro* 1786 wohl als erster Hofmusiker direkt soziale Probleme auf und weist einen adeligen Aufreißer in seine Schranken. Auch damit unterscheidet er sich vom Barockstar Johann Sebastian Bach (1685 – 1750), dessen – damals spektakuläre– Neuerungen eher die Musik selbst betreffen.

Deutschsprachige Denkerhelden leisten Großes, doch fehlt eine Kulturmetropole samt politischen Salons. So fliehen viele besonders beherzt in die Welt der Dichtung, etwa die des Sturm und Drang bei Klopstock, Herder, Goethe (*Die Leiden des jungen Werthers*, 1774). Friedrich Schiller bringt in Stücken wie *Die Räuber* (1781) und *Don Carlos* (1787), in dem Gedankenfreiheit gefordert wird, die real fehlende Revolution auf die Bühne. Dem damaligen Glauben an die Volksaufklärung verpflichtet, will er in seiner Zeitschrift *Die Horen* über die »ästhetische Erziehung des Menschen« politisch wirken. Ebenfalls pädagogisch, definiert der preußische Professor Immanuel Kant (1724 – 1804) die Aufklärung als »Ausgang des Menschen aus seiner selbstverschuldeten Unmündigkeit«. Philosophiegeschichtlich revolutionär – und damals für viele erschütternd – ist es, wenn er betont, dass man sich seines Urteils nicht sicher sein kann, da man die Dinge nicht unbedingt so wahrnimmt, wie sie sind, sondern gemäß den Voraussetzungen, die man (a priori) mitbringt.

Etwas stärker praxisorientiert, setzen im 18. Jahrhundert Denkerhelden wie Karl Philipp Moritz und Johann Heinrich Pestalozzi frische pädagogische Ideen um, die noch Reformpädagogen im 20. Jahrhundert wie Maria Montessori beeinflussen werden. Pestalozzi schafft mit seiner Erziehungsanstalt für arme Kinder auf der Grundlage gemeinsamen Gärtnerns und der Entfaltung des individuellen Potentials die geistigen Grundlagen für die neue Volksschule. Moritz publiziert ein kindgerechtes *ABC-Buch* (1790), welches das Denken in Vergleichen und logischen Zusammenhängen fördert. Zudem gründet er das *Magazin für Erfahrungsseelenkunde* (1783-93): eine Sammlung von Kranken-, Kriminal- und Traumberichten ohne »moralisches Geschwätz«, wie Moritz schreibt. Es ist eine der ersten psychologischen Zeitschriften.

Was die politischen Schriften betrifft, sind die Denkerhelden in England, dem Land der Pressefreiheit, weiter als ihre schweizerischen, deutschen und französischen Kollegen. In Großbritannien werden Mitte des Jahrhunderts rund 20 000 Tageszeitungen täglich verkauft, was bei rund fünf Millionen Einwohnern und nur ein paar Hunderttausend Wahlberechtigten beträchtlich ist. Samuel Johnson (1709 bis 1784), der in England neben Shakespeare als der meist zitierte Autor gilt, prangert in seiner Zeitschrift *The Idler* (Der Müßiggänger) deutlicher als andere Aufklärungsdenker die Sklaverei an. Erstaunlich modern wirken Artikel wie »The Art of Advertisment«. Darin lobt er die Innovationskraft der Reklame, merkt aber an, dass es die Realität verzerren kann, wenn man neben Berichten über Kriege Anzeigen für »A Fresh Parcel of Dublin Butter« schaltet. Wenn Johnson seine Zeit als »Age of Authors« beklagt, in der jeder inzwischen ohne nachgewiesene Kompetenz publizieren dürfe, lässt das an Debatten des 21. Jahrhunderts über die Konkurrenz von Profijournalisten und Bloggern denken.

Für den fließenden Übergang zwischen Dilettantismus und politischer Macht steht zur gleichen Zeit die berühmteste damalige Denkerhelde*in*: Madame de Pompadour (1721 bis 1764). Als Metzgertochter Jeanne Poisson geboren, arbeitet sie sich mit Sexappeal und Bildungshunger zur Mätresse, Marquise und politischen Beraterin von Ludwig XV. hoch. In bis zu 60 Briefen am Tag kommuniziert sie mit Voltaire, aber auch Bischöfen, die sie wegen ihrer reaktionären Kirchenpolitik zusammenstaucht. Landadelige Damen schicken ihr ihre Poesiealben zur Beurteilung. Einerseits organisiert Madame de Pompadour für Ludwig XV. einen Harem minderjähriger Jungfrauen; andererseits begrüßt sie Denker der Aufklärung wie David Hume in Paris. Es mag übertrieben sein, sie als inoffizielle Kanzlerin zu bezeichnen, doch immerhin ist sie 1756 an den Bündnisverhandlungen mit Österreich beteiligt, nachdem sich Graf Kaunitz, der Minister der Monarchin Maria Theresia, in einem Brief an sie wendet. Denn Kaunitz geht es, wie er schreibt, darum, »dem König [Ludwig XV.] Vorschläge von höchster Bedeutung zu machen, die solcherart sind, dass sie nur über eine Persönlichkeit verhandelt werden können, die Seine Allerchristlichste Majestät mit ihrem ganzen Vertrauen beehrt«.

Derart zu Einfluss gekommene Damen sehen Denkerheldinnen wie Mary Wollstonecraft natürlich kritisch. In ihrem Buch *Eine Verteidigung der Rechte der Frau (A Vindication of the Rights of Women)* von 1792, einem ersten Manifest der Frauenbewegung, geißelt sie die mangelhafte Erziehung junger Mädchen: »Um die Konstitution der Mädchen zart oder wie es einige nennen, schön zu halten, wird ihr Verstand vernachlässigt. Die Mädchen werden gezwungen, still zu sitzen, mit Puppen zu spielen und albernen Unterhaltungen zuzuhören.« Um wenigstens Letzteres zu verhindern, organisieren reich verheiratete Frauen wie Emilie du Châtelet, die Mathematikerin, Physikerin und Freundin Voltaires, und Suzanne Necker, die Frau des Finanzministers Jacques Necker,

Salons. In ihnen tauscht man sich mit Intellektuellen wie Diderot und d'Alembert aus.

Wenn Madame Necker selbst in ihren *Réflexions sur le divorce* 1794 das neue Recht auf Scheidung als »gefährlich« bezeichnet, weil man sich dann verzettle und nicht mehr »Zuflucht in einer zarten Seele« beim Partner finde, klingt das merkwürdig im Zusammenhang des Aufklärungsdenkens. Doch vor dem Hintergrund, dass damals selbst königliche Ehefrauen wie Objekte gehandelt werden und Mätressen Politik machen, kann man den ambivalenten Text als Plädoyer für die tiefe Bindung beziehungsweise die Liebesheirat lesen. Jedenfalls findet die Vorstellung von der wahren Liebe als bürgerlichem Solidaritäts- und Stabilitätsfaktor langsam Verbreitung. Sie wird zur Kraftquelle für die neuartige Kernfamilie im Gegensatz zur adeligen Dekadenz mit arrangierter Hochzeit und Mätressenwirtschaft.

Parallel zur Betonung der wahren Liebe und des Mitgefühls entwickelt sich ein regelrechter Kult um die Freundschaft – prominent bei Goethe und Schiller. Passend dazu nimmt Madame Necker als Gründerin eines Pariser Krankenhauses, das bis heute ihren Namen trägt, den Typ des neuen Helden vorweg, der später den Geistesheroen ablöst: den des organisierten Wohltäters. Tatsächlich werden nun, nachdem während der Reformation kirchliche Hospitäler geschlossen wurden, Krankenhäuser mit Hilfe wohlhabender Privatspender eröffnet.

Zunächst erinnern die Denkerhelden der Aufklärung an Pioniere der freien Meinungsbildung wie Martin Luther und Pietro Aretino im 16. Jahrhundert. Ein wesentlicher Unterschied ist jedoch, dass die neuen Helden zumindest in Westeuropa in der neu geschaffenen Sphäre der öffentlichen Debatte agieren und die neuartig öffentliche Meinung beeinflussen. Sie können auf Institutionen wie Salons und die Presse zurückgreifen, die ab dem 17. Jahrhundert Verbreitung finden. Umso erstaunlicher, dass sich all das politisch zuerst in einem Land auswirkt, in dem es kaum Geistesheroen im europäischen Sinn gibt.

Amerika: die erste moderne Demokratie – und Zentrum der Sklaverei

Ähnlich wie Russland beginnt Nordamerika im 18. Jahrhundert seinen Aufstieg zur Großmacht – und ist, was die Hochkultur betrifft, ein unbeschriebenes Blatt. Dort gibt es eine analphabetische Urbevölkerung und Kolonisten, die, zu rund 90 Prozent Landbewohner, anderes im Sinn haben als Literatur oder Salon-Debatten. Gerade deshalb scheinen hier neue Ideen von Freiheit, Unabhängigkeit und Glückssuche so wuchtig einzuschlagen und direkt zu einer Revolution zu führen.

Wie bei vielen Revolutionen ist der Anlass ein Steuerkonflikt. Nachdem England Kosten für den Siebenjährigen Krieg per Steuer und Zoll auf die (englischen) Kolonisten in Amerika abwälzen will, protestieren diese. Um ihrem Prinzip »No taxation without representation«, keine Steuererhebung ohne Vertretung im (englischen) Parlament, Nachdruck zu verleihen, boykottieren die Kolonisten englische Importe. Tatsächlich gibt das englische Mutterland nach und erhebt bald nur noch eine symbolische Teesteuer. Dennoch werfen Amerikaner im Hafen von Boston im Rahmen der sogenannten Boston Tea Party am 16. Dezember 1773 – als Indianer verkleidet – Teekisten von englischen Schiffen ins Wasser und lösen damit den Unabhängigkeitskrieg aus.

Die Kolonisten gewinnen den Krieg gegen England, das im Oktober 1781 bei Yorktown kapituliert. Den Sieg verdanken die Revolutionäre auch 6000 Soldaten aus Frankreich und General Lafayette – der Ideen der Revolution in seine Heimat mitnehmen wird. Während die Engländer von unmotivierten Truppen wie jenen unterstützt werden, die der Landgraf von Hessen als Söldner-Sklaven verschickt, tragen die Kolonisten die Flamme der Freiheit in sich. Die Mission der Freiwilligenarmee formulieren die Abgeordneten der Kolonien am 4. Juli 1776 in Philadelphia, mit 40 000 Einwohnern Amerikas größte Stadt, in der Unabhängigkeitserklärung (Präambel): »Folgende Wahrheiten erachten wir als selbstverständlich: Dass alle Menschen gleich geschaffen sind; dass sie von ihrem Schöpfer mit gewissen unveräußerlichen Rechten ausgestattet sind; dass dazu Leben, Freiheit und das Streben nach Glück gehören.«

Neben diesem Recht auf *pursuit of happiness*, bis heute prägend für den amerikanischen Optimismus, wird das Recht des Volkes auf seine Regierung verbrieft. Mit dem Hinweis auf Rechtsverstöße des britischen Königs Georg III. betrachten sich die 13 Vereinigten Kolonien als vom Mutterland losgelöst. Hauptverfasser der Unabhängigkeitserklärung ist Thomas Jefferson (1743–1826), Literat, Plantagenbesitzer und Sklavenhalter. Außer ihm sind die zwei wichtigsten sogenannten Gründungsväter der Vereinigten Staaten George Washington und Benjamin Franklin: Franklin (1706–1790) ist der US-Unterhändler in Europa, Erfinder des Blitzableiters und Begründer des amerikanischen Bildungswesens; Washington (1732–1799) ist der Heerführer des Unabhängigkeitskrieges und erster Präsident der USA ab 1789.

In der Verfassung von 1787, die auf Ideen zur Gewaltenteilung basiert, einigt man sich auf eine Volksvertretung in

Form des Kongresses. Er besteht aus zwei Parlaments-
häusern: erstens dem Senat mit je zwei Senatoren pro Staat,
unabhängig von dessen Größe; zweitens dem Repräsentantenhaus (House of Representatives) mit Abgeordneten entsprechend der Einwohnerzahl der Staaten. Mit diesem bis
heute gültigen System werden die USA die erste moderne
Demokratie der Welt. Doch ähnlich wie der Parlamentarismus in England hundert Jahre zuvor bringt der amerikanische trotz Allgemeiner Erklärung der Menschenrechte weiten Teilen der Bevölkerung erst einmal keine Verbesserung
ihrer Lebensumstände: Das betrifft vor allem die Indianer,
die schwarzen Sklaven und die weißen *indentured servants*,
vertragsgebundene Diener. Letztere verschulden sich für die
Überfahrt aus Europa und müssen die Kosten dann durch
Arbeit abgelten. Anders als das Bild vom *American dream*
später vermuten lässt, haben sie wie Leibeigene in Europa
kaum Aufstiegschancen und leben oft wie Sklaven.

Der jahrtausendealte Sklavenhandel boomt im 18. Jahrhundert. In Afrika erstehen Portugiesen bereits ab dem
15. Jahrhundert von Stammesherren Sklaven für Waffen,
Alkohol, Glasperlen, später Tuch, Tabak und Kaurimu-
scheln, einer Art Sonderwährung. Die afrikanischen Sklaven werden in die neuen Kolonien verkauft. Von den zehn
bis 15 Millionen Afrikanern, die bis Ende des 19. Jahrhunderts nach Nord- und Südamerika deportiert werden, überleben nur 85 Prozent die Schifffahrt. Nachdem England, das
Land der Bürgerrechte, 1713 das Monopol für den Sklavenhandel mit den spanischen Kolonien erwirbt, erreicht er
Ende des Jahrhunderts seinen Höhepunkt. 1790 kommen
auf rund vier Millionen freie Einwohner der Vereinigten
Staaten 700 000 Sklaven; ihre Zahl vervielfacht sich, bis die
Sklaverei 1865 abgeschafft wird. Die Sklaven schuften auf

Plantagen bei der Produktion von Baumwolle, Kaffee, Kakao und Zucker. Ein kleiner Lichtblick sind die Quäker, die in Amerika in der Tradition der Wiedertäufer in pazifistischen und basisdemokratischen Gemeinden leben. Die Mitglieder der »Society of Friends« sind Pioniere im Kampf gegen die Sklaverei. Und als der einflussreiche Quäker William Penn (1644 – 1718) Kolonien in West New Jersey, Pennsylvania und Delaware erwirbt, schließt er faire Verträge mit den Delaware-Indianern. Doch verlieren die Quäker aufgrund ihrer moralischen Ansprüche, die einen Verzicht auf Militär und Staatsämter umfassen, zur Mitte des 18. Jahrhunderts an Einfluss. So setzen sich die Puritaner mit ihrer demokratischen, aber aggressiven Kultur des Leistungsdenkens, der Verfolgung etwa von Hexen und mit ihrem Rassismus durch. Sie verteilen die Früchte der amerikanischen Revolution ähnlich ungerecht wie die Macher der Französischen.

Obwohl die englische und die amerikanische Revolution früher stattfinden und glücklicher verlaufen als die Französische, wird Letztere in Geschichtsbüchern meist ausführlicher behandelt. Das kann erstaunen, liegt aber auch daran, dass es hier härtere Fronten gibt, dass mehr Köpfe rollen und dass die Französische Revolution einfach stärkere Bilder und eingängigere Slogans (»Liberté, Egalité, Fraternité!«) produziert. Vor allem bietet ein Rückblick auf das Revolutionsjahrzehnt zwischen der Erstürmung der Bastille 1789 und Napoleons Staatsstreich 1799 ein einzigartiges Konzentrat aus fast allen in späteren Revolutionen relevanten Parteien- und Ideologiebildungen, politischen Mechanismen und menschlichen Abgründen.

Wie bei der amerikanischen Revolution ist der Anlass ein Steuerproblem. So beruft Ludwig XVI. am 5. Mai 1789 die drei Generalstände ein, die zuletzt 1614 getagt haben. Sie umfassen jeweils rund 300 Vertreter des ersten und zweiten Standes, der Geistlichkeit und des Adels; dazu kommt der dritte Stand, dessen Vertreter für das Bürgertum, Arbeiter und Bauern stehen, rund 98 Prozent der Bevölkerung. Die Generalstände sollen höhere Steuern absegnen, die Ludwig zur Verhinderung des Staatsbankrotts erheben will, ohne weitere Aufstände zu provozieren, wie sie immer wieder in der hungernden Bevölkerung aufflammen. Die Vertreter des dritten Standes, denen sich auch Adelige anschließen, verweigern die Steuern. Trotz des Aufmarsches königlicher Truppen versammeln sie sich unter der Führung von Jean Sylvain Bailly und des Grafen von Mirabeau im Ballhaus. Zugleich peitschen Redner wie der Journalist Camille Desmoulins das Volk auf der Straße auf. Am 14. Juli 1789 wird die Gefängnisfestung Bastille erstürmt. Die Aufrührer marschieren mit den aufgespießten Köpfen der Wachen durch die Stadt.

Davon ermutigt, nennen sich die Vertreter des dritten Standes Nationalversammlung. Sie beschließen eine Verfassung mit Abschaffung der Leibeigenschaft und der Privilegien für den ersten und zweiten Stand, die bislang kaum Steuern zahlen. Am 26. August 1789 verkündet man die Menschenrechte samt dem Prinzip der Volksherrschaft. Zwar darf man nur ab einem bestimmten Einkommen wählen (Zensuswahlrecht), wahlberechtigt sind demnach ähnlich wie in England unter fünf Prozent der 25 Millionen Einwohner des Landes. Doch ist dies ein erster Schritt. Zur Sanierung der Staatsfinanzen und der Verwaltung schlägt Charles Maurice de Talleyrand die Verstaatlichung von Kirchengütern und die Einteilung Frankreichs in Départements vor.

So hätte alles wie geplant und relativ friedlich auf eine konstitutionelle Monarchie hinauslaufen können wie in England. Doch spitzen sich die Ereignisse zu, als der König die Flucht ins Ausland versucht und die europäischen Mächte Österreich und Preußen 1792 eine Koalition bilden, um in Frankreich falls nötig mit Gewalt die alten Verhältnisse wiederherzustellen. Als zudem eine Lebensmittelknappheit für Unruhen sorgt, verhärten sich die Fronten zwischen gemäßigten Girondisten, den radikalen Montagnards samt dem Jakobiner-Club mit Danton, Marat und Robespierre und den (konstitutionellen) Royalisten wie Talleyrand und Lafayette. Dass die Royalisten in der gewählten Versammlung rechts sitzen, die Jakobiner links, prägt bis heute die Begriffe politischer Ausrichtung.

Nachdem der Nationalkonvent am 21. Januar 1793 Ludwig XVI. guillotinieren lässt, scheint ein ganzes Volk den Kopf zu verlieren. Zwar tauft ein Wohlfahrtsausschuss unter dem Vorsitz des Rechtsanwaltes Maximilien de Robespierre (1793) Kirchen und Kathedralen wie Notre Dame in *Tempel der Vernunft* um. Man führt Ersatzrituale zu Ehren des »höchsten Wesens« ein – und für die Damen modisch schlichte Umhänge im Stil der Urdemokratie Athen. Doch mündet das Ganze in ein Terrorregime. Der Wohlfahrtsausschuss lässt nicht nur Königin Marie-Antoinette köpfen, sondern in proto-stalinistischen Säuberungsaktionen auch angebliche Verräter aus den eigenen Reihen wie Danton. Insgesamt sterben wohl rund 35 000 bis 40 000 Bürger. Nachdem Robespierre 1794 selbst enthauptet wird, tritt ein vom wohlhabenden Bürgertum dominiertes fünfköpfiges Direktorium zusammen. Es wird von einem Rat der Alten gemäß einer Liste gewählt, die der Rat der 500 erstellt. Das Direktorium lässt 1797 unter anderem den Jakobiner François Babeuf hinrichten: Der Herausgeber der Zeitung *Le Tribun du Peuple*, dessen Spitzname Gracchus sich auf den Landreformer im antiken Rom bezieht, wollte frühsozialistische Ideen zur Verstaatlichung der Produktionsmittel und Verteilung des Besitzes durchsetzen.

Das vielleicht berühmteste Revolutionsgemälde entsteht zwar anlässlich der Julirevolution von 1830, bezieht sich aber in der Symbolik auf 1789: Auf Eugène Delacroix' *Die Freiheit führt das Volk* (1830) sind die Trikolore und die Jakobinermütze zu sehen und es kämpfen neben der attraktiven barbusigen Allegorie der Freiheit »Sansculotten« auf den Barrikaden, die keine Kniehosen (*culottes*) wie die Adeligen tragen, sondern volkstümliche *pantalons*. Während der Revolutionsereignisse selbst schafft der engagierte Revolutionsmaler Jacques-Louis David Kompositionen wie *Der Ballhausschwur* und *Der Tod des Marat* (1793), die den Jakobiner in der Art eines Märtyrers zeigt. Zwar unterscheidet sich die strenge, oft starre Revolutionskunst krass von den luftig-erotischen Rokokogemälden von François Boucher und Jean-Honoré Fragonard, dem Maler der höfischen *fêtes galantes* und der abgehobenen Luxuswelt des Ancien régime. Doch vermittelt auch sie wenig von den Vorgängen an der Basis.

So lehnen sich in der westfranzösischen Vendée 1793 Landbewohner gegen die junge Republik auf. Tagelöhner und Bauern, die hungern beziehungsweise bis zu zwei Drittel ihres Einkommens für Brot abzweigen müssen, fühlen sich von der Revolution betrogen. Nach der Abschaffung des Feudalismus und des Zehnts muss man nun eine Pacht an die neuen, bürgerlichen Landbesitzer zahlen, die oft noch höher ist als die Abgaben zuvor. Wegen des Zensuswahlrechtes haben die Armen politisch weiterhin nichts zu sagen. Als die Aufständischen mit weißen royalistischen Kokarden Verwaltungsgebäude stürmen und Revolutionsvertreter töten, schickt Paris Truppen. Schätzungen zufolge sterben in dem blutigen Bürgerkrieg, der folgt, über 100 000 Menschen. Allein 2000 Aufrührer töten die Revolutionäre, indem sie sie im Winter gefesselt in die Loire werfen und so ertränken. Wenn sie Männer und Frauen aneinander binden, nennen sie es »republikanische Hochzeit«.

Da in ganz Frankreich keine Ruhe einkehrt, wird das fünfköpfige Direktorium schließlich 1799 von einem korsischen Militär namens Napoleon Bonaparte gestürzt. Trotz des Putsches ist er beliebt, weil er als Führer des Revolutionsheeres gegen die antirevolutionären Koalitionstruppen Österreichs und Preußens siegt. Seine Stärken sind der Kampf mit beweglichen Kolonnen statt starrer Schlachtreihen, das schnelle Erkennen von Schwächen beim Gegner samt entsprechendem Einsatz der Artillerie; außerdem weiß er seine Soldaten persönlich zu motivieren. Er erklärt die Revolution für vollendet. 1799 wird er zum Konsul, fünf Jahre später mit dem Segen des Papstes zum Kaiser. Er wird Europa im 19. Jahrhundert nachhaltig prägen.

Chaotische Zustände wie in Frankreich sind in Großbritannien, dem Mutterland der Revolution, zu diesem Zeitpunkt schwer denkbar. Dort findet parallel zur Französischen Revolution der zweite Riesenumsturz der Moderne statt: die Industrielle Revolution. Sie verändert das Alltagsleben so sehr wie zuvor wohl nur die Neolithische Revolution mit der Sesshaftwerdung des Menschen samt Etablierung von Ackerbau und Viehzucht ab etwa 10 000 v. Chr. Die in vieler Hinsicht gründlichste Revolution des 18. Jahrhunderts beruht auf Erfindungen wie der Spinn- und Dampfmaschine in den 1760er Jahren, kommt aber erst im 19. Jahrhundert voll zum Tragen. Zur Industriellen Revolution passen dann neue Denkerhelden wie Adam Smith, Hegel und Marx, die Diderot, Voltaire und Kant ablösen und in ihrer ökonomischen und soziologischen Ausrichtung frische Begriffe wie Wachstum, Mehrwert, Verelendung und Entfremdung in die öffentliche Debatte einführen.

KAPITEL ZWÖLF

Die globale Pubertät
Das 19. Jahrhundert: Industrialisierung, Imperialismus und Romantik – Wachstum und Verwandlung

Nachdem Meister der Geschichtsphilosophie wie Giorgio Vasari und Georg Wilhelm Friedrich Hegel ganze Epochen mit Lebensphasen wie der Jugend und Kindheit verglichen haben und dabei zu merkwürdigen Wertungen kamen, sollte man auch den modernen Begriff der Pubertät nicht leichtfertig auf das 19. Jahrhundert anwenden. Doch lassen sich mit ihm bildhaft wesentliche Qualitäten der Zeit hervorheben. Wie die Lebensphase der Pubertät ist die Epoche geprägt durch rasante Veränderungen, extremes und ungleichmäßiges Wachstum, die Entdeckung unerhörter Handlungsspielräume. Da dies neuartige Unsicherheiten und Verwirrung mit sich bringt, sucht man nach neuen, unverbrauchten Welterklärungen und Denksystemen.

Nachdem die Industrielle Revolution im 18. Jahrhundert einsetzt, verändert sie im 19. Jahrhundert das Alltagsleben radikal, die globale Vernetzung wird massiv ausgebaut. Mit der Verbreitung der Dampfmaschine, dem Ersatz der alten regenerativen Energieträger Wasser und Wind durch die fossilen Brennstoffe Gas und Kohle wird die bisherige Produktionsleistung um ein Vielfaches übertroffen. Bergwerke und Fabriken verändern das Gesicht ganzer Landstriche. Menschenmassen ziehen auf Arbeitssuche in die Städte. Neue Technologien bringen eine ungeheure Beschleunigung im Alltag mit sich. 1830 wird die erste längere Eisenbahnlinie zwischen Manchester und Liverpool eröffnet, Ende des Jahrhunderts das Auto mit Verbrennungsmotor erfunden. Thomas Edison baut in New York das erste Elektrizitätswerk, womit er seine Glühbirne zum Leuchten bringt. 1866 wird ein Telegrafenkabel durch den Atlantik verlegt. Bald brauchen internationale Nachrichten statt Wochen und Monaten nur noch Stunden und Minuten.

Auf derartige technische Entwicklungen antworten die Maler des Impressionismus mit rasant hingetupften Bildern, die viele als Geschmiere empfinden, als schockierend oder albern. Auch Weltbilder wandeln sich rasch und umfassend wie selten zuvor. So wirft Charles Darwin mit seinem Buch *Die Entstehung der Arten durch natürliche Zuchtwahl* (1859) alte Glaubenssätze über den Haufen. Die Vorstellung von einer Evolution und dem Affen als Vorfahren des Menschen lässt das Bild von der biblischen Schöpfungsgeschichte, die Idee von einem göttlichen Plan und einer im Wesentlichen unveränderlichen Welt hinfällig werden.

Auf dem religiösen Feld geht die globale Pubertät mit Trotzreaktionen einher: So bekräftigt der Vatikan die unbefleckte Empfängnis Marias (1854) und die päpstliche Unfehlbarkeit (1870), und zwar just in einer Zeit, in der Gott für tot erklärt wird, man bei der Empfängnisverhütung Fortschritte macht und Röntgenstrahlen ab 1895 neue Durchblicke ermöglichen. Doch gibt es auch kreativere Ansätze als Trotz, um der Verwandlung der Welt beizukommen. Dazu zählen Gründungen wie die Theosophische Gesellschaft von Helena Blavatsky 1875, die Weltreligionen, okkultistische, spiritistische Elemente und Grenzwissenschaftliches zu einem neuen Glauben der Wahrheit und Toleranz verbinden will. Zum Religions*ersatz* werden frische Denkansätze wie jene von Hegel, Marx und Nietzsche, ein allgemeines Rechtssystem – und die romantische und moderne Kunst. Der Sport

entwickelt sich zu dem, was er bis heute ist, zur schichten-
übergreifenden Massenunterhaltung, die mit kultureller
und gesellschaftspolitischer Bedeutung aufgeladen werden
kann. Machtpolitisch verkörpert den Übergang von der
alten zur neuen Welt beispielhaft ein Herrscher, der seine
Karriere schon im 18. Jahrhundert beginnt: Napoleon Bonaparte (1769 – 1821).

Weltseele, Feldzüge, Müllabfuhr: wie Napoleon und Hegel in Europa aufräumen wollen

Napoleon prägt zu Beginn des 19. Jahrhunderts ganz Europa.
In einer Mischung aus Idealismus und Menschenverachtung
verantwortet er den Tod von Hunderttausenden – und setzt
langfristig eine moderne Verwaltung und Rechtsprechung
durch. Furios ist die Karriere des kleinen Mannes aus Kor-
sika insofern, als er vom Heerführer der Französischen Revolution zum Konsul aufsteigt, sich 1804 zum Kaiser krönt,
Europa modernisiert, um am Ende im Exil auf der Insel
St. Helena zu landen.

Bis 1812 ist Napoleons Machtpolitik eine Erfolgsge-
schichte. Er drängt die Habsburger in Italien zurück. Für
territoriale Verluste auf deutschem Gebiet entschädigt er
Fürsten im Rahmen des Reichsdeputationshauptschlusses
1803 durch die Verweltlichung (Säkularisierung) von Kirchengütern. In der Dreikaiserschlacht besiegt Napoleon bei
Austerlitz 1805 Österreich und Russland. Durch Eroberungen in Europa weitet er den Einfluss des *Code Civil* (*Code
Napoleon*) aus. Das Gesetzbuch garantiert Rechtsgleichheit,
die Trennung von Kirche und Staat, den Zugang zu Ämtern
durch Leistung statt Geburt sowie Gewerbefreiheit. Auf kul-

turellem Feld betreibt Napoleon mit dem Empirestil wirksame Imagepflege. Viele Diktatoren nach ihm werden ihm folgen und die Kunst verstärkt für ihre Propaganda einspannen. Mit ägyptischen und römischen Elementen verdeutlicht das Empire den imperialen Machtanspruch und ist zugleich relativ schlicht und modern.

Mit Hilfe des Rheinbundes, dem ab Juli 1806 mehrere süd- und westdeutsche Fürstentümer angehören, und der Erhebung von Bayern und Württemberg zu Königreichen sammelt Napoleon Mächte um sich, die ihm gewogen sind. Als Folge legt Kaiser Franz II. am 6. August 1806 die Kaiserkrone des römisch-deutschen Reiches ab und beendet damit nach rund 1000 Jahren die Geschichte dieses merkwürdigen Konstrukts. In Preußen regen die Franzosen Reformen an. Dazu gehören die Bauernbefreiung unter Minister Freiherr vom Stein, die Gewerbefreiheit (1810) von Fürst von Hardenberg und die rechtliche Gleichstellung der Juden (1812).

Auch weil man Napoleon als ausländischen Unterdrücker empfindet, tendiert der deutsche Nationalismus langfristig allerdings stärker als der französische und englische zu Überspanntheit und Aggressivität. Insgesamt tragen Denker des deutschen Idealismus wie Fichte, Schelling und Hegel zur Konzentration auf eine freie Bewusstseinsbildung statt auf eine politische Diskussion oder republikanischen Ethos bei. Georg Wilhelm Friedrich Hegel (1770 – 1831) hat einen Sonderstatus, den größten Einfluss in seiner Zeit und bis heute. Er will über das schwärmerische, assoziative und ironische Denken von Romantikern wie den Brüdern Schlegel und Novalis hinauskommen. Er steht insofern beispielhaft für das Denken des 19. Jahrhunderts, als er bei aller Auflösung des Bestehenden Gott und die Welt noch einmal in ein übergreifendes System einpassen will.

Was Hegels Blick auf die Geschichte betrifft, steht er zwischen Extremen des Jahrhunderts: einerseits Leopold von Ranke (1795-1886), der die moderne, auf ein kritisches Quellenstudium gestützte Geschichtswissenschaft begründet; andererseits Friedrich Nietzsche, den dieser Historismus langweilt. In *Vom Nutzen und Nachteil der Historie für das Leben* (1874) betont Nietzsche, man solle nicht wie ein Tier im »immer wiederholten Wiederkäuen« der Geschichte leben. Nietzsche denkt sich Alternativen wie den »Übermenschen« aus, der von der christlichen »Sklavenmoral« befreit ist. Hegel findet eine kompliziertere Art, Geschichte und Geist kurzzuschließen. So vergleicht er in seinen *Vorlesungen über die Philosophie der Geschichte* (gehalten 1822/23 und 1830/31) Chinesen mit Kindern und meint, der »Zweck« des »germanischen Geistes« liege in der »Realisierung der absoluten Wahrheit«.

Zur Realisierung der Wahrheit bedarf es einer neuen Form der Philosophie. Als Hegel im Oktober 1807 in einer selbst geschalteten Anzeige in der *Jenaer Allgemeinen Literatur-Zeitung* sein frisch gedrucktes Hauptwerk *Phänomenologie des Geistes* ankündigt, erklärt er denn auch: »Dieser Band stellt das *werdende Wissen* dar.« Er will das Denken selbst vorführen und das Bewusstsein formen. In Zeiten, in denen David Friedrich Strauß in *Das Leben Jesu, kritisch bearbeitet* (1835) Christus als Mythos fasst, versucht Hegel Gott durch den »absoluten Geist« und das »absolute Wissen« zu ersetzen; dafür muss die Sprache selbst beweglich sein (»Selbstbewegung des Begriffs«) und auf der Höhe der Zeit. So »bildet« sich der Geist bei Hegel, indem er sich selbst »entfremdet«. Da gibt es das »ununterschiedene Gleichnamige«, das »auf eine Seite tretende *Extrem* des *Fürsichseins*«, die »Entäußerung« und »Aufhebung«. Aufhebung ist Hegels Zauberwort zwischen Auflösen, Bewahren und Emporheben, mit dem man im Geiste Unstimmigkeiten beseitigen kann, um Synthesen zwischen scheinbar unvereinbaren Antithesen durchzuführen.

Hegels Uni-Konkurrent Schopenhauer tut das als »hohlen Wortkram« ab, Karl Marx später als »Mystik«. Doch mit seinem überspannten Schreiben, dem Mut zu gewagten Behauptungen beeinflusst Hegel unter anderem Marx. Dialektisch wie die alten Griechen, aber kopflastiger sucht Hegel nach neuen Weltsystemen. Dass dieses Projekt in Anbetracht der Widersprüche des Lebens scheitern muss, macht nichts; wie in der Pubertät geht es um den Prozess und darum, die Grenzen der Sprache – und die Geduld anderer – auszutesten. Die Herangehensweise inspiriert im 20. Jahrhundert Philosophen wie Theodor W. Adorno, Jean-Paul Sartre, Jacques Derrida und Gilles Deleuze, unabhängig davon, ob sie ihre Philosophie als Alternative zu Hegel sehen.

Eine wichtige Gemeinsamkeit zwischen Hegel und zeitgenössischen Geistesgrößen ist die Faszination, die Napoleon auf ihn ausübt. Hegels Landsmann und Jahrgangskollege Ludwig van Beethoven (1770 – 1827) widmet Napoleon seine Symphonie *Eroica*. Nach Napoleons Kaiserkrönung meint er allerdings, der Franzose habe die Revolution verraten, und entfernt deshalb die Widmung, angeblich mit dem Kommentar, Napoleon sei auch nur ein gewöhnlicher Mensch, ja ein Tyrann. Demgegenüber nennt Hegel Napoleon »Weltseele« und sieht ihn als Verkörperung des »Weltgeistes«. Vielleicht ähneln Hegel und Napoleon einander in ihrem ambivalenten Idealismus und im umfassenden Anspruch. In Hegels *Vorlesungen über die Philosophie der Geschichte* heißt es: »Napoleon, als er einst mit Goethe über die Natur der Tragödie sprach, meinte, dass sich die neuere von der alten wesentlich dadurch unterscheide, dass wir kein Schicksal mehr hätten, dem die Menschen unterlägen, und dass an die Stelle des alten Fatums die Politik getreten sei.«

Abgesehen davon, dass das Gespräch zwischen Napoleon und Goethe wohl nicht so stattgefunden hat, ist Napoleons Politik durchaus schicksalhaft. Ein Jahr nachdem England sich mit Admiral Nelsons Sieg am Kap Trafalgar an der südspanischen Atlantikküste am 21. Oktober 1805 gegen Frankreich die Vorherrschaft über die Meere sichert, beschließt Napoleon die Kontinentalsperre. Er verbietet die Einfuhr britischer Waren und die Ausfuhr von Getreide. Darauf reagiert England mit der Sperre und der Blockade von Häfen auch für Schiffe anderer Nationen. Das schwächt zunächst alle Beteiligten. Doch werden zumindest der Anbau der deutschen Zuckerrübe und die Entwicklung der Industrie angekurbelt. Tragisch ist Napoleons Russlandfeldzug von 1812, bei dem eine Armee von 600 000 Mann, die zu einem großen Teil aus zwangsrekrutierten Deutschen besteht, ins Verderben läuft. Da die Russen der Schlacht ausweichen, vor dem Einmarsch der Franzosen sogar Moskau räumen und anzünden, muss die Invasionsarmee schließlich im harten Winter den Rückzug antreten. Nur ein paar Tausend Soldaten überleben. Der Rest stirbt an Hunger, Krankheiten oder bei späten russischen Angriffen.

Durch Napoleons Niederlage ermutigt, verbünden sich Preußen, Russland, Österreich und Schweden und schlagen Napoleon 1813 in der dreitätigen Völkerschlacht bei Leipzig. 1814 dankt Napoleon ab und geht ins Exil. In einem territorial stark zurückgestutzten Frankreich übernehmen unter Ludwig XVIII. die Bourbonen wieder die Herrschaft. Auf dem Wiener Kongress vom September 1814 bis Juni 1815 schafft man unter dem Vorsitz des österreichischen Staatsmannes Metternich (1773 – 1859) mit einem Gleichgewicht der Kräfte zwischen den fünf Großmächten (England, Frankreich, Russland, Preußen, Österreich) die Grundlage für Frieden. Innenpolitisch legt man allerdings den Grundstein für die Restauration. Der aufkeimende Liberalismus in Deutschland wird durch die Karlsbader Beschlüsse 1819 unterdrückt (Verbot der Burschenschaften, Zensur, »Demagogenverfolgung«). Trotz Massenkundgebungen wie dem Hambacher Fest von 1832 für ein freies geeintes Deutschland wird diese Epoche (1815 – 48) später als Biedermeierzeit vor allem mit bürgerlicher Heimeligkeit und Ruhe in Verbindung gebracht.

Doch kehrt Napoleon aus dem Exil auf Elba zurück und kann erstaunlicherweise noch einmal eine Armee zusammentrommeln. Die wird allerdings am 18. Juni 1815 bei Waterloo im heutigen Belgien von Briten und Preußen vernichtend geschlagen. Um sicherzugehen, dass der Unruhestifter nicht ein zweites Mal zurückkehrt, verfrachtet man Napoleon nun auf die britische Atlantikinsel St. Helena ins Exil.

Napoleon entspricht insofern dem Bild späterer Diktatoren, als er seine Menschenscheu mit Forschheit und gewagten Militäraktionen kompensiert. Wie ein Herrscher des Ancien régime lässt er einerseits seine Brüder und Schwager in angegliederten Ländern von Holland über Westphalen bis Neapel regieren. Andererseits schafft er in Spanien die Inquisition ab. Unter ihm wird in Köln, weil es so stinkt, eine Müllabfuhr organisiert. Mit der Verbreitung von Einheitsmaßen wie Liter, Kilo und Meter fördert er Handel und Industrialisierung.

1812 wird in England die Todesstrafe auf die Beschädigung von Maschinen eingeführt – als Reaktion auf sogenannte Maschinenstürmer, die Ludditen. Das sind vor allem Weber und Spinner, die durch die Erfindung der Spinnmaschine durch James Hargraves im Jahr 1764 und die Weiterentwicklung der Dampfmaschine durch James Watt 1765 arbeitslos geworden sind oder für Hungerlöhne mit Maschinen konkurrieren. Statt gelernter Arbeitskräfte setzen Unternehmer Frauen und Kinder ein, die für weniger Geld oft über zehn Stunden täglich schuften.

Die dazugehörige Ideologie liefern neue Denkerhelden wie der Schotte Adam Smith (1723 – 1790). Mit seinem Buch *Der Wohlstand der Nationen* (*Inquiry into the Nature and Causes of the Wealth of Nations*), später zur Bibel des Kapitalismus erklärt, wird Smith 1776 zum Mitbegründer der modernen Volkswirtschaftslehre. Sein Ansatz unterscheidet sich von jenem der Physiokraten um François Quesnay und Jacques Turgot. Sie halten die Landwirtschaft noch als natürliche Grundlage allen Reichtums hoch. Demgegenüber beschreibt Smith – ohne die Moloch-Fabriken wirklich zu kennen – die Vorteile der Arbeitsteilung und des freien Handels. Er unterstreicht, dass sozusagen der Egoismus, die Eigennützlichkeit einzelner indirekt zum Gemeinwohl beiträgt, da sie zu Höchstleistungen motivieren: »Nicht vom Wohlwollen des Fleischers, Brauers oder Bäckers erwarten wir unsere Mahlzeit, sondern von ihrer Bedachtnahme auf ihr eigenes Interesse.«

Obwohl Smith durchaus für einen regulierten Markt ist, hat vor allem sein Lob des Liberalismus Einfluss gehabt. Der britische Premierminister William Pitt meint, er biete »die

Kinderarbeit in
einer Fabrik in
North Carolina,
USA, 1908

beste Lösung jeder Frage« auf dem Gebiet »der politischen
Ökonomie«. 1846 wird England mit der Abschaffung von
Importbeschränkungen ein Vorreiter beim sogenannten Freihandel. Was die moderne Verbindung von Politik und Ökonomie betrifft, ist schon bezeichnend, dass Montesquieu den
Handel als *doux commerce* bezeichnet (»süßer, sanfter Handel«). Er meint, der Handel vernetze die Menschen und
wirke so gegen Kriege.

Doch es gibt auch Gegenstimmen, etwa die von Karl
Marx. An Hegel erinnert sein Hauptwerk *Das Kapital* (1867)
in der Mischung aus Analyse (»Fetischcharakter der Ware«)
und Poesie (»Wertseele«). Doch verfasst Marx zusammen
mit Friedrich Engels auch das allgemeinverständliche *Manifest der Kommunistischen Partei* (1848). Es beginnt mit dem
Satz »Ein Gespenst geht um in Europa – das Gespenst des
Kommunismus«. Das Manifest endet mit dem Aufruf »Proletarier aller Länder vereinigt euch!« Dazwischen geht es,
aus heutiger Sicht erstaunlich aktuell, darum, wie die Bour-
geoisie auf der Suche nach neuen Märkten »über die ganze
Erdkugel« jagt und in fernen Ländern Arbeitslosigkeit verursacht. Das Gegenprogramm umfasst die gewaltsame Auf-

hebung des Privateigentums und die Etablierung des Proletariats als herrschender Klasse auf dem Weg zur klassenlosen Gesellschaft.

Enteignung und Umverteilung sind auch Themen bei früheren Sozialisten wie Charles Fourier, François Noël Babeuf, Pierre-Joseph Proudhon (»Eigentum ist Diebstahl«) und Claude Henri de Saint-Simon, dessen Privatsekretär Auguste Comte den Positivismus begründet und den Begriff »Soziologie« prägt. Das Neue bei Engels und Marx sind: der Aspekt der Globalisierung, die Ablehnung reformerischer Ansätze und die Behauptung, der Kommunismus werde sich gemäß dem Konzept des »historischen Materialismus«, einem Naturgesetz vergleichbar, durchsetzen. Passend dazu etabliert sich damals der Begriff der Ideologie.

Bei Erscheinen verpufft die Wirkung des *Kommunistischen Manifestes* allerdings; die Sache wird erst ein Jahrhundert später in der Russischen Revolution von 1917 so richtig zünden. Zunächst gibt es im März 1848 in Italien, Frankreich und Deutschland zwar Revolutionen, Demonstrationen und Straßenkämpfe; in Österreich dankt Metternich ab, in Bayern sogar König Ludwig I. (allerdings auch wegen seines Verhältnisses mit der Tänzerin Lola Montez). Doch verliert sich das in der Frankfurter Paulskirche einberufene Parlament 1848 in Diskussionen darüber, ob eine deutsche Einigung in großdeutscher Lösung anzustreben sei, also mit Österreich, oder in kleindeutscher Lösung, ohne Österreich, was man letztlich beschließt. Nachdem der Preußenkönig Friedrich Wilhelm IV. die Krone, die ihm das Frankfurter Parlament für eine konstitutionelle Monarchie anbietet, als »Schweinekrone« ablehnt, verlagert sich die Macht des Parlaments auf das ständisch-adelige Abgeordnetenhaus in Preußen.

Dennoch wächst das politische Mitspracherecht der Bevölkerung in Preußen, Frankreich und England im Lauf des Jahrhunderts schrittweise – und einkommensabhängig. So wird in Großbritannien 1832 mit der ersten *Reform Act* unter dem liberalen Premier Charles Earl of Grey die Zahl der Wahlberechtigten von rund 500 000 in den oberen Mittelstand hinein fast verdoppelt. Zwar werden die Chartisten, die 1838 als Vorläufer der Gewerkschaften in der *People's Charter* von William Lovett das allgemeine Wahlrecht fordern, nicht erhört. Doch lässt Tory-Premier Benjamin Disraeli in der zweiten *Reform Act* 1867 Industriearbeiter mit eigener Wohnung zur Wahl zu. Erst die vierte *Reform Act* bringt 1918 das Stimmrecht für über 30-jährige Männer, und auch für vermögende Frauen; das allgemeine Wahlrecht erhalten sie erst 1928.

Wie schon im 18. Jahrhundert gibt es in Frankreich mehr Revolutionslärm als in England – und größere Rückschläge. Der nach der 1848er-Revolution zum Präsidenten gewählte Charles Louis Napoleon, Neffe von Bonaparte, gründet nach seinem Staatsstreich von 1851 als Napoleon III. das Zweite Kaiserreich. Interessenpolitisch bleibt allerdings das Großbürgertum an der Macht; es hatte seinen Einfluss 1830 nach dem Sturz von Karl X. durch einen Volksaufstand in der Julirevolution mit dem »Bürgerkönig« (»roi citoyen«) Louis Philippe gefestigt. Insgesamt tanzt Frankreich im 19. Jahrhundert einen verrückten Reigen der Regierungsformen: Napoleons Erstes Kaiserreich (1804), Restauration der Bourbonen (1814), Julimonarchie (1830), Zweite Republik mit »Prince-Président« Charles Louis Napoleon (1848), Zweites Kaiserreich (1852), sozialistische Pariser Kommune (1871) und Dritte Republik (1871).

Auch kulturell treibt die Verwirrung in Paris, der »Hauptstadt des 19. Jahrhunderts«, wie Walter Benjamin sie später nennen wird, ihre Blüten. So nutzt man den Kunstgeschmack verstärkt als Möglichkeit, sich gesellschaftlich zu orientieren und zu profilieren: Kunst wird direkt mit Schichtenzugehörigkeit und Sozialstatus verknüpft und zur Einstellungs- und Glaubenssache stilisiert. In seiner Salonkritik von 1846 schreibt der Dichter Charles Baudelaire: »Um die Bedeutung eines Künstlers zu erkennen, gibt es ein einfaches Verfahren: man untersucht sein Publikum. Eugène Delacroix hat die Maler und Dichter für sich, Decamps die Maler; Horace Vernet die Garnisonen und Ary Scheffer die ästhetischen Frauenzimmer, die religiöse Musik machen, um sich für ihre bleichen Menses zu entschädigen.«

Auf historisch neuartig pubertäre Weise macht Baudelaire klar: Wer die Kunst von Delacroix mag, ist hip, wer die Salonmalerei von Ary Scheffer schätzt, langweilt. Mitte des 19. Jahrhunderts, 50 Jahre nachdem der Louvre zum öffentlichen Museum geworden ist, üben die Salons mit ihrer Bilderflut eine Faszination auf die Zuschauer aus. Und während heute eher die Mode, Automarken, der Lieblingssportverein oder der demonstrative Verzicht auf Statussymbole eine gewisse Haltung signalisieren, sind Kunst und Bildung im 19. Jahrhundert ein wichtiges Element. Wegen des Machtgewinns des Bürgertums wird es auch »das bürgerliche Jahrhundert« genannt. Der damals geprägte Begriff Bildungsbürger ist noch nicht abwertend gemeint wie in späteren Zeiten. Bürgerliche Rebellen wie Baudelaire sehen sich wiederum als soziale Joker jenseits konventioneller Klasseneinteilungen, als Dandys. Sie führen Schildkröten an der Leine spazieren, um zu zeigen, wie viel Zeit sie inmitten der banalen Geschäftigkeit haben.

Weniger bürgerlichen Statusfragen wendet sich der gebildete Industriellensohn Friedrich Engels mit Blick auf London zu, dem Ort, der als Schaltzentrale des British Empire zumindest die wirtschaftliche Hauptstadt des 19. Jahrhunderts ist. In seinem Buch *Die Lage der arbeitenden Klasse in England* (1845) prangert Engels als einer der ersten Autoren systematisch soziale Missstände an. Bei aller Polemik, Manipulation und dem Kampfruf »Friede den Hütten, Krieg den Palästen!«, die das Buch enthält, analysiert Engels die Folgen des Baumwollimports doch auf einigermaßen sachliche Weise und macht Angaben zu Hungertoten in London. Er informiert sich im armen Osten der Stadt darüber, wie »ein Mann, seine Frau, vier bis fünf Kinder und zuweilen noch Großvater und Großmutter in einem einzigen Zimmer von zehn bis zwölf Fuß im Quadrat« hausen.

Einen Schritt weiter geht Henry Mayhew, Mitbegründer des einflussreichen Satiremagazins *Punch*. In seinem Buch *Arbeit und Armut in London*, das ab 1849 zunächst als Artikelserie im *Morning Chronicle* erscheint, führt er Interviews mit Straßenhändlern, Müllmännern, Näherinnen, (minderjährigen) Prostituierten, Bettlern und Räubern. In seinem Bestreben, erstmals, »die Geschichte des Volkes, vom Volk selbst erzählt, zu veröffentlichen«, wird er zum Vorläufer für eine »Geschichte von unten« beziehungsweise die *oral history* des 20. Jahrhunderts. Wie sein Journalistenkollege Charles Dickens, der mit Werken wie *Oliver Twist* (1837–1839) den sozialen Roman begründet, nähert sich Mayhew der Perspektive der Unterprivilegierten an. Ein Straßenhändler sagt über die »tiefgründigen Tragödien« wie *Hamlet*: »Sie bringen die Leute zum Nachdenken, aber andererseits finden wir sie alle zu lang.«

Sport als Romantik des Volkes –
und zupackende Denkerhelden

Dem Bedürfnis nach Kurzweil genügt in Großbritannien der *sport*: Was im Englischen ursprünglich »Zeitvertreib, Vergnügen, Spaß« heißt, wird zur Massenunterhaltung. Für alte Sportarten wie das Fechten, Rudern und Fußball gibt es nun Weltmeisterschaften. 1896 reaktiviert man die Olympischen Spiele, die der römisch-christliche Kaiser Theodosius ab 394 n. Chr. als heidnisch-kultisches Fest verboten hatte. Neu erfunden werden Volleyball, Handball und Basketball; Basketball etwa lässt der kanadische Lehrer James Naismith 1891 an einer amerikanischen Schule zunächst angeblich mit zwei Pfirsichkörben spielen. Der erste Fußballverein wird mit dem FC Sheffield 1857 in einer englischen Industriestadt gegründet: Durch Regeln vor Verletzungen geschützt, die ihre Arbeitsfähigkeit gefährden würden, treten Arbeiter nun in Vereine ein. Auch die Mittelklasse entwickelt ein Interesse am Amateursport. Im 17. und 18. Jahrhundert galt ihr Sport oft noch als dekadent, weil ihn Adelige von Dienern, frühen Profis, betreiben *ließen* und dann auch noch auf sie wetteten.

Im Alpinismus vereinen sich sportliche und touristische Interessen mit einer romantischen Sehnsucht nach der Natur. Gehen ab dem 18. Jahrhundert Privilegierte auf Bildungsreise, läutet Thomas Cook 1841 mit der ersten organisierten Bahnreise die Ära des Massentourismus ein. Man sucht Erholung und Erquickung beim Wandern und Reiten in der Natur, die den Menschen in den Jahrhunderten zuvor häufig noch unheimlich, zuweilen sogar feindlich erschien. Nun aber, vor dem Hintergrund düster rauchender Schlote, empfindet man sie als pittoresk und idyllisch. In der romantischen Musik (Schumann, Chopin, Wagner), Kunst (Runge,

Friedrich, Turner) und Literatur (Keats, Shelley, Byron, Chateaubriand) fasst man Emotionales und Traumhaftes als Ausgleich zum modernen Leben; zugleich wählen Romantiker moderne Stilmittel wie die Andeutung, Assoziation, das Fragmentarische. Auch der Sport hat diese zwei Seiten. Einerseits soll er durch die Einübung des Fairplays und den emotional erfahrenen und verinnerlichten Teamgeist zur umfassenden Läuterung und Persönlichkeitsbildung im romantischen Sinn beitragen. Zugleich spiegelt der Sport mit den Regeln, Rekorden und seiner Schnelligkeit den Wettbewerbsgeist und die Modernität der Industrialisierung wider. In diesem Sinn kann man den Sport als Romantik der Massen sehen, die sich weniger mit Kunst, Literatur oder Musik beschäftigen – auch wenn die Brüder Grimm mit ihren *Kinder- und Hausmärchen* immerhin die sogenannte Volkspoesie etablieren.

In Deutschland bekommt die volksromantische Facette des Sports allerdings schon früh einen merkwürdigen Beigeschmack. So schreibt »Turnvater« Friedrich Ludwig Jahn in seinem Standardwerk *Die deutsche Turnkunst* (1816) einerseits, der Sport solle »der bloßen einseitigen Vergeistigung die wahre Leibhaftigkeit zuordnen und im gesellschaftlichen Zusammenleben den ganzen Menschen umfassen und umgreifen«. Andererseits schwingt bei ihm eine gehörige Portion Chauvinismus mit, wenn er seine Anhänger zur Stärkung für den Freiheitskampf und die nationale Einigung Deutschlands turnen lässt. Als potentiell aufrührerisch werden Turnvereine in Zeiten der Restauration verboten. Doch in der zweiten Hälfte des Jahrhunderts schießt ihre Zahl in Deutschland in die Höhe, von rund 100 auf ein paar Tausend.

Die Romantik des Volkes wirkt bis heute nach. Von echten Sportstars kann man wohl erst in den zwanziger Jahren des 20. Jahrhunderts sprechen, als Boxkämpfe von Max Schmeling und Joe Louis im Radio übertragen werden und Fotos von Johnny Weissmüller, dem Weltrekordschwimmer und späteren Tarzan-Filmdarsteller, kursieren. So ist die Romantik des Volkes anders als die der Kunst am besten im 20. Jahrhundert dokumentiert. Wie manche Seiten der romantischen Kunst wird die Romantik des Volkes später von den Nazis missbraucht oder pervertiert.

Auch in England äußert sich der lebensreformerische Trend zur Fitness, Gesundheit und Reinheit in den dreißiger Jahren bei Verbänden wie der *Women's League of Health and Beauty* in Form von Frischluftgymnastik in Reih und Glied. In Deutschland wird Derartiges allerdings vermehrt zum Wehrsport und rassistischen Kult der Stärke umgelenkt. Wollen die Nazis bei den Olympischen Spielen von 1936 die Überlegenheit arischer Athleten demonstrieren, blitzt die Romantik des Volkes im guten Sinn auf: Luz Long, der blonde deutsche Silbermedaillengewinner im Weitsprung, und Jesse Owens, der schwarze Konkurrent und Sieger des Wettbewerbs, schließen Freundschaft. Sie verärgern Hitler, indem sie sich Arm in Arm zeigen und inmitten der ideologischen Verblendung die völkerverbindende Sportsfreundschaft vorleben.

Langfristig liefert die Romantik des Volkes symbolhaltige, komplexe und emotional glaubwürdige Bilder und übernimmt damit Funktionen der Kunst. So nutzen die schwarzen US-Sprinter Tommie Smith und John Carlos die Siegerehrung bei den Olympischen Spielen 1968 in Mexiko, um auf dem Podest stehend die geballte Faust zum »Black Power«-Gruß zu heben und medienwirksam für die Gleichberechtigung der Schwarzen zu demonstrieren. Im 21. Jahrhundert gibt es unpolitische Ausläufer wie Zinedine Zidanes – unter-

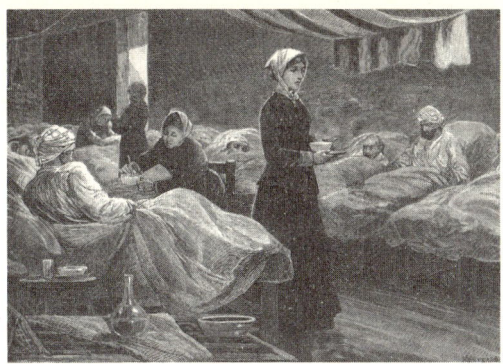

Miss Nightingale im Lazarett in Scutari, Holzstich, 1879. Florence Nightingale wurde auf zeitgenössischen Gemälden auch als schöne Heilige verewigt, später in Denkmälern und auf Briefmarken.

schiedlich interpretierten – Kopfstoß gegen den niederträchtigen italienischen Gegenspieler mitten im Sommermärchen der WM 2006. Auch in Sportkommentaren lebt die Volkspoesie in abgeschwächter Form weiter. Hatte man Arthur Friedenreich, den brasilianischen Fußballstar der zwanziger Jahre, »Pé de Ouro« (Goldfuß) und »König des Fußballs« genannt, schwingt in Zeiten der Kommerzialisierung bei romantischen Spitznamen wie »Titan«, »Kaiser Franz« und »Dirkules« (Dirk Nowitzki) mehr Ironie mit.

Schon im 19. Jahrhundert verleiht man romantische Spitznamen allerdings auch an neue Heroen jenseits des militärischen Feldes, die sich im echten Leben bewähren. Ein berühmtes Beispiel ist die englische Krankenpflegerin Florence Nightingale, der man später ein Denkmal setzt (1820 bis 1910). Sie drückt im Krimkrieg (1853 – 1856) die Sterblichkeit in Lazaretten in wenigen Monaten von rund 40 Prozent auf zwei Prozent, indem sie mit 38 Krankenschwestern inmitten von Cholera, Typhus und Ruhr lüftet, putzt, wäscht und Geräte sterilisiert. Wegen ihrer unermüdlichen Nachtarbeit wird sie »The Lady with the Lamp« (Die Lady mit der Lampe) genannt und auch mal »ministering angel« (etwa: betreuender Engel).

Nightingales Buch *Notes on Nursing* wird zum Standardwerk; sie ist ein Pionier im Gebrauch von Statistiken und Grafiken bei Vorträgen, mit denen sie Entscheidungsträger von ihrer Sache überzeugt. Dass Leute wie Nightingale und Henri Dunant, Gründer des Roten Kreuzes (1863), aktiv werden, dazu tragen wiederum Journalisten wie der *Times*-Reporter William Howard Russell bei, der die unabhängige Kriegsberichterstattung revolutioniert. Mit Reportagen aus dem Krimkrieg über selbstmörderische Angriffe britischer Truppen auf die russische Festung in Sewastopol rüttelt er die Öffentlichkeit zu Hause auf, was zur Kritik an den Befehlshabern führt.

Derartige Berichte sind umso wichtiger, als die Fotografie durch Louis Jacques Daguerre ab 1839 zwar Verbreitung findet, aber aufgrund der langen Belichtungszeit nicht direkt von aktionsreichen Ereignissen zeugen kann. So spielen weiterhin Kriegszeichner eine wichtige Rolle. Zu Hause und in Friedenszeiten dokumentieren in der ersten Hälfte des Jahrhunderts noch Zeichnungen wie jene von Gustave Doré über Londoner Elendsviertel das Leben zusammengepferchter Stadtbewohner, später auch Fotos. Manchester, das Zentrum der Industriellen Revolution, wächst zwischen 1770 und 1850 von rund 20 000 auf 300 000 Einwohner an. So sterben viele an Vergiftungen durch verseuchtes Trinkwasser. Erst gegen Ende des 19. Jahrhunderts bieten Filteranlagen mehr Sicherheit. Und ab Mitte des Jahrhunderts geht in den industrialisierten Ländern die Geburtenrate zurück, dann aber stärker noch die Sterblichkeit.

Globale Ungleichzeitigkeit:
Kolonien, Ex-Kolonien, Halb-Kolonien

Betrachtet man die zwei mit jeweils über 400 Millionen Einwohnern größten Weltreiche gegen Ende des 19. Jahrhunderts, das British Empire und das Chinesische Kaiserreich, fällt auf, dass Großbritannien ökonomisch und militärisch dominiert. (Zum Vergleich die nächstgrößten Reiche: Russisches Reich mit rund 160 Millionen Einwohnern, USA 100 Millionen.) Beispielhaft wird die Dominanz des britischen Empire bei der ersten Weltausstellung 1851 in London demonstriert. Während es in Joseph Paxtons Kristallpalast aus Indien etwa einen ausgestopften Elefanten zu sehen gibt, zeigen die Industrienationen neueste technische Errungenschaften.

Eine globale Übermacht Europas zeichnet sich allerdings nicht erst mit der Industriellen, sondern schon seit der militärischen Revolution ab dem 15. Jahrhundert ab, die verbesserte Befestigungen bringt, Musketen, Kanonen, Logistik und Drill. Beschleunigt wird diese Revolution durch die Bereitschaft, überproportional viel Geld für das Militär auszugeben, horrende Schulden dafür zu machen wie die Habsburgerkaiser bei den Fuggern. Mit der Industrialisierung geht der Wunsch einher, in aller Welt Rohstoffe und neue Absatzmärkte zu erschließen. Als Katalysator für den Imperialismus wirkt zudem der missionarische Eifer des Christentums, nun gepaart mit Nationalismus, Rassismus und Sozialdarwinismus im Sinn von Herbert Spencer (1820 – 1903). Dieser überträgt die biologische Lehre vom »survival of the fittest« auf soziale Systeme und wird dafür in manchen Kreisen wie ein Star gefeiert.

In den Kolonien entwickelt sich ein imperialistisches System von Marionettenregimen und Stellvertreterkriegen, das Großmächte noch im nächsten Jahrhundert prägen wird. Dieses System trägt dazu bei, dass die Londoner Regierungen des British Empire, obwohl die Bevölkerung nur zu einem Zehntel aus dem Mutterland Großbritannien stammt, viel größere Länder kontrollieren können. Dabei erfolgt die Kolonialisierung der größten Kolonie, Indien, zunächst durch ein Privatunternehmen, die 1600 gegründete *East India Company*. Wie ein eigener Staat kauft die Handelsgesellschaft, ausgestattet mit eigenen Diplomaten, Truppen, eigener Währung und sogar Flagge, einzelne indische Fürsten: Man bewaffnet ihre Armeen, schult sie und lässt sie andere Fürstentümer des Subkontinents erobern. Eine Meuterei solcher Truppen im Sepoy-Aufstand von 1857 (benannt nach den indischen Kolonialsoldaten) lässt die britische Regierung brutal niederschlagen. Sie löst auch die mächtige Ostindische Kompanie auf und setzt den letzten Großmogul ab. 1876 wird die britische Königin Victoria Kaiserin von Indien.

Ein besonders schlagendes Beispiel für den Imperialismus und die Doppelmoral im sittenstrengen Viktorianischen Zeitalter ist der Opiumhandel. So fördert England den Handel mit Opium aus Indien nach China, der Millionen von Chinesen süchtig macht. Als der chinesische Kaiser den Import verbietet, führt Großbritannien zwei Opiumkriege (1839–1842, 1856–1860), um den sogenannten Freihandel durchzusetzen. Nach dem Sieg samt Plünderung des Kaiserpalastes in Peking durch englische und französische Truppen wird China eine Art Halb-Kolonie. Es wird zwar nicht ganz aufgeteilt, muss aber Gebiete wie Hongkong an das Ausland abtreten und verliert die Kontrolle über Häfen.

Damit nicht genug: Ab Mitte des Jahrhunderts wird China von einem Bürgerkrieg zerrüttet, bei dem rund 20 Millionen Menschen sterben – mehr als später im gesamten Ersten Weltkrieg. Auslöser ist der christlich-kommunistische Taiping-Aufstand (*taiping* = »höchster Friede«). Der Anführer Hong Xiuquan (1814 – 1864) hält sich für den jüngeren Bruder Christi. Er verteufelt die aus seiner Sicht ausländischen mandschurischen Qing-Herrscher aus dem Nordosten Chinas, will die konfuzianischen Hierarchien schleifen und ein Himmelreich auf Erden errichten. Er fordert Bauern zum Steuerboykott und Ungehorsam gegen Beamte auf – und verbietet seinen Leuten Alkohol, Tabak und Sex. Seine Armee wird erst 1864 beim Angriff auf Peking von kaiserlichen Truppen mit Unterstützung des britischen und französischen Militärs geschlagen.

Der zweite große Bürgerkrieg der Zeit findet in den USA statt. Anlass des Sezessionskrieges, dem bis heute größten Krieg auf US-Territorium mit rund 600 000 Toten, ist 1860 die Wahl des Republikaners Abraham Lincoln zum Präsidenten. Er ist gegen die Sklaverei. In Misskredit gerät die Sklaverei im Norden auch dank *Onkel Toms Hütte* (1852), des Bestsellers von Harriet Beecher-Stowe über das schlimme Los der Schwarzen; allerdings eignen sich Sklaven ohnehin nicht so gut für die Industrien des Nordens wie Lohnarbeiter. Unter der Führung von South Carolina spalten sich 1861 elf Südsaaten, deren herrschende Klasse von der Plantagen- und Sklavenwirtschaft lebt, von den USA ab. Sie bilden die Konföderierten Staaten von Amerika. Auch nach Ende des Krieges zwischen Norden und Süden (1861 – 1865), der Wiedervereinigung und der Abschaffung der Sklaverei bleibt das Land ökonomisch wie kulturell zerrissen, in vieler Hinsicht bis heute.

Den Aufstieg der Ex-Kolonie USA zur Kolonialmacht behindert das allerdings nicht. So entsteht eine zukunftsträchtige Variante des Kolonialismus, bei der man Befreiungsbewegungen unterstützt und sich politischen und ökonomischen Einfluss sichert. Schon zwischen 1810 und 1825 vertreiben in Lateinamerika die Kreolen, die Nachkommen weißer, meist spanischer Siedler, die Spanier als Kolonialmacht, halten aber an der Unterdrückung der Indianer und an der Sklaverei fest. Die einzige Republik Lateinamerikas, die aus einem Sklavenaufstand hervorgeht, ist Haiti; sie wird 1804 unter Jean-Jacques Dessalines unabhängig.

Nachdem die Unabhängigkeitskämpfer José de San Martin und Simón Bolívar die Spanier schlagen, will Bolívar neue Länder wie Venezuela, Kolumbien, Peru, Bolivien (nach Bolívar benannt), Chile und Argentinien zu einer Art Vereinigte Staaten von Südamerika zusammenführen. Das misslingt allerdings. Ähnlich kurios wie die Vertreibung von Spaniern durch Kreolen mit spanischen Wurzeln ist die Entstehung des Königreichs Brasilien: Der portugiesische König Johann VI. flieht 1807 vor Napoleon über den Ozean und schafft sich ein neues Reich in den Tropen mit der Hauptstadt Rio de Janeiro. Unter seinem Sohn Pedro I. wird Brasilien 1822 ein eigenes Kaiserreich, erst 1891 Republik. Stärker noch als die Revolutionen Europas sind die lateinamerikanischen jene der Machteliten. Auch weil das Wahlrecht besonders lange auf weiße Grundbesitzer, Beamte und andere Wohlhabende beschränkt bleibt, sind viele Länder dort bis heute von sozialer Ungerechtigkeit gekennzeichnet.

Daran ändert auch der Einfluss der USA nichts. 1823 verkündet US-Präsident James Monroe in der »Monroe-Doktrin«, dass sich die USA auf ihr Umfeld konzentrieren – und sich umgekehrt die europäische Einmischung in amerikanische Angelegenheiten verbitten. So bauen sie ihren Einfluss in Lateinamerika aus, etwa in Puerto Rico und Kuba nach dem Sieg der USA im Krieg gegen Spanien 1898. Zu Hause verbuchen die USA auch dank Millionen von Immigranten ein enormes Bevölkerungs- und Wirtschaftswachstum. Schon zu Beginn des Jahrhunderts gibt es Gebietsgewinne: Louisiana kauft man für 15 Millionen Dollar von Frankreich (1803); Florida nimmt man 1819 Spanien ab. Ein machtpolitisch großer Verlierer in Amerika ist Mexiko. Dem Land entreißen die USA Texas, New Mexico, Arizona, Nevada, Utah und Kalifornien. Mit der Besiedlung des Wilden Westens durch Pioniere und Goldsucher werden die Indianer auch nach dem Bürgerkrieg noch ermordet und entrechtet. Nachdem Häuptling Sitting Bull als Führer der Sioux 1876 die Kavallerie von General George Custer am Little Bighorn schlagen kann, wird der letzte Widerstand der Indianer, der Jahrhunderte währte, 1890 mit dem Massaker bei Wounded Knee endgültig gebrochen.

Über Amerika hinaus aktiv werden die USA im 19. Jahrhundert entgegen der Monroe-Doktrin, als man in Liberia eine Republik für ehemalige Sklaven gründet und von Spanien die Philippinen übernimmt. Vor allem aber zwingt Admiral Perry 1853 mit Kriegsschiffen in der Bucht des heutigen Tokyo Japan, sich nach über 200 Jahren Abschottung für den Welthandel zu öffnen. Anders als China kann Japan den Fremdeinfluss regulieren. Es kann westlichen Mächten die Stirn bieten, weil Tenno Mutsuhito sein Land in der Meiji-Restauration ab 1868 nach westlichem Vorbild industrialisieren und aufrüsten lässt.

Im 19. Jahrhundert wird die Welt immer enger vernetzt; zugleich ist sie von immer größeren Unterschieden und einer Art Ungleichzeitigkeit in Sachen technischer, kultureller und politischer Entwicklung gekennzeichnet. Befreit sich Lateinamerika schon, wird Afrika erst jetzt systematisch kolonialisiert. Dabei gerät Großbritannien im Süden mit den Buren, den niederländischen Siedlern, aneinander; viele von ihnen kommen in britische *concentration camps*. 1885 einigen sich die europäischen Mächte auf der Berliner Kongokonferenz grundsätzlich über eine friedliche Aufteilung Afrikas. Allerdings beschleunigt und verschärft das Effektivitätsprinzip, wonach mit der Inbesitznahme der rechtliche Anspruch auf die Kolonie einhergeht, den Wettlauf um die afrikanischen Kolonien.

Spätentwickler: Italien und Deutschland

Wenn Russland, Österreich, Italien, Belgien und Deutschland keine solch große Rolle als Kolonialmächte spielen, hat dies damit zu tun, dass die Industrialisierung hier verspätet erfolgt beziehungsweise die Länder mit ihrer nationalen Einigung beschäftigt sind. Italien ist ähnlich wie Deutschland eine Ansammlung von Kleinstaaten, in denen Franzosen und Österreicher regieren. Zur Einigung und zum *Risorgimento* (Wiederauferstehung) trägt maßgeblich Graf Camillo Cavour bei, der Ministerpräsident von König Viktor Emanuel II. von Sardinien-Piemont. Er deichselt ein Bündnis mit Napoleon III. gegen Österreich. Mit Frankreichs Hilfe schlagen Italiener 1859 Österreich in der Schlacht bei Solferino, wofür Frankreich Nizza und Savoyen bekommt. Cavour unterstützt Giuseppe Garibaldi, der mit Volkstruppen die Bourbonen aus Neapel und Sizilien verjagt. So wird Viktor Emanuel am 17. März 1861 zum König eines geeinigten Italien gekrönt.

Auch der deutschen Einigung geht ein taktisches Geschacher voraus. Treibende Kraft ist der preußische Kanzler Otto von Bismarck (1815 – 1898). Beispielhaft für seine Politik ist, wie er 1862 eine von König Wilhelm I. geplante Heeresreform, eine Aufrüstung, die der Landtag ablehnt, einfach ohne dessen Zustimmung durchzieht, weil das Militär im Zweifel dem König gehorcht. Nach einem gemeinsamen Krieg mit Österreich gegen Dänemark, das Schleswig annektiert, gibt es Streit zwischen den Verbündeten. In der Schlacht bei Königgrätz schlägt Preußen 1866 Österreich dank modernerer Gewehre und besserer Taktik unter General Helmuth Graf von Moltke.

Preußen annektiert Staaten wie Hannover und Schleswig und gliedert sie in den Norddeutschen Bund ein, der den Deutschen Bund ersetzt. So wird Österreich gewissermaßen aus Deutschland rausgeschoben. Im Gegenzug fusioniert es 1867 zur Doppelmonarchie Österreich-Ungarn.

Wie ein schlechtes Omen für das Deutsche Reich wirkt schon der Ort seiner Gründung: mitten im Feindesland, im Spiegelsaal von Versailles bei Paris. Dort ruft man am 18. Januar 1871 Wilhelm I. zum Kaiser aus, nachdem der Norddeutsche Bund unter der Führung Preußens Frankreich besiegt hat. Den Krieg hatte Napoleon III. erklärt, nachdem Bismarck ihn mit seinen übertriebenen Ansprüchen in einer Erbrechtsangelegenheit von politischer Brisanz in der Presse schlecht aussehen hatte lassen. Nach der Niederlage muss Frankreich an Deutschland Reparationen zahlen und das Elsass und Teile Lothringens abtreten. Ausgerechnet der Antidemokrat Bismarck wird allerdings zum Geburtshelfer der französischen Republik. Denn nach dem deutschen Sieg in Sedan am 2. September 1870 und der Verhaftung von Napoleon III. nutzt Léon Gambetta das Machtvakuum in Frankreich und ruft die Dritte Republik aus. Ihr Präsident wird Adolphe Thiers. Er lässt im Mai 1871 die sozialistische Revolution der Pariser Kommune niederschlagen und Tausende niedermetzeln.

Indem Bismarck Stärke demonstriert, zieht er national Gesinnte auf seine Seite – wodurch der Nationalismus antidemokratische Züge bekommt. Einerseits führt Bismarck in den 1880er Jahren die weltweit ersten staatlichen Sozialversicherungen gegen Krankheit, Unfall, Altersarmut und Invalidität ein; andererseits ist er der Schöpfer der 1878 erlassenen polizeistaatlichen Sozialistengesetze. Mit beiden Aktionen will er die Sozialistische Arbeiterpartei Deutschlands (SAP) schwächen. Sie geht 1875 aus der Vereinigung von Ferdinand Lassalles reformistischem Allgemeinen Deutschen Arbeiterverein und der klassenkämpferischen Sozialdemokratischen Arbeiterpartei von Wilhelm Liebknecht und August Bebel hervor. 1890 wird daraus die marxistische SPD.

Während Historiker Bismarck recht unterschiedlich bewertet haben, wurde von Kaiser Wilhelm II. (1859 – 1941), der Bismarck entlässt, nachdem er 1888 im Dreikaiserjahr an die Macht kommt (nach dem Tod seines Großvaters, Wilhelm I., und seines Vaters, Friedrich III.), ein eher einheitliches Bild verbreitet: Wilhelm II. wird gerne als pubertär im schlechten Sinn beschrieben, als Halbstarker, der aus Unsicherheit durch die Gegend poltert. Zwar gehen auf ihn Fortschritte in der Sozialpolitik etwa bei der Besteuerung und Arbeitszeitbegrenzung zurück. Doch lässt er das Reich, das bis Ende des Jahrhunderts zur größten Industrienation nach den USA aufsteigt, hochrüsten. Mit seinen Großmachtfantasien wird er 1914 zum Ausbruch des Ersten Weltkrieges beitragen.

KAPITEL DREIZEHN

Ideologien und Abgründe
Weltkriege, Russische Revolution, Nationalsozialismus –
und die Etablierung der Trash-Kultur

Während des Zweiten Weltkrieges sendet die BBC mehrere
Reden von Thomas Mann, in denen sich der Literaturnobel-
preisträger aus dem US-Exil an Hörer in seiner alten Heimat
wendet: Mit getragener Stimme warnt der berühmte Deutsche seine Landsleute übers Radio vor der »scheußlichen
Medusenmaske« der Nazis, prangert die Gräueltaten des
»dummen Gesindels« an. Im Gegenzug appelliert er an das
»bessere Deutschtum« bürgerlich-humanistischer Bildung.
Kurios scheint dieses Engagement, wenn man liest, was Thomas Mann 1914 geschrieben hat, zwei Monate nach Beginn
des Ersten Weltkrieges. In seinem Essay *Gedanken im Kriege*
hat er Kriegspropaganda betrieben. Die Franzosen seien
durch die Aufklärung verweichlicht, durch ihre »weibliche«,
»antiheroische Zivilisation« à la Voltaire. Demgegenüber
preist Mann die deutsche Kultur des »dämonischen Wissens«, Kunst und Krieg sind ihm gleichermaßen Ausdruck
von Freiheit.

Natürlich kann man Manns Text von 1914 literarisch lesen und mit der allgemeinen Kriegsbegeisterung erklären, die
auch Dichter wie Rilke erfasst. Nebeneinander betrachtet
sind die beiden Äußerungen Thomas Manns jedenfalls ein
extremes Beispiel dafür, welche Verwirrung in der ersten
Hälfte des 20. Jahrhunderts auch bei Intellektuellen herrscht.
In Zeiten, in denen kulturelle und wissenschaftliche Entwicklungen wie der Kubismus und Einsteins Relativitätsthe-

orie verschiedene Perspektiven und Zeiterfahrungen gleichzeitig ermöglichen und komplexe Bilder der Welt vorführen, sind viele verunsichert. Die Industrialisierung und der offenkundige Verfall alter Hierarchien und Autoritäten vom Gutsbesitzer über den Dorfpfarrer bis zum Kaiser werfen Fragen nach der gesellschaftlichen Ordnung auf. So suchen viele nach einer einfachen Orientierung, wenden sich Ideologien wie dem Militarismus, Faschismus und Kommunismus zu und wollen und können sie anders als im 19. Jahrhundert auf radikale Weise umsetzen.

Schildert Thomas Mann in seinem Roman *Buddenbrooks* 1901 den Niedergang des gebildeten Bürgertums, kann man sich die Spannungen zu Beginn des 20. Jahrhunderts schlaglichtartig mit Blick auf zwei sehr unterschiedliche Lebenswelten vor Augen führen: Einerseits ist es die neue Welt des Jugendstils, der Lebensreformer, Pazifisten, Nudisten, Anarchisten, Avantgardisten und Ausdruckstänzer. Ab 1900 nehmen sie, etwa auf dem Monte Verità bei Ascona, mit ihren langen Haaren, Bärten und Jesuslatschen die Hippiekultur der sechziger Jahre vorweg. Die andere Welt ist die der alten Machthaber wie Kaiser Wilhelm II., General von Hindenburg und Ludendorff und der jungen Aufsteiger wie Adolf Hitler, die steif in ihren Uniformen stecken, weder tanzen noch debattieren. Sie sehen den Krieg als grandioses Schauspiel und Hort der Kameradschaft und lieben ihn mehr als ihre Frauen.

Zwar gibt es zwischen den zwei Welten hier und da Überschneidungen, was ein ideologisches, völkisches, rassistisches Denken sowie einen Natur-, Körper- und Gesundheitskult betrifft. Doch ist es letztlich die zweite, offen militaristische Welt, die in den Ersten Weltkrieg führt – und auch in den Zweiten. In beiden Kriegen zusammen wer-

Die Angeklagten des Hitler-Prozesses.

Ernst Weber Frick Kriebel Ludendorff Hitler Brückner Wagner Röhm

den rund 70 Millionen Menschen sterben. Das Grauen ist umso weniger fassbar, als es im Europa des 19. Jahrhunderts im Vergleich friedlich zuging. Man war so reich wie nie – auf Kosten der restlichen Welt, die in Kolonien aufgeteilt und ausgebeutet wurde. Im Jahr 1900 intervenieren Großbritannien, Frankreich, Deutschland, Italien, Österreich-Ungarn, die USA, Russland und Japan gemeinsam in China und unterdrücken den Boxeraufstand gegen Ausländer. Die Einigkeit in Sachen Imperialismus ist allerdings kein Garant für den Frieden untereinander, sondern einer der Gründe für den Ersten Weltkrieg.

Orden, Uniformen, Männerbünde: Das Bild zeigt unter anderen Adolf Hitler, Erich Ludendorff und Ernst Röhm.

Die Urkatastrophe Erster Weltkrieg: das Grauen, die Propaganda – und die Anti-Kunst

Im Ersten Weltkrieg prallen zwei riesige Blöcke aufeinander, deren Mitglieder teils untereinander verfeindet sind: einerseits die Mittelmächte, andererseits die Entente beziehungsweise die Alliierten. Die Mittelmächte sind das Deutsche Reich, Österreich-Ungarn, das Osmanische Reich und Bulgarien. Bulgarien spaltet sich erst 1908 von den Osmanen ab, wird ein selbstständiges Königreich und kämpft im ersten Balkankrieg 1912 gegen die Osmanen. Im zweiten Balkankrieg von 1913 verliert man Gebiete an das zuvor verbündete Serbien, Griechenland und Rumänien. Letztere gehören nun zu den Alliierten um Frankreich, Großbritannien und Russland; dazu kommen Belgien, Italien, Portugal und außereuropäische Staaten wie die USA, Kanada, Südafrika, Australien, Neuseeland, Kuba – und die Erzfeinde Japan und China.

Die Motive für die Kriegsteilnahme sind ähnlich vielfältig wie die Bündnispartner: An erster Stelle sind die Großmachtträume und der Militarismus des Deutschen Reiches unter Wilhelm II. zu nennen. Als zweitgrößte Industrienation nach den USA will man Kolonien, einen »Platz an der Sonne« (Kanzler von Bülow). Die Aufrüstung der Flotte unter Admiral von Tirpitz missfällt wiederum der Seemacht England, die stets auf eine *balance of power* in Europa achtet. In Frankreich ist man nach der Demütigung durch Deutschland im Krieg von 1870 konfliktbereit. Für Gebiete des zerfallenden Osmanischen Reiches etwa in Palästina, Arabien und Mesopotamien gibt es zahlreiche Interessenten.

Da man in Deutschland seit 1812 keinen richtigen Krieg mehr gegen äußere Feinde verloren hat, ist man übermütig. Auf allen Seiten rührt eine gewisse Überheblichkeit daher, dass man beim Gedanken an den Krieg noch die halbwegs begrenzten Waffengänge des 19. Jahrhunderts im Kopf hat. So scheint der fließende Übergang zwischen Politik und bewaffnetem Konflikt, wie ihn Carl von Clausewitz in seinem Klassiker *Vom Kriege* (1832 – 1834) beschreibt, vielen weiterhin natürlich. Doch passt das alte, in Kunst und Literatur

beschönigte Bild des Krieges nicht mehr zur Zerstörungs-
kraft neuer Waffen wie dem *Tank* (Panzer), Bomben und
Giftgas. Zugleich lässt sich in Europa bei vielen eine diffuse
Spannung zwischen alten Hierarchien und dem Willen zum
Ausbruch beziehungsweise Umbruch beobachten. Man
wünscht sich eine Klärung der Machtverhältnisse – oder eine
Stärkung der Gemeinschaft durch ein Stahlbad.

So reicht ein Attentat als Auslöser für den Krieg, der
zwischen 1914 und 1918 zehn Millionen Soldaten und Millionen von Zivilisten töten wird: Als am 28. Juni 1914 der
österreichische Thronfolger Franz Ferdinand und seine Frau
bei einem Besuch in Sarajevo von einem serbischen Nationalisten erschossen werden, wird Österreich-Ungarn vom verbündeten Deutschland unter Reichskanzler Bethmann Hollweg zu einer aggressiven Reaktion ermutigt. Österreich stellt
Serbien, das als Zentrum des Panslawismus als Bedrohung
für den Vielvölkerstaat gilt, aber Rückendeckung von Russland bekommt, ein Ultimatum mit weitreichenden Forderungen zur Untersuchung des Anschlags, welche die serbische Souveränität tangieren. Als Serbien das Ultimatum
ablehnt, erklärt Wien am 28. Juli Belgrad den Krieg, am
1. August 1914 folgt die deutsche Kriegserklärung an Russland, das mit Frankreich verbündet ist. Deutsche Truppen
überfallen gemäß dem Schlieffen-Plan das neutrale Belgien,
um Frankreich in die Zange zu nehmen. Daraufhin tritt England in den Krieg ein. Schon im September 1914 nach der
Schlacht an der Marne steckt man an der Westfront im Stel-
lungskrieg fest, auch weil Maschinengewehre die Verteidiger
stärken. Millionen von Soldaten kämpfen mit Sturmangrif-
fen aus den Schützengräben um ein paar Meter Gebietsge-
winn. Allein in der Schlacht bei Verdun 1916 kommen Hunderttausende um.

Wie später im Zweiten Weltkrieg werden im Ersten Weltkrieg auch Bewohner von Kolonien in der Südsee, in Asien und Afrika in die Konflikte der europäischen Mächte hineingezogen. Können Australier, Neuseeländer und Japaner deutsche Teile Neuguineas und Inseln in Mikronesien ohne massive Verluste einnehmen, gibt es in Afrika und Asien ein Blutbad. Die Japaner greifen die deutsche Stadt Tsingtau in China mit rund 50 000 Soldaten und einer der historisch ersten Bombardierungen aus der Luft an. In Deutsch-Ostafrika führt Befehlshaber Paul von Lettow-Vorbeck, 1904 schon an der Ermordung Tausender Hereros in Deutsch-Südwestafrika (Namibia) beteiligt, einen Guerillakampf gegen eine mehrfache Übermacht von Südafrikanern und Briten, als der Krieg schon verloren ist. Die meisten Toten sind zwangsrekrutierte afrikanische Träger. Insgesamt sterben mehrere Hunderttausend Einheimische. Nach Lettow-Vorbeck ist noch heute eine von ehemals mehreren Bundeswehrkasernen benannt.

Ihre größten Triumphe feiern die Mittelmächte im Osten. Man siegt in der Schlacht bei Tannenberg gegen die Russen. Doch die alliierte Übermacht im Westen bringt die Wende. 1917 treten die USA in den Krieg ein, auch weil die Oberste Heeresleitung unter Hindenburg und Ludendorff den uneingeschränkten U-Boot-Krieg befiehlt und Passagierschiffe versenkt werden, um die britische Seeblockade zu durchbrechen, mit der die Versorgung des Deutschen Reiches mit Nahrungsmitteln und Rohstoffen unterbunden wird. Bis 1918 sterben etwa 800 000 Deutsche an Unterernährung.

Zu Kriegsbeginn hatten deutsche Soldaten auf dem Weg zur Front auf die Eisenbahnwaggons Sprüche geschrieben wie »Auf zum Preisschießen nach Paris«. Als die Kriegsbegeisterung verfliegt, ist die Propaganda gefragt. Sie wird im

Ersten Weltkrieg zur Avantgarde späterer Medienmiss-
brauchs. Indem die deutsche Propaganda behauptet, in
Frankreich und Belgien würde ziviler Widerstand geleistet,
heizt sie die Truppen zu Massakern an der einheimischen Bevölkerung an. In einem Zeichentrickfilm erscheint England
als Krake über Europa. Auf Brettspielen der Alliierten muss
man den deutschen Kaiser fangen; US-Matrosen verbrennen
ihn, bevor sie in See stechen, öffentlich in Form einer Puppe.
Wirkt die Propaganda im Rückblick grob geschnitzt, muss
man bedenken, dass die Plakate damals neuartig farbig sind,
die Filme und Wochenschauen für die meisten Zuschauer der
erste Kinobesuch. In einer Art Kurzspielfilm prangert Sarah
Bernhardt, einer der ersten Filmstars, die Zerstörung der Kathedrale in Reims durch die Deutschen an. Dass sich in Großbritannien Millionen von Freiwilligen melden, verdankt sich
auch Aktionen, bei denen Frauen daheim gebliebenen Männern auf der Straße eine weiße Feder in die Hand drücken,
um sie als Feiglinge zu brandmarken.

Inzwischen wird der Erste Weltkrieg oft als »Urkata-
strophe des 20. Jahrhunderts« bezeichnet. Dabei schwingt der
Gedanke mit, dass er auch eine Wende im Kulturleben markiert (griech. *katastréphein* = »umkehren, wenden«). Form-
ideale, die jahrhundertelang als verbindlich galten, zerbers-
ten. Die Mischung der Propaganda aus absurden Aktionen,
Pathos und düsterem Humor findet ihr Gegenstück in
grotesken privaten Zeichnungen und Fotos von Frontsolda-
ten – und inspiriert die pazifistische Anti-Kunst-Bewegung
Dada, die 1916 im »Cabaret Voltaire« in Zürich entsteht.
Dada wird noch das 21. Jahrhundert darin prägen, dass man
Werbemüll, Fernseh-Trash, private Schnappschüsse und
Gesten als Kunst deuten kann. Dadaisten wie Hugo Ball,
Marcel Janco, Hannah Höch und John Heartfield wollen mit

Das Arrangement aus Totenkopf, Pilotenkappe und Geldschein stammt von einem Flieger aus dem Ersten Weltkrieg. Derart private Kunstwerke waren unter Soldaten nicht unüblich und passen zur Anti-Kunst des Dada.

Aktionen und Collagen die bürgerliche Kultur überwinden, die sich im Krieg diskreditiert hat. Verherrlichen die italienischen Futuristen um Filippo Tommaso Marinetti den Krieg wegen seiner Geschwindigkeit und Modernität, erinnern die dadaistischen Lautgedichte an das »Kriegszittern«, das Nervenleiden von Hunderttausenden traumatisierter Veteranen. Wenn der Dadaist Hugo Ball als komischer Vogel und mit Schamanenhut verkleidet dichtet, versucht er in einer Art Exorzismus, seelische Wunden zu heilen.

Eine der eindrucksvollsten Praxisanwendungen von Strategien der Anti-Kunst dürfte Ernst Friedrichs vierspra-

chiges Buch *Krieg dem Kriege* (1924) sein. Während Erich
Maria Remarque in seinem Bestseller *Im Westen nichts Neues*
(1929) die Kriegsgräuel beschreibt und Ernst Jünger in *In
Stahlgewittern* (1920) den Krieg zum inneren Erlebnis stilisiert, unterlegt Friedrich kaum zu ertragende Fotos verstüm-
melter Soldaten mit Bibelzitaten, verfremdet die Bilder mit
Worten von Schiller, aber auch Hindenburg wie: »Der Krieg
bekommt mir wie eine Badekur.« So führt Friedrich den
Zynismus von Generälen und anderen Kriegsbefürwortern
vor. Er zeigt auch bestürzende Bilder vom Völkermord der
Türken an den Armeniern.

Die Golden Twenties: zwischen Sozialstaat, Kapitalismus und Faschismus

Das politische Ergebnis des Ersten Weltkrieges, der mit der
Kapitulation des Deutschen Reiches am 11. November 1918
endet, ist der Sturz von vier riesigen Monarchien: des Deutschen, Russischen und Osmanischen Reiches sowie Öster-
reich-Ungarns. Im Gegenzug werden in ganz Europa neue
Staaten gegründet: Österreich, Ungarn, Tschechoslowakei,
Jugoslawien, Estland, Litauen, Polen und Finnland. Vor allem
im Nahen Osten werden Territorien des ehemaligen Osma-
nenreiches – zum Beispiel Palästina, um das sich Araber und
Israelis bis heute streiten – nun Mandatsgebiete der Briten.
Insgesamt büßt Europa nach dem Ersten Weltkrieg an Einfluss zugunsten der USA ein, die sich als Supermacht konsti-
tuieren – und langfristig als Gegenspieler des kommunistischen Russland.

Betrachtet man Europa am Ende des Ersten Weltkrieges,
könnte man grob von einer Zweiteilung sprechen. Im Nord-

westen, von Frankreich bis Skandinavien, etablieren sich einigermaßen demokratische Systeme und ein gewisser Wohlstand; Dänemark etwa begründet unter Ministerpräsident Thorvald Stauning ab 1924 seinen Ruf als Wohlfahrtsstaat. Demgegenüber sind der Süden und Osten von der Iberischen Halbinsel über Italien und den Balkan bis Polen von weniger stabilen Ländern und zum Teil autoritären Regimen geprägt. Dazwischen liegen Deutschland und Russland, wo Revolutionen stattfinden, die zunächst vielversprechend erscheinen – von denen aber Terror und Krieg ausgehen werden.

In vielem ein Vorbild für Europa sind in den zwanziger Jahren die USA mit ihrem neuartigen American way of life. So bringen die Golden Twenties bei aller sozialer Ungerechtigkeit den Jazz, Walt Disneys Mickey Mouse, das Radio und Fließband mit günstig produzierten Autos wie Fords Modell T (»Tin Lizzy«), das sich immer mehr Menschen leisten können. In einer Pop-Variante des Surrealismus verkörpern Charlie Chaplin und Buster Keaton die zeittypische Atmosphäre zwischen Aufbruch und Unsicherheit in Filmen, in denen ständig Häuser einstürzen, aber mit Fantasie aus wenig viel gemacht wird. In der Literatur sind in Europa kongenial James Joyces Roman *Ulysses* (1922) und Franz Kafkas *Das Schloss* (1926). Im Alltag westlicher Länder schlägt sich die Stimmung im exzessiv getanzten Charleston nieder und in burschikoser Frauenmode mit ärmellosen Kleidern und kurzen Frisuren »à la garçonne«. Als »schwarze Venus« verzaubert Josephine Baker, mit ihrem Bananengürtel barbusig tanzend, halb Europa.

Im tendenziell reaktionären Süden beziehungsweise Südosten Europas findet eine der wenigen im Ansatz positiven Entwicklungen in der Türkei statt. Dort schafft Kemal Pascha (1881–1938), genannt Atatürk (»Vater der Türken«), nach der Zerschlagung des Osmanischen Reiches durch die Alliierten das Sultanat und Kalifat ab und wird 1923 Präsident eines laizistischen Staates. Doch Polen, Bulgarien, Rumänien, Griechenland, Spanien und Portugal sind in den zwanziger Jahren zwischen Demokratie und autoritären Systemen hin und her gerissen, wobei sich meist Letztere durchsetzen. In Italien gründet Benito Mussolini (1883 – 1945) 1919 die »Fasci di Combattimento« (Kampfbünde), 1921 die Partei der Faschisten. Nach seinem »Marsch auf Rom« im Oktober 1922 mit rund 40 000 Schwarzhemden ernennt ihn König Viktor Emanuel III. zum Ministerpräsidenten. Mussolinis totalitäres und außenpolitisch aggressives »neues Imperium Romanum« wird das Vorbild für Hitlers Nationalsozialismus werden. Vielen erscheint Mussolini als Garant für Ordnung, als kleineres Übel oder Schutz vor der kommunistischen Weltrevolution, die vom Osten her droht.

Von der Agentenromantik zum Terrorregime: die Russische Revolution, Lenin und Stalin

Die gesellschaftliche und kulturelle Modernisierung findet in Russland im Vergleich zum Westen verspätet statt, dafür auf besonders drastische Weise. Zwar hebt Zar Alexander II. 1861 die Leibeigenschaft auf, doch vermag er die Armut und Korruption nicht zu beseitigen. Er wird von der »Narodnaja Wolja« (russ. »Volkswille«) ermordet, radikalisierten Anhängern eines Agrarsozialismus, mit dem auch der nette Landadelige Lewin in Tolstois Roman *Anna Karenina* (1878) liebäugelt. Die Entstehung eines Bürgertums, einer politischen Kultur und einer Fabrikarbeiterschaft fördert die Entwicklung marxistischer Gruppen mit Leuten wie Lenin und

Trotzki. Nachdem Zar Nikolaus II. die Revolution der Sowjets, der Arbeiterräte, von 1905 entschärft, indem er eine Volksvertretung (Duma) gewährt, führen in Notzeiten des Ersten Weltkrieges Arbeiter- und Soldatenaufstände 1917 doch zur Februarrevolution und zur Abdankung des Zaren.

Während sich nun eine liberale Provisorische Regierung unter Fürst Lwow mit radikalen Sowjets und gemäßigten Sozialisten wie Alexander Kerenski zu arrangieren versucht, schlägt im fernen Zürich die Stunde des Wladimir Iljitsch Uljanow, genannt Lenin (1870 – 1924). Seine Selbstbezeichnung als Berufsrevolutionär steht damals noch nicht für einen realitätsfernen Spinner, sondern einen praxisorientierten Denkerhelden. Schon in *Was tun?* (1902) und seiner Zeitung *Iskra* (Der Funke) erklärt Lenin, dass eine Avantgarde, eine vorausschauende bürgerliche Intelligenzija die marxistische Revolution für die Proletarier vorantreiben müsse.

Lenins Aufstieg bietet Stoff für einen Agentenroman: Nach seiner Verbannung aus Russland sitzt er während des Ersten Weltkrieges im Exil in Zürich und brütet in seiner kargen Wohnung in der Spiegelgasse 14 Umsturzpläne für Russland aus. In derselben Straße lärmt währenddessen im dadaistischen »Cabaret Voltaire« bereits die Kunstrevolution. Finanziell wird der über 40-jährige Lenin leidlich von seiner Mutter und Schwester unterstützt. Umso mehr freut es ihn, als sich ausgerechnet die reaktionäre Deutsche Reichsregierung entschließt, sein Revolutionsprojekt zu fördern: Berlin will den Kriegsgegner Russland durch eine Revolution destabilisieren, erhofft sich von Lenin Frieden und damit eine Entlastung an der Ostfront. Verbindungsmann ist der Weißrusse Alexander Helphand, genannt Parvus, Sozialist, Journalist, Großschmuggler, Geschäftsmann – und deutscher Agent.

Im Frühjahr 1917 lassen die Deutschen Lenin in einem versiegelten Zug durch das Reich und Finnland nach Russland reisen. Er ist der Führer der »Bolschewiki« (russ. »Mehrheitler«), deren Fraktion innerhalb der Sozialdemokratischen Arbeiterpartei Russlands (SDAPR) den reformorientierten »Menschewiki« (russ. »Minderheitler«) gegenübersteht. Nach seiner Ankunft in Petersburg gewinnt Lenin die Massen mit seinen Aprilthesen, den Slogans »Alle Macht den Sowjets«, »Alles Land den Bauern« und »Frieden um jeden Preis«. Am 7. November 1917 (25. Oktober gemäß dem russischen Kalender) schlägt er los. Es ist eher ein Putsch als eine Revolution. Die Bolschewiki besetzen strategische Punkte, Ämter, Bahnhöfe und E-Werke und verhaften die Provisorische Regierung im Winterpalast.

Als neue Regierung beschließt der Rat der Volkskommissare unter Lenins Vorsitz die Umverteilung von Land an Bauern, die Enteignung von Firmen, Großgrundbesitzern und Kirche, Gleichberechtigung, Öffnung der Schulen für jedermann, aber auch das Verbot von Privathandel und eine Zensur. Trotz der Einschränkungen engagieren sich Avantgardekünstler wie Kasimir Malewitsch als Kommissar für die Kunst und Konstruktivisten wie Wladimir Tatlin und Alexander Rodtschenko. Doch bald wird der kulturelle Aufbruch im Sozialistischen Realismus enden, der in schablonenhaften Bildern Helden der Arbeit und schließlich Lenins Nachfolger Stalin verherrlicht. Die politischen Voraussetzungen für den Stalinismus schafft schon Lenin im Jahr 1918: Nachdem die Bolschewiki bei den Wahlen zur Nationalversammlung weniger als ein Viertel der Stimmen bekommen, löst Lenin die Versammlung im Januar 1918 im »wahren Interesse« des Volkes kurzerhand auf. In einem extrem grausamen Bürgerkrieg besiegt die von Leo Trotzki aufgebaute

Avantgardekunst, Propaganda und Reklame in einem: Alexander Rodtschenkos Werbeplakat für die neuartigen Gummischnuller in der Sowjetunion, 1923. Den bizarren Slogan steuert der Dichter Wladimir Majakowski bei: »Die besten Schnuller, die's je gab und geben wird/An ihnen sauge ich gerne bis ins hohe Alter. Jetzt überall im Handel. Resinotrest.«

Rote Armee die »Weißen«: Bürgerliche, Nationalisten und gemäßigte Sozialisten. Bis Herbst 1920 sterben etwa 10 Millionen Russen.

In Anbetracht des Elends erlaubt Lenin 1921 im Rahmen der Neuen Ökonomischen Politik ein Jahr vor Gründung der Sowjetunion gemäßigt freien Handel und verbessert die Lebensbedingungen. Aber nach seinem Tod 1924 macht Jossif Wissarionowitsch Dschugaschwili, genannt Stalin (»der Stählerne«), alles zunichte. Als Generalsekretär der Partei setzt er sich bis 1929 im Machtkampf durch; er lässt Trotzki aus der KPdSU ausschließen, verbannen und 1940 in Mexiko von Agenten ermorden. Statt »permanente Revolution« heißt die Devise nun »Sozialismus in einem Land«. Stalin will die UdSSR aus der Rückständigkeit rauspeitschen und – wie Peter der Große vor ihm – den Westen einholen. Er lässt Bauern enteignen, Agrarbetriebe (Kolchosen) schaffen und stellt Fünfjahrespläne zur Entwicklung der Schwerindustrie auf. Zwar vervielfacht sich die Produktion und die UdSSR kann in den vierziger Jahren bis zu den USA aufschließen. Doch da man die Landwirtschaft vernachlässigt, verhungern Millionen von Menschen. Widerständige oder angeblich abtrünnige Parteigenossen lässt Stalin in den dreißiger Jahren bei den »Großen Säuberungen« foltern, in Schauprozessen verurteilen und exekutieren. In seinem Repressionssystem samt Arbeitslagern (GULag) werden Millionen von Menschen ermordet.

Der fatale Mangel an demokratischen Traditionen – die Weimarer Republik

Die zweite vielversprechende Revolution Europas, die langfristig im Grauen endet, findet in Deutschland statt. Sie führt zunächst dazu, dass am 6. Februar 1919 die erste wirklich demokratisch gewählte Nationalversammlung Deutschlands tagt und die Weimarer Republik gegründet wird. Dieser Staat steht beispielhaft für die Widersprüche der Zeit: Einerseits herrscht eine ungewöhnliche kulturelle Offenheit mit Dadaismus, Surrealismus, expressionistischen Filmen, einer brodelnden Tanz- und Theaterszene; hier werden Stars geboren wie Bertolt Brecht, Anita Berber, die Smoking trägt, offen eine gleichgeschlechtliche Partnerschaft lebt, exzessiv Alkohol und Drogen konsumiert; hier startet Marlene Dietrich, die später als Exilantin an der Front heroisch für amerikanische Soldaten singen wird, ihre Karriere. Auf der anderen Seite paradieren rechtsradikale Freikorps, desorientierte und brutalisierte Kriegsheimkehrer zu Marschmusik mit chauvinistischen Texten von Horst Wessel. Vor allem ist die Republik geprägt durch die neuartige Rolle der Wirtschaftspolitik und den fatalen Mangel an demokratischer Kultur in Deutschland.

Die Republik wird noch im Ersten Weltkrieg geboren, als am 4. November 1918 kriegsmüde Matrosen in Kiel unter der Führung von Karl Artelt meutern und, durch streikende Arbeiter unterstützt, eine Räterepublik anstreben. Dabei gerät die SPD in die Zwickmühle. Für die Arbeiter- und Soldatenräte, die im Umfeld der USPD (»Unabhängige« Abspaltung der SPD) entstehen, hatte sich die SPD schon durch die Bewilligung der Kriegskredite im August 1914 diskreditiert. Umgekehrt hatten die Generäle Hindenburg und Ludendorff neben dem liberalen Prinz Max von Baden den SPD-Mann Philipp Scheidemann zum Kriegsende in die Regierung berufen lassen, um den Boden für die »Dolchstoßlegende« zu bereiten: Die besagt, die deutsche Armee sei im Krieg unbesiegt gewesen und nur von der feigen, friedenswilligen Regierung hinterrücks zu Fall gebracht worden. Schuld am verlorenen Weltkrieg sei demnach nicht die Oberste Heeresleitung, sondern die Regierung.

Doch zunächst scheint die SPD zwischen den Fronten lavieren zu können. In München beendet die USPD unter Kurt Eisner die Herrschaft der Wittelsbacher in Bayern, man ruft die Republik aus; in Berlin ebnen streikende Arbeiter den Weg für die Räte (Sowjets). Da lässt der Reichskanzler Max von Baden per Falschmeldung die Abdankung des Kaisers verkünden. Am 9. November 1918 proklamiert erst SPD-Staatssekretär Scheidemann die Republik, am selben Tag der Spartakistenführer Karl Liebknecht das russische Rätesystem. Kaiser Wilhelm II. flüchtet in die Niederlande. Der

SPD-Chef und Vorsitzende des »Rats der Volksbeauftragten« Friedrich Ebert nimmt die angebotene Waffenhilfe der Armee gegen Linksradikale an. Der »Rat der Volksbeauftragten«, dem verschiedene Strömungen angehören, beschließt Wahlen für eine verfassungsgebende Nationalversammlung: also Parlamentarismus statt Rätesystem.

Die Zerrissenheit in der Weimarer Republik führt zu zwölf Kanzlern und 20 Kabinetten in 14 Jahren; oft sind das Zwangskoalitionen aus republikanischen und reaktionären Parteien. Zudem ist die Republik gebeutelt von Straßenkämpfen zwischen Kommunisten und Rechtsradikalen. So ermorden Freikorps, ehemalige Frontkämpfer, die sich in Freiwilligenverbänden organisieren, 1919 die linksradikalen Spartakisten Rosa Luxemburg und Karl Liebknecht. 1920 werden Freikorps von einer schwachen Regierung zusammen mit der Reichswehr gegen 50 000 Kämpfer der »Roten Ruhrarmee« eingesetzt, die das Ruhrgebiet besetzen; etwa 1200 Menschen sterben. Im selben Jahr unterstützen die Freikorps den Putschversuch des rechtsradikalen Wolfgang Kapp.

Eine weitere Hypothek der Republik sind die Reparationszahlungen, die Deutschland auf Beschluss der Alliierten leisten muss. Nachdem der »Frieden ohne Sieg«, den US-Präsident Woodrow Wilson 1917 anstrebt, nicht gelingt, muss die deutsche Regierung 1919 nach der Niederlage den Versailler Vertrag akzeptieren: Der Artikel 231 hält die Alleinschuld Deutschlands am Ersten Weltkrieg fest. Die Reparationen sind an sich bezahlbar und verhandelbar; Gesamtsumme und Raten werden mehrmals verringert, 1929 auf 112 Milliarden, zu tilgen bis 1988; 1932 verzichten die Alliierten sogar ganz. Doch 1919 werden die Reparationen und das »Diktat von Versailles« in Deutschland als überhart und schikanös empfunden. Und als wegen eines Zahlungsrückstands 1923 französische und belgische Truppen das Ruhrgebiet besetzen, um Kohle als Pfand zu nehmen, und Deutschland die Geldmenge erhöht, um wiederum im Ausland Kohle zu kaufen und arbeitslose Arbeiter zu unterstützen, trägt dies zur Inflation bei. Der Brotpreis schnellt von 1919 bis 1923 von Pfennigbeträgen auf Hunderte *Milliarden Mark* hoch.

In dieser surrealen Atmosphäre wittert Adolf Hitler (1889–1945) seine Chance. Nach 1918 hatte der Weltkriegsveteran sein Dasein zwischen Männerwohnheimen und Wagner-Opern gefristet. Seit 1921 ist er Vorsitzender der Nationalsozialistischen Deutschen Arbeiterpartei (NSDAP). Im November 1923 unternimmt er zusammen mit General Ludendorff nach dem Vorbild von Mussolinis »Marsch auf Rom« in München einen Putschversuch, der aber misslingt. Während einer mehrmonatigen Festungshaft schreibt Hitler das Buch *Mein Kampf* (1925), das bis 1945 in Deutschland eine Auflage von zehn Millionen erreichen wird. In dem Buch beschimpft er Juden unter anderem als Parasiten; schon 1921 hatte er im Parteiorgan *Völkischer Beobachter* von der »Sicherung ihrer Erreger in Konzentrationslagern« geredet. Mit grotesken Formulierungen legt Hitler in *Mein Kampf* völlig unverblümt zwei Hauptstränge seines Denkens offen: seinen fanatischen Judenhass und sein Ziel, dem deutschen Volk neuen »Lebensraum« im Osten zu verschaffen: »Ziel der deutschen Außenpolitik ist dort zu suchen, wo es einzig und allein liegen kann: Raum im Osten.« Klar, dass zur Umsetzung des Ziels irgendwann ein Krieg notwendig sein wird.

Als *Mein Kampf* 1925 herauskommt, ist man davon aber noch weit entfernt. Mit der Währungsreform von 1923 gelingt die Inflationsbekämpfung; unter Aristide Briand und Gustav Stresemann nähern sich Frankreich und Deutschland einander an; Deutschland tritt in den 1920 gegründeten

Völkerbund ein. Doch dann kommt mit dem Börsenkrach in New York am 24. Oktober 1929 die Weltwirtschaftkrise. Der deutsche Export bricht ein. Die Arbeitslosenzahl steigt auf über sechs Millionen, eine Belastung, welche die erst 1927 gegründete Arbeitslosenversicherung nicht mehr auffangen kann. Nun zeigt sich die Schwäche der Weimarer Verfassung auf drastische Weise. Garantiert sie allgemeine Wahlen und eine vielfältige Parteienlandschaft, haben sich alle Parteien darauf geeinigt, den Reichspräsidenten stark zu machen: Gemäß Artikel 48 kann er bei Gefährdung der öffentlichen Sicherheit den Ausnahmezustand verhängen; er regiert dann per Notverordnung. Leider heißt der Präsident seit 1925 Paul von Hindenburg; viele sehen den Weltkriegsgeneral immer noch als Helden oder zumindest Autorität. Ab 1930 betreibt er mit diversen Kanzlern, die er mittels Notverordnungen einsetzt, die Entmachtung des Parlaments.

Im März 1930 beruft Hindenburg Heinrich Brüning von der Zentrumspartei zum Kanzler. Ihn toleriert die SPD, weil sie verhindern will, dass die NSDAP, die bei den Wahlen im September 1930 einen Riesensprung zur zweitstärksten Kraft gemacht hat, den Kanzler stellt. Zudem ist die SPD schlicht durch Grabenkämpfe innerhalb der Linken zermürbt; die KPD schimpft auf die »Sozialfaschisten«. Brüning fährt einen harten Sparkurs. Er will die Alliierten davon überzeugen, dass Deutschland die Reparationen nicht zahlen kann. So entscheidet er sich gegen antizyklische Konjunktur- und Beschäftigungsprogramme, mit denen er die Arbeitslosigkeit und Rezession hätte bekämpfen – und Hitlers Aufstieg womöglich hätte bremsen können.

Auch kann Brüning den spektakulären Verzicht der Alliierten auf die Reparationen im Juli 1932 nicht mehr als Erfolg für sich verbuchen, da Hindenburg ihn im Mai absetzt. Just im Juli gewinnt die NSDAP die Wahlen. Doppelt stark ist sie, weil man sich mit der Deutschnationalen Volkspartei (DNVP) des Medientycoons Alfred Hugenberg und dem »Stahlhelm«, dem Veteranenverband, zur Harzburger Front verbündet hat. Zwar setzt Hindenburg auf Betreiben von General von Schleicher trotz des Wahlsieges der NSDAP den Offizier und Zentrumsmann Franz von Papen als Kanzler des »Kabinetts der Barone« ein. Doch nach dem Scheitern von dessen Regierung und Neuwahlen im November geht fatalerweise Hitler – trotz Stimmenverlusten – als Sieger aus den taktischen Manövern hervor: Schleichers Versuch, als Kanzler die NSDAP zu spalten, schlägt ebenso fehl wie Papens Versuch, Hitler zu überlisten, indem dieser zwar Kanzler werden darf, die Mitglieder der NSDAP in der Regierung aber durch die Kabinettskollegen aus anderen Parteien in Schach gehalten werden sollen. Am 30. Januar 1933 ernennt Hindenburg Hitler zum Kanzler. Damit ist Hitlers Legalitätsstrategie – Machtübernahme auf legalem Weg, nicht durch Putsch – aufgegangen. Nun folgt die totale »Machtergreifung«, die im selben Jahr die Weimarer Republik offiziell beendet.

Hitlers Terrorherrschaft – von der Volksverhetzung zum Holocaust

Von der Großindustrie, Medienunternehmern und Propagandaminister Joseph Goebbels unterstützt, entfaltet Hitler seine Hetzrhetorik über das Radio und Wahl-Schallplatten, die seit der Reichstagswahl 1928 Verbreitung finden und Reden der Kandidaten enthalten. Dazu kommt der Terrorapparat der paramilitärischen SA (Sturmabteilung), die Gegner einschüchtert und sich blutige Straßen- und Saalschlachten mit dem Roten Frontkämpferbund der KPD von Ernst Thälmann liefert. Hitlers sprachliche Manierismen, sein peinliches Auftreten, seine krampfhaft überspielte Unsicherheit sind schon damals Gegenstand von Witzen; zugleich aber projizieren viele ihre Sehnsucht nach Selbstbewusstsein und gesellschaftlichem Aufstieg auf den Mann, in dessen öffentlichem Bild Geniekult und Bodenständigkeit zu verschmelzen scheinen.

Tatsächlich gleicht Hitlers Weg zur Diktatur einem Schmierentheater und einem Alptraum. Nach dem bis heute nicht ganz geklärten Reichstagsbrand in der Nacht des 27. Februar 1933, für den Hitler den Kommunisten Marinus van der Lubbe hinrichten lässt, werden Grundrechte außer Kraft gesetzt. Das Ermächtigungsgesetz, das »Gesetz zur Behebung der Not von Volk und Reich«, beendet die Weimarer Republik. Es erlaubt der Regierung, Gesetze ohne das Parlament zu beschließen, und wird mit der nötigen Zwei-Drittel-Mehrheit abgesegnet. Auch die bürgerlichen Parteien stimmen für Hitler, nur die SPD widersetzt sich. Die Stimmen der KPD-Abgeordneten sind schon zuvor für ungültig erklärt worden. Politische Gegner werden in Konzentrationslager verschleppt.

Weite Teile der Geistlichkeit entmachten sich selbst, die bürgerlichen Parteien lösen sich auf. So wird das »Dritte Reich« in Deutschland etabliert – nach dem ersten, römisch-deutschen Reich (800 – 1806) und dem zweiten, preußischen (1871-1918). Nach 1933 zerschlagen die Nationalsozialisten die Gewerkschaften und die SPD, es verbleibt als einzige Partei die NSDAP. Mit ihrer Organisation in Gauen, Kreisen, Ortsgruppen und sogar Blocks mit sogenannten Blockwarten perfektioniert sie ein Mafia-System der Mitwisser- und Mittäterschaft, in dem jeder nur Befehle ausführt und sich zugleich einbilden kann, Macht auszuüben und einer großen Sache zuzuarbeiten. Wie in einem pervertierten Karneval – à la Mussolini, nur ernster – spielt man seine Rolle. So kann man in gelenkten Bahnen und anonymisiert durch bizarre Rituale aus dem kleinbürgerlichen Alltag ausbrechen und endlich, als vermeintlich guter »Volksgenosse« getarnt, ein richtig übler Geselle sein. Selbst der Beschränkteste kann sich – wie dies Hitler in *Mein Kampf* als Ziel der Propaganda formuliert – noch als Eingeweihter fühlen.

In diesem perfiden System der Niedertracht und Repression ist jeder Widerstand heroisch. Die Bandbreite reicht vom studentischen Widerstand der »Weißen Rose« der Geschwister Scholl, dem religiösen von Graf von Galen, Martin Niemöller, Dietrich Bonhoeffer und Zeugen Jehovas zum bürgerlichen, sozialdemokratischen und kommunistischen, später teils zusammengefasst unter Gruppennamen wie Rote Kapelle. Meist geht es um Hilfe für Verfolgte, Agitation, Informationsübermittlung und Sabotage. Doch werden auch Attentate auf Hitler versucht. Dass dabei jenes am bekanntesten ist, das Offiziere um Claus Schenk Graf von Stauffenberg am 20. Juli 1944 verüben, verdankt sich wohl auch deren Ambivalenz, mit der sich viele Deutsche identifizieren können: Nachdem die Militärs zunächst im Einklang mit dem traditionellen Pflichtverständnis und Chauvinismus jahrelang Hitlers Kriege planen und führen, wechseln sie dann mutig zum Widerstand. Schon am 8. November 1939 hatte allerdings Georg Elser im Alleingang mit einem Bombenanschlag auf Hitler im Münchner Bürgerbräukeller den Krieg beenden wollen. Da Hitler den Saal kurz vor der Explosion der Bombe verlässt, entgeht er dem Anschlag.

Schwer hat es der Widerstand auch, weil Hitler anfangs politische Erfolge feiern kann. So scheint er nicht nur den »roten Terror« zu stoppen, sondern sogar den eigenen braunen, als er 1934 aus Angst vor innerer Konkurrenz SA-Chef Ernst Röhm einen Putschplan unterstellt, die SA-Führung mit Hilfe von Hermann Göring ermorden lässt und die SA in die Bedeutungslosigkeit zurückdrängt. Doch dafür gewinnen nun die SS (Schutzstaffel) und Gestapo (Geheime Staatspolizei) unter Reinhard Heydrich und Heinrich Himmler an Macht. Als »Eliteorganisation« soll ausgerechnet die Verbrecherbande der SS den neuen »rassisch« überlegenen »Herrenmenschen« verkörpern.

Eine schlimme Kehrseite haben selbst Erfolge Hitlers wie die Programme zur Arbeitsbeschaffung. Zwar ähneln sie teils dem New Deal des amerikanischen Präsidenten Franklin D. Roosevelt von 1933 und passen damit zu Theorien über eine staatliche Ankurbelung der Nachfrage des englischen Ökonomen John Maynard Keynes (1883 – 1946). Auch geht es vielen Menschen in Deutschland zunächst wirtschaftlich besser. Doch sind die Maßnahmen, zu denen bei Hitler neben dem Bau von Autobahnen Kolossalbauten zählen, nicht nachhaltig und produktiv; außerdem zielen sie stark auf die Rüstungsindustrie, werden durch Schulden und Raubzüge an Juden finanziert, später durch den Überfall auf andere Länder und durch Zwangsarbeiter. Zugleich zeichnen Wochenschauen und die gleichgeschaltete Presse ein »fröhliches« Bild des Nationalsozialismus, etwa mit der unaufhörlich marschierenden und singenden »Hitlerjugend« (HJ). Am 10. Mai 1933 werden Bücher von liberalen Autoren verbrannt. Moderne Kunst verbietet man als »entartet«. Derweil zeugen bei den Olympischen Spielen in Berlin 1936, mit denen man der Welt Friedfertigkeit und Offenheit vorgaukelt, die Muskelknäuel des Bildhauers Arno Breker und die Propaganda-Filme von Leni Riefenstahl von der Begrenztheit des faschistischen Kulturbegriffs.

Bis zu diesem Punkt ähnelt Hitlers Terrorherrschaft jener, die zur gleichen Zeit Stalin in der UdSSR ausbaut. Der größte Unterschied ist wohl der Rassenwahn, der zum Holocaust führt. Der Antisemitismus hat in Europa eine lange Tradition, doch ist Hitlers fanatischer Judenhass singulär, bleibt psychologisch unerklärlich, erscheint wie die Manifestation des absolut Bösen. Der Völkermord übersteigt jede Vorstellungskraft. Bis zum Kriegsende werden ungefähr sechs Millionen Juden entrechtet, deportiert, gefoltert und ermordet. Das gleiche geschieht mit anderen Minderheiten wie Sinti und Roma, Homosexuellen, Regimegegnern und Menschen mit Behinderungen. Gibt es seit 1933 Konzentrationslager etwa in Dachau, Oranienburg und Lichtenburg, steigt ihre Zahl in den folgenden Jahren, wenn man Außenlager mitrechnet, bis auf etwa Tausend. Der millionenfache Mord erfolgt dann vor allem in Vernichtungslagern in Polen wie Auschwitz-Birkenau, Maidanek, Sobibor, Chelmno, Belzec und Treblinka. Der Völkermord wird von der Waffen-SS und zum Teil von der Wehrmacht auch hinter der Front in Form von Menschenjagden auf die Zivilbevölkerung begangen, an Juden und slawischen »Untermenschen«, wie es im Nazi-Jargon heißt.

Zwar findet der Holocaust, auf der Wannseekonferenz 1942 unter dem Vorsitz von Reinhard Heydrich als »Endlösung der Judenfrage« beschlossen, nicht vor den Augen der breiten Öffentlichkeit statt. Doch wissen viele Bescheid. In Claude Lanzmanns Dokumentarfilm *Shoah* (1985) berichtet ein Bauer, dass er bei der Feldarbeit nahe einem Konzentrationslager täglich die Schreie der Häftlinge hörte, sich aber

wohl oder übel »daran gewöhnte«. Am 30. Januar 1939 spricht Hitler im Radio von der »Vernichtung«, die den Juden drohe, wenn es ihnen, wie Hitler frei fabuliert, gelingen sollte, »die Völker noch einmal in einen Weltkrieg zu stürzen«.

Die Diskriminierung und Verfolgung der Juden ist von Anfang an Teil der nationalsozialistischen Politik. Schon seit 1933 sind Juden Erniedrigungen durch Hetzartikel, Propagandaplakate und erlogene Presseberichte ausgesetzt. 1933 erhalten Juden Berufsverbot. 1935 werden durch die Nürnberger Rassengesetze »zum Schutze des deutschen Blutes« sogenannte Mischehen oder auch nur Beziehungen zwischen Juden und Nichtjuden verboten, Bürgerrechte entzogen. Juden müssen Sondersteuern bezahlen. Am 9. November 1938 werden während des Novemberpogroms (»Reichskris-

Dieses Bild könnte idyllisch sein – und ist doch unfassbar grässlich. Das Foto verweist auf die Anwendung des tödlichen Befehls zum sogenannten »Minensuchgerät 42«: »Juden und Bandenangehörige sind mit Eggen und Walzen über vermintes Gelände zu jagen.« *Die Minenprobe*. Aus der Serie *Vom Donez zum Don*, 1942, Nr. 74.

tallnacht«) jüdische Geschäfte und Synagogen in aller Öffentlichkeit geplündert und zerstört. Juden werden in Konzentrationslager verschleppt, gequält und ermordet.

Die Judenverfolgung im Alltag kann man sich durch die Lektüre des *Tagebuch der Anne Frank* (1946) und von Victor Klemperers Tagebüchern vergegenwärtigen. Ähnlich dem Schulmädchen Anne Frank, das kurz vor Kriegsende im März 1945 im KZ Bergen-Belsen an Typhus stirbt, schildert der Literaturwissenschaftler, der überleben wird, wie aberwitzig bürokratisch die sadistische Ausgrenzung der Juden aus der Gesellschaft abläuft. So werden ihnen zunächst – teils zu bestimmten Uhrzeiten – bestimmte Bereiche der Stadt, Einrichtungen wie Theater und Verkehrsmittel verboten. Passend dazu heißt es in Klemperers Buch *LTI* (= Lingua Tertii Imperii, 1947) über die Sprache des Dritten Reiches, der Nazismus »glitt in Fleisch und Blut der Menge über durch die Einzelworte, die Redewendungen, die Satzformen, die er ihr in millionenfachen Wiederholungen aufzwang und die mechanisch und unbewusst übernommen wurden«. Klemperer analysiert die Normalisierung des Wahnsinns in Reden, Plakaten, Artikeln, Bescheiden und Alltagsgesprächen. Er zeigt, wie mit Hilfe von unpassenden technischen Begriffen, falschen Superlativen, der Mischung aus rohen Beschimpfungen und schwülstigen Fremdwörtern verharmlost, gehetzt und vernebelt wird: »eliminieren« statt ermorden; »artfremd« für Juden; »Krise« für Niederlage. Dazu noch die ständige sinnlose Verwendung von »Volk« (»gesundes Volksempfinden« = brutale Willkür), »Welt« (»Weltfeinde« = Bolschewisten, »Weltverschwörung« = Plan der großkapitalistischen Juden) und religiös anmutenden Phrasen wie »In der dreizehnten Stunde kommt Adolf Hitler zu den Arbeitern«.

Klemperers Ausführungen stehen auf theoretischen Grundlagen, die der Sprachwissenschaftler Ferdinand de Saussure (1857-1913) und der Philosoph Ludwig Wittgenstein (1889-1951) erarbeiten, wenn sie das komplexe Verhältnis von Zeichen und Realität und Bedeutungsveränderungen von Sprache in diversen Kontexten beleuchten. Insgesamt sind beim Versuch, den Nazi-Wahnsinn zu analysieren, jene Instrumente hilfreich, die seit Beginn des 20. Jahrhunderts Verbreitung finden. Etwa die Psychologie Freuds mit Begriffen wie Unbewusstes, Projektion, Verdrängung, Todestrieb, Regression oder Gustave Le Bons *Psychologie der Massen* (1895) über deren negative Eigendynamik und Steuerbarkeit.

Weil die Nazi-Verbrechen dennoch unfassbar bleiben, schwankt ihre Darstellung zwischen Dämonisierung und Banalisierung. Letzteres und damit eine angebliche Verharmlosung wurde der Publizistin Hannah Arendt vorgeworfen, als sie den Begriff »Banalität des Bösen« prägte: Sie hatte beobachtet, wie sich der SS-Obersturmbannführer Adolf Eichmann, der den Mord an den europäischen Juden mit organisierte, 1961 bei seinem Prozess in Israel buchhalterisch kalt und pseudophilosophisch zum Opfer seiner Vorgesetzten erklärt. Im Prozess spricht er von der nur »Pilatusschen Zufriedenheit« mit seiner Tätigkeit und meint: »Von Staats wegen musste ich aus der Einheit der Ethik in eine der Vielheiten der Moral umsteigen.« Mit Hannah Arendts Begriff wird auch die Frage nach der Einzigartigkeit oder Wiederholbarkeit des Grauens gestellt – eine Frage, die im sogenannten Historikerstreit von 1986 diskutiert wurde und immer wieder aufgeworfen wird.

Der Zweite Weltkrieg – mörderische Niedertracht und falsche Wohlstandssphäre

In Sachen Allianzen und Frontverläufen ähnelt der Zweite Weltkrieg dem Ersten auf teils verblüffende Weise. Der wesentliche Unterschied zwischen dem Ersten Weltkrieg und Hitlers Krieg aber ist die Tatsache, dass die Nationalsozialisten diesen Zweiten Weltkrieg nutzen, um ihr Mordprogramm gegen Juden, Sinti und Roma und andere Minderheiten durchzuführen. Doch es gibt noch weitere Unterschiede: die Dimensionen, das brutale »Lebensraum«-Konzept und die Tatsache, dass die Zivilbevölkerung nun viel stärker betroffen ist. Mehr noch als beim Ersten Weltkrieg gehen dem Zweiten Weltkrieg andere Kriege mit internationaler Beteiligung voraus. Schon vor Deutschlands Überfall auf Polen am 1. September 1939 und den folgenden Kriegserklärungen Frankreichs und Großbritanniens an Deutschland herrscht Krieg in Europa und dem Rest der Welt.

So überfällt Mussolinis Italien 1935 Äthiopien, wogegen nur Mexiko im Völkerbund protestiert, und im April 1939 Albanien. Im Spanischen Bürgerkrieg setzt sich General Franco zwischen 1936 und 1939 mit italienischer und deutscher Waffenhilfe gegen die Republikaner durch. Für Franco fliegt die deutsche Legion Condor – auch zur »Praxisausbildung« nach Spanien entsandt – mörderische Bombenangriffe auf die Zivilbevölkerung. Die Republikaner werden unterstützt durch die UdSSR, Mexiko und die Internationalen Brigaden, in deren Reihen der spätere französische Kulturminister André Malraux kämpft; Ernest Hemingway ist als Reporter dabei. Währenddessen greift am anderen Ende der Welt Japan China an; in Nanjing (Nanking) begehen die Japaner 1937 unvorstellbare Gräueltaten an der Zivilbevölkerung.

Diesen Kontext muss man mit berücksichtigen, wenn man die vorsichtigen, teils hilflosen Reaktionen der späteren Alliierten auf Hitlers Schritte zum Krieg betrachtet. 1936 besetzt Deutschland das entmilitarisierte Rheinland; am 12. März 1938 marschiert die Wehrmacht unter dem Jubel der Bevölkerung in Österreich ein. Mit der Unterzeichnung des Münchner Abkommens zwischen Deutschland und den Alliierten unter der Federführung des britischen Premiers Chamberlain am 29. September 1938 zwingt man der Tschechoslowakei – die nicht an den Verhandlungen teilnimmt – das Sudetenland mit seinen überwiegend deutschstämmigen Bewohnern ab. Man duldet Hitlers Vorgehen, betreibt *appeasement,* eine Befriedungspolitik, und meint damit Schlimmeres verhindern zu können.

Beim Blick auf Filmmaterial kann man sich Hitlers Arroganz und Egomanie auf besonders eindringliche Weise vergegenwärtigen. So wenn er in einer Reichstagsrede am 28. April 1939 auf die Rede des US-Präsidenten vom 14. April antwortet, in der Roosevelt vor dem großen Krieg warnt. Hitler verhöhnt den Amerikaner unter dem Gelächter der NSDAP-Abgeordneten. Zunächst preist er sich selbst mit den Worten, er könne für sich »vor der Geschichte« in Anspruch nehmen, »zu jenen Menschen gerechnet zu werden, die das Höchste leisteten«. Ironisch umständlich und in extra gespreiztem Ton erklärt er dann »feierlichst«, es werde keine »Angriffe oder Eingriffe auf oder in amerikanische Gebiete« geben. Tatsächlich wirkt Hitlers Auftritt furchtbar komisch, kollidiert doch seine Selbstüberschätzung mit dem Ernst der Situation, das Nazi-Ideal des arischen Siegfried mit des »Führers« Erscheinung, religiöses Pathos mit der Nazi-Trash-Ästhetik. In *Der große Diktator* (1940) erfasst Charlie Chaplin diese unfreiwillig makabre Komik, unterschätzt aber die Abgründe, die sich dahinter auftun. Politisch müssen sich die Alliierten, in Begriffen staatstragender Verbindlichkeit agierend, auf Hitlers mörderische Mischung aus Albernheit, Hohn und Niedertracht erst einstellen.

Entsprechend schnelle Erfolge feiert Hitler im jahrelangen Gezerre um Gebiete von 1933 bis 1938 – und nach dem offiziellen Kriegsbeginn im September 1939: Bis Juni 1940 hat Deutschland im »Blitzkrieg« mit schnellen Angriffen, Neutralitätsverletzungen und Bombardierungen ohne Rücksicht auf die Zivilbevölkerung Belgien besetzt, die Niederlande, Dänemark, Norwegen, Luxemburg und Frankreich. Beispielhaft für die Zerrissenheit der okkupierten Länder, bildet Marschall Pétain in Frankreich eine faschistische Kollaborationsregierung, der der sogenannte äußere Widerstand, die Résistance von General Charles de Gaulle aus dem Exil heraus gegenübersteht – und der innere der Kommunistischen Partei Frankreichs (KPF). Militärisch betrachtet, scheint von Mitte 1940 bis Mitte 1941 als einziger Gegner Deutschlands Großbritannien übrig zu sein, vom neuen Premierminister Winston Churchill auf dauerhafte Auseinandersetzungen eingeschworen. Denn mit Russland haben die Nationalsozialisten einen Nichtangriffspakt, der die brutale Aufteilung Polens beinhaltet; die USA halten sich militärisch noch heraus; Portugal, Spanien, die Schweiz und Schweden sind neutral; in Nordafrika, Jugoslawien und Griechenland stoßen die Deutschen zunächst auf nicht allzu viel Gegenwehr.

Da Großbritannien auch nach mehrmonatigen Bombardierungen nicht nur nicht kapituliert, sondern die Luftschlacht um England gewinnt, wendet sich Hitler dem ideologischen Hauptfeind UdSSR und ursprünglichen Kriegsziel zu: der Eroberung von »Lebensraum« im Osten. So dringen die Deutschen ab dem 22. Juni 1941 im »Unternehmen Barbarossa« mit etwa drei Millionen Soldaten bis Oktober bis kurz vor Moskau vor. Ist die Rote Armee zunächst überrumpelt, gerät der Vormarsch von Hitlers Soldaten dann aber auch wegen des frühen Wintereinbruchs ins Stocken. Die Gefahr hat Hitler – so wie sein erklärtes Vorbild Napoleon im Jahr 1812 – ignoriert. Den Kollaps der UdSSR verhindern Hilfsgüter aus den USA. Im Dezember tritt die Rote Armee zur Gegenoffensive an. Sie besiegt Armeen Rumäniens, das neben Bulgarien und Ungarn der dritte osteuropäische Verbündete der Achsenmächte (Deutschland, Italien, Japan) ist. Dazu kommen kollaborierende Länder wie die Slowakei nach der Abspaltung von der Tschechoslowakei mit der Regierung von Präsident Jozef Tiso und Kroatien unter der ultrabrutalen Ustascha-Regierung.

Bis 1943 setzen sich in Jugoslawien jedoch die kommunistisch dominierten Partisanen unter Tito (Josip Broz) durch, dem späteren Ministerpräsidenten. Das Jahr 1943 bedeutet die Wende im Krieg an fast allen Fronten, eingeleitet durch die Niederlage und Kapitulation der deutschen 6. Armee in der Schlacht um Stalingrad im Januar, bei der Hunderttausende sterben. Während die Bomber der Alliierten bereits deutsche Städte in Schutt und Asche legen, ruft Joseph Goebbels in seiner Sportpalastrede den »totalen Krieg« aus. Tatsächlich kämpfen zuletzt auch 16- und 60-jährige für Hitler. Er selbst kämpft nicht, sondern bringt sich am 30. April 1945 um. Fast ein Jahr nach der Landung der Alliierten am 6. Juni 1944 in der Normandie, bei der Tausende junger Amerikaner und Briten ihr Leben für die Befreiung Europas lassen, unterzeichnen Wehrmachtsgeneräle am 7. Mai 1945 die Kapitulation im Hauptquartier der Amerikaner in Reims, bei den Russen am 8. Mai in Berlin; in Kraft tritt die Kapitulation am 8. Mai.

Mit ähnlich wenig Sühne wie Hitler kommt das Staatsoberhaupt der Achsenmacht davon, die am längsten kämpft: der japanische Tenno Hirohito der Showa-Ära. Nachdem Japan am 2. September 1945 gegenüber General Douglas MacArthur kapituliert, schonen die USA den Kaiser, der in Japan als göttlich gilt, um Massenaufstände und Kamikaze-Aktionen zu verhindern. Japaner, die damals Kinder waren, erzählen heute, dass man sie vor der Kapitulation mit angespitzten Bambusstöcken den Kampf gegen Invasoren üben ließ. Konfrontiert mit Kinderarmeen sollte der Feind verzweifeln. In jedem Fall schärfte man den verwirrten Kindern ein, vor einer Gefangennahme Selbstmord zu begehen.

Tatsächlich kapituliert Japan erst, nachdem US-Präsident Truman am 6. und 9. August 1945 Atombomben auf Hiroshima und Nagasaki abwerfen lässt. Dank eines internationalen Physikerteams um Robert Oppenheimer sind die USA kurz zuvor zur ersten Atommacht geworden. Die zwei Atombomben töten 200 000 Japaner. Mit dem nuklearen Inferno endet der Pazifik-Krieg, der nach dem überraschenden und vernichtenden Luftschlag der Japaner am 7. Dezember 1941 gegen die amerikanische Flottenbasis in Pearl Harbor (Hawaii) begonnen hatte. Dem Angriff und folgenden Kriegseintritt der USA vorangegangen war ihr Ölembargo gegen Japan seit Juli 1941.

Die ständige Ausstrahlung von Archivaufnahmen im Fernsehen gerade vom Pazifik-Krieg ist zu Recht als »Geschichtspornografie« kritisiert worden: Einerseits vermitteln die dröhnenden Archivaufnahmen die ungeheure Absurdität; andererseits könnte man dabei fast vergessen, was für ein Leid ziviler, einheimischer Opfer hinter dem monotonen Dauergeballer steht – und was für machtpolitische Überlegungen. So bedrohen die Japaner vor allem britische, niederländische und amerikanische Kolonial- beziehungsweise Wirtschaftsinteressen seit den dreißiger Jahren mit ihrem Projekt der »Großostasiatischen Wohlstandssphäre«. Ähnlich wie im Deutschland der Weimarer Republik setzt sich in Japan nach einer Phase der Demokratisierung in der Taisho-Zeit (1912–1926) – mit Sozialisten, Anarchisten und sogar Dadaisten – in den dreißiger Jahren ein nationalistisch-militaristisches Einparteiensystem durch. Die Großostasiatische Wohlstandssphäre wird bis heute in Japan vor westlicher Kritik teils mit dem Hinweis in Schutz genommen, dass der *westliche* Kolonialismus die Asiaten historisch zunächst unterdrückt habe.

Als eine Art Gegenstück zum Commonwealth of Nations, das 1931 als Nachfolgeorganisation des British Empire gegründet wird, soll die »Wohlstandssphäre« unter japanischer Führung offiziell die Interessen der Asiaten verteidigen und ihr Selbstbewusstsein stärken – gemäß dem Motto »Asien den Asiaten!« In Wahrheit etabliert Ministerpräsident Tojo Hideki ein brutales Repressionssystem. Mit bis zu 21 Millionen Toten wird China neben Russland mit 26 Millionen die meisten Toten des Zweiten Weltkrieges zu beklagen haben. Zudem erobert Japan Gebiete auf der malaiischen Halbinsel, Länder wie Burma und die Philippinen. 200 000 Asiatinnen, vor allem Koreanerinnen, werden als Zwangsprostituierte missbraucht; Massen von Zwangsarbeitern sterben in Arbeitslagern.

Es bleibt bemerkenswert, wie schlecht asiatische Länder nach dem Krieg wegkommen, die an der Seite der Alliierten gegen Japan kämpften oder in denen sich Widerstand bildete. Etwa die Philippinen, wo bei der Rückeroberung Manilas durch die Alliierten allein 100 000 Zivilisten sterben. Nach dem Krieg werden die Alliierten dennoch nicht Länder wie die Philippinen ökonomisch aufrüsten, sondern das industrialisierte Japan und Deutschland, weil sie potente Handelspartner und ein Bollwerk gegen den Kommunismus sein sollen. Schließlich zeichnet sich schon auf der Jalta-Konferenz der »Großen Drei« mit Roosevelt, Stalin und Churchill im Februar 1945 als Nachkriegsordnung die Aufteilung Europas in einen amerikanischen und einen sowjetischen Einflussbereich ab.

KAPITEL VIERZEHN

Von der geteilten Welt zur Weltinnenpolitik
Kalter Krieg, Entkolonialisierung, 68er,
Nahost-Konflikt – Popkultur und Kulturkämpfe

Beschreibt man Epochen wie die griechische Antike oder die italienische Renaissance, scheint es normal, den Rest der Welt dabei etwas zurückzustellen, weil jene Kulturen nun einmal prägend für ihre und spätere Zeiten waren. Spätestens seit dem 19. Jahrhundert und der verstärkten globalen Vernetzung wird eine solche Auswahl und Konzentration auf einzelne Regionen schwierig – und für die Zeit seit dem Zweiten Weltkrieg ist sie kaum noch möglich. Was einen globalen Einfluss betrifft, denkt man heute vielleicht am ehesten noch an die USA. Wollte man indes der Zuspitzung halber ein Land herausgreifen, das möglichst viele der weltweit wirksamen Entwicklungen, Konflikte und Umbrüche seit 1945 bis heute verkörpert, wäre es wohl Vietnam. Vietnam ist ein früher Brennpunkt der Entkolonialisierung und des Kalten Krieges. Weil das Land seinen eigenen Weg zum Sozialismus geht, dient es als Anregung für die 68er-Bewegung im Westen. Inzwischen kennzeichnet Vietnam – wie auch China – eine Mischung aus Kapitalismus und Kommunismus, die beispielhaft für die Zeiten der scheinbaren Entideologisierung ist. Insgesamt wird Vietnam zum Symbol für die Unterdrückung, Nöte und Hoffnungen der Dritten Welt, das Nord-Süd-Gefälle in Sachen Lebensverhältnissen, aber auch Unterschiede in Kulturtraditionen, wie sie noch in Konflikten des 21. Jahrhunderts bis hin zu jenem im Nahen Osten zum Tragen kommen.

Während die westliche Welt seit Ende des Zweiten Weltkrieges eine Phase des dauerhaften Friedens und Wohlstands erlebt, die historisch einzigartig ist, herrschen im Rest der Welt ganz andere Zustände. Zwar beschließt man noch während des Krieges im Juni 1945 in San Francisco die Gründung der Vereinten Nationen (UNO), um in Zukunft internationalen Konflikten vorzubeugen. Doch geht der Weltkrieg in vielen Ländern Afrikas, Asiens und des Nahen Ostens fließend in neue, teils jahrzehntelange Kriege, Bürgerkriege und Terrorregime über, die Millionen von Menschen töten.

Vietnam erregt schon an dem Tag internationale Aufmerksamkeit, an dem Japan mit seiner Kapitulation gegenüber den USA den Zweiten Weltkrieg beendet: Am 2. September 1945 erklärt Ho Chi Minh als Anführer der Freiheitskämpfer sein Land für unabhängig. Obwohl sich der Chef der Vietminh dabei auf die amerikanische *Declaration of Independence* und die Menschenrechtserklärung der Französischen Revolution bezieht, greifen just Frankreich und später die USA militärisch ein. Auf den Indochinakrieg gegen die alte Kolonialmacht Frankreich von 1946 bis 1954 folgen eine Zeit der inneren Gewalt und verdeckten Kampfhandlungen – und der Vietnamkrieg von 1965 bis 1975, den die USA im Rahmen des Kalten Krieges gegen die Kommunisten führen.

Dass die USA in Vietnam nicht siegen können, obwohl sie das Land mit Napalmbomben und dem hochgiftigen Entlaubungsmittel Agent Orange verwüsten, liegt auch an der asymmetrischen Kriegführung, den Unterschieden in Ausrüstung, Zielsetzung und Motivation der Kriegsparteien. Dazu gehört die Bereitschaft vietnamesischer Kämpfer im Gegensatz zu den GIs, ihr Leben für ihr Land zu opfern. Das

Aufeinanderprallen des asiatischen Kollektivismus und des westlichen Individualismus entspricht einem »Kampf der Kulturen« *(Clash of Civilizations)*. Heute denkt man bei dem Schlagwort, mit dem der Politologe Samuel Huntington 1993 nach dem Ende des Kalten Krieges kulturelle Unterschiede statt ideologischer Gegensätze als Konfliktpotential betont, eher an den Nahen Osten. Doch gründet sich Huntingtons Einschätzung auf ältere Erfahrungen, die er ab 1967 als Berater der US-Regierung für Vietnam machte: Damals meint er, dass die USA die Vietnamesen nicht durch eine aufgepfropfte Modernisierung gewinnen könnten, sondern zum Beispiel Traditionen der Landbevölkerung kennen und berücksichtigen sollten. Die Problematik erinnert an die aktuelle Situation in Afghanistan. Es gibt noch eine weitere Parallele: In Vietnam zeigt sich wohl erstmals deutlich, dass der »Weltpolizei« USA – denn zu einer solchen steigt Amerika im Lauf des Kalten Krieges auf – Grenzen gesetzt sind.

Eiserner Vorhang und Glasnost: vom Kalten Krieg zum Ende des Ostblocks

Schon im 19. Jahrhundert prophezeit der Staatstheoretiker Alexis de Tocqueville die Aufteilung der Welt in eine amerikanisch und eine russisch dominierte Sphäre. In den zwanziger Jahren des 20. Jahrhunderts konkretisiert sich der Gedanke. Im März 1946 spricht Winston Churchill in einer Rede in Fulton (USA) vom »Eisernen Vorhang«. Der trenne die von der Sowjetunion dominierten osteuropäischen Länder von der westlichen Welt. 1947 teilen sowohl der amerikanische Präsident Harry Truman als auch Stalins Chefideologe Andrej Schdanow die Welt gemäß einer Zwei-

Lager-Theorie auf. Dabei bezeichnet jeder das eigene Lager als friedliebend und demokratisch, das andere dagegen als totalitär, imperialistisch und kriegerisch.

Der Kalte Krieg ist geprägt durch gegenseitige Paranoia, Rüstungswettläufe und die »Mutual Assured Destruction« (MAD): Gemäß der »gegenseitigen zugesicherten Zerstörung« kann bei einer atomaren Eskalation die gesamte Erde vernichtet werden. Zugleich ist diese Drohung der Garant für die Begrenzung von Kriegen. Der Kalte Krieg dauert über 40 Jahre, in denen durchaus heiße Kriege geführt werden, allerdings meist in der Dritten Welt. Dazu kommen eine psychologische Kriegführung mit Hilfe der Propaganda sowie Spionageaktionen und die Jagd auf vermeintliche Verräter im eigenen Lager. Der Kalte Krieg geht durch Phasen der Verschärfung und Perioden des Tauwetters, der Entspannung. Enden wird er im Dezember 1991 mit der Auflösung der Sowjetunion.

Ein wichtiger Schritt im Kalten Krieg ist im Jahr 1949 Stalins Einsicht, dass er die Idee von einem ganzen, einheitlichen Deutschland unter sowjetischem Einfluss vergessen kann. Ein Monat nach der NATO, dem westlichen Verteidigungsbündnis, wird am 23. Mai 1949 die Bundesrepublik Deutschland gegründet, deren erster Kanzler Konrad Adenauer wird. Im Gegenzug erlaubt Stalin im Oktober 1949 die Gründung der DDR durch die moskautreue SED (Sozialistische Einheitspartei Deutschlands). Walter Ulbricht, seit 1960 Staatsratsvorsitzender der DDR, wird die Teilung Deutschlands 1961 mit dem Mauerbau betonieren. Um die UdSSR in ihrer Expansionspolitik zu bremsen, entwirft US-Regierungsberater George F. Kennan 1947 die Politik des *containment*, der Eindämmung, die militärische und wirtschaftliche Mittel umfasst. Dazu gehört der Marshall-Plan, ein Hilfs-

und Investitionsprogramm zum Wiederaufbau. Während der Ostblock das Programm ablehnt, trägt es ab 1948 in Westeuropa zum Aufschwung bei, in Deutschland zum »Wirtschaftswunder« – und weltweit dazu, dass die USA auch ökonomisch übermächtig werden.

Der Koreakrieg (1950–1953) markiert die Wende von der Politik des *containment* zur offensiven *roll back*-Strategie (engl. »reduzieren, zurückschrauben«). Als Kim Il Sungs nordkoreanische Truppen – von Stalin motiviert und später von China militärisch unterstützt – im Juni 1950 Südkorea überfallen, schlagen US-Truppen und Alliierte mit einem UNO-Mandat zurück. Sie nehmen am Ende die nordkoreanische Hauptstadt Pjöngjang ein. Zwar entscheidet sich Präsident Truman gegen den Atomschlag, doch sterben mehrere Hunderttausend Menschen, manchen Schätzungen zufolge über zwei Millionen. 1953 wird mit einem Waffenstillstand die Teilung des Landes beschlossen. Sie verläuft entlang dem 38. Breitengrad – wie vor dem Krieg.

Im Ostblock verschwinden Tausende von Dissidenten in Lagern, werden gefoltert und hingerichtet. Aber auch in westlichen Ländern wird der Kalte Krieg zuweilen nach innen geführt. So kommt es in den USA unter der Regie von Senator McCarthy zwischen 1950 und 1954 zu »Hexenjagden« auf vermeintliche Kommunisten; sie erhalten Berufsverbot. Im Westen sehen Linke den jugoslawischen Präsidenten Tito (Josip Broz) als Hoffnungsträger, weil er ähnlich wie Abd el-Nasser in Ägypten und Jawaharlal Nehru in Indien ab 1948 die Politik der Blockfreiheit beziehungsweise des Dritten Weges zum Sozialismus vertritt. Im Ostblock werden sogenannte Titoisten als angebliche Verräter am Kommunismus verfolgt.

Mit den gegenseitigen Verdächtigungen einher geht eine

Propaganda-Schlacht. Der CIA-finanzierte »Congress for Cultural Freedom« wirbt mit Publikationen, Konzerten und Ausstellungen freiheitlich eingestellter Künstler etwa des Abstrakten Expressionismus für die westlichen Werte. Das Kominform (Kommunistisches Informationsbüro) betreibt im Westen mit Hilfe dortiger kommunistischer Parteien, Künstler und Intellektueller Propaganda. Das berühmte KPF-Mitglied Pablo Picasso steuert 1949 seine *Friedenstaube* als Plakat der kommunistisch dominierten Friedensbewegung bei, die nicht zuletzt davon ablenken soll, dass sich die UdSSR just im selben Jahr zur Atommacht mausert. Entsprechend antwortet auf die Taube im Herbst 1950 die regierungsfinanzierte Initiative »Paix et Liberté« mit Hunderttausenden von Plakaten: Sie zeigen unter anderem eine Friedenstaube, die sich unauffällig in einen sowjetischen Panzer verwandelt.

Derartige aus heutiger Sicht bizarre Bilder stehen einerseits beispielhaft für die Paranoia des Kalten Krieges, andererseits für die Abmilderung der Kriegsangst durch Humor. Das erste echte Tauwetter setzt in den Jahren nach Stalins Tod ein, als Nikita Chruschtschow 1956 auf dem XX. Parteitag der KPdSU erstmals offiziell die Verbrechen seines Vorgängers verurteilt. Dennoch lässt er Aufstände und Versuche, den Sozialismus zu liberalisieren, in sowjetischen Satellitenstaaten gewaltsam niederschlagen: 1953 in der DDR, 1956 in Ungarn.

Verschärft wird der Kalte Krieg wiederum, als die UdSSR im Zuge ihrer technischen Aufholjagd am 4. Oktober 1957 den ersten Satelliten Sputnik ins All schießt und damit im Westen den »Sputnik-Schock« verursacht. Der Schock sitzt umso tiefer, als in den USA eine Technikeuphorie herrscht. Dort erfreut sich eine rapide wachsende Mittelklasse an Eigenheimen, Cadillacs, Autokinos, Kühlschränken, Fernsehern, *Disneyland* und Staubsaugerwerbungen. Es ist die Geburt der Überflussgesellschaft *(Affluent Society)*, die lange das Bild Amerikas prägen wird, zugleich gefeiert und parodiert in der Pop Art etwa von Richard Hamilton. Den Sputnik-Schock überwinden die USA, als am 21. Juli 1969 Neil Armstrong als erster Mensch den Mond betritt.

Viel schlimmer als die sowjetische Provokation im Weltall ist allerdings jene vor der Haustür, die 1962 fast zum Dritten Weltkrieg führt: Auf Kuba setzt Fidel Castro 1959 mit einer sozialistischen Revolution den brutalen und korrupten Diktator Fulgencio Batista ab, der Havanna in Zusammenarbeit mit der Mafia und Großunternehmen zum Vergnügungszentrum für Amerikaner mit Casinos und Prostitution gemacht hat, während das Volk verelendet. Ab 1959 schafft Castro ein Zentrum der Revolution, die sein Mitstreiter Che Guevara ins übrige Südamerika und nach Afrika exportieren will. Damit nicht genug: Im Sommer 1962 lässt Castro die UdSSR auf Kuba Raketenstellungen einrichten, womit sie die USA direkt bedroht. Kennedy befiehlt eine Seeblockade und stellt ein Ultimatum zum Abzug. Die Situation droht zu eskalieren. Die Gefahr ist erst gebannt, als Chruschtschow im Oktober das Ultimatum akzeptiert. Dafür sagt Kennedy den Abzug von Jupiter-Raketen aus der Türkei zu.

Milderes Tauwetter bringen Atomteststopps und eine Annäherung des Westens an den Osten. Die neue Ostpolitik leitet der deutsche Kanzler Willy Brandt 1970 mit einer ergreifenden symbolpolitischen Geste ein – seinem Kniefall vor dem Denkmal des Ghettoaufstandes von 1943 in Warschau. 1975 unterzeichnen unter anderem Richard Nixons Nachfolger Präsident Gerald Ford, der sowjetische Regierungschef Leonid Breschnew, Erich Honecker und Willy

Brandts Nachfolger Helmut Schmidt die Schlussakte der KSZE (Konferenz über Sicherheit und Zusammenarbeit in Europa) über friedenserhaltende und vertrauensbildende Maßnahmen.

Als die Sowjets allerdings kurz danach SS-20-Raketen stationieren, droht Helmut Schmidt mit einer Nachrüstung mit Pershing-II-Raketen im Rahmen des Nato-Doppelbeschlusses. Umgesetzt wird dieser, als die Sowjets ihre SS-20 nicht abziehen und 1979 auch noch in Afghanistan einmarschieren. Da der 1980 gewählte US-Präsident Ronald Reagan den Kommunismus als »Mittelpunkt des Bösen in der modernen Welt« sieht, rüstet er die Mudschaheddin, die islamischen Freischärler, gegen die Sowjets mit Boden-Luft-Raketen des Typs Stinger aus. Damit trägt er ungewollt dazu bei, in Afghanistan langfristig einen Rückzugsraum für islamistische Terroristen zu schaffen.

Im Rahmen des Wettrüstens bringen die USA die Sowjets mit astronomischen Militärausgaben – allein 1985 sind es 287 Milliarden Dollar – etwa für das Weltraummilitärprogramm SDI (Strategic Defense Initiative) wirtschaftlich in Bedrängnis. Natürlich hat Reagan mit seiner »Politik der Stärke«, die den Zusammenbruch des sowjetischen Repressionssystems beschleunigt, auch schlicht Glück. Denn statt eines Hardliners kommt in der UdSSR im März 1985 mit Michail Gorbatschow ein Reformer an die Macht. Er will weg von der Konfrontation. Sein Programm von »Perestroika« (Umgestaltung) und »Glasnost« (Offenheit) führt als Revolution von oben letztlich zur Auflösung des Ostblocks. Gemäß der Sinatra-Doktrin, wie es der Sprecher des sowjetischen Außenministeriums in Anspielung auf Frank Sinatras Klassiker »My Way« launig formuliert, darf jedes Land seinen Weg des Sozialismus beschreiten.

Willy Brandts Kniefall im Jahr 1970 vor dem Denkmal für den Aufstand im Warschauer Ghetto von 1943. Es entbrannten Diskussionen darüber, ob die Geste angebracht gewesen sei, geplant oder spontan.

In Polen und Ungarn findet der Kurs Anklang, die Regime in Rumänien und der DDR lehnen ihn ab. Tatsächlich wird der Weg zur Demokratie, den der Ostblock in den Jahren 1989/1990 insgesamt geht, eine große Bandbreite an Umsturzvarianten umfassen. Sie reicht von extremer Brutalität bis zu beeindruckender Gewaltfreiheit. In Polen, der ersten treibenden Kraft, ist die verbotene Gewerkschaft Solidarność (Solidarität) seit Anfang der achtziger Jahre Sammelbecken des Widerstandes gegen General Jaruzelski. Dank Streiks – und mit Unterstützung des polnischen Papstes Johannes Paul II. – kann 1990 Solidarność-Führer Lech Walesa zum Präsidenten gewählt werden. In Ungarn schafft János Kádár mit dem sogenannten Gulasch-Kommunismus, der mit privatwirtschaftlichen Elementen angereichert ist, die Voraussetzung für Reformen aus der kommunistischen Regierungspartei heraus. 1990 wird József Antall Ministerpräsident – ein Mann, den die Sowjets 1956 beim Aufstand in Ungarn kaltgestellt hatten. In der Tschechoslowakei kommt der Impuls von Bürgerrechtlern der »Charta 77«. Am Ende wird der Schriftsteller Václav Havel, der während des kommunistischen Regimes einige Jahre im Gefängnis war, Staatspräsident. Sehr brutal läuft die Revolution in Rumänien ab. Zwar kann der innerparteiliche Reformer Ion Iliesco den Diktator Nicolae Ceaușescu 1990 stürzen. Doch müssen Hunderte Demonstranten sterben, massakriert von Mitgliedern der Geheimpolizei Securitate.

Dass sich die Verhältnisse in Rumänen langfristig bessern, verdankt sich auch der EU, der nach dem Ende des Kalten Krieges die meisten ehemaligen Ostblockstaaten angehören. Sie etabliert sich im Westen im Schatten des Kalten Krieges als Alternative zu den Militärbündnissen NATO und Warschauer Pakt. In den fünfziger Jahren als Gemeinschaft für Kohle und Stahl (Montanunion) gegründet und 1957 als Europäische Wirtschaftsgemeinschaft (EWG) formiert, ist die EU eine ganz neue Art des Verbundes, zugleich Staatengemeinschaft und Verfassungsstaat, Zentrum des Lobbyismus, bürokratischer Finanzapparat und soziale Utopie. Im Sinn der französischen Politiker Robert Schuman und Jean Monnet soll in der EWG ein ökonomisch motiviertes Gemeinschaftsgefühl auf andere Bereiche wie die Sozial- und Sicherheitspolitik übergreifen. Lange bevor mit den Verträgen von Maastricht (1992) auch eine Währungsunion beschlossen wird, trägt die EU zum Beispiel im Jahr 1986 mit der Aufnahme von Spanien und Portugal, die erst in den siebziger Jahren ihre Diktaturen überwinden, zur Modernisierung und Öffnung Europas bei. Sie sorgt für den Ausgleich zwischen ärmeren und reicheren Ländern in Europa.

Am wenigsten von der Integrationsleistung der EU haben in Europa bislang Länder aus dem ehemals blockfreien Jugoslawien profitiert. Dort hatte die Öffnung Osteuropas zunächst furchtbare Folgen. Nachdem sich 1990 in den ersten freien Wahlen in den Teilrepubliken überall außer in Serbien Nicht- beziehungsweise Reformkommunisten durchsetzen, erklären sich 1991 Slowenien und Kroatien für unabhängig, 1992 folgt Bosnien-Herzegowina. In einem extrem brutalen Bürgerkrieg ermorden serbische Milizen vor allem Albaner beziehungsweise Muslime, was zynisch als »ethnische Säuberungen« bezeichnet wird. Nachdem es 1998 zu Massakern an Albanern in der Teilrepublik Kosovo kommt und der serbische Präsident Slobodan Milosevic dies auf Aufforderung der UNO nicht abstellt, bombardieren 1999 NATO-Flugzeuge serbische Ziele – mitten in Europa. Milosevic wird vor dem Internationalen Strafgerichtshof in Den Haag wegen Verbrechen gegen die Menschlichkeit angeklagt.

Was die Revolution von 1989/90 in Deutschland betrifft, könnte man zunächst an den alten Spruch von Lenin denken, wonach die Deutschen, wollten sie in einer Revolution einen Bahnhof stürmen, zuvor eine Bahnsteigkarte lösen würden. Trotz Ermunterung durch Gorbatschow verweigert sich die DDR-Führung um Erich Honecker Reformen. Im Oktober 1989 verstärkt sich der friedliche Widerstand der Massen mit Friedensgebeten in evangelischen Kirchen und in sogenannten Montagsdemonstrationen, an denen Hunderttausende teilnehmen. Am 9. November 1989 lenkt die DDR-Führung ein, ihre Bürger dürfen ausreisen. Das Ticket zur Vollendung der gewaltfreien Revolution löst die Regierung der Bundesrepublik unter Helmut Kohl nach, indem sie der UdSSR unter anderem fünf Milliarden DM Finanzhilfe gewährt. Am 3. Oktober 1990 ist die lang ersehnte Vereinigung der beiden deutschen Staaten amtlich.

In der UdSSR selbst kommt der alte französische Revolutionsspruch zu neuen Ehren: »Die Revolution ist wie Saturn, sie frisst ihre eigenen Kinder.« Zunächst erklären sich mehrere Sowjetrepubliken für unabhängig, angefangen bei Litauen am 11. März 1990. Dagegen wehrt sich just der Reformer Gorbatschow. Sowjetische Truppen töten Demonstranten. In Russland selbst macht sich Gorbatschow mit einem unklaren Kurs zwischen Sozialismus und Marktwirtschaft unbeliebt, die Versorgungslage der Bevölkerung verschlechtert sich. Als im August Parteimitglieder, KGB-Leute und Militärs gegen die Neuerungen putschen und das Weiße Haus in Moskau zu stürmen drohen, hält Boris Jelzin, als Präsident der Teilrepublik Russland im Gegensatz zu Gorbatschow vom Volk gewählt, die Stellung für die Demokratie. Zunächst hält er auch zum Präsidenten der UdSSR, Gorbatschow. Doch nach einem Machtkampf verbietet er die KPdSU und stürzt Gorbatschow – den Mann, dessen Foto DDR-Bürger bei Demonstrationen in Leipzig gegen ihr Regime in die Höhe gehalten hatten. Am 31. Dezember 1991 löst sich die Sowjetunion auf.

Der Zerfall der Sowjetunion und des Ostblocks haben eine merkwürdige Doppelwirkung. Einerseits scheint sich damit der realexistierende Sozialismus beziehungsweise Kommunismus als Alternative zur westlichen Welt politisch erledigt zu haben. Andererseits werden so wieder Fantasien über neue Formen des Sozialismus geweckt. Als Theoretiker feiert Marx eine kleine Renaissance im Westen; in Russland wird im 21. Jahrhundert sogar Stalin nostalgisch verklärt.

30-jährige Kriege und gewaltfreier Widerstand – die Entkolonialisierung in Afrika und Asien

Anders als die Auflösung des Ostblocks geht die Entkolonialisierung in Afrika und Asien, die nach dem Zweiten Weltkrieg beginnt, schrittweise vonstatten. Sie hat einen Höhepunkt Anfang der sechziger Jahre. Im März 1990 erlangt als letztes afrikanisches Land die ehemalige deutsche Kolonie Namibia ihre Unabhängigkeit – im Jahr der Auflösung der DDR. Unabhängig wird Namibia letztlich aber nicht von Deutschland, sondern von Südafrika. Die afrikanische Großmacht ist seit 1910 wie Kanada, Australien und Neuseeland ein *Dominion*, eine Ex-Kolonie mit Anbindung an das British Empire (seit 1931 souverän), das Anfang des 20. Jahrhunderts noch ein Viertel der Welt beherrscht. Nach dem Ersten Weltkrieg übergibt Großbritannien das ehemals deutsche Namibia als Mandatsgebiet an Südafrika.

Die Geschichte Südafrikas, eines der ältesten Staaten Afrikas, und Namibias, einer der jüngsten Republiken der Welt, ist beispielhaft für die verschlungenen Wege der Entkolonialisierung. Gegen das Apartheidsystem, das in Südafrika und somit auch Namibia seit 1948 herrscht, und für die Unabhängigkeit kämpft seit den sechziger Jahren die SWAPO (South West Africa People's Organisation), die später Namibias Regierungspartei wird. Die SWAPO wird von der UdSSR mit Geld und Waffen unterstützt, von Kubanern sogar mit Truppen, die von Sambia und Angola aus operieren. Im rohstoffreichen Angola tobt seit den sechziger Jahren bis 1975 ein Kolonialkrieg gegen Portugal und nach der Unabhängigkeit bis 1994 ein Bürgerkrieg zwischen der von der UdSSR gestützten regierenden marxistischen MPLA (Movimento Popular de Libertação de Angola) und den Rebellen der UNITA (União para la Independência Total de Angola). Die UNITA erhält Hilfe von den USA und Südafrika, dessen Truppen nach Angola eindringen. Damit und mit der Apartheid ist Schluss, als Nelson Mandela, vom weißen Präsidenten Willem de Klerk als Führer der Befreiungsbewegung ANC (African National Congress) aus der Haft entlassen, 1994 zum Präsidenten gewählt wird.

Insgesamt sterben in den Jahrzehnten der Entkolonialisierung Millionen von Menschen bei gewaltsamen Auseinandersetzungen: mehrere Zehntausend allein, als Frankreich 1947 eine Erhebung in Madagaskar niederschlägt. Marokko und Tunesien werden 1956 nach blutigen Aufständen unabhängig – und Algerien nach einem Krieg von 1954 bis 1962. 1960 gilt als das »afrikanische Jahr«, weil allein in diesem Jahr 17 vor allem französische Kolonien die Unabhängigkeit erlangen. Es folgen britische Kolonien wie Tansania (1961), Kenia (1963) und Simbabwe (1980).

Allgemein besteht das Problem darin, dass die Kolonialisten Landesgrenzen willkürlich durch Stammesgebiete gezogen haben, was nach der Befreiung zu Konflikten führt. Sie werden von den USA und der UdSSR angeheizt und als Stellvertreterkriege der Großmächte ausgefochten. Dass dabei Waffen und Millionen von Dollar an skrupellose sogenannte Freiheitskämpfer gehen, fördert die Korruption in den armen Ländern. Insgesamt fehlen in Afrika gewachsene demokratische Traditionen. So gelangen in vielen Ländern Kleptokraten an die Macht. In Zentralafrika lässt sich Jean-Bédel Bokassa, von Frankreich und Libyen gestützt, 1977 zum Kaiser krönen; in Uganda werden in den siebziger Jahren unter dem Regime von Idi Amin Hunderttausende ermordet. 1994 massakrieren in Ruanda Hutus mehrere Hunderttausend Tutsis.

Wie groß die Sehnsucht nach positiven afrikanischen Identifikationsfiguren ist, zeigt die Verehrung, die Haile Selassi, der 1930 gekrönte äthiopische Kaiser und Vorkämpfer für die afrikanische Einheit, der eigentlich Ras Tafari Makonnen heißt, noch im fernen Jamaika durch die Religionsgemeinschaft der Rastafaris erfährt. Zwar wird Selassi 1974 wegen seiner feudalen Regierungsweise abgesetzt. Doch ist Äthiopien als das afrikanische Land, das nie ganz kolonialisiert wurde, für die Rastafaris der Ort des Heils. Haile Selassi stammt angeblich von König Salomo ab. So wollen die Rastafaris, vom Alten Testament inspiriert, weg aus der Babylonischen Gefangenschaft in der Karibik, in die ihre Vorfahren als Sklaven verschleppt wurden. Sie wollen nach Afrika heimkehren, sei es konkret oder im Geiste. Der Westen steht im Sinn des Bob Marley-Songs »Babylon System« für Unterdrückung, Rassismus und Dekadenz.

In Südafrika, wo dieses System der Unterdrückung besonders stark ausgeprägt ist, entwickelt sich wiederum in einer Exilgemeinde schon Ende des 19. Jahrhunderts ein antikolonialistischer Impuls, der bis Asien wirken wird: Dort organisiert Mohandas Karamchand Gandhi (1869 – 1948), genannt Mahatma (Sanskrit »große Seele«), als junger Rechtsanwalt von 1893 bis 1914 den Widerstand indischer Einwanderer gegen diskriminierende Gesetze. Aus diesen Erfahrungen schöpfend, höhlt er später, nach der Rückkehr in seine Heimat, die britische Kolonialherrschaft in Indien aus. Von der Bergpredigt und Leo Tolstoi inspiriert, wendet Gandhi *Satyagraha* als Methode des gewaltfreien Widerstandes an, der mit zivilem Ungehorsam, Hungerstreiks und dem Boykott britischer Waren einhergeht. 1947 wird Indien unabhängig.

Im Zuge der Teilung des Landes in ein hinduistisches

Indien und muslimisches Pakistan werden mehrere Millionen Männer, Frauen und Kinder aus ihrer Heimat vertrieben, bis zu eine Million Menschen kommen dabei um. Noch größer ist die Brutalität, die das Chaos nach der Befreiung der Halb-Kolonie China nach sich zieht. Zwar war das chinesische Kaiserreich nach einer Revolution 1912 durch eine Republik unter Sun Yat-sen ersetzt worden. Doch als kurz nach der Revolution der Militär Yuan Shikai die Macht übernimmt, entbrennt ein jahrzehntelanger Bürgerkrieg. Einen Ausweg scheint die Kommunistische Partei Chinas zu bieten. An ihre Spitze tritt bald nach ihrer Gründung im Jahr 1921 Mao Tse-tung (1893 – 1976). Zunächst unterliegen die Kommunisten im Bürgerkrieg fast Tschiang Kai-scheks Nationaler Volkspartei (Kuomintang). Aber nachdem das Zweckbündnis, das man im Zweiten Weltkrieg gegen Japan eingeht, zerfällt, können die Kommunisten die Kuomintang vom Festland nach Taiwan abdrängen. 1949 wird die Volksrepublik China gegründet.

Während sich Taiwan von 1950 bis heute als Nationale Republik China mit amerikanischer Hilfe gegen die Volksrepublik China behaupten kann, wird Tibet, bis dahin theokratisch vom buddhistischen Dalai Lama regiert, 1950 von rotchinesischen Truppen überfallen. Obwohl Mao auch in China selbst eine Schreckensherrschaft errichtet, betrachtet ihn die Mehrheit der Chinesen zunächst wegen der Enteignung der Großgrundbesitzer als Befreier vom Feudalismus. Dabei waren schon bei Maos »Langem Marsch« durch China 1934/35, später zum Symbol für den Zusammenhalt der Kommunisten stilisiert, auf der Flucht vor Tschiang Kai-scheks Truppen Tausende brutal zur Beteiligung gezwungen worden. Am Ende überlebt von den rund 80 000 Menschen, die bei dem Marsch dabei sind, nur etwa jeder Zehnte. Nach seiner Machtergreifung führt Mao wie Stalin »Säuberungen« durch. Er lässt Millionen Gegner und Oppositionelle ermorden. Ähnlich wie in Stalins Russland verhungern zudem Millionen, weil Mao die Industrialisierung im »Großen Sprung nach vorne« ab 1958 erzwingen will und dabei die Landwirtschaft vernachlässigt.

Insgesamt ist Mao für den Tod von bis zu 70 Millionen Menschen verantwortlich. 1966 lässt er in der Kulturrevolution den Konfuzianismus und jede kulturelle Vielfalt unterdrücken. Nach Maos Tod 1976 setzen sich in China unter Deng Xiaoping vorübergehend etwas weniger dogmatische Kräfte durch. Damit ist es spätestens nach der Entmachtung des reformorientierten Generalsekretärs Hu Yao-bang im Jahr 1987 vorbei. Im Juni 1989 werden Demonstrationen für mehr Freiheit auf dem Tiananmen Platz, dem »Platz des Himmlischen Friedens«, in Beijing blutig niedergeschlagen.

Diskreter läuft die Unterdrückung in Vietnam ab. Als Ziel für westliche Touristen kommt es heute so freundlich rüber, dass man das herrschende kommunistische Regime fast vergessen könnte. Nach dem Sieg der Vietminh im Befreiungskrieg gegen die Franzosen bei Dien Bien Phu im Mai 1954 hat man das Land gemäß der Genfer Indochinakonferenz zunächst ähnlich wie Korea geteilt. Allerdings gab es die Auflage, die Einheit 1956 mit freien Wahlen wiederherzustellen. Der Norden Vietnams gehört den Kommunisten. Im Süden kommt Ngo Dinh Diem an die Macht, der sich, von den USA unterstützt, in manipulierten Wahlen, mit Bestechung und brutaler Gewalt durchsetzt und die gesamtvietnamesischen Wahlen verhindern will. Die kommunistischen Vietcong, die aus den Vietminh hervorgehen, unterwandern von Nordvietnam unterstützt beziehungsweise von dort aus weite Teile des Südens und verüben Anschläge. Einige CIA-

Aktionen, mit denen man die globale Ausbreitung des Kommunismus gemäß der »Domino-Theorie« vermeiden will, sind so verrückt, dass ihr Organisator Edward Lansdale angeblich als Vorlage für die amerikanische Hauptfigur in Graham Greenes Roman *The Quiet American* (1955) dient. Man wirft Flugblätter ab und legt Busse in Hanoi lahm, indem man Zucker in Tanks füllt. Man besticht einflussreiche vietnamesische Astrologen, damit sie die Zukunft des Nordens als düster vorhersagen. Die gewaltsamen Auseinandersetzungen spitzen sich zu.

Anfang 1965 schickt US-Präsident Lyndon B. Johnson, der Nachfolger von John F. Kennedy, der am 22. November 1963 unter bis heute nicht ganz geklärten Umständen ermordet wird, Bodentruppen nach Südvietnam. Er befiehlt auch die weitflächige Bombardierung Nordvietnams (außer Hanoi und Haiphong). Der Vietnamkrieg – in Vietnam der Amerikanische Krieg genannt – wird zehn Jahre dauern, bis zur Eroberung Saigons durch die Vietcong am 30. April 1975. Es sterben über zwei Millionen Vietnamesen, Hunderttausende Kambodschaner und Laoten, die in den Krieg hineingezogen werden, als die USA die Nachschublinien der Vietcong bombardieren, und 58 000 US-Soldaten.

Mit dem Ende des Vietnamkrieges hat Südostasien immer noch keinen Frieden. Nachdem der kambodschanische Diktator Pol Pot mit seinen Roten Khmer 1975 an die Macht kommt und Gefechte um Grenzgebiete mit Vietnam anzettelt, marschieren vietnamesische Truppen 1979 in Kambodscha ein und beenden mit einer zehnjährigen Besatzung den dortigen Terror: Im Rahmen eines Systems, das als Steinzeitkommunismus bezeichnet worden ist, hatte Pol Pot rund zwei Millionen seiner Landsleute auf grausamste Weise ermorden lassen. Dennoch unterstützt China die

Roten Khmer im Guerilla-Kampf noch jahrelang. 1979 greift China Vietnam in einem »Erziehungsfeldzug« an, da man die neue Vormacht in Indochina kleinhalten will.

Der 30-jährige Krieg hat Vietnam zwar unabhängig gemacht, aber nicht politisch frei. Für die USA hat der Vietnamkrieg die bittere Einsicht gebracht, dass auch für eine Supermacht die Möglichkeiten der Einflussnahme und Machtausübung nicht unbegrenzt sind. Man lernt sozusagen aus den Fehlern, geht von nun an auf diskretere Weise vor und schont die eigenen Truppen. Das gilt für den von der CIA gestützten Staatsstreich in Chile 1973 gegen den gewählten sozialistischen Präsidenten Salvador Allende und die Einsetzung des Diktators Pinochet, unter dessen Herrschaft Zehntausende von Oppositionellen gefoltert werden und Tau-

Ein vietnamesisches Mädchen flieht mit schweren Verbrennungen vor einem Angriff der Südvietnamesen und Amerikaner mit Napalmbomben. Das Pressefoto von 1972 ist zu einer Ikone über das Grauen moderner Kriege geworden. Die Soldaten laufen offenbar ungerührt neben dem Mädchen Kim Phúc her. Der Fotograf Nick Út brachte das Kind ins Krankenhaus und rettete ihm so das Leben.

sende verschwinden. Das gilt weiterhin für die Finanzierung und Ausbildung von Contras, die in den achtziger Jahren in Nicaragua einen Bürgerkrieg gegen die regierenden Sandinisten führen. Überschaubar bleiben auch militärische Interventionen der USA wie in Grenada (1983) und Panama (1989) – und beim humanitär motivierten Einsatz im vom Bürgerkrieg zerrütteten Somalia 1992/1993 mit UNO-Mandat.

Während des Golfkrieges 1990/91 gegen den Irak beherzigt George Bush die Vietnam-Lektion dahingehend, dass man im Zweifel zur eigenen Sicherheit aus der Luft zuschlägt und die Medienberichterstattung zensiert. Schließlich hatten während des Vietnamkrieges die ständigen Fernseh- und Presseberichte über Verluste und Massaker dazu beigetragen, dass die Unterstützung des Engagements seitens der US-Bevölkerung schwand. Ein berühmtes Beispiel für die Macht der Bilder ist das Pressefoto des Mädchens Kim Phúc, das 1972 nackt weinend vor einem Napalmbomben-Angriff der Südvietnamesen und Amerikaner flieht. Derart publik gemachte Massaker und das Leid in Asien sind auch ein Anlass für die Formierung der 68er-Bewegung. Plötzlich erschallt bei Studentendemonstrationen mitten auf Europas Einkaufsstraßen der Kampfruf »Ho-Ho-Ho-Chi-Minh«.

Entkolonialisierung zu Hause: Frauenbewegung, Black Power, 68er – und die Popkultur

Zwar gibt es nicht *die* 68er, sondern eher eine Ansammlung lose verbundener oder konkurrierender Tendenzen. Ein gemeinsamer Nenner, abgesehen von der Tatsache, dass sich die 68er vorwiegend aus dem studentischen Milieu rekrutieren, besteht jedoch darin, dass man stärker durch den mar-

xistischen Begriff der Entfremdung als den des Klassen-
kampfes inspiriert ist und die Gesellschaft stärker als in bis-
herigen Revolutionen vom Privaten her verändern will: durch
antiautoritäre Erziehung, neue Formen des Zusammen-
lebens in Kommunen und WGs, Drogenexperimente, Ak-
tionskunst, Popmusik, ausführliche Diskussionen – und
schließlich den »langen Marsch durch die Institutionen«, die
Übernahme von Machtpositionen in Politik und Medien
durch 68er, wie sie Jahre später Daniel Cohn-Bendit und
Joschka Fischer gelingen wird.

Die Tradition der Politisierung des Privaten reicht weiter
zurück als bis 1968. Heraus ragen die Frauenbewegung ab
Beginn des 20. Jahrhunderts und die US-Bürgerrechtsbewe-
gung für die Gleichberechtigung der Schwarzen ab Mitte der
fünfziger Jahre. In dieser Zeit etablieren sich auch die Ideen-
geber der 68er, Existentialisten wie Jean-Paul Sartre, Simone
de Beauvoir und Albert Camus sowie die britische Neue
Linke, die einen Dritten Weg zwischen Marxismus und So-
zialdemokratie sucht. In den USA vergleicht der Soziologe
C. Wright Mills Manager in ihrem Walten mit »Halbgöt-
tern«. Er beschreibt den militärisch-industriellen Komplex
als Interessengemeinschaft von Staat beziehungsweise Politik, Armee und Wirtschaft und kritisiert deren wachsenden
Einfluss auf die Universitäten.

Eine direkte Anregung für die späteren Studentenpro-
teste sind die Aktionen der Bürgerrechtsbewegung. Als am
1. Dezember 1955 in Montgomery in Alabama die schwarze
Näherin Rosa Parks in einem Bus aufgefordert wird, einem
Weißen ihren Platz zu überlassen, bleibt sie sitzen. Sie wird
verhaftet. Daraufhin organisiert der Baptistenprediger Martin Luther King den »Montgomery Bus Boycott«, die Be-
streikung der öffentlichen Verkehrsmittel durch die schwarze

Bevölkerung. Ein Jahr später erklärt der Oberste Gerichtshof der USA die Rassentrennung in Bussen für verfassungswidrig. Erst nach zähen Verhandlungen und Aktionen geht die Bundesregierung dagegen vor, dass Schwarze in Südstaaten aus Schulen, Universitäten und von Wahlen ausgeschlossen werden.

Auf die Universitäten greift der Protest in Form von Sitzstreiks (Sit-ins) über, als auf dem Campus in Berkeley 1964 Büchertische mit Infomaterial zur Bürgerrechtsbewegung verboten werden. Was John F. Kennedy nach langem Zögern und wahltaktischen Überlegungen mit unter das Schlagwort *new frontiers* (neue Grenzen, Neuland) fasst, drückt Martin Luther King auf poetische Weise aus: In seiner berühmten Rede vor über 200 000 Demonstranten in Washington im August 1963 beschreibt King mit den Worten »I have a dream« die Vision vom Zusammenleben jenseits der Rassenschranken. Vor allem nach Kings Ermordung am 4. April 1968, aber auch schon Mitte der sechziger Jahre entbrennen Ghettoaufstände mit zahlreichen Toten. Es entstehen radikale Gruppierungen wie die Black Muslims mit ihrem Führer Malcolm X und die Black Panther Party um Bobby Seale und Huey Newton. Gemäß dem Motto »Black Power« ziehen sie mit schwarzen Baretten und Lederjacken uniformiert und – ganz legal – bewaffnet durch die Straßen. Sie bieten Lektürezirkel und Jurakurse über die Grundrechte an, betreiben Frühstücksküchen für Bedürftige und eigene Schulen. In den siebziger Jahren brechen sie nach internen Zerwürfnissen, Gewalttaten und Attacken durch das FBI auseinander.

Die Umsetzung der alten marxistischen Forderung an die Proletarier, eine Weltrevolution voranzutreiben, bleibt ironischerweise bürgerlichen Studenten vorbehalten: Nachdem die Bürgerrechtsbewegung und der Protest gegen den

WE SHALL SURVIVE. WITHOUT A DOUBT

Das Plakat von Emory Douglas wirbt 1971 für eine der Schulen, welche die Black Panther Party betreibt.

Vietnamkrieg in den USA Mitte der sechziger Jahre die Studenten mobilisieren, springt der Funke 1968 nach Japan, Mexiko und in mehrere Städte in Westeuropa über. Beinahe parallel findet in der Tschechoslowakei unter dem Parteireformer Alexander Dubček der sogenannte Prager Frühling statt, der einen »Sozialismus mit menschlichem Antlitz« anstrebt. Er wird im Sommer durch russische Panzer niedergewalzt. Zumindest in Paris scheint die Revolution im Mai '68 nach Studentenunruhen unter der Führung des Anarchisten Daniel Cohn-Bendit, heute Europa-Abgeordneter der Grünen, möglich. Straßenbarrikaden und ein Generalstreik legen das Land lahm. Zwischenzeitlich verlässt Präsident de Gaulle sogar das Land, kehrt aber bereits einen Tag später nach Frankreich zurück und kündigt Neuwahlen an. Die Revolte bricht daraufhin mangels Programm und Organisation in sich zusammen.

In Deutschland gärt es unter anderem in der Gruppe Subversive Aktion, zu der der Studentenführer Rudi Dutschke gehört. Sie ist ein Ableger der Situationistischen Internationale, der Bewegung um den Theoretiker Guy Debord, die seit den fünfziger Jahren Kunst und Politik auf neuartige Weise vermählen will. So will man herkömmliche Formen der Kunst wie Malerei und Skulptur, die sich als schnöde Ware vermarkten und vereinnahmen lassen, überwinden und stattdessen erkenntnisfördernde Situationen kreieren; dazu gehören karnevalistisch-satirische Aktionen auf der Straße, die Verbreitung von Pamphleten und Falschmeldungen in den Medien, um die sich heute die Yes Men und die globalisierungskritische Organisation Attac kümmern, wenn sie etwa eine gefälschte *New York Times* beziehungsweise *Die Zeit* mit ihren Botschaften drucken.

In den sechziger Jahren will Rudi Dutschke mit dem Sozialistischen Deutschen Studentenbund (SDS) eine Außerparlamentarische Opposition (APO) sein und nicht mehr, wie er meint, die »Spielregeln dieser unvernünftigen Demokratie« befolgen. Prompt warnt der Soziologieprofessor Jürgen Habermas, ein Vertreter der kritischen Theorie und Praktiker des »kommunikativen Handelns«, vor einem »linken Faschismus«. In Ansätzen verwirklichen einen solchen Faschismus in den siebziger Jahren die Terroristen der Roten Armee Fraktion (RAF) um Ulrike Meinhof und Andreas Baader. Ähnlich wie Linksradikale in den Ex-Achsenmächten Italien und Japan ermorden sie Polizisten, Staatsanwälte, Manager und deren Chauffeure.

Doch mehrheitlich einigen sich Anarchisten, Trotzkisten und Maoisten innerhalb der 68er-Bewegung auf den friedlichen »langen Marsch durch die Institutionen«. Zwar verändern sie keine grundlegenden Machtstrukturen. Immerhin will Willy Brandt aber, als er 1969 das ehemalige NSDAP-Mitglied Kurt Georg Kiesinger als Kanzler ablöst, »mehr Demokratie wagen«. Jedenfalls bewirken die 68er eine Öffnung und Liberalisierung der Gesellschaft. Seither lebt man im Westen in nie gekannter Freiheit und Selbstbestimmung. Allerdings, so warnt der damals einflussreiche Philosoph und Soziologe Herbert Marcuse, droht eine versteckte Repression und Entfremdung durch Konsum und Kulturindustrie. Sie könne, so Marcuse, von den wahren Problemen beziehungsweise einem entsprechenden Engagement etwa gegen den Vietnamkrieg ablenken.

Die Verbindung von Politischem und Privatem, Symbol- und Realpolitik bei den 68ern schlägt sich in dem Motto »Phantasie an die Macht« nieder und hallt 1972 in dem Wahlkampfslogan »Changer la vie« des späteren französischen Präsidenten François Mitterrand nach. Diese Verbindung ist ein Merkmal der 68er, das auf die Frauenbewegung zurückgeht. In den sechziger Jahren ist die Verbreitung der Pille zur Empfängnisverhütung eine der größten Revolutionen im Alltagsleben von Frauen. Anfang des Jahrhunderts streiten Suffragetten aktionistisch für das Wahlrecht (engl. *suffrage* »Wahl, Stimme«). Sie begeben sich in Hungerstreiks und zerstören medienwirksam Gemälde wie Velázquez' *Venus von Rokeby* (um 1650), die sie sexistisch finden. Ihre alternative Kunst des Strickens wiederum werden in den achtziger Jahren Mitglieder der Grünen im deutschen Bundestag demonstrativ auf die politische Bühne heben.

Schon 1929 fordert die Schriftstellerin Virginia Woolf in ihrem Essay *A Room of One's Own* (*Ein eigenes Zimmer*) mehr Privatsphäre als Grundlage für eine öffentliche Karriere von

Frauen. 1931 schreibt sie das Vorwort für den Sammelband *Life as We Have Known It* (*So haben wir gelebt*): In diesem herausragenden historischen Dokument schildern Arbeiterinnen ihr entbehrungsreiches Alltagsleben, aber auch ihre Träume, ihr Engagement in Frauengilden, in der Armenfürsorge, in Spar- und Leseclubs. Ihre Lektürelisten zeugen von einem enormen Wissensdurst. Sie umfassen Jane Austens *Stolz und Vorurteil* (1813), aber auch Fachbücher zum Wechselkurs in Kriegszeiten bis hin zum 400-seitigen *Demokratie und Erziehung* (1916) von John Dewey, einem Vertreter des Pragmatismus, der der Philosophie nach Hegel etwas mehr Bodenkontakt verschaffen will, indem er anhand von plastischen Beispielen für den Alltag relevante Fragen diskutiert.

Nachdem in der ersten Hälfte des 20. Jahrhunderts ein politisches Aufbegehren in der Literatur und der Kunst zum Ausdruck kommt, gilt dies ab Mitte der fünfziger Jahre verstärkt für die Popmusik. Die Tatsache, dass eine Aufbruchsstimmung in der Luft liegt, die Vorstellungen etwa zur Rassenfrage aber noch sehr restriktiv sind, umreißt der Musikproduzent Sam Phillips: »Wenn ich einen weißen Musiker finden würde, der den Negerklang und das Negergefühl hätte, könnte ich eine Million Dollar machen.« Die Lösung des Problems wird Elvis Presley sein, den Phillips 1954 entdeckt. Verkörpern Megastars wie James Dean und Marlon Brando und Ministars wie Andy Warhol und Emory Douglas, der Grafiker und »Minister of Culture« der Black Panther Party, die Rebellion in Bildern, übernimmt die Popmusik in den sechziger Jahren immer mehr Funktionen engagierter Kunst: Auf Demonstrationen singt Bob Dylan mit Joan Baez Bürgerrechtssongs wie »Blowin' in the Wind«. Davon inspiriert schreibt Sam Cooke seine Soulballade »A Change Is Gonna Come« (1964). Aretha Franklins Song »Respect«, der sich eigentlich auf Beziehungsprobleme bezieht, wird zu einer Hymne des schwarzen Aufbegehrens (1967). Jimmy Cliffs »Vietnam« verbindet Privates und Politisches ebenso wie »Say it Loud I'm Black and I'm Proud« von James Brown, der seine geglättete Frisur durch einen Afro ersetzt.

Musikalische Experimente und politische Aussagen verknüpfen für ein etwas breiteres Publikum die beiden E-Gitarristen Frank Zappa und Jimi Hendrix. In seinem Song »Star Spangled Banner« verwandelt Hendrix beim Woodstock-Festival 1969 die US-Nationalhymne und -flagge akustisch in einen Bombenteppich, um gegen den Vietnamkrieg zu demonstrieren. Die Gewaltbereitschaft mancher 68er und insbesondere die naive Übernahme von Versatzstücken des Mao-Kultes und der Sowjet-Romantik bemängeln wiederum auf kunstvolle Weise die Beatles mit Songs wie »Back in the USSR« und »Revolution«.

Wie revolutionär 68er und »Black Power« in den USA sind, zeigt ein Vergleich mit Brasilien, der anderen großen ehemaligen Sklavennation. Dort formiert sich auch deshalb keine Bürgerrechtsbewegung, weil eine merkwürdige Mischung aus zugleich selbstverständlichem und weniger brutalem Rassismus als in den USA vorherrscht. Ihn hat man in Brasilien später als *racismo cordial* (»herzlicher Rassismus«) bezeichnet. »Black Power« und »Black is Beautiful« sind schwer durchzusetzen in einem Land, in dem im Jahr 1976 bei einer Volkszählung 135 Hautfarben angegeben werden: »Milchkaffee«, »Morgendämmerung«, »Blau«, »Weiß-rötlich«, »Weiß-honigfarben«, »Weiß-trüb«, »Erhitzte Butter«, »Zimt«, »Wenig klar«. Erst in den neunziger Jahren stärken Magazine wie *Raça* das afrobrasilianische Selbstbewusstsein mit schwarzen Models bei weißen Hochzeiten, afrikanischen Diäten und Horoskopen.

Zwar lässt die politische Beteiligung von Afroamerikanern auch in den USA auf sich warten. Doch gewinnt die schwarze Kultur mit dem Hip Hop Ende der siebziger Jahre weltweit an Einfluss. Die Ambivalenz der popkulturellen Revolution thematisieren schon die direkten Vorläufer des Hip Hop, The Last Poets, die ihrerseits von der Poesie und dem Sprechgesang des Free Jazz etwa bei John Coltrane, Archie Shepp und Sun Ra inspiriert sind: The Last Poets bauen 1970 in swingend-afrikanischen Rap-Songs wie »When the Revolution Comes« und »Niggers are Scared of Revolution« Redezitate von Malcolm X ein – und warnen zugleich davor, dass revolutionäre Energien von der Unterhaltungs- und Kulturindustrie absorbiert werden. Tatsächlich reicht die Bandbreite des Hip Hop von verkaufssteigernder Gewaltverherrlichung bis zur Forderung, das »CNN der Schwarzen« zu sein, und zum Stop-the-Violence-Rap von KRS One; er will Bildung durch »Edutainment« attraktiv machen. Die einzige Musikrichtung der Rap- und DJ-Kultur, die der Kommerzialisierung fast gänzlich entgeht, ist der Drum & Bass (anfangs Jungle genannt). Er verbindet Einflüsse des Reggae, Ragga, Dub, Techno und Jazz und steht beispielhaft für die Übernahme einiger Qualitäten der Avantgardekunst durch die Popmusik. Kann man in Sachen bürgerlicher Gegenkultur einen historischen Bogen von der Anti-Kunst des Dada zur Anti-Musik des Punk spannen, knüpft Drum & Bass an den Kubismus an und baut ihn aus. Das gilt für die Collage verschiedener Perspektiven, Zeit-, Erkenntnis- und Gefühlsebenen sowie den Versuch, den Star- und Künstlerkult im Kollektiven aufzulösen.

Derart popkulturelle Romantik wird 40 Jahre nach 1968 doch noch im Feld der Realpolitik gebündelt. Als im Jahr 2008 der Song »Yes We Can« des Hip Hop-Musikers will.i.am (William James Adams) als Collage aus Redezitaten mehr oder weniger bekannter Musiker, Sänger und Schauspieler und vor allem des demokratischen Präsidentschaftskandidaten Barack Obama auf der Internet-Videoplattform youtube millionenfach angeklickt wird, trägt dies zum Wahlerfolg des ersten schwarzen US-Präsidenten bei. Barack Obama scheint popkulturelle Coolness mit Maßnahmen von historischer Tragweite zu verbinden: etwa der Einführung einer Krankenversicherung für alle, die er im Frühjahr 2010 in einem politischen Kraftakt durch das Repräsentantenhaus bringt. Wie zerrissen die USA selbst 40 Jahre nach '68 ökonomisch wie kulturell sind, zeigt sich allerdings darin, dass republikanische Abgeordnete über die Krankenversicherung als »Umsetzung einer sozialistischen Utopie« schimpfen.

Territorial- und Glaubenskriege, Ölkrise, nukleare Bedrohung: der Konfliktherd Naher Osten

Eine besonders tiefe ideologische Kluft tut sich in Zeiten scheinbarer Entideologisierung beim Blick auf den Nahen Osten auf – zwischen dem religiösen Fundamentalismus und der westlichen Kultur. Zur Herausforderung für eine global koordinierte Krisenpolitik hat sich der Nahe Osten Schritt für Schritt seit Beginn des 20. Jahrhunderts entwickelt. Seit Ende des Kalten Krieges stellen die Konflikte der Region eine der größten Bedrohungen für den Weltfrieden dar.

Inspiriert durch das Buch *Der Judenstaat* (1896) von Theodor Herzl, formiert sich im ausgehenden 19. Jahrhundert eine zionistische Bewegung, die Palästina als die Heimstätte für Juden weltweit proklamiert und sich dabei auf Zion, den Hügel in Jerusalem und Symbol des Gelobten

Landes, bezieht. Tatsächlich bleibt die Anzahl der überzeugten Zionisten, die nach Palästina auswandern, in diesen Jahren überschaubar. In den dreißiger Jahren aber fliehen über 200 000 europäische Juden vor nationalsozialistischer Verfolgung und finden in Palästina eine Zufluchtsstätte.

Nachdem sich Araber und jüdische Siedler jahrelang blutige Kämpfe um Gebiete liefern, beschließt die UNO im November 1947, das ehemalige osmanische Gebiet, das nach dem Ersten Weltkrieg Mandatsgebiet der Briten wird, in einen jüdischen und einen arabischen Staat zu teilen. Die Araber lehnen den Plan ab, die Juden akzeptieren ihn. Noch vor der geplanten Aufteilung der Gebiete gründen sie unter der Führung des zionistischen Politikers und späteren Ministerpräsidenten David Ben Gurion am 14. Mai 1948 den Staat Israel. Daraufhin greifen die arabischen Nachbarn an. Israel gewinnt den Krieg, kann sein Gebiet sogar vergrößern und macht rund 750 000 Palästinenser zu Flüchtlingen. Das Königreich Jordanien besetzt das Westjordanland, das laut UNO-Resolution von 1947 Teil des arabischen Staates in Palästina hätte werden sollen. Im Sechstagekrieg von 1967 allerdings erobert Israel diese Gebiete sowie den Gaza-Streifen. Die Palästinenser werden, seit den fünfziger Jahren in der Al Fatah, dann in der PLO unter Yassir Arafat leidlich vereint, Terroranschläge verüben, um eine Lösung ihres Problems zu erzwingen.

Es folgen mehrere arabisch-israelische Kriege. Immerhin kann in den siebziger Jahren der Dauerkonflikt zwischen Israel und der islamischen Welt unterbrochen werden: US-Präsident Jimmy Carter gelingt es, einen Friedensvertrag zwischen dem ägyptischen Präsidenten Anwar el Sadat und dem israelischen Ministerpräsidenten Menachem Begin zu arrangieren. Was für einen immensen Schritt das bedeutet, lässt sich mit Blick auf Begins Karriere erahnen. Schließlich hatte er von 1943 bis 1948 als Anführer der zionistischen Untergrundorganisation Irgun Zwai Leumi Terroranschläge gegen arabische Einrichtungen und die britische Mandatsmacht organisiert.

Allerdings heizt die PLO den Konflikt 1987 mit dem Aufruf zur Intifada (arab. »Erhebung«) neu an. Der Frieden im Nahen Osten wird zudem durch Länder wie den Iran untergraben. Dort herrscht bis 1979 das autoritäre Regime des prowestlichen Schah Mohammed Resa Pahlewi, den die USA als Garant für Öllieferungen 1953 bei seiner Machtübernahme unterstützt hatten. 1979 wird er durch eine Revolution des fundamentalistischen islamischen Geistlichen Ajatollah Khomeini gestürzt.

Im Nahen Osten herrscht ein einzigartiges Dickicht von in sich widersprüchlicher Interessenpolitik und wechselnden Allianzen. So hatten die USA im sogenannten 1. Golfkrieg von 1980 bis 1988 zwischen Iran und Irak, in dem Millionen Menschen starben, den Aggressor Saddam Hussein mit Waffen gegen den Erzfeind Iran unterstützt. Im 2. Golfkrieg von 1990/91 schlägt man irakische Truppen nach ihrem Überfall auf Kuwait mit der ganzen Macht der US-Militärmaschine und einem UNO-Mandat zurück. Einen Schritt weiter als US-Präsident George Bush geht sein Sohn George W. Bush. Nachdem Osama Bin Laden am 11. September 2001 den Angriff auf die USA von Afghanistan aus fernsteuert, beginnt Bush im Jahr 2003 den 3. Golfkrieg und erobert Bagdad. Bush hat kein UNO-Mandat und rechtfertigt seinen »Kreuzzug« mit dem falschen Vorwurf, der Irak stelle Massenvernichtungswaffen her und unterstütze Al Qaida-Terroristen. Letzteres tun in Wahrheit die islamistischen Taliban in Afghanistan. Da sie auch nach dem Sturz ihres brutalen

Regimes Macht haben, werden sie weiterhin von der »Weltpolizei« USA samt Alliierten bekämpft. Seit fast zehn Jahren hat der Westen in Afghanistan sein Mini-Vietnam. Demgegenüber führt das Russland der Putin-Ära in Tschetschenien einen brutalen Kampf gegen islamistische Separatisten.

Durch die Gefahr der atomaren Aufrüstung von Extremisten hat sich der Nahost-Konflikt militärisch globalisiert. Auf dem ökonomischen Feld geschah dies schon 1973 durch den sogenannten Ölpreisschock. Ihn provozierten Erdöl exportierende Länder (OPEC) wie Kuwait, Irak, Libyen und Saudi-Arabien. Durch einen Lieferboykott wollten sie nach der Niederlage Ägyptens und Syriens gegen Israel im Jom-Kippur-Krieg im Oktober 1973 israelfreundliche Staaten im Westen zur Änderung ihrer Haltung zwingen. Tatsächlich trägt der Boykott im Westen zu innenpolitischen Turbulenzen und Regierungswechseln bei.

Nicht zuletzt aufgrund der atomaren Bedrohung steht die Weltgemeinschaft, allen voran die USA, seit Jahren unter Druck, den Konflikt zwischen Israelis, Palästinensern und arabischen Staaten zu lösen. Zwar hat man beim Oslo-Abkommen 1993 unter der Schirmherrschaft von Bill Clinton die palästinensische Selbstverwaltung des Westjordanlandes und des Gaza-Streifens festgelegt und die Palästinenser haben Israel anerkannt. Zehn Jahre später wird sogar mit einer *roadmap*, einem Fahrplan zum Frieden die Gründung eines palästinensischen Staates beschlossen, dem die israelische Regierung unter Ariel Scharon zustimmt. Doch ist Israel immer wieder von terroristischen Elementen der Hamas bedroht, welche Palästinenser in den Autonomiegebieten demokratisch als ihre Vertretung wählen. Dazu kommen die Raketenangriffe der Hisbollah (arab. »Partei Gottes«) aus Libanon, deren Aktionen eine Lösung erschweren. Als Polizeiaktion im rechtlich ungesicherten Raum kann man die Angriffe der Israelis auf jene Nachbarstaaten einstufen, die in der Entwicklung von Atomwaffen am weitesten zu sein scheinen: So zerstören im September 2007 israelische Jagdbomber einen im Bau befindlichen Kernreaktor in Syrien.

Obwohl unter der israelischen Gängelung der Palästinenser vor allem die Armen leiden, sind die Terroristen, die sich die Befreiung Palästinas auf die Fahne schreiben, offenbar nicht mehrheitlich aus materiellen Gründen Verzweifelte, sondern relativ privilegierte Angehörige der Mittelklasse. Extrembeispiele sind der Millionenerbe und Ex-Lebemann Osama Bin Laden und die Al Qaida insgesamt. Ihr Vermögen, das vor allem aus Drogengeschäften, Spenden, klassischer Kriminalität und illegalem Diamantenhandel stammt, wird auf bis zu vier Milliarden Dollar geschätzt. Die Hisbollah soll mit ähnlichen Geschäften und Verbindungen nach Südamerika und Afrika hunderte Millionen Dollar verdienen. Wie so oft im Lauf der Geschichte großer Konflikte basieren auch der islamistische Terrorismus und der Nahost-Konflikt auf einer Mischung aus Geopolitik und Glaube, religiös verbrämter Macht- und Geldgier. Zu der Mischung passt die Herkunft des Geldes, mit dem die Hisbollah die Familien, deren Häuser im Libanon-Krieg von 2006 bei israelischen Angriffen zerstört wurden, mit jeweils 12 000 Dollar unterstützte. Ermittlungen israelischer und amerikanischer Geheimdienste zufolge soll diese Gabe der Hisbollah einmal mehr aus dem Iran stammen – aus einem Topf von mehreren Milliarden sogenannter Superdollars, die in fast perfekter Qualität gefälscht wurden.

KAPITEL FÜNFZEHN

Die totale Ökonomisierung und die Suche nach neuen Werten
Die Dominanz der Wirtschaft, Wachstumsgrenzen, Utopien und Alternativen

Am 23. August 1994 verbrennen Bill Drummond und Jimmy Cauty von der Elektro-Band KLF auf der schottischen Insel Jura eine Million britische Pfund. Die einen finden die situationistische Kunstaktion in Anbetracht der globalen Armut zynisch, andere loben sie als Kritik am Geldfetischismus, an der Verschwendung von Milliardensummen für Kriege und Luxuskonsum. Die Aktion wirft weiterreichende Fragen auf: Was ist der materielle Wert von einer Million Pfund im Vergleich zum ideellen? Haben sich die Künstler mit der Opferung ihres Vermögens im Sinn des indianischen Potlatsch-Rituals Achtung und Glaubwürdigkeit erkauft oder nur ein Medieninteresse erschlichen? Oder haben KLF, vielleicht eingedenk des christlichen Armutsgebotes, einen symbolischen Schritt in Richtung neue Währungen und Werte getan?

Das Kunstwerk passt gut in eine Zeit, in der ökonomische Faktoren und Begriffe das Denken, die Politik und den Alltag so gründlich durchdringen wie kaum je zuvor. Umfragen zufolge beschäftigt die meisten Menschen im Westen aktuell nicht so sehr die Angst vor Terror und Krieg, sondern jene um den Arbeitsplatz und die Altersversorgung. In Zeiten der scheinbaren Entideologisierung ist die Ökonomie für viele zu einer Art Ideologieersatz geworden, und das sowohl in den rund 50 Prozent der Länder, die weltweit demokratisch regiert werden, als auch in Diktaturen. Im kommunistischen China stimmen im Jahr 2010 sogar mehr Menschen als in jedem anderen Land der Aussage zu, wonach sich Erfolg vor allem darin zeige, wie viel Geld man hat.

Im Alltag spiegelt sich die Ökonomisierung, die Konzentration auf das Wirtschaftliche und das Effizienzdenken, in der Schnäppchenjagd auf DSL-Anschlüsse, Begriffen wie Ich-AG, in hochdotierten Spiel- und Casting-Shows und darin, dass der Urlaub teurer oder billiger wird, wenn Investmentbanken und Fonds gegen bestimmte Währungen spekulieren. Zwar ist es inzwischen ein Gemeinplatz, vor einem blinden Glauben an »die Märkte« zu warnen. Doch staunt man über die Beständigkeit und Kraft des Glaubens und die Tiefe seiner historischen Verwurzelung. Dass die Volkswirtschaftslehre einige Funktionen älterer Leitwissenschaften wie der Philosophie, Theologie und Astrologie übernommen hat, zeigt sich in der Bezeichnung von Regierungsberatern, die Prognosen zum Wachstum erstellen, als »Wirtschaftsweise«.

Waren noch die Diskussionen der 68er eher durch die Soziologie bestimmt, ist die Ökonomie seither zum Feld der spannendsten, verrücktesten und erbittertsten Kontroversen, realpolitischen wie auch utopischen Ansätze geworden. Das Lehrfach Volkswirtschaft umfasst so unterschiedliche Bereiche wie Mathematik und Psychologie. Im weiteren Sinn kann man die Ökonomie als Versuch sehen, den privaten, staatlichen, globalen, ökologischen und emotionalen Haushalt gewinnbringend zu verwalten (griech. *oikos* = Haus, Haushaltung, und *-nomos* = verwaltend). So eignet sie sich als Leitmotiv, um schlaglichtartig aktuellere Entwicklungen vor einem zeithistorischen Hintergrund zu beleuchten.

Eine Bestandsaufnahme: politische Ökonomie, Einkommensscheren, Finanzwirtschaft

Der Begriff der politischen Ökonomie stammt aus dem 17. Jahrhundert, einer Zeit der verstärkten staatlichen Einflussnahme auf wirtschaftliche Entwicklungen. Er ist bezeichnend für die zunehmend auch offene Vermischung der beiden Felder. Darauf aufbauend, betrifft die Ökonomie heute eine Bandbreite an Themen – von Klima- und Wertedebatten über die globale Armutsbekämpfung und die Sicherheitspolitik bis zum Rechtsverständnis. Spricht man Staaten wie Russland und China gegenüber deren Menschenrechtsverletzungen oftmals nur sehr halbherzig an, stehen anders als zu Zeiten des Kalten Krieges nun offiziell ökonomische Motive im Vordergrund, nicht militärische. Dass ein Atomschlag heute dennoch wahrscheinlicher ist als in einigen Phasen des Kalten Krieges, hängt auch mit der Privatisierung des globalen Waffenhandels zusammen. So können sich fundamentalistisch regierte Staaten wie Iran, das stalinistische Nordkorea und finanzkräftige Terrororganisationen wie Al Qaida an Privatanbieter wie Abdul Qadeer Khan wenden, den »Vater der pakistanischen Atombombe«.

Was den internationalen Handel mit an sich harmlosen Waren betrifft, streiten sich Kritiker der Globalisierung und Leute, die sie als Quelle des Wohlstands loben. Hunderte Millionen Arbeiter stellen in Billiglohnländern wie Indonesien, Vietnam, China und Bangladesch oft unter schlimmen Bedingungen für ein paar Dollar am Tag möglichst billige Konsumprodukte für die reichen Länder her. Über 250 Millionen Kinder zwischen fünf und 14 Jahren müssen arbeiten, 110 Millionen können deshalb nach Angaben der UNESCO nicht zur Schule gehen. Aktuell wächst wegen des Nord-Süd-Gefälles die Zahl der Wirtschaftsflüchtlinge, es boomen die organisierte Kriminalität, Sklaverei, Schlepperei und Zwangsprostitution. In Skandinavien nutzen im Jahr 2009 etwa 85 Prozent der Bevölkerung das Internet, zugleich haben hunderte Millionen Menschen noch nie telefoniert. Während ein Teil der Welt die Segnungen des Informationszeitalters genießt, können 860 Millionen Menschen nicht lesen. Doch wird oft argumentiert, dass man auch in den Schwellen- und Entwicklungsländern bei Bildung und Einkommen langsam Fortschritte machen werde wie in Zeiten der Industrialisierung in Europa. So sollen Billiglohnländer auch ihre Binnenmärkte entwickeln.

Dabei ist es interessant zu wissen, dass die unteren und mittleren Einkommen während der Industrialisierung oft niedriger waren als im Mittelalter. Die Einkommens*unterschiede* haben sich zwischen 1800 und 1950 vergrößert; in der Nachkriegszeit wurden sie dann rund 25 Jahre lang reduziert, unter anderem mit Hilfe von Spitzensteuersätzen um die 90 Prozent in den USA. Seit den späten siebziger Jahren öffnet sich die Einkommensschere weltweit wieder weiter. Wenn zu Beginn des 21. Jahrhunderts in den USA die reichsten zehn Prozent ungefähr die Hälfte des Volkseinkommens haben, das reichste Prozent rund ein Fünftel, dann entspricht dies etwa wieder den Werten der ersten zwei Jahrzehnte des 20. Jahrhunderts. Damals konnten sogenannte Räuberbarone (*robber barons*) wie Andrew Carnegie und John Rockefeller weite Teile der Industrie kontrollieren und ähnlich brutal mit kleineren Konkurrenten, mit Arbeitnehmern und Gewerkschaftlern umspringen wie heute multinationale Konzerne in Entwicklungsländern.

Die aktuelle Zunahme der Einkommensunterschiede

hängt auch mit einem Paradigmenwechsel in der Ökonomie in den siebziger Jahren zusammen. Zwar hatte seit Mitte der dreißiger Jahre innerhalb der westlichen Marktwirtschaft der Keynesianismus großen Einfluss, der staatliche Eingriffe zur Stützung der Konjunktur und Finanzspritzen zur Ankurbelung der Nachfrage favorisiert. Auch weil John Maynard Keynes (1883 – 1946) kein Mittel gegen die Inflation hatte, gewann jedoch die andere große Ökonomen-Schule des 20. Jahrhunderts mit ihrem Hauptvertreter Milton Friedman (1912 – 2006) an Boden. Friedmans Richtung wird als neoliberal bezeichnet, weil sie auf den Analysen des Wirtschaftsliberalismus bzw. der klassischen Schule um Adam Smith, David Ricardo und Jean-Baptiste Say aufbaut. Sie propagierten in Zeiten der Industrialisierung den Freihandel und behaupteten, dass es – auch international – eine Art natürlichen Ausgleich zwischen Angebot und Nachfrage gebe. Obwohl Adam Smith selbst durchaus für eine Kontrolle des Handels war, verwandte er die Formel von der »unsichtbaren Hand«, die eine langfristige Selbstregulierung des Marktes bezeichnete. Gemäß dem Neoliberalismus erfolgt eine Regulierung der Volkswirtschaft nun primär über die Geldmenge, welche die Zentralbanken zum Beispiel verringern, um eine Inflation zu vermeiden (Monetarismus); insgesamt sollen die Märkte durch eine Deregulierung belebt werden.

Konkret umgesetzt wurden neoliberale Ideen Anfang der siebziger Jahre mit dem Abschied vom Bretton-Woods-System. Es hatte feste Wechselkurse und den Goldstandard des Dollars beinhaltet, die Bindung und garantierte Eintauschbarkeit der Währung gegen das Edelmetall als (relativ) realem, nicht nur nominellem Wert. Mit der Auflösung der Regelungen erleichterte man die weltweite Spekulation mit Devisen, Wertpapieren und Derivaten. Seit den achtziger

Jahren macht die Finanzwirtschaft ein Vielfaches der Real-wirtschaft aus. Grundsätzlich dient sie auch zur Versorgung der sogenannten Realwirtschaft mit Geld und zur Absiche-rung ihrer Risiken. Das Finanzsystem stößt allerdings immer wieder an seine Grenzen. Etwa wenn alle auf IT- oder Immo-bilienwerte spekulieren und Geld in bestimmte Bereiche pumpen, bis die Blase platzt, weil einige Anleger ihre Raten nicht mehr bezahlen können oder nicht mehr an die Sache glauben und ihr Geld zurückhaben wollen.

Im Sinn des Neoliberalismus sollten Steuersenkungen für Wohlhabende dazu führen, dass sie investieren, ihr Geld im Rahmen einer angebotsorientierten Ökonomie in pro-duktive Unternehmungen fließen lassen und Arbeitsplätze sichern. Der Aufschwung, der in den achtziger Jahren statt-fand, war allerdings besonders externen Faktoren wie Ener-giepreisen zu verdanken – und in Asien der Tatsache, dass von staatlicher Seite bestimmte Investitionen und Industrie-entwicklungen gefördert wurden. Im Westen brachte der neoliberale Kurs keine Verbesserung für Einkommensschwa-che, wie es gemäß der *trickle-down*-Theorie (*trickle* = »durch-sickern«) von den Regierungen Reagan und Thatcher be-hauptet wurde. Heute leben in den USA, der reichsten Industrienation vor Japan, zig Millionen sogenannte *working poor*. Diese überarbeiteten, aber unterbezahlten Malocher wohnen zum Teil in Wohnwagen und haben keine Kranken-versicherung.

Auch in Ländern Europas drohen Einkommensunter-schiede zu Beginn des 21. Jahrhunderts die Gesellschaft zu spalten und den sozialen Frieden zu stören. Weltweit werden die ärmsten zehn Prozent der Bevölkerung immer ärmer, die reichsten immer reicher. Ein Fünftel der Weltbevölkerung besitzt vier Fünftel des Reichtums und diktiert meist die

Preise. Während Handel und Wirtschaftskraft in den westlichen Ländern nach dem Krieg exponentiell gewachsen sind, stagnieren viele Länder der Dritten Welt. Die Zinsen ihrer Auslandsschulden übersteigen oft die Entwicklungshilfe, die sie erhalten. Sowohl die EU als auch die USA haben durch Subventionen und Agrarzölle die Konkurrenzfähigkeit der sogenannten Peripherie der Weltwirtschaft, Länder Lateinamerikas und Afrikas, beeinträchtigt. Während der Westen auf Butterbergen sitzt, sterben in Lateinamerika, Asien, vor allem aber Afrika jährlich Millionen von Menschen an Unterernährung, *täglich* Zehntausende.

Als Erklärung für das Nord-Süd-Gefälle werden in dicken Bänden zur Wirtschaftsgeschichte die Besonderheiten des Klimas und die Nachwirkungen des Kolonialismus angeführt; dazu zählen aufgezwungene exportorientierte Agrarmethoden, die der einheimischen Bevölkerung wenig bringen und nachhaltiges Wirtschaften verhindern. Weitere oft genannte Faktoren sind fehlgeleitete Investitionen, Korruption, kulturelle Prägungen, die Bevölkerungsexplosion in der Dritten Welt und der daraus resultierende Mangel an Ressourcen. Betrug die Weltbevölkerung um 3000 v. Chr. zur Zeit der alten Ägypter rund zehn bis 30 Millionen Menschen und um 1500 erst 450 Millionen, sind es heute knapp sieben Milliarden; trotz eines verlangsamten Wachstums könnten es UNO-Prognosen zufolge im Jahr 2050 schon zwei Milliarden mehr sein.

Green Deal und Bruttoglück – von der Männerwirtschaft zum gemischten Haushalt

Schon 1972 warnte der Chemiker und Ökonom Dennis Meadows in seinem Öko-Bestseller *Die Grenzen des Wachstums*, einer Auftragsarbeit der altruistischen Denkfabrik »Club of Rome«, vor Rohstoffverschwendung. Er entwickelte Untergangsszenarien für das 21. Jahrhundert. Inzwischen werden Bücher darüber geschrieben, wie man mit Umwelt- und Energietechnologien, Ökosteuern und einem Umdenken im Konsumverhalten Ressourcen schonen und zugleich den Wohlstand mehren könnte. Immerhin werden solche Ideen teilweise schon umgesetzt und haben in Deutschland zum Beispiel zu einem Boom der Wind- und Solarenergie geführt. Auch könnten Projekte im Bereich Solarenergie und dezentralisierter Energieversorgung etwa durch Biogas eine Chance für Afrika sein. Die globalen Erdölquellen als Basis des heutigen Reichtums werden in ein paar Jahrzehnten erschöpft sein. Die Sonne als Energiequelle der Zukunft wird wohl noch über drei Milliarden Jahre für die Erde scheinen – so lange, bis diese durch die verstärkte Sonneneinstrahlung verbrennt.

Auf einen *Global Green New Deal*, die Verbindung von Umweltschutz und Wirtschaftswachstum, können sich heute theoretisch alle von den Grünen bis zu Industrieunternehmen einigen. Ob er in einer Welt der Verschwendung und der Massenproduktion greifen kann, bleibt eine spannende Frage. So wie das historische Vorbild für den Green Deal, Roosevelts New Deal (1933 – 1938), keinen direkten Aufschwung brachte, aber mit der Einführung einer Sozialversicherung dem Gemeinwohl diente und ein neues Denken förderte, könnte auch der Green Deal einige wichtige Anstöße liefern. Schließlich funktionieren auch verwandte Konzepte wie der faire Handel und das Sozialunternehmertum. Letzteres ist insofern eine neuartige Entwicklung, als dabei das Geldverdienen – anders etwa als beim Spenden – direkt an soziales Engagement gekoppelt wird, zum Beispiel wenn der Banker Muhammad Yunus sogenannte Mikrokredite für sozial und ökologisch sinnvolle Geschäftsprojekte an Arme in Bangladesch vergibt.

Während es im Tagesgeschäft der Ökonomie um die Gewinnmaximierung, die Abfederung von Finanzkrisen und den Abbau von Staatsschulden geht, werden seit den neunziger Jahren in der Volkswirtschaftslehre verstärkt auch neue Werte berücksichtigt. Solche etwa, wie sie der Cambridge-Professor Arthur Pigou (1877 – 1959) schon in den zwanziger Jahren ins Auge fasste, als er die Grundlagen für den Wohlfahrtsstaat legte. Er bezog den Faktor Gesamtzufriedenheit im Gemeinwesen in ökonomische Berechnungen mit ein. Pigou wandte die Theorie des Grenznutzens statt wie üblich nur auf Güter nun auf das Geld selbst an, erklärte, dass Geld ab einer gewissen Menge für den Besitzer sozusagen an Wert verliere, weil es nicht mehr zur Steigerung der Zufriedenheit und des Glücksgefühls beitrage. So plädierte er für eine stärkere Umverteilung.

Eine von vorneherein weniger materiell ausgerichtete Variante derartiger ökonomischer Überlegungen ist jene, die auf dem Konzept des »Gross National Happiness« (Bruttonationalglück) beruht, ein Begriff, den König Jigme Singye Wangchuck 1972 im buddhistischen Bhutan prägte; das Konzept schlägt sich heute auch im Human Development Index nieder, den die UNO 1990 einführte. Bei der Ermittlung des Bruttonationalglücks spielt nicht nur das Bruttonationaleinkommen eine Rolle, das irreführend sein kann – vor allem, wenn eine große Kluft zwischen den Einkommen der Armen und Reichen eines Landes besteht. Man rechnet auch Faktoren wie die Gesundheitsversorgung, Bildung, Freizeit und Muße mit ein. Allerdings beinhaltet das Konzept in Bhutan restriktive Auflagen in Sachen Kleidung und Wahrung von Traditionen. Generell bergen Ansätze zur Glücksökonomie natürlich das Risiko der Repression, der Manipulation sowie der Diskriminierung Vermögender.

Schon 1899 prägte der amerikanische Ökonom Thorstein Veblen als Außenseiter seines Faches mit dem Buch *Theorie der feinen Leute* den Begriff des Geltungskonsums (*conspicuous consumption*). Während in Newport verschwenderische Partys in den Prunkvillen von Industriellen gefeiert wurden, geißelte Veblen die Fixierung auf Statussymbole bis hin zu *trophy wives* und machte sich für ein Sachinteresse jenseits des Gewinnstrebens stark. Für die Zukunft setzte Veblen immerhin große Hoffnungen auf die »intelligenten Frauen«, die unter anderem verantwortlich sind für die »ungewöhnlichen Methoden des Kindergartens, die Neid und Wettbewerbsgeist auszuschalten versuchen«. Politisch kann man Veblen in die Nähe der demokratisch-sozialistischen Fabian Society in Großbritannien rücken, der neben George Bernard Shaw auch H. G. Wells angehörte. Letzterer schrieb den Science-Fiction-Klassiker *Die Zeitmaschine* (1895). In diesem visionären Roman schneidet Wells Themen wie ökonomischen Reichtum und kulturelle Verarmung an, vor allem aber die Frage, wie man die vierte Dimension der Zeit bzw. Raumzeit beeinflussen kann. In seinem Sachbuch *Die Geschichte unserer Welt* (1922) fordert Wells schon »weltumfassende Richtlinien« für das Finanz- und Geldwesen – und eine neue Pädagogik.

Aus heutiger Sicht wirkt es romantisch, wenn Wells seine Weltgeschichte hoffnungsvoll mit dem Hinweis auf die großartigen Leistungen in den Künsten schließt und meint, die »Morgendämmerung menschlicher Größe bricht eben erst an«. Einen solchen Schluss kann man sich inzwischen für eine Weltgeschichte schlecht vorstellen. Nach einem Jahrhundert der Weltkriege, Terrorregime und Völkermorde drohen heute Klima-, Umwelt- und Hungerkatastrophen. Da die Atomtechnologie nicht mehr aus der Welt zu schaffen ist, befürchten manche, dass zu ihrer Kontrolle neue Dimensionen des Überwachungsstaates unvermeidbar sein könnten. Ferner könnten Erkenntnisse aus der Stammzellenforschung oder Gentechnologie, die Chancen und Risiken zugleich bergen, zunehmend aus einem kurzsichtigen Profitdenken heraus eingesetzt werden. Generell scheint die demokratisch legitimierte Politik, die sich in der Geschichte mehrmals gegen den übermäßigen Einfluss anderer Bereiche durchsetzen musste, eine recht passive Haltung einzunehmen.

Man mag sich fragen, ob die Geschichte heutiger Weltmächte und Wirtschaftsgemeinschaften ähnlich verlaufen wird wie jene des Römischen und Osmanischen Reiches oder gar der Sowjetunion. Werden sich die aktuellen Gebilde als wandlungsfähiger erweisen und sich reformieren? Sucht man nach gemeinsamen Gründen für den Niedergang großer Reiche der Weltgeschichte, kann man immer wieder ähnliche Faktoren anführen: Spaltung der Gesellschaft, Abkoppelung politisch oder wirtschaftlich Privilegierter von der Basis, Förderung unproduktiver Wirtschaftszweige (z.B. des Militärs), Vernachlässigung kleiner und mittlerer Unternehmen, Erstarrung in einer Bürokratie und Ideologie – meist einer des rein materiell definierten Überflusses, losgelöst von realen Gegebenheiten und nachhaltigen Werten.

Ein wenig relativieren sich solche Fragestellungen, wenn man sich vergegenwärtigt, dass geologischen Berechnungen zufolge die nächste Eiszeit in 15 000 bis 100 000 Jahren weite Teile der Erde unbewohnbar machen könnte – offenbar fast unabhängig vom CO_2-Ausstoß und dem heute diskutierten Klimawandel. Wird es bis dahin eine Besiedlung anderer Planeten geben? Auf der Erde werden mit einer gewissen Wahrscheinlichkeit die Mikroorganismen, die schon 3,5 Milliarden Jahre vor dem Menschen existierten, am längsten durchhalten. Allerdings ist zu Beginn des 21. Jahrhunderts sozusagen erst Halbzeit der Erdgeschichte. Da sind weder positive noch negative Prognosen sehr verbindlich. Eher tröstlich ist es immerhin zu sehen, wie die Naturwissenschaften des vergangenen Jahrhunderts von Werner Heisenberg und seiner Unschärferelation bis zur Chaosforschung nahelegen, dass Entwicklungen nicht unbedingt linear verlaufen, sondern dynamisch. Kleine Veränderungen können auch große Auswirkungen auf den Gesamtzusammenhang haben.

Auf das gesellschaftliche Leben bezogen, kann man hier zum Beispiel an den Buddhismus oder das Christentum denken. Was im Fall des Christentums vor rund 2000 Jahren als merkwürdige kleine Sekte innerhalb des Judentums begann und im Vergleich zum Römischen Reich völlig machtlos erschien, hat am Ende die Welt verändert. Sucht man zu Beginn des 21. Jahrhunderts nach einer übergreifenden moralisch-religiösen Alternative, wird es schwierig. Im Bereich der Esoterik spricht man von einer Ära des neuen Bewusstseins, die passend zum astrologischen Zeitalter des Wassermanns ungefähr seit Ende des 20. Jahrhunderts angebrochen sei. Das Zeitalter stärke angeblich ein ganzheitliches, integrales Bewusstsein und ein globales Zusammengehörigkeitsgefühl, berge aber auch die Gefahr einer gewissen Unverbindlichkeit. Ähnlich vage wie die Hoffnung auf Solidarität oder Weltregierungen sind jene darauf, dass sich statt der Macht- und

Habgier sympathischere Qualitäten wie die Empathie und Fürsorge durchsetzen werden. Ein Jahrhundert nachdem der Anarchist Peter Kropotkin 1902 voller Idealismus sein Buch *Gegenseitige Hilfe in der Tier- und Menschenwelt* veröffentlichte (englischer Originaltitel: *Mutual Aid. A Factor of Evolution*), stufen immer mehr Naturwissenschaftler entsprechende Werte als nicht nur ethisch, sondern auch evolutionär wünschenswert ein.

Will man sich bei der Suche nach neuen Werten auf historisch zweifelsfrei bewährte Erfolgsmodelle konzentrieren, landet man unwillkürlich bei den Frauen. Schon seit der Steinzeit begehen sie weit weniger als zehn Prozent aller Gewaltverbrechen. Deshalb hat bereits Ernst Friedrich in seinem Buch *Krieg dem Kriege* 1924 den alten Satz über die Proletarier, die sich zur Weltrevolution vereinigen sollen, abgewandelt in den Slogan: »Mütter aller Länder, vereinigt Euch!« Allerdings lässt sich kaum sagen, was die Übernahme politischer Ämter durch Frauen seit den Weltkriegen in Sachen Friedenssicherung gebracht hat. Auch ist es natürlich schwierig, ein etwaiges »weibliches Denken«, das als stärker empathisch und ganzheitlich gilt als das männliche, neurologisch oder soziologisch genauer einzuordnen.

Hier scheint eine ökonomische Betrachtungsweise hilfreich zu sein. Immerhin hört man in den letzten Jahren verstärkt die Forderung, dass mehr Frauen in der Wirtschaft tätig werden sollen; betrachtet man den Bereich im weiteren Sinn als Haushaltsführung, ist er historisch ohnehin weiblich definiert. Jedenfalls geht aus einigen Erhebungen hervor, dass Frauen tendenziell nachhaltiger und umsichtiger wirtschaften als Männer. Das schlägt sich sowohl in sozialstaatlichen High-Tech-Ökonomien in Skandinavien nieder, die teils Frauenquoten für Aufsichtsratsposten eingeführt haben, als auch in Entwicklungsländern, wo Geschäftsprojekte von Frauen überdurchschnittlich oft erfolgreich sind. So kann man, nachdem gerade das 20. Jahrhundert von den schlimmsten Überraschungen geprägt war, hoffen, dass das 21. Jahrhundert positive bringen wird.

Dank

Herzlich danken möchte ich Martina Koch, Tobias Lehmann, Carl Mirwald, Sylvia Neuner, Florin Preußler, Heike Specht, Heiner Tent, Johannes Waechter, Magdalena Weileder und vor allem Quynh Dao Tran.

Register

Seitenangaben in *Kursivdruck* verweisen auf Abbildungen.

Abraham 124
Absalom 41
Adams, William James 355
Adorno, Theodor W. 248, 271
Aeneas 68
Aetius 114
Africanus, Scipio 73
Agrippina die Jüngere 82
Aha 24
Aischylos 58, 61
Akademos 56
Alarich 116
Alba, Herzog von 211
Albrecht I. 138
d'Alembert (*eigtl.*: Jean-Baptiste le Rond) 250, 256
Alexander II. Nikolajewitsch 246, 303
Alexander VI. Borgia 184
Alexander der Große 31, 59, 61f., 145
Alfons I. 202
Alkibiades 45, 64
Altdorfer, Albrecht 60
Amenophis IV. (*später*: Echnaton) 29
Amin, Idi 340
d'Andrade, Simão Peres 233
Antall, József 336
Antigone 51
Antonius, Marcus 32, 75
Aphrodite 47, 66, 68
Arafat, Yassir 356
Arendt, Hannah 319
Ares 46, 66
Aretino, Pietro 188 – 192, 234, 256
Ariost (*eigtl.*: Ludovico Ariosto) 188
Aristophanes 58
Aristoteles 57f.
Arjuna 93

Arminius 76
Arouet, François, *siehe* Voltaire
Artelt, Karl 308
Ashoka 89, 94, 97 – 99, 109
Aspasia 64
Asterix 74f.
Atahualpa 208
Atatürk, *siehe* Kemal Pascha
Athanasius von Alexandria 85
Athene 48, 57, 65
Attendolo, Muzio 180
Attila 86, 114
August II., der Starke 245
Augustinus 119
Augustus (*alias* Octavian) 32, 69, 74 – 80, 169
Aurel, Marc 83f., 179
Austen, Jane 352
Averroes (*eigtl.*: Ibn Ruschd) 125f.
Baader, Andreas 350
Babeuf, François Noël 263, 276
Babur 101
Bach, Johann Sebastian 253
Bacon, Francis 237
Baden, Max von 308
Baez, Joan 352
Bailly, Jean Sylvain 261
Baker, Josephine 302
Ball, Hugo 299f.
Baronius, Caesar 155
Basileios II. 123
Batseba 41
Batista, Fulgencio 333
Baudelaire, Charles 248, 278
Baxter, Anne 42
Beauvoir, Simone de 347
Bebel, August 292

Beecher-Stowe, Harriet 287
Beethoven, Ludwig van 271
Begin, Menachem 356
Belisar 115
Belsazar 38f.
Benedikt von Nursia 136f.
Ben Gurion, David 356
Benjamin, Walter 277
Benoist, Antoine 225
Berber, Anita 307
Berlichingen, Götz von 198
Bernard von Clairvaux 143
Bernhardt, Sarah 299
Bethmann Hollweg, Theobald v. 297
Bin Laden, Osama 357, 359
Bismarck, Otto v. 290 – 292
Blanchett, Cate 214
Blavatsky, Helena 267
Boccaccio, Giovanni 190, 192
Bodin, Jean 224
Bokassa, Jean-Bédel 340
Bolívar, Simón 288
Bonhoeffer, Dietrich 314
Borgia, Cesare 184
Botticelli, Sandro 179, 181, 185
Boucher, François 264
Boyle, Robert 237
Boleyn, Anne 213
Brahma 92
Bramante 182
Brando, Marlon 352
Brandt, Willy 333 – 335, 351
Brant, Sebastian 21, 152
Brecht, Bertold 307
Breker, Arno 316
Breschnew, Leonid 333
Briand, Aristide 310
Brown, James 353
Broz, Josip, siehe Tito
Brüning, Heinrich 311
Bruno, Giordano 205
Brutus 75
Brynner, Yul 42
Buddha 95ff., 99, 106, 108, 110, 124
    siehe auch Siddharta Gautama

Bülow, Bernhard v. 115, 296
Bunyan, John 237
Burton, Robert 238
Bush, George 346, 357
Bush, George W. 145, 357
Byron, Lord (eigtl.: George Gordon
    Noel B.) 281
Cabral, Pedro Alvares 207
Caesar, Julius 31, 74f.
Caligula 82
Calixt II. 141
Calvin, Johann 199ff.
Camus, Albert 347
Carlos, John 282
Carnegie, Andrew 363
Carter, Jimmy 356
Casanova, Giacomo 248
Cassius 75
Castiglione, Baldassare 184
Castro, Fidel 333
Catilina 73
Cauty, Jimmy 360
Cavour, Camillo 290
Ceaușescu, Nicolae 336
Cervantes Saavedra, Miguel de 203
Chamberlain, Arthur Neville 321
Champlain, Samuel de 232
Chandragupta 98
Chaplin, Charlie 302, 321
Charaxus 64f.
Chateaubriand, François René
    Vicomte de 281
Chatelet, Emilie du 255
Cheops (ägypt. Chufu) 27
Chigi, Agostino 188
Chlodwig I. 118
Chopin, Frédéric 280
Christian III. 194
Christian IV. 220
Christophorus 136
Chruschtschow, Nikita 332f.
Chufu siehe Cheops
Churchill, Winston 322, 326, 329
Cicero 14, 73, 80, 84, 236
Claudius 70, 82, 128

Clausewitz, Carl v. 296
Cliff, Jimmy 353
Clinton, Bill 358
Cohn-Bendit, Daniel 347, 349
Coltrane, John 354
Cook, James 172f.
Cook, Thomas 280
Cooke, Sam 352
Corneille, Pierre 225
Cortés, Hernando (auch Hernán) 203, 207f.
Cranach der Ältere, Lucas 195
Cromwell, Oliver 229f., 235
Custer, George 289
Daguerre, Louis Jacques 284
Dampier, William 173
Daniel (Prophet) 38f.
Dante Alighieri 190
Danto, Arthur C. 56
Danton, Georges 262f.
Dareios III. 60
Darwin, Charles 16, 202, 267
David (Kg. v. Israel) 41
David, Jacques-Louis 263
Dean, James 352
Debord, Guy 350
Decamps, Alexandre Gabriel 278
Defoe, Daniel 221
Delacroix, Eugène 263, 278
Deleila 41
Deleuze, Gilles 271
Demokrit 57
Deng Xiaoping 343
Derrida, Jacques 271
Descartes, René 222, 226
Desmoulins, Camille 261
Dessalines, Jean-Jacques 288
Devadatta 96
Dewey, John 352
Dickens, Charles 279
Diderot, Denis 240, 246, 249ff., 256, 265
Dietrich, Marlene 307
Diocletian 84
Diogenes 61

Dionysos 51
Disney, Walt 302
Disraeli, Benjamin 277
Dokyo 110
Domitian 82
Donatello 178
Doré, Gustave 284
Dostojewski, Fjodor M. 247
Douglas, Emory 349, 352
Drake, Francis 211
Drummond, Bill 360
Dschingis Khan 158
Dubarry, Gräfin 260
Dubček, Alexander 349
Dumas, Alexandre 260
Dunant, Henri 284
Dürer, Albrecht 195
Dutschke, Rudi 350
Dylan, Bob 352
Ebert, Friedrich 309
Echnaton 29ff. siehe a. Amenophis IV.
Eco, Umberto 139
Edison, Thomas 267
Eduard III. 135
Eichmann, Adolf 319
Einstein, Albert 293
Eisner, Kurt 308
El Greco 203, 206
Eleonore von Aquitanien 153f.
Elisabeth I. 211, 213f.
Elser, Georg 314
Engels, Friedrich 275f., 278f.
Enkidu 35
Erasmus von Rotterdam 193
Etzel 114
Eugen, Prinz 243
Eupolis 58
Euripides 58
Fanon, Frantz 211
Ferdinand I. (röm.-dt. Kaiser) 210
Ferdinand II. (röm.-dt. Kaiser) 220
Ferdinand II. von Aragon 203
Fichte, Johann Gottlieb 269
Ford, Gerald 333
Fourier, Charles 276

Fragonard, Jean-Honoré 264
Franco, Francisco 320
Frank, Anne 318
Franklin, Aretha 352
Franklin, Benjamin 201f., 258
Franz Ferdinand 297
Franz I. (*auch* François I., Kg. v. Frankreich) 188, 194, 224
Franz II. (röm.-dt. Kaiser) 269
Franz II. (Kg. v. Frankreich) 213
Franz von Assisi 147
Friedenreich, Arthur 283
Friedman, Milton 364
Friedrich I. Barbarossa (röm.-dt. Kaiser) 138, 143
Friedrich I. (Kg. v. Preußen) 242
Friedrich II. (röm.-dt. Kaiser) 138, 145
Friedrich II., der Große (Kg. v. Preußen) 240, 242f.
Friedrich III. (Kaiser des Dt. Reiches) 292
Friedrich V. (König v. Böhmen) 219
Friedrich der Weise 194
Friedrich Wilhelm I. (Kg. v. Preußen) 242
Friedrich Wilhelm IV. (Kg. v. Preußen) 276
Friedrich Wilhelm von Brandenburg 242
Friedrich, Ernst 300, 372
Fuhlrott, Johann Carl 15f.
Gaismair, Michael 198
Galen, Clemens August Graf v. 314
Galilei, Galileo 237
Gama, Vasco da 207
Gambetta, Léon 291
Gandhi (*eigtl.*: Mohandas Karamchand G.) 341
Ganesha 95
Gates, Bill 186
Gaulle, Charles de 322, 349
Geiserich 115
Gelber Kaiser 102
Georg III. 258
Geyer, Florian 198

Ghiberti, Lorenzo 192
Gilgamesch 35
Goebbels, Joseph 312, 323
Goethe, Johann Wolfgang 253, 256, 271f.
Gorbatschow, Michail 334, 337f.
Göring, Hermann 315
Goya, Francisco de 249
Gracchus, Gaius 72
Gracchus, Tiberius 72
Gregor I. 119
Gregor VII. 137
Gregor IX. 146
Greuze, Jean-Baptiste 249, 249
Grimmelshausen, Hans Jakob Christoffel v. 216, 220f.
Grotius, Hugo 210
Gryphius, Andreas 222
Gustav Adolf II. 145, 220
Gutenberg, Johannes 178
Habermas, Jürgen 350
Hadrian 83
Hamilton, Richard 333
Hamlet 215
Hammurapi (Hammurabi) 35f.
Hannibal 71
Hardenberg, Karl August Fürst v. 269
Hargraves, James 274
Havel, Václav 336
Heartfield, John 299
Hegel, Georg Wilhelm Friedrich 265–273, 275, 352
Heinrich II. (Kg. v. England) 153
Heinrich III. (Kg. v. Frankreich) 204
Heinrich IV. (dt. Kg., röm.-dt. Kaiser) 137
Heinrich IV. (Kg. v. Frankreich) 204, 224
Heinrich VI. (röm.-dt. Kaiser) 144
Heinrich VII. (Kg. v. England) 212
Heinrich VIII. (Kg. v. England) 212f.
Heinrich X., der Stolze 138
Heinrich der Löwe 138
Heinrich von Navarra (*später* H. IV., Kg. v. Frankreich) 204

Heisenberg, Werner 371
Helphand, Alexander 304
Hendrix, Jimi 353
Hephaistos 66
Hera 65
Herder, Johann Gottfried 253
Herkules 34, 51, 226
Herodot 44, 58, 61, 64
Hersfeld, Lampert v. 131
Herzl, Theodor 355
Heston, Charlton 42
Heydrich, Reinhard 315f.
Hildegard von Bingen 153f.
Himmler, Heinrich 315
Hindenburg, Paul v. 294, 298, 301, 308, 312f.
Hippokrates 57
Hirohito 324
Hitler, Adolf 145, 245, 282, 294, 295, 303, 310–318, 320 – 324
Ho Chi Minh 328, 346
Hobbes, Thomas 238
Höch, Hannah 299
Homer 37, 44, 47ff., 65, 180
Honecker, Erich 333, 337
Hong Xiuquan 287
Hood, Robin 151, 153, 212
Horaz 78
Horkheimer, Max 248
Hu Yao-bang 343
Hugenberg, Alfred 312
Huizinga, Johan 53
Hume, David 255
Huntington, Samuel 329
Hus, Jan 192
Hussein, Saddam 357
Hutten, Ulrich v. 195
Ignatius von Loyola 205
Ildiko 114
Iliesco, Ion 336
Innozenz I. 86
Innozenz III. 146
Innozenz IV. 158
Isaak 124
Isabella I. 203

Ismael 124
Iwan III. 88, 245
Iwan IV., der Schreckliche 88, 245
Ixtáb 166
Jahn, Friedrich Ludwig 281
Jakob (Heiliger) 140
Jakob I. (auch James I.) 229
Jakob II. (auch James II.) 218, 230
Janco, Marcel 299
Jaruzelski, Wojciech 335
Jeanne d'Arc 153f.
Jefferson, Thomas 258
Jelzin, Boris 338
Jesus Christus 80f., 85f., 95, 97, 124ff., 136f., 140, 195, 197, 221, 270
Jobs, Steve 186
Johann III. Sobieski 243
Johann Ohneland 134, 153f.
Johann VI. (Kg. v. Portugal) 288
Johanna die Wahnsinnige 203
Johannes (Evangelist) 81
Johannes Paul II. 335
Johnson, Lyndon B. 344
Johnson, Samuel 240, 254
Joseph II. (röm.-dt. Kaiser) 244
Josia 42
Joyce, James 302
Julius II. 184
Jünger, Ernst 301
Jupiter 34
Justinian I. 121f.
Kádár, János 335
Kafka, Franz 302
Kant, Immanuel 240, 253, 265
Kapoor, Kareena 98
Kapp, Wolfgang 309
Karl I. (Kg. v. Spanien, alias Kaiser Karl V.) 203
Karl I. (auch Charles I., Kg. v. England) 229
Karl II. (auch Charles II., Kg. v. England) 230
Karl V. (röm.-dt. Kaiser) 182, 188, 194, 203, 207f., 210f., 212, 224
Karl VI. (röm.-dt. Kaiser) 243

Karl VII. (röm.-dt. Kaiser) 244
Karl VII. (frz Thronfolger, später
    König) 154
Karl IX. (Kg. v. Frankreich) 214
Karl X. (Kg. v. Frankreich) 277
Karl XII. (Kg. v. Schweden) 245
Karl der Einfältige 129
Karl der Große 113, 118, 133f., 138, 145
Karl der Kahle 137
Karl der Kühne 210
Katharina die Große 240, 246
Katharina von Aragon 212f.
Kaunitz, Wenzel Anton Graf 255
Keaton, Buster 302
Keats, John 281
Kenherchepeschef 39
Kennan, George F. 330
Kennedy, John F. 13, 333, 344, 348
Kerenski, Alexander 304
Kerkeling, Hape 140
Keynes, John Maynard 315, 364
Khadidscha 124
Khan, Abdul Qadeer 362
Khan, Shahrukh 98
Khomeini, Ajatollah 357
Kiesinger, Kurt Georg 351
Kim Il Sung 331
Kim Phúc 345, 346
King, Martin Luther 347f.
Klemperer, Victor 318f.
Kleopatra 31f., 74f.
Klerk, Willem de 340
Klopstock, Friedrich Gottlieb 253
Knightley, Keira 75
Kohl, Helmut 337
Konfuzius 104
Konstantin I., der Große 82, 84ff., 89,
    120
Kratinos 58
Krishna 93
Kropotkin, Peter 247, 372
Krösus 62
Kublai Khan 160
Kyros II., der Große 39f., 59, 61
La Barre, Chevalier de 250

Lansdale, Edward 344
Lanzmann, Claude 316
Laotse (Laozi) 95, 104, 124
Laozi siehe Laotse
Lassalle, Ferdinand 292
Le Bon, Gustave 319
Le Franc, Martin 155
Le Prestre, Sébastien 226
Leibniz, Gottfried Wilhelm 242
Lenin 245, 303 – 306, 337
Leo I., der Große 86
Leo III. 133
Leo X. 149, 184, 189, 194
Leonidas 60
Leopold V. 144
Lettow-Vorbeck, Paul v. 298
Liebknecht, Karl 73, 308f.
Liebknecht, Wilhelm 292
Lincoln, Abraham 287
Liselotte von der Pfalz 236
Liu Bang 105
Locke, John 238
Long, Luz 282
Louis Philippe 277
Louis, Joe 282
Lovett, William 277
Lubbe, Marinus van der 313
Ludendorff, Erich 294, 295, 298, 308,
    310
Ludwig I. (Kg. v. Bayern) 276
Ludwig VI. (Kg. v. Frankreich) 135
Ludwig VII. (Kg. v. Frankreich) 153
Ludwig IX., der Heilige 135, 158
Ludwig XIII. (Kg. v. Frankreich) 224
Ludwig XIV. (Kg. v. Frankreich) 217,
    223f., 224, 226ff., 236
Ludwig XV. (Kg. v. Frankreich) 240,
    248, 250, 255, 260
Ludwig XVI. (Kg. v. Frankreich) 261f.
Ludwig XVIII. (Kg. v. Frankreich)
    272
Ludwig der Fromme 134
Lukian 45
Luther, Martin 97, 192 – 195, 197 – 201,
    256

Luxemburg, Rosa 73, 309
Lwow, Georgi Jewgenjewitsch 304
MacArthur, Douglas 324
Machiavelli, Niccolò 183
Maecenas 78
Mahavira 95
Majakowski, Wladimir 306
Malcolm X 348, 354
Malewitsch, Kasimir 305
Malory, Thomas 153
Manco Capac II. 208
Mandela, Nelson 340
Mann, Thomas 293f.
Mansur (Kalif) 126
Mao Tse-tung 103 342f., 353
Marat, Jean-Paul 262f.
Marcellinus, Ammianus 116
Marcuse, Herbert 351
Margarete I. 149
Margarete von Valois 204
Maria (Jungfrau) 96, 142
Maria Theresia 244, 255
Maria von Burgund 210
Marie-Antoinette 263
Marinetti, Filippo Tommaso 300
Markus (Evangelist) 81, 206
Marley, Bob 341
Marlowe, Christopher 214
Martell, Karl 127, 243
Marx, Karl 265, 267, 271, 275f., 338
Masaccio 178, 185
Matthias (röm.-dt. Kaiser) 219
Maxentius 84
Maximilian I. (röm.-dt. Kaiser) 138,
    182, 210
Maximilian I. von Bayern 219
May, Karl 163
Maya (Mutter des Buddha) 95
Mayhew, Henry 279
Mazarin, Kardinal 224
McCarthy, Joseph 331
Meadows, Dennis 367
Medici, Cosimo de' 183
Medici, Katharina de' 204
Medici, Lorenzo I. de' 183

Mehmet II. 123
Meinhof, Ulrike 350
Melanchthon, Philipp 194
Metternich, Klemens Wenzel Fürst v.
    273
Michelangelo 182f., 185ff., 189ff.,195f.
Miller, Frank 60
Mills, C. Wright 347
Milosevic, Slobodan 337
Mirabeau, Gabriel de Riqueti Graf v.
    261
Mitterrand, François 351
Mohammed (Muhammad) 124ff.
Molière, Jean-Baptiste 225
Moltke, Helmuth Graf v. 291
Monnet, Jean 336
Monroe, James 288
Montaigne, Michel de 215, 234
Montesinos, Antonio de 210f.
Montesquieu, Charles de Secondat
    275
Montessori, Maria 253
Montez, Lola 276
Montezuma II. (Moctezuma) 207
Moritz, Karl Philipp 253f.
Morus, Thomas 176f.
Moses 11, 40f., 138-143
Mozart, Wolfgang Amadeus 253
Münzer, Thomas 198
Murillo, Bartolomé Esteban 203
Mussolini, Benito 69, 303, 310, 314,
    320
Mustafa, Kara 243
Mutsuhito 289
Nabonid 38f.
Nabopolassar 38
Naismith, James 280
Napoleon Bonaparte 145, 228, 245,
    252, 261, 264, 268f., 271, 273, 277,
    288, 323
Napoleon III. 290f.
Narses 117
Nasser (el-Nasser), Abd 331
Nebukadnezar II. 38
Necker, Jacques 255

Necker, Suzanne 255f.
Nehru, Jawaharlal 331
Nelson, Horatio (Admiral) 272
Nero 82f., 85
Nerva 82
Newton, Huey 348
Newton, Isaac 226
Ngo, Dinh Diem 343
Nick Út 345
Niemöller, Martin 314
Nietzsche, Friedrich 60, 267, 270
Nightingale, Florence 283, 283f.
Nixon, Richard 333
Nofretete 30, 32
Novalis 269
Nowitzki, Dirk 283
Obama, Barack 14, 355
Obelix 74f.
Octavian (später: Augustus) 32, 75
Ödipus 51
Odoakar 87
Odysseus 48
Omar I. 126
Oppenheimer, Robert 324
Osman I. 161
Otto I., der Große 135f., 138
Otto II. (röm.-dt. Kaiser) 135, 138
Otto III. (röm.-dt. Kaiser) 135, 138
Ovid 78
Pahlewi, Mohammed Resa 357
Papen, Franz v. 312
Parks, Rosa 347
Pascal, Blaise 227
Pascha, Kemal (genannt Atatürk) 302
Paul III. Farnese 205
Paulus (Apostel) 81, 86, 119, 205
Paxton, Joseph 285
Pedro I. 288
Penelope 48
Penn, William 260
Pepys, Samuel 234 – 237
Perikles 55, 64
Pestalozzi, Johann Heinrich 253
Peter I., der Große 245ff., 307
Peter III. 246

Petrarca, Francesco 190
Petrus (Apostel) 85f.
Phidias 65
Philipp II. (Kg. v. Makedonien) 62
Philipp II. (Kg. v. Frankreich) 143
Philipp II. (Kg. v. Spanien) 203, 210
Philipp IV., der Schöne 135, 144, 203
Philipp von Hessen 200
Philipp von Orléans 248
Phillips, Sam 352
Picasso, Pablo 332
Pigou, Arthur 368
Pilatus, Pontius 81
Pinochet, Augusto 345
Pippin III., der Jüngere 119f.
Pizarro, Francisco 203, 208
Platon 21, 56, 58, 93, 177
Pocahontas 163
Pol Pot 344
Pompadour, Madame de 254f.
Pompeius 73f.
Potemkin, Gregor A. 246
Powhatan 163
Presley, Elvis 352
Proudhon, Pierre-Joseph 276
Quesnay, François 274
Quetzalcoatl 207
Rabelais, François 215
Racine, Jean 225
Radischtschew, Alexander 246
Raffael 86, 184f.
Raleigh, Walter 211
Rama 93f.
Ramses II. 31
Ranke, Leopold v. 270
Raschid (ar-Raschid), Harun 126
Reagan, Ronald 334, 365
Remarque, Erich Maria 301
Rhodopis 64
Ricardo, David 364
Richard I. Löwenherz 144, 153
Richelieu, Kardinal 220, 224
Riefenstahl, Leni 316
Rilke, Rainer Maria 293
Robespierre, Maximilien de 262f.

Rockefeller, John 363
Roderich 116
Rodtschenko, Alexander 305, *306*
Röhm, Ernst 295, 315
Rollo 129
Romulus 68, 89
Romulus Augustulus 87
Roosevelt, Franklin D. 315, 321, 326, 367
Rousseau, Jean-Jacques 163, 247, 251f.
Roxane 61
Royen, René van 66
Rubens, Peter Paul 217, *217*
Rubruk, Wilhelm v. 158
Rudolf I. 138
Rudolf II. 219
Runge, Philipp Otto 280
Rusdorff, Johann Joachim v. 237
Russell, William Howard 284
Sadat, Anwar el 356
Sade, Marquis de 248
Saint-Simon, Claude Henri de 276
Salomo 41ff., 341
Salutati, Coluccio 183
San Martin, José de 288
Sappho 65
Sartre, Jean-Paul 251, 271, 347
Saul 41
Saussure, Ferdinand de 319
Savonarola, Girolamo 188
Say, Jean-Baptiste 364
Scharon, Ariel 358
Schdanow, Andrej 329
Scheffer, Ary 278
Scheidemann, Philipp 308
Schelling, Friedrich Wilhelm Joseph 269
Schiller, Friedrich 220, 253, 256, 301
Schlegel, August Wilhelm v. 269
Schlegel, Friedrich v. 269
Schmeling, Max 282
Schmidt, Helmut 334
Scholl, Hans 314
Scholl, Sophie 13, 314
Schopenhauer, Arthur 271

Schuman Robert 336
Schumann, Robert 280
Scott, Walter 130
Seale, Bobby 348
Selassi I., Haile 341
Seneca 80
Sforza, Ludovico 186
Shakespeare, William 214f., 235, 254
Shaw, George Bernard 369
Shelley, Percy Bysshe 281
Shepp, Archie 354
Shihuangdi 89, 102 – 105
Shiva 92
Shotoku Taishi 109
Siddharta Gautama (*später*: Buddha) 94ff.
Simson (Samson) 41
Sinatra, Frank 334
Sita 94
Sitting Bull 289
Smith, Adam 151, 265, 274, 364
Smith, Tommie 282
Snyder, Zack 60
Sokrates 45, 55f., 95, 124
Solon 54, 66
Song 109
Sophokles 58, 64
Spencer, Herbert 285
Stalin, Jossif 245, 303, 305ff., 316, 326, 329 – 332, 338, 343
Stanislaus II. 246
Stauffenberg, Claus Schenk Graf v. 314
Stauning, Thorvald 302
Stein, Heinrich Friedrich Karl Freiherr vom 269
Strauß, David Friedrich 270
Stresemann, Gustav 310
Stuart, Maria 213
Suger 135
Sun Ra 354
Sun Yat-sen 342
Tacitus 87
Talleyrand, Charles Maurice de 262
Tamerlan *siehe* Timur

Tarquinius Superbus 69
Tatlin, Wladimir 305
Tell, Wilhelm 200
Tetzel, Johann 193
Thälmann, Ernst 313
Themistokles 52
Theoderich 117
Theodora 122
Theodosius 116, 280
Theophanu 135
Theseus 34
Thiers, Adolphe 291
Thomas von Aquin 147
Thukydides 44, 58
Thurn, Fritz 64
Timur (Tamerlan) 101
Tintoretto, Jacopo 206
Tirpitz, Alfred v. 296
Tiso, Jozef 323
Tito (eigtl.: Josip Broz) 323, 331
Tizian 184
Tobias 43
Tocqueville, Alexis de 329
Tojo, Hideki 325
Tolstoi, Leo 247, 303, 341
Trajan 83
Trotzki, Leo 304ff.
Truman, Harry 324, 329, 331
Tschiang Kai-schek 342
Turgot, Jacques 274
Turner, William 281
Ulbricht, Walter 330
Ulrich von Augsburg 136
Urban II. 142
Ustinov, Peter 83
Valens, Flavius 116
Varus 76
Vasari, Giorgio 187, 266
Vegt, Sunnyva van der 66
Velázquez, Diego 203
Vercingetorix 74
Vergil 73, 78
Vernet, Horace 278
Viktor Emanuel II. 290
Viktor Emanuel III. 303

Vinci, Leonardo da 185f.
Vishnu 92f., 100
Vitellius 83
Vitoria, Francisco de 210
Voltaire (eigtl.: François Arouet) 61,
    204, 238ff., 246ff., 250f., 255, 265,
    293
Volterra, Daniele da 191
Wagner, Richard 280, 310
Walesa, Lech 335
Wangchuck, Jigme Singye 368
Warhol, Andy 352
Washington, George 258
Watt, James 274
Weber, Max 90, 201
Weissmüller, Johnny 282
Wells, H. G. 369
Wendi 106
Wessel, Horst 308
Whitehead, Alfred N. 56
Wilhelm der Eroberer 129f.
Wilhelm I. (dt. Kaiser) 290f.
Wilhelm I. von Oranien 210
Wilhelm II. (dt. Kaiser) 292, 294,
    296, 308
Wilhelm III. von Oranien 230
Wilson, Woodrow 309
Wittgenstein, Ludwig 319
Wollstonecraft, Mary 240, 255
Woolf, Virginia 351
Wu Zhao 106
Wulfila 117
Wyclif, John 192
Xavier, Francisco de 233
Xenophanes 51
Xerxes 52, 60f.
Yuan Shikai 342
Yunus, Muhammad 368
Zappa, Frank 353
Zarathustra 60
Zeus 37, 50, 64f.
Zidane, Zinedine 282
Zola, Émile 251
Zwingli, Ulrich 199f.